U0516597

# 聶石樵文集

## 第一卷

## 先秦兩漢文學史

### （下）

中 華 書 局

# 第七章　西漢之文學

　　秦始皇統一了中國，秦二世時農民大起義，又推翻了秦朝的統治。公元前二〇二年，漢高祖劉邦打敗了項籍，受諸侯王擁戴，做了皇帝，定都長安，建立起西漢王朝。自秦朝確立的我國統一的封建國家，至西漢更加鞏固和完善了。西漢繼承了秦朝的制度，進一步加強了中央集權的地主階級政權。顧炎武《日知錄》卷十三《秦紀會稽山刻石》即云：

　　　　漢興以來，承用秦法，以至今日者多矣。

秦漢在制度上之先後承襲，歷史文獻中記載很多。它們凡是記述漢代經濟、政治、文化、學術等各種制度時，總是先標明漢襲秦制。例如："漢鄉亭及官，皆依秦制也。"（《通典》卷三十三《職官》十五）"漢承秦制，三時不講。"（《通考》卷一百五十七《兵考》九）"漢興，方綱紀大基，庶事草創，襲秦正朔。"（《漢書》卷二十一上《律曆志》上）"秦……鹽鐵之利，二十倍於古。……漢興，循而未改。"（《漢書》卷二十四上《食貨志》上）"漢承秦制，蕭何定律。"（《晉書》卷三十《刑法志》）"漢興，踵秦而置材官於郡國。"（《通考》卷一百五十《兵考》二）"秦兼天下，建皇帝之號，立百官之職。漢因循而不革。"（《漢書》卷十九上《百官公卿表》序）"於是相國蕭何攗摭秦法，取其宜於時者，作律九章。"（《漢書》卷二十三《刑法志》）這類記載，不勝枚舉。總之，漢代制度比秦代雖小有變化，但其基本方面並未變，在精神上是一脈相承的，是秦代制度之延續。

## 第一節　西漢之社會狀況

### 一、經濟之恢復與發展

　　高祖初定天下,歷戰國至秦漢之際的長期戰亂,社會生產遭到極大破壞,經濟凋敝,米價騰貴,民不聊生。面對這種現實,漢初統治者爲了挽救社會危機,恢復生產,實行重農抑商之政策。據《史記》卷三十《平準書》記載:

　　　　漢興,接秦之弊,丈夫從軍旅,老弱轉糧饟,作業劇而財匱,自天子不能具鈞駟,而將相或乘牛車,齊民無藏蓋。於是爲秦錢重難用,更令民鑄錢,一黃金一斤,約法省禁。而不軌逐利之民,蓄積餘業以稽市物,物踊騰糶,米至石萬錢,馬一匹則百金。

　　　　天下已平,高祖乃令賈人不得衣絲乘車,重租稅以困辱之。孝惠、高后時,爲天下初定,復弛商賈之律,然市井之子孫亦不得仕宦爲吏。

這些"不軌逐利之民"即商人,操縱市場,擡高物價,牟取暴利,其爲害社會人民至爲嚴重。高祖有鑒於此,便下令商賈不得衣絲着錦,不得乘車騎馬,並加重對其徵收賦稅。惠帝、呂后更令其不得做官。在抑制商賈之同時,又召來流亡之民人還鄉,領取原有田宅,從事農業生產。《漢書》卷一《高帝紀》記載:"民前或相聚保山澤不書名數,今天下已定,令各歸其縣,復故爵田宅。"並解放奴婢,令"民以飢餓自賣爲人奴婢者,皆免爲庶人"。解散軍隊,令"兵皆罷歸家"。如此,則使大批民衆回到土地上來,這對開墾荒地有很大作用。此外，還減輕賦稅。西漢之田賦，采取均一稅率，即不分土地之優劣，課以同一之田賦。據《漢書》卷二十四上《食貨志》記載，高帝時，"約法省禁，輕田租，什伍而稅一"，即僅徵收十五分之一的賦。惠帝時，什伍稅一之法，中途而廢。文帝時，"賜民十二年租稅之半，明年，遂除民田之租稅。"即文帝十二年詔減田賦之半，十三年又廢除田賦。景帝時，"令民半出田租，三十而稅一也"，即田賦稅減至三十分之一。至武帝時，由於連年征戰，軍費浩大，史稱"賦斂繁多"，然按諸史實，當時並未增加土地之稅收。那麼西漢之田賦最多爲什伍稅一，最少爲三十稅一，有時則完全廢除。可見當時田賦何等輕了。這種輕賦薄斂之措施，調動了農民的生產積極性。

武帝晚年還推行趙過之新田器和新耕作技術。所謂新田器即耦犁。《漢書》卷二十四上《食貨志》云："故畮五頃，用耦犁，二牛，三人。"其用法爲二牛挽二犁，二人各扶一犁，一人牽引二牛，兩犁並耕，犁耦而進。如此耕作，每年可種田五百畝。極大地提高了耕種數量。所謂代田法，即"一畮三甽"之耕種方法。《漢書》卷二十四上《食貨志》云："過能爲代田，一畮三甽，歲代處，故曰代田。"其方法爲將一畮田，分爲六等分，以三分爲甽，三分爲壟，甽壟相間，故云三甽。作物種於甽內。甽與壟每年更易，今年爲甽，明年即易爲壟，輪番更代，使土地得到休息。代田法之使用，比縵田進步多了。推行趙過之耦犁與代田法，使農業生產發生極大的變革。

這種重農抑商政策之實行，使文、景之世獲取了空前的經濟繁榮，到武帝時期，社會生產得到更大的發展，社會財富也極大地豐富了。《史記》卷三十《平準書》記載：

> 至今上即位數歲，漢興七十餘年之間，國家無事，非遇水旱之災，民則人給家足，都鄙廩庾皆滿，而府庫餘財貨。京師

之錢累巨萬，貫朽而不可校。太倉之粟陳陳相因，充溢露積於外，至腐敗不可食。衆庶街巷有馬，阡陌之間成群，而乘字牝者儐而不得聚會。守閭閻者食粱肉，爲吏者長子孫，居官者以爲姓號。故人人自愛而重犯法，先行義而後絀恥辱焉。當此之時，網疏而民富，役財驕溢，或至兼併豪黨之徒，以武斷於鄉曲。宗室有土公卿大夫以下，爭於奢侈，室廬輿服僭於上，無限度，物盛而衰，固其變也。

農民以五六十年的辛勤勞動創造了豐富優厚的物質財富，然而卻被宗室、封君、公卿、大夫以至一般官吏享用了，他們過着極其富饒、奢侈的生活，不受法令限制。而民間豪强又不藉官職，專憑暴力，兼併土地，以武斷於鄉曲。這種財富之集中，可從長安城之輝煌景况中顯示出來。據歷史記載，當時長安城內聳立着許多高大的建築物，如高百餘丈之通天臺，高七十丈五尺之鳳凰闕，高四十丈之飛廉觀等。長安城內及其郊外，有無數金碧輝煌的宮殿，據説京兆地區有宮殿凡一百四十五處，其中最宏偉的是長樂、未央、建章、甘泉四處，其規模之宏大，建築之富麗，顯示了大漢王朝之國威。要之，這種重農抑商政策之推行，反映在文學上，一方面産生了賈誼、鼂錯、桓寬等主張打擊商業地主扶植農業生産的散文，另一方面産生了枚乘、司馬相如、揚雄等人描寫宮廷苑囿之樂的賦。

## 二、階級矛盾之激化

一般地説，西漢前期，地主與農民的矛盾還未激化，地主與商賈之間的矛盾還並不十分尖鋭。但是，重農抑商政策之施行，輕賦薄斂，提高了農民生産的積極性，同時也促進了商賈地主兼併農民的積極性，社會危機已經萌芽。《漢書》卷二十四上《食貨志上》記載鼂錯叙述文帝時農民被壓迫、被剥削之狀况云：

今農夫五口之家，其服役者不下二人，其能耕者不過百晦，百晦之收，不過百石。春耕夏耘，秋穫冬藏，伐薪樵，治官府，給繇役。春不得避風塵，夏不得避暑熱，秋不得避陰雨，冬不得避寒凍。四時之間，亡日休息。又私自送往迎來，弔死問疾，養孤長幼在其中。勤苦如此，尚復被水旱之災，急政暴虐，賦斂不時，朝令而暮改。當具有者半賈而賣，亡者取倍稱之息。於是有賣田宅，鬻子孫，以償責者矣。而商賈大者積貯倍息，小者坐列販賣，操其奇贏，日游都市，乘上之急，所賣必倍。故其男不耕耘，女不蠶織，衣必文采，食必粱肉，亡農夫之苦，有仟伯之得。因其富厚，交通王侯，力過吏執，以利相傾。千里游敖，冠蓋相望。乘堅策肥，履絲曳縞。此商人所以兼併農人，農人所以流亡者也。

一個五口之家的農民，其中應服役者至少二人。全家種田不超過百晦，收穫不超過百石。一年四季不避風雨寒暑的勞動，得不到片刻休息。此外，還要送往迎來，弔死問疾，養孤撫幼。遇到水旱災害、急徵暴斂等，不得不低價出售農產品，或向商賈借貸，最後被迫賣田宅、鬻子孫以還債。鼂錯具體地敘述了文帝時在商賈剝削下農民的悲慘生活。

到武帝時期，由於連年對外用兵，軍費劇增，對農民的剝削更加殘酷，階級矛盾進一步激化了。《漢書》卷七十二《貢禹傳》記載：

武帝征伐四夷，重賦於民，民產子三歲，則出口錢，故民重困，至於生子輒殺，甚可悲痛。

人們孩子長到三歲，即須出人頭稅，貧民無錢可出，寧肯將生子殺死。可見農民貧困到何種程度！農民破產，豪強卻乘機巧取豪奪，貧富對立的形勢更加嚴峻。《漢書》卷二十四上《食貨志上》記載：

> 富者田連仟伯，貧者亡立錐之地。又顓川澤之利，管山林之饒，荒淫越制，踰侈以相高。邑有人君之尊，里有公侯之富，小民安得不困。……或耕豪民之田，見稅什五，故貧民常衣牛馬之衣，而食犬彘之食。

這些"邑皇帝"、"里公侯"，都是榨取小民的膏血形成的。又《文獻通考》卷一《田賦考》記載：

> 古者什一而稅，以爲天下之中正也。今漢氏或百一而稅，可謂鮮矣。然豪強人占田逾侈，輸其賦大半，官家之惠，優於三代，豪強之暴，酷於三秦，是上惠不通，威福分於豪強也。

豪強侵奪民田，暴虐百姓，其殘酷程度比秦朝有過之而無不及。

昭帝、宣帝、元帝時期，由於生產之發展，財富更加集中。當時之官僚、地主、商人競爲奢侈。《漢書》卷七十二《貢禹傳》記載貢禹云：

> 今大夫僭諸侯，諸侯僭天子，天子過天道，其日久矣。

又云：

> 富人積錢滿室，猶亡厭足，民心動搖，商賈求利，東西南北，各用智巧，好衣美食，歲有十二之利，而不出租稅。

這些商人地主不但不出租稅，而且身兼官職，參與分享租稅。商人身兼官職，官僚又兼私販賣，官與商相勾結以掠奪財富。他們"貪財誅利，不畏死亡"，而當時之農民則忍受着殘酷之剝削，處於死亡之邊緣。貢禹云：

> 農夫父子暴露中野，不避寒暑，捽草杷土，手足胼胝。已奉穀租，又出藁稅，鄉部私求，不可勝供。

而一旦遇到天災，大部分餓死。貢禹感嘆云：

> 今民大饑而死，死又不葬，爲犬猪所食。人至相食，而厩馬食粟，苦其大肥，氣盛怒至，乃日步作之。王者受命於天，爲民父母，固當若此乎？

貧苦農民餓殍遍野，成爲猪狗之美餐，而皇家之厩馬卻吃人食，苦其太肥，令其每天步行動作以散其充溢之氣。這是甚麼世道？階級矛盾激化到極點了。

成帝、哀帝時，政治極端腐敗，統治階級之橫徵暴斂、苛重繇役，使農民離開了土地，涸竭了租稅的來源，動搖了西漢政權之基礎。《漢書》卷七十二《鮑宣傳》記載鮑宣云：

> 竊見孝成皇帝時，外戚持權，人人牽引所私，以充塞朝廷。妨賢人路，濁亂天下，奢泰亡度，窮困百姓。

又《漢書》卷十《成帝紀》記載：

> 殆苛暴深刻之吏未息，元元含冤失職者衆。

當時不但徵斂苛重，而且大興繇役。《成帝紀》永始二年詔云：

> 前將作大匠萬年，知昌陵卑下，不可爲萬歲居，奏請營作，建置郭邑，妄爲巧詐，積土增高，多賦斂繇役。興卒暴之作，卒徒蒙辜死者連屬，百姓罷極，天下匱竭。

又《漢書》卷九十八《元后傳》記載：

> 曲陽侯根……發民治道，百姓苦其役。

可見當時皇帝、貴族繇役之繁重。除了皇帝、貴族對農民的壓迫、奴役外,還有商賈的剝削。商賈用高利貸的方式,侵奪了農民的田地、房屋及其他財物,並最後迫使他們自身和子女成爲自己的奴婢。

皇帝昏庸,外戚專權,群小日進,賢良斥逐,貴族幸臣竊偷國庫,郡守縣令搜刮民人,豪強大賈盤剝百姓,如此,則更加深了人民的苦難。《漢書》卷七十二《鮑宣傳》記載鮑宣之言云:

> 凡民有七亡。陰陽不和,水旱爲災,一亡也;縣官重責,更賦租稅,二亡也;貪吏並公,受取不已,三亡也;豪強大姓,蠶食亡厭,四亡也;苛吏繇役,失農桑時,五亡也;部落鼓鳴,男女遮迣,六亡也;盜賊劫略,取民財物,七亡也。七亡尚可,又有七死。酷吏毆殺,一死也;治獄深刻,二死也;冤陷亡辜,三死也;盜賊橫發,四死也;怨讎相殘,五死也;歲惡飢餓,六死也;時氣疾疫,七死也。民有七亡而無一得,欲望國安誠難;民有七死而無一生,欲望刑措誠難;此非公卿守相貪殘成化之所致邪?

當時之農民“有七亡而無一得”、“有七死而無一生”,歸根到底,是公、卿、守、相貪殘成風之緣故。這就是西漢的政治現實。在嚴酷的階級壓迫、剝削之基礎上,農民付出了自己的血汗與生命,創造了這一時代非常燦爛的文化,產生了大散文家司馬遷、大辭賦家司馬相如、大音樂家李延年。

## 三、學術思想之演變

西漢學術思想之演變,可分三個時期。前期行黃老刑名之學;中期罷黜百家,獨尊儒術,其所尊之儒術,即以儒學爲主,刑名學爲輔之董仲舒《春秋公羊》學;後期行純儒學,所謂純儒學,即西周所行之以溫柔敦厚之《詩》學爲核心的儒家學說。茲分別敘述如下。

　　漢初,行黃老刑名之學,力主以黃老刑名之學治天下,是自帝王、卿相至一般官吏的共同主張。如《史記》卷九《呂太后本紀》記載:

　　　　孝惠皇帝、高后之時,黎民得離戰國之苦,君臣俱欲休息無爲,故惠帝垂拱,高后女主稱制,政不出房户,天下晏然。

惠帝垂拱而治,正是行黃老之無爲政治。不僅惠帝,"孝文帝本好刑名之言"(《史記》卷一百二十一《儒林列傳》),景帝之母"竇太后好黃帝、老子之言,帝及太子諸竇不得不讀《黃帝》、《老子》,尊其術"(《史記》卷四十九《外戚世家》)。至於文官、武將、謀臣、策士,如蕭何、曹參、張良、陳平、汲黯、田叔、鼂錯、直不疑等,或治黃老,或主刑名,其爲政皆大見治效。如《史記》卷五十四《曹相國世家》記載曹參爲齊丞相時:

　　　　其治要用黃老術,故相齊九年,齊國安集,大稱賢相。

其後,繼蕭何爲漢相國,其治國之道,全依蕭何而不稍加更改。其任免官吏,以能否推行黃老之術爲準則。爲相國三年,百姓歌頌之云:

　　　　蕭何爲法,顜若畫一;曹參代之,守而勿失。載其清淨,民以寧一。

又《史記》卷一百二十《汲鄭列傳》記載:

　　　　黯學黃老之言,治官理民,好清靜,擇丞史而任之。其治,責大指而已,不苛小。……歲餘,東海大治。

他們施行這種無爲政治符合與民休息的要求,因此得到人民的擁護。

　　西漢雖然以黃老刑名之學指導當時的政治,但儒學並未熄滅。漢高帝用太牢祭孔子,即説明他承認儒學的地位。自惠帝廢除挾書之律後,學者們從秦火之灰燼中掇拾出一部分斷簡,從民間私藏之中徵集了一部分殘篇,再加上自己的記憶,把儒家之部分典籍恢復起來。由於是各據所得,各憑所據,各依所記,所以對同一部古書,就產生各種不同的解釋。《隋書》卷三十二《經籍志》云:

　　　　惠帝除挾書之律,儒者始以其業行於民間。猶以去聖既遠,經籍散逸,簡札錯亂,傳説紕繆,遂使《書》分爲二,《詩》分爲三,《論語》有齊、魯之殊,《春秋》有數家傳,其餘互有蹐駮,不可勝言。

這些現象説明了儒學開始復興。儒學興起,必然與當時居統治地位之黃老刑名之學展開鬥爭。所以有景帝時,《詩》博士轅固與道家黃生辯論湯武革命的是非之事,有轅固與竇太后辯論儒、道兩家學説的高低之行,更有竇太后罷逐隆推儒術的趙綰、王臧等和不任用貶道家説的竇嬰、田蚡之舉動。《漢書》卷八十八《儒林傳》具體記載了其鬥爭過程:

　　　　叔孫通作漢禮儀,……然尚有干戈平定四海,亦未皇庠序之事也。孝惠高后時,公卿皆武力功臣,孝文時頗登用,然孝文本好刑名之言,及至孝景不任儒,竇太后又好黃老術,故諸博士具官待問,未有進者。……及竇太后崩,武安君田蚡爲丞相,黜黃老刑名百家之言,延文學儒者以百數,而公孫弘以治《春秋》爲丞相封侯,天下學士靡然鄉風矣。

當時的鬥爭極其尖鋭、激烈,司馬遷説:"世之學老子者,則絀儒學,儒學亦絀老子,道不同,不相爲謀,豈謂是耶?"這種鬥爭反映到文學領域中來,像司馬遷《史記》被認爲是"論大道則先黃老而後六經”(《漢書》卷六十二《司馬遷傳》)，像賈誼雖被認爲是儒家，但其《鵩鳥賦》卻表現了濃厚的黄老思想。

武帝時期，由於政治上大一統的要求，學術上也必須統一。順應這一歷史潮流，董仲舒向武帝建議説：

> 《春秋》大一統者，天地之常經，古今之通誼也。今師異道，人異論，百家殊方，指意不同，是以上亡以持一統，法制數變，下不知所守。臣愚以爲諸不在六藝之科，孔子之術者，皆絶其道，勿使並進。邪辟之説滅息，然後統紀可一，而法度可明。民知所從矣。(《漢書》卷五十六《董仲舒傳》)

武帝聽了這段話，“卓然罷黜百家，表彰儒術”。武帝所表彰之儒術，是董仲舒融儒、道、名、法、陰陽五行爲一家之儒術，並非原始儒學，而是陰陽五行化的新儒學，是“霸(黄老刑名)王(儒)道雜之”的儒學了。

這種“霸王道雜之”的儒學，即今文經學。董仲舒是西漢今文經學的創始人，他將天變災異來附會經義，藉以對稱爲天子的帝王的行爲表示異議，並取得帝王的信任。今文經學的基本特點，即把經學陰陽五行化。武帝時立爲官學，設《易》、《書》、《詩》、《禮》、《春秋》五經博士，取得獨尊的地位。

元帝時期，儒學又有新的變化，即恢復用純儒學。據《漢書》卷九《元帝紀》記載元帝爲太子時，曾侍燕，從容對宣帝説：“陛下持刑太深，宜用儒生。”宣帝怒斥之云：“漢家自有制度，本以霸王道雜之，奈何純任德教，用周政乎？……亂我家者太子也。”果然元帝即位即用純儒學指導當時的政治。與此相適應，古文經學産生了。其代表人物爲劉歆。他以校理古書爲事業，按字義講解經文，訓詁簡明，不憑空臆説。比較起來，這還是實事求是一些的學問。爲了取得官學的地位,他與今文經學進行了劇烈的鬥爭。王莽奪取政權後,對古文經學讓步,在太學裏設古文經學博士。這之後,隨着政治勢力之消長,古文經學或爲官學,或爲私學,在矛盾鬥爭中發展。

儒學是封建社會的上層建築,是爲封建統治階級服務的。但是,一些真誠的儒者,不論是今文經學家或古文經學家,往往從儒學的仁愛觀點出發,爲人民的苦難呼喚,要求拯救人民於水火之中。同時敢於直言急諫,要求改善政治,以至於不惜犧牲自己的生命。他們重民、愛民,是人民的同情者。他們思想言行不同程度地代表着我國古代優秀的人民文化,給我們古代文學中民主性精華之形成以有力影響。如賈誼《新書》卷九《大政》上云:

> (人君)知惡而弗改,必受天殃。天有常福,必與有德,天有常災,必與奪民時。故夫民者至賤而不可簡也,至愚而不可欺也。故自古至於今,與民爲仇者,有遲有速,而民必勝之。

賈誼認爲人民"不可簡"、"不可欺",如果與民爲敵,人民最終會消滅他。《漢書》卷五十六《董仲舒傳》云:

> 謹案《春秋》之中,視前世已行之事,以觀天人相與之際,甚可畏也。國家將有失道之敗,而天迺先出災害以譴告之;不知自省,又出怪異以警懼之;尚不知變,而傷敗迺至。以此見天心之仁愛人君而欲止其亂也。自非大亡道之世者,天盡欲扶持而全安之,事在彊勉(改惡從善)而已矣。

董仲舒假天道說人事,其所講天人之際,目的在用天變災異來規諫君王行仁政。《漢書》卷七十七《蓋寬饒傳》記載蓋寬饒上書宣帝引韓氏《易傳》云:

> 五帝官天下，三王家天下。家以傳子，官以傳賢。若四時
> 之運，功成者去，不得其人，則不居其位。

蓋寬饒暗喻皇帝已經失掉民心，應當讓位給賢者。《漢書》卷七十
二《貢禹傳》記載貢禹上書元帝云：

> 方今天下饑饉，可亡大自損減以救之，稱天意乎！天生聖
> 人，蓋爲萬民，非獨使自娛樂而已矣。

貢禹抨擊元帝只圖自己享樂，不顧人民死活。《漢書》卷八十五
《谷永傳》記載谷永上書成帝云：

> 天生蒸民，不能相治，爲立王者以統理之。方制海内，非
> 爲天子，列土封疆，非爲諸侯，皆以爲民也。……去無道，開有
> 德，不私一姓，明天下迺天下之天下，非一人之天下也。

谷永指責成帝把天下看成一己之私，其政治措施非所以爲民也。
以上儒者都是從關心、同情人民的角度對統治者進行諫諍的。他
們的重民、愛民思想與漢代文學中之民主性有着密切的聯繫，是漢
代文學民主性産生的重要根源。

　　西漢王朝尊儒、崇儒的學術思想和社會風氣，也給這一時期之
文學形成以很大影響。如武帝時期提倡用儒者做官，用儒學開科
取士，公孫弘奏議增設博士弟子員，這便引起文章風格之重大變
化。《漢書》卷八十八《儒林傳》記載公孫弘奏議云：

> 臣謹案詔書律令下者，明天人分際，通古今之誼，文章爾
> 雅，訓辭深厚，恩施甚美。小吏淺聞，弗能究宣，亡以明布諭
> 下。以治禮掌故，以文學禮義爲官遷留滯。

他諫議武帝由於詔書法令文辭雅正，訓辭意義深遠，恩澤優厚，小
吏識見淺薄，不能深究宣傳，以曉諭士民，因此要選拔治禮制和治

歷史典籍之人才做官。這項奏議影響很大，很多文人士子爲了做官而讀經書，以求其爲文能"文章爾雅，訓辭深厚"。因爲要達到"文章爾雅，訓辭深厚"，文人作文作賦都引經據典起來。《文心雕龍》卷八《事類》篇云：

> 及揚雄《百官箴》，頗酌於《詩》、《書》；劉歆《遂初賦》，歷叙於紀傳；漸漸綜采矣。至於崔、班、張、蔡，遂捃摭經史，華實布濩，因書立功，皆後人之範式也。

意謂揚雄之《百官箴》，便多采自《詩》、《書》；劉歆之《遂初賦》，則多根據《春秋》、《左傳》；至於崔駰、班固、張衡、蔡邕，乃多采摘經史，使文章寫得華實並茂，成爲後人寫作之楷模。又《文心雕龍》卷十《才略》篇云：

> 然自卿、淵已前，多俊才而不課學，雄、向以後，頗引書以助文，此取與之大際，其分不可亂者也。

司馬相如、王褒以前，文人們多馳騁文才而不考求學問，揚雄、劉向以後往往徵引經書來寫文章，這是取舍之分野，是不容混淆的。又《文心雕龍》卷九《時序》篇云：

> 然中興之後，群賢稍改前轍，華實所附，斟酌經辭，蓋歷政講聚，故漸靡儒風者也。

到光武中興以後，很多文人稍改從前之寫法，在文采與内容的結合中，酌量采用經典中之辭藻，這大概是由於歷代都聚集學者講經，因而逐漸感染了儒學之風氣。

西漢之儒生，大都通訓詁，兼長小學。東漢大經學家許慎，在其《説文解字》序中説：

> 孝平皇帝時，徵禮等百餘人，令説文字未央廷中，以禮爲

小學元士。黃門侍郎揚雄采以作《訓纂篇》，凡倉頡已下十四篇，凡五千三百四十字，群書所載，略存之矣。

漢平帝徵召爰禮等在未央宮中講解文字，揚雄采集之，並編輯成書。這種通訓詁，重小學之風氣，影響到漢賦寫作上之遣詞造句。《文心雕龍》卷八《練字》篇云：

> 及宣、成二帝，徵集小學，張敞以正讀傳業，揚雄以奇字纂訓，并貫練雅頌，總閱音義，鴻筆之徒，莫不洞曉。且多賦京苑，假借形聲；是以前漢小學，率多瑋字，非獨制異，乃共曉難也。

宣帝、平帝時，徵集懂文字之學者讀李斯之《蒼頡篇》，張敞從其學習正音釋義，揚雄據其所講作《訓纂篇》，他們都熟讀《爾雅》、《蒼頡》。當時創作鴻篇巨制之人，莫不深通文字，因此其所作京都苑囿之辭賦，都用通假字來繪形繪聲。到了東漢，小學逐漸衰微，辭賦中之奇文異字也隨之減少。《練字》篇又云：

> 暨乎後漢，小學轉疎，複文隱訓，臧否大半。

當時文字的研究反而疏忽，異體字和怪僻的解釋出現了，他們大半是不通小學的，所以辭賦中之奇文怪字也多不見運用。足見儒生通訓詁、重小學與文人爲文作賦時遣詞造句之密切關係。

總之，社會生產之發展，階級矛盾之激化，學術思想之繁榮，玉成了這一時代之文學，使這一時代之文學出現了光輝燦爛的景象。

# 第二節　賦之勃興

賦至西漢得到很大的發展，成爲當時特有的文學形式。《文心雕龍》卷二《銓賦》篇云：

> 秦世不文，頗有雜賦。漢初辭人，順流而作，陸賈扣其端，賈誼振其緒，枚、馬播其風，王、揚騁其勢，皋、朔已下，品物畢圖。繁積於宣時，校閱於成世，進御之賦，千有餘首，討其源流，信興楚而盛漢矣。

它具體地勾勒出漢賦發展之過程。漢初承秦之餘風進行創作，陸賈開其端緒，賈誼振其遺響，枚乘、司馬相如擴大其成就，王褒、揚雄推展其趨勢，枚皋、東方朔以下，各種事物皆以賦描繪。劉勰對賦之產生與繁榮之評述是完全正確的。但從體裁上看，賦源於楚辭，然至漢卻分爲兩派，即文賦和騷賦。文賦是真正的漢賦，騷賦則是摹擬楚辭之賦。以下我們即以這兩派爲綫索，再結合劉勰所論述之時代順序分別論述之。

## 一、文賦作家賈誼、枚乘、司馬相如、王褒、揚雄

《漢書·藝文志·詩賦略》分賦爲四類，即屈原、陸賈、孫卿、雜賦。陸賈是漢初之"有口辯士"，縱橫家，曾"粗述存亡之徵"（《史記》卷九十七《陸賈列傳》），著《新語》十二篇。《漢書·藝文志》稱其有賦三篇，可惜今皆失傳。班固將其列爲一類之首，意其賦必有特殊之處。然從他是縱橫家方面看，他的賦可能是從蘇秦一類文章發展而來，應當是從屈原、荀卿之賦到漢賦的過渡形式。西漢初年之文賦作家有作品傳世者是賈誼、枚乘。

賈誼的生平事跡，見於《史記》、《漢書》本傳。他是洛陽人，年十八即以能誦詩書屬文聞名於郡中。文帝即位，河南守吳公薦以"年少，頗通諸子百家之書"，被召爲博士。後以善議事爲文帝賞識，一年之中超遷到大中大夫。曾建議更定律令及遣列侯就國等，

得到文帝的器重，擬任以公卿之位，但大臣周勃、灌嬰等讒之云：
"洛陽之人，年少初學，專欲擅權，紛亂諸事。"（《漢書》卷四十八《賈誼
傳》）因此，見疏於文帝，被遣做長沙王太傅。赴任途中，渡湘水，作
《弔屈原賦》。到任三年，又作《鵩鳥賦》。一年多後，被文帝召見
於宣室，改任他爲梁懷王太傅。文帝前元十一年（公元前一六九
年），梁懷王墮馬死，他以爲自己做太傅未能盡職，憂傷而卒，時年
三十三。

　　賈誼的其他事跡不甚可考。據陸德明《經典釋文序錄》記載
《左傳》之傳授系統爲"（虞）卿傳同郡荀卿名況。況傳武威張蒼。
蒼傳洛陽賈誼"，由此可知他從張蒼學習過《左傳》，是荀況的再傳
弟子。《漢書》卷八十八《儒林傳》又記載："漢興，北平侯張蒼及梁
太傅賈誼、京兆尹張敞、大中大夫劉公子皆修《春秋左氏傳》。誼
爲《左氏傳》訓故。"可見他是博通經史的。又《漢書》卷三十《藝文
志·諸子略》陰陽家記載："《五曹官制》五篇。注：漢制，似賈誼所
條。"則他也是明習制度律令的。因此，我們可以了解他於文帝時
提出"改正朔，易服色，法制度，定官名，興禮樂，乃悉草具其事儀
法，色尚黃，數用五，爲官名，悉更秦之法"（《史記》卷八十四《賈生列
傳》）之主張，是有其博學多才、遠見卓識爲根據的。他著《新書》五
十八篇（《漢書·藝文志》著錄爲五十八篇，今傳本爲五十六篇），主要是在
探索、尋求鞏固西漢中央集權之良方。他提出的這些良方，有些爲
文帝所采用，有些到武帝時被實施，對強化封建等級制度起了重要
作用。《漢書》卷四十八《賈誼列傳贊》引劉向語云：

　　　賈誼言三代與秦治亂之意，其論甚美，通達國體，雖古之
　　伊、管未能遠過也。

劉向之評語並非誇飾，事實證明，賈誼確是深刻地觀察歷史、分析

歷史,總結了歷代興亡的經驗教訓,提出了自己的真知灼見,作爲鞏固漢朝政權之借鑒。他不愧爲漢初傑出的思想家和政論家。

　　賈誼的賦《漢書·藝文志》著録爲七篇,流傳至今者有《弔屈原賦》、《鵩鳥賦》(見《漢書》本傳)、《惜誓》(見《楚辭》卷十一)、《旱雲賦》(見《古文苑》卷三)、《簴賦》(見《藝文類聚》卷四十四《樂部四》)五篇。其中《惜誓》王逸云:"或曰賈誼,疑不能明也。"按此賦開篇云:"惜余年老而日衰兮",賈誼年僅三十三,不當言老。又文中之"神龍失水而陸居兮,爲螻蟻之所裁","獨不見夫鸞鳳之高翔兮,乃集大皇之野。循四極而回周兮,見盛德而後下。彼聖人之神德兮,遠濁世而自藏。使麒麟可得羈而繫兮,又何以異乎犬羊",全是襲用《弔屈原賦》之語意。很難設想賈誼會在自己不同的作品中重疊運用相同的辭句。可以推斷,這應是後人擬《弔屈原賦》之作。《旱雲賦》據《藝文類聚》卷一百《災異部》題作《旱頌》,東方朔作。然卻不見於《漢書·東方朔傳》。且其所賦之內容有天人感應之觀念,這是賈誼當時尚未曾出現的思想,故非賈誼所作。至於《簴賦》僅餘幾句殘文,已無從考察。可信爲賈誼所作並應當探討者只有《弔屈原賦》和《鵩鳥賦》兩篇了。

　　《弔屈原賦》是悼念屈原之作,同時也是自我傷悼,他把自己的憤慨和不平和屈原的憂愁幽思、憤世嫉俗融匯在一起了。原文云:

　　　　遭世罔極兮,乃隕厥身。烏虖哀哉兮,逢時不祥!鸞鳳伏竄兮,鴟鴞翱翔。闒茸尊顯兮,讒諛得志;賢聖逆曳兮,方正倒植。謂隨夷溷兮,謂跖蹻廉;莫邪爲鈍兮,鉛刀爲銛。于嗟默默生之亡故兮,斡棄周鼎寶康瓠兮。騰駕罷牛驂蹇驢兮,驥垂兩耳服鹽車兮。章甫薦屨漸不可久兮,嗟苦先生獨離此咎兮!

他深切地同情屈原在那個黑白倒置、賢愚不分的時代"獨離此咎"，哀傷屈原，同時即抨擊那個時代。但是，這其中也有他自己遭際之投影。這種遭際一方面是《史記·賈生列傳》所謂"絳、灌、東陽侯、馮敬之屬盡害之"，另一方面是鄧通一類譖諛之臣的誣陷。應劭《風俗通義》卷二"孝文帝"條記載："誼與鄧通俱侍中，同位。誼又惡通為人，數廷譏之。由是疏遠，遷為長沙王太傅。既之官，內不自得。及渡湘水，投弔書曰：'闒茸尊顯，佞諛得意。'以哀屈原離讒邪之咎，亦因自傷為鄧通等所愬也。"鄧通事見《史記》卷一百二十五《佞幸列傳》："鄧通無他能，不能有所薦士，獨自謹其身以媚上而已。"他甚至為文帝"吮癰"，以致為人所不齒。賈誼當然是深惡痛絕之了。這我們可以從其文章中得到印證。如《新書》卷一《數寧》篇說："夫曰'天下安且治'者，非至愚無知，固諛者耳。""至愚"意指周勃等庸臣，"諛者"應即指鄧通等佞幸。又《新書》卷八《官人》篇說："王者官人有六等"，其末等為"廝役"。所謂"廝役"，他解釋說："柔色傴僂，唯諛之行，唯言之聽，以睚眥之間事君者也。"此亦應指鄧通之流。他痛恨地說："與廝役為國者，亡可立待也。"以上即賈誼在《弔屈原賦》中所蘊涵着的自己的身世、遭際以及對其身世、遭際的憤慨和不滿。這些與屈原遭讒見疏之感情完全是一致的，與屈原的哀傷、悲痛、不平之情緒融合無間了。但是，在《弔屈原賦》中，賈誼也有不苟同於屈原之處，即他並不同意屈原之以身殉國。他說：

歷九州而相其君兮，何必懷此都也？鳳凰翔於千仞兮，覽德輝而下之；見細德之險微兮，遙增擊而去之。彼尋常之汙瀆兮，豈容吞舟之魚！橫江湖之鱣鯨兮，固將制乎螻蟻。

對屈原之死，他不能理解。他認為儘管環境惡劣，也應當頑強地生活下去。自己雖居"長沙卑濕"之地,"自傷悼,以爲壽不得長",仍不願去尋死。這是由於他們不同的生死觀決定的。屈原所具有的是儒家殺身成仁之思想,賈誼除了具有儒家思想之外,還兼有道家之曠達精神。此其所以趨向一致而取舍不同也。

賈誼在做長沙王太傅期間,一隻"不祥鳥"鵩飛入其住處,停息其座隅,他自以爲壽命將盡,極爲感傷,便寫了《鵩鳥賦》,假借與鵩問答,抒發自己懷才不遇之情,並以老莊齊生死、等禍福之思想來自我寬解。如:

> 禍兮福所倚,福兮禍所伏。憂喜聚門兮,吉凶同域。……且夫天地爲鑪,造化爲工。陰陽爲炭,萬物爲銅。合散消息,安有常則?千變萬化,未始有極。忽然爲人,何足控揣。化爲異物,又何足患!……貪夫徇財,烈士徇名。夸者死權,品庶每生。怵迫之徒,或趨西東。大人不曲,意變齊同。……其生兮若浮,其死兮若休。澹虖若深淵之靚,汜虖若不繫之舟。不以生故自保,養空而浮。德人無累,知命不憂。細故蒂芥,何足以疑!

他根據道家關於一切事物都處於對立狀態中反復變化的觀點,對禍福、生死、名利作了極其達觀的評述。他以此作爲自我寬解,求得精神上的解脱。但這並非出自他真誠之心願,在他曠達的精神世界中卻隱含着更深沉的悲哀!

賈誼賦是繼承屈原賦之體制而創作的。如《弔屈原賦》即上承屈原《九章》而來,作品結構分前後兩部分,前一部分多采用排比句,後一部分多采用反問句和感嘆句,前後結合,辭采鋪張揚厲,有似縱橫家之文風。《鵩鳥賦》則是上承屈原《天問》和宋玉《風賦》之問答形式,形成我國文學史上最早的以四言句爲主的問答體的哲理賦。《文心雕龍》卷十《才略》篇云：“賈誼才穎，陵軼飛兔，議愜而賦清，豈虛至哉！”賈誼議論恰切，辭賦清新，才華超群，非虛言也。

枚乘(？——前一四〇)據《漢書》卷五十一《本傳》記載，他字叔，淮陰人，曾爲吳王劉濞郎中。吳王謀劃反叛時，枚乘曾上書諫阻，吳王不聽，他便去吳至梁，投靠梁孝王。吳王反叛時，枚乘又上書諫阻，勝贊漢朝之國威，吳王仍不聽，“卒見禽滅”。七國之亂平定後，枚乘聲名大振。景帝任其爲弘農都尉，他不樂做郡吏，以病辭官，復游梁國。“梁客皆善屬辭賦，乘尤高。”(《漢書》本傳)梁孝王死，他回到淮陰。武帝爲太子時素聞其名，當其即位(公元前一四〇年)，以安車蒲輪徵召之。枚乘年事已高，死於途中。枚乘賦《漢書·藝文志》著録爲九篇，今傳者《七發》(見《文選》卷三十四)、《梁王菟園賦》(見《藝文類聚》卷六十五《産業部上》、《古文苑》卷三))及《柳賦》(見《西京雜記》卷四)三篇。《菟園賦》，《藝文類聚》和《古文苑》之記載文字差別很大，錯訛難讀。《柳賦》僅數句，應非枚乘所作。餘者只有《七發》一篇。

《七發》設爲楚太子有病，吳客前往探問，構成八段文字。首段是序，陳述得病之由。以下七段寫吳客用七件事啓發太子。二段寫音樂之美，三段寫飲食之精，四段寫車馬之盛，五段寫游宴之樂，六段寫田獵之興，七段寫觀濤之壯，最後第八段吳客用“要言妙道”說服了太子。《文選》李善注：“《七發》者，說七事以起發太子也。”這是對《七發》合理的解釋。《七發》之寫作目的，在諷諭諸侯子弟脫離腐化享樂的生活，而歸之於正道。《文心雕龍》卷三《雜文》云：“所以戒膏粱之子也。”是對其主題之正確概括。枚乘“久爲大國上賓，與英俊並游”(《漢書》本傳)，對這些膏粱子弟的生活有深切了解，因此對其病源的剖析也十分透徹：

今夫貴人之子,必宮居而閨處,內有保母,外有傅父,欲交無所。飲食則温淳甘膬,腥醲肥厚;衣裳則雜遝曼煖,燀爍熱暑;雖有金石之堅,猶將銷鑠而挺解也,況其在筋骨之間乎哉?故曰:縱耳目之欲,恣支體之安者,傷血脉之和。且夫出輿入輦,命曰蹷痿之機;洞房清宮,命曰寒熱之媒;皓齒娥眉,命曰伐性之斧;甘脆肥膿,命曰腐腸之藥。今太子膚色靡曼,四支委隨,筋骨挺解,血脉淫濯,手足墮窳。越女侍前,齊姬奉後,往來游醼,縱恣于曲房隱間之中,此甘餐毒藥戲猛獸之爪牙也。所從來者至深遠,淹滯永久而不廢。雖令扁鵲治內,巫咸治外,尚何及哉!

這種分析可謂鞭辟入裏,抓住了病根,使頑固的楚太子也不得不傾聽其醫治之良方。於是,他以六件事循循善誘地進行開導。應當說其所陳述的每一件事,都是對當時貴族子弟腐化享樂生活方式之批判,説明要治好這類貴族子弟的病,必須改變他們的生活方式,否則是不能奏效的。最後,他提出要從思想精神上醫治其病的良方,即讓其接受聖賢方術之"要言妙道":

客曰:將爲太子奏方術之士,有資略者若莊周、魏牟、楊朱、墨翟、便蜎、詹何之倫,使之論天下之釋微,理萬物之是非;孔、老覽觀,孟子持籌而筭之,萬不失一。此亦天下要言妙道也,太子豈欲聞之乎?於是太子據几而起曰:渙乎若一聽聖人辯士之言。涊然汗出,霍然病已。

枚乘所謂之"要言妙道",指諸子百家學説,而又折衷於孔孟、老子之學。楚太子不爲以上六事所動,而聽到"要言妙道",便一切疑慮都消散了。這説明聲色犬馬之樂,不如聖賢之言有益。此即所謂"勸百而諷一"也。

《七發》多采用排比句和華麗的辭藻，並長於叙事寫景。如其最末廣陵觀濤：

> 其始起也，洪淋淋焉，若白鷺之下翔；其少進也，浩浩澄澄，如素車白馬帷蓋之張。其波涌而雲亂，擾擾焉如三軍之騰裝。其旁作而奔起也，飄飄焉如輕車之勒兵。六駕蛟龍，附從太白。純馳浩蜺，前後駱驛。顒顒卬卬，椐椐彊彊，莘莘將將。壁壘重堅，杳雜似軍行。訇隱匈礚，軋盤涌裔，原不可當。觀其兩傍，則滂渤怫鬱，闇漠感突；上擊下律，有似勇壯之卒，突怒而無畏，蹈壁衝津，窮曲隨隈，踰岸出追，遇者死，當者壞。……

這種描寫與宋玉《風賦》相似，但其所采用之比喻和疊字卻比《風賦》更多。《文心雕龍》卷三《雜文》云："及枚乘摛艷，首製《七發》，腴辭雲搆，夸麗風駭。"《七發》確是辭藻繁富，如雲之集聚，似風之飛馳。《七發》在辭藻上比《鵩鳥賦》華美多了，在內容上由説理演變爲叙事寫物，是一篇完整的漢賦形式，漢賦的正式成立，應當從枚乘《七發》開始。

《七發》在體制上源於《招魂》和《大招》。范文瀾《文心雕龍注》云："考《楚辭·大招》，自'五穀六仞'至'不遽惕只'，言飲食之釀美，即《七發》'犓牛之腴'一段所本也；自'代秦鄭衛'至'聽歌譔只'，言歌舞音樂之樂，即《七發》'龍門之桐'一段所本也；自'朱唇皓齒'至'恣所便只'即《七發》'使先施徵舒……嬿服而御'所本也；自'夏屋廣大'至'鳳皇翔只'言宮室游觀鳥獸之事，即《七發》'既登景夷之臺'、'將爲太子訓騏驥之馬'、'將以八月之望'諸段所本也。《大招》篇末言'上法三王國治民安之事'，即《七發》末首所本也。詳觀《七發》體構，實與《大招》大致符合。"魯迅《漢文學史綱要》亦云："乘於文林,業績之偉,乃在略依《楚辭·七諫》之法,并取《招魂》、《大招》之意,自造《七發》。"可見《七發》之體制自有淵源,其對後代文學的影響也很大,自此以後,"七"字便成爲一種文體,仿作者很多。《藝文類聚》卷五十七《雜文部三》傅玄《七謨序》云："昔枚乘作《七發》,而屬文之士,若傅毅、劉廣世、崔駰、李尤、桓麟、崔琦、劉梁之徒,承其流而作之者紛焉,《七激》、《七興》、《七依》、《七疑》、《七説》、《七蠲》、《七舉》之篇。通儒大才馬季長、張平子,亦引其源而廣之。"除此之外,漢代以下"七"字體還很多,然皆摹擬之作,連"勸百諷一"的意義也沒有了。

　　賦發展到武帝時期達到全盛階段。據《漢書·藝文志》記載,自戰國至漢末,賦凡一千零四篇,其中武帝時期之賦即有四百三十三篇。如:

屈原賦類:

　　　司馬相如賦二十九篇

　　　淮南王賦八十二篇

　　　淮南王群臣賦四十四篇

　　　太常蓼侯孔臧賦二十篇

　　　陽丘侯劉隁賦十九篇

　　　吾丘壽王賦十五篇

　　　蔡甲賦一篇

　　　上(指武帝)所自造賦二篇

　　　兒寬賦二篇

陸賈賦類:

　　　枚皋賦百二十篇

　　　常侍郎莊忽奇賦十一篇

嚴助賦三十五篇

朱買臣賦三篇

宗正劉辟彊賦八篇

司馬遷賦八篇

孫卿賦類：

李思孝景皇帝頌十五篇

廣川惠王越賦五篇

長沙王群臣賦三篇

魏內史賦二篇

東暆令延年賦七篇

雜賦類（此類無作者姓名，時代不可考，故不計在內）。

從賦產生數量之多，亦可見其在當時繁盛之情況，司馬相如即此繁盛時期之代表，是漢賦全盛期的最重要的作家。

司馬相如（前一七九——前一一七），《史記》卷一百十七、《漢書》卷五十七都有傳。他字長卿，蜀郡成都人。少時好讀書，學擊劍，因此其父母名之曰犬子。學業既成，慕藺相如之爲人，更名相如。曾因人家資得爲郎中，事奉景帝，爲武騎常侍。景帝不好辭賦，時梁孝王來朝，游說之士鄒陽、枚乘、莊忌等皆從。相如悅之，因託病辭官，客游於梁。相如得與諸儒生、游說之士交游數年，乃作《子虛賦》。

武帝即位，讀《子虛賦》而贊嘆之，謂“朕獨不得與此人同時哉”，蜀人楊得意爲狗監侍武帝，因言乃其同邑人司馬相如作。武帝召問相如，相如云：“有是。然此乃諸侯之事，未足觀也。請爲天子游獵賦，賦成奏之。”武帝令尚書給以筆札。相如既奏《上林賦》，武帝大悅，以爲郎官。

　　數歲，武帝采納唐蒙建議，開通西南夷。巴、蜀二郡深受其苦，"民大驚恐"。相如奉使巴、蜀，作《喻巴蜀檄》，宣喻百姓使知天子之本意。同時主張通西夷，武帝任其爲中郎將，持節出使西夷。蜀郡父老、朝臣多持異議，以爲無益於國。他又作《難蜀父老》文，説明通西夷之必要。其後，人或上書言相如出使時受別人金錢，被免官。

　　一年餘，又被召爲郎官。然稱病閒居，不慕官爵，常隨武帝去長楊宮游獵，同時上疏諫武帝不應貪圖游獵之樂而荒怠國事。獵還，過宜春苑宮，見秦二世陵墓，心哀之，作《哀二世賦》。又爲孝文園令。因見武帝好神仙，乃作《大人賦》奏之，武帝大悦，"飄飄有凌雲之氣，似游天地之間意"。

　　相如因病免官，居茂陵。武帝聞其病，遣所忠到其家取所著書，所忠到則相如已死。家中無餘書，僅一卷，言封禪事，乃勸武帝隆封禪也。

　　從司馬相如一生之行跡看，他由藩國之臣到天子宮廷之臣，是封建統治者的侍從，其作爲主要是應合封建統治者的要求。但是，他也有較高的政治才能，兩次出使巴、蜀，對開通西南夷作出了應有的貢獻，上書諫田獵，對武帝不無微辭。伴隨他一生的文學創作"賦"，比較全面地反映了他的政治態度和思想傾向。

　　司馬相如之賦，《漢書·藝文志》著録爲二十九篇，今存者爲《天子游獵賦》、《大人賦》、《哀二世賦》（以上皆見《史記》、《漢書》本傳）、《長門賦》（見《文選》卷十六）、《美人賦》（見《藝文類聚》卷十八《人部二》）。《天子游獵賦》，《文選》將其分爲《子虛》、《上林》兩篇，是有根據的。《史記》即明確記載《子虛賦》寫於梁孝王門下，《上林賦》寫於武帝朝廷之上，而且内容也有相對的獨立性，《子虛》寫諸侯游戲之樂、苑囿之大，《上林》則寫天子上林苑游獵之盛，張大天子之威勢。但是兩篇之内容又相連續着，前後一貫，前篇是序，後篇是重心，没有序無以表現重心，没有重心，則失去其應有之意義。《史記》記述其寫作意圖云：

> 相如以"子虛"，虛言也，爲楚稱；"烏有先生"者，烏有此事也，爲齊難；"無是公"者，無是人也，明天子之義。故空藉此三人爲辭，以推天子諸侯之苑囿。其卒章歸之於節儉，因以風諫。

也説明其前後是統一體，目的在"推天子諸侯之苑囿"，並以節儉諷諫天子。可見這兩篇作品並不僅是歌功頌德，而是蕴涵着諷諫，有其政治意義。

《子虛賦》假設子虛與烏有先生之問答，以齊、楚對比，各自誇耀。當烏有先生聽到子虛的虛辭濫説之後云：

> 是何言之過也！足下不遠千里，來貺齊國，王悉發境内之士，而備車騎之衆，與使者出畋，乃欲戮力致獲，以娱左右，何名爲夸哉！問楚地之有無者，願聞大國之風烈，先生之餘論也。今足下不稱楚王之德厚，而盛推雲夢以爲高，奢言淫樂而顯侈靡，竊爲足下不取也。必若所言，固非楚之美也，有而言之，是章君之惡；無而言之，是害足下之信。章君之惡而傷私義，二者無一可，而先生行之，必且輕於齊而累於楚矣，且齊東陼鉅海，南有琅邪，觀乎成山，射乎之罘，浮渤澥，游孟諸，邪與肅慎爲鄰，右以湯谷爲界，秋田乎青丘，徬徨乎海外，吞若雲夢者八九，其於胸中曾不蔕芥。若乃俶儻瑰瑋，異方殊類，珍怪鳥獸，萬端鱗崪，充牣其中者，不可勝記，禹不能名，卨不能計。然在諸侯之位，不敢言游戲之樂，苑囿之大；先生又見客，是以王辭而不復，何爲無以應哉！

其中應特別注意者爲烏有先生指責子虛對楚之誇耀，"固非楚之美也"，而"是章君之惡"，自稱齊"不敢言游戲之樂，苑囿之大"，是"在諸侯之位"。很明顯，這是在批評楚違反諸侯之制。在司馬相如之時，諸侯僭儗禮制之現象時有發生。司馬相如寫此賦於梁孝王門下，自然有梁之政治形勢爲根據，同時也應當包括其他各諸侯國之情況在內。如吳王劉濞與皇家爭勝，《漢書》卷五十一《枚乘傳》記載枚乘《諫吳王書》云：皇家"修治上林，雜以離宮，積聚玩好，圈守禽獸，不如長洲之苑；游曲臺，臨上路，不如朝夕之池"。長洲苑、朝夕池皆吳王游宴之所，其奢侈、佚樂超過天子。又梁孝王劉武築東苑，擬於天子，《漢書》卷四十七《梁孝王傳》記載："孝王築東苑，方三百餘里。廣睢陽城七十里。大治宮室，爲復道，自宮連屬於平臺三十餘里。得賜天子旌旗，從千乘萬騎，出稱警，入言趨，儗於天子。"又《漢書》卷五十三《魯恭王傳》記載：恭王劉餘"好治宮室、苑囿、狗馬。季年，好音，不喜辭"等。司馬相如寫此賦是針對着現實的，針對着諸侯僭儗禮制的行爲而發，有貶諸侯之政治意義。

《上林賦》則假借亡是公之口，極稱天子游獵之盛，張大天子之威勢，以壓倒諸侯。亡是公聽了子虛、烏有先生的對答之後，認爲："二君之論，不務明君臣之義正諸侯之禮，徒事爭游戲之樂、苑囿之大，欲以奢侈相勝，荒淫相越，此不可以揚名發譽，而適足以貶君自損也。且夫齊楚之事又烏足道乎！君未睹夫巨麗也，獨不聞天子之上林乎？"於是大講天子上林之游獵，首先標舉上林之巨麗云：

> 左蒼梧，右西極；丹水更其南，紫淵徑其北；終始灞滻，出入涇渭；酆鎬潦潏，紆餘委蛇，經營乎其內。蕩蕩乎八川分流，相背而異態。東西南北，馳騖往來，出乎椒丘之闕，行乎洲淤

之浦,經乎桂林之中,過乎泱漭之野。汩乎混流,順阿而下,赴
隘陜之口。觸穹石,激堆埼,沸乎暴怒,洶涌滂湃,滭浡滵汩,
湢測泌瀄,橫流逆折,轉騰潎洌,澎濞沆瀣,穹隆雲橈,宛潬膠
戾,踰波趨浥,蒞蒞下瀨,批壧衝壅,犇揚滯沛,臨坻注壑,瀺灂
霣墜,湛湛隱隱,砯磅訇礚,潏潏淈淈,湁潗鼎沸,馳波跳沫,汩
㶁漂疾,悠遠長懷,寂漻無聲,肆乎永歸。然後灝溔潢漾,安翔
徐徊,翯乎滈滈,東注大湖,衍溢陂池。

此所謂"巨麗",即具體地描寫上林苑之地形、山勢、水流之雄偉險
峻、曲折透迤。這之後,便以六個"於是乎"誇耀其山川草木鳥獸
及離宮別館之繁富,設備之便利,結以"若此者數百千處,嬉游往
來,宮宿館舍,庖厨不徙,後宮不移,百官備具"。繼之,正面鋪陳描
寫校獵之技藝,結以"所以娛耳目而樂心意者,麗靡爛漫於前,靡曼
美色於後"。這些描寫都是爲了顯示天子上林苑游獵之聲威,乃人
間之極樂,遠遠超過諸侯。直所以貶諸侯而尊天子也。最後兩個
"於是",曲終奏雅,天子悔悟,寫道:

　　於是酒中樂酣,天子芒然而思,似若有亡。曰:"嗟乎,此
泰奢侈! 朕以覽聽餘閒,無事棄日,順天道以殺伐,時休息於
此,恐後世靡麗,遂往而不反,非所以爲繼嗣創業垂統也。"於
是乃解酒罷獵,而命有司曰:"地可以墾辟,悉爲農郊,以贍萌
隸;隤牆填塹,使山澤之民得至焉。實陂池而勿禁,虛宮觀而
勿仞。發倉廩以振貧窮,補不足,恤鰥寡,存孤獨。出德號,省
刑罰,改制度,易服色,革正朔,與天下爲更始。"

　　於是歷吉日以齋戒,襲朝服,乘法駕,建華旗,鳴玉鸞,游
乎《六藝》之囿,騖乎仁義之塗,覽觀《春秋》之林,射《貍首》,
兼《騶虞》,弋玄鶴,建干戚,載雲罕,揜群《雅》,悲《伐檀》,樂

《樂胥》，修容乎《禮》園，翺翔乎《書》圃，述《易》道，放怪獸，
登明堂，坐清廟，恣群臣，奏得失，四海之内，靡不受獲。於斯
之時，天下大悦，嚮風而聽，隨流而化，㗏然興道而遷義，刑錯
而不用，德隆乎三皇，功羡於五帝。若此，故獵乃可喜也。

此即"卒章歸之於節儉，因以風諫"之意。夫"以諸侯之細，而樂萬
乘之所侈"，則百姓可能身被其苦；以萬乘之尊，"務在獨樂，不顧
衆庶，忘國家之政，而貪雉兔之獲"，是仁者所不取。所謂"勸百而
諷一也"。

　　《上林賦》對天子所諷諫之内容，不僅在武帝時代，而是整個
西漢朝政所存在之重要問題。如《漢書》卷四十八《賈誼傳》記載，
賈誼上文帝《治安策》悲嘆時政可流涕者之一："夫射獵之娱，與安
危之機孰急？……今不獵猛敵而獵田彘，不搏反寇而搏畜菟，玩細
娱而不圖大患，非所以爲安也。"又《漢書》卷五十一《賈山傳》記載
賈山《至言》批評文帝："使天下舉賢良方正之士……今方正之士
皆在朝廷矣，又選其賢者使爲常侍諸吏，與之馳驅射獵，一日再三
出。臣恐朝廷之懈弛，百官之墮於事也。……今從豪俊之臣，方正
之士，直與之日日獵射，擊兔伐狐，以傷大業，絶天下之望，臣竊悼
之。"他們都對文帝之游獵表示不滿，其言辭之激切，雖非司馬相如
在《上林賦》中所流露之情緒可比，但司馬相如卻是承襲了賈誼、
賈山等人之思想以諷諫武帝的。至於《上林賦》中武帝表示願將
苑中空地墾辟作農田，"以贍萌隸"，漢初蕭何即曾向劉邦提此建
議，因此激怒了劉邦，而被下於獄。《上林賦》中武帝自己作如此
表示，則説明司馬相如與蕭何持相同觀點，而以不同方式出之。儘
管武帝時代並未開放上林苑，真正開放上林苑，以贍氓隸，是在光
武帝遷都洛陽之後，馬援上書求屯田上林苑中，得到光武帝之允
許，但從總的方面看，司馬相如的意見是歷史發展中之合理要求並

終於得以實現,所謂"此其效亦可睹矣"。

《子虛》、《上林》之貶諸侯、尊天子以及卒章以節儉諷諫等,在當時都是有積極意義的。

《子虛》、《上林》之結構爲篇首諸段用散文領起,中間若干段用韻文鋪叙,篇末一段又用散文結束。組織比較嚴密,音調也多變化,文句之間有一種囊括天下之氣勢。如其叙述天子游獵之盛云:

> 於是乎周覽泛觀,嗔盼軋沕,芒芒恍忽,視之無端,察之無崖。日出東沼,入於西陂。其南則隆冬生長,踊水躍波;其獸則㺎旄貘犛,沈牛麈麋,赤眉圜題,窮奇象犀。其北則盛夏含凍裂地,涉冰揭河;其獸則麒麟角䴆,騊駼橐馳,蛩蛩驒騱,駃騠驢騾。

> 於是乎離宮別館,彌山跨谷,高廊四注,重坐曲閣,華榱璧璫,輦道纚屬,步櫩周流,長途中宿。夷嵕築堂,累臺增成,巖突洞房,俛杳眇而無見,仰攀橑而捫天,奔星更於閨闥,宛虹拖於楯軒。青虯蚴蟉於東箱,象輿婉蟬於西清,靈圉燕於閒觀,偓佺之倫暴於南榮,醴泉涌於清室,通川過乎中庭。礝石磷崖,嶔巖倚傾,嵯峨磈硊,刻削崢嶸,玫瑰碧琳,珊瑚叢生,瑉玉旁唐,玢豳文鱗,赤瑕駁犖,雜臿其間,垂綏琬琰,和氏出焉。

作者運用了許多排比句,間雜長短句,使語意一貫,音節短促,文采斑駁陸離,應接不暇,有一瀉千里之勢。這兩篇賦之風格不同,《子虛》以精巧見長,《上林》以宏肆取勝,但同爲千古絶調,是漢賦之典型,成爲後代賦作之楷模。

《大人賦》是司馬相如因見武帝好神仙而奏奉的諷諫之作。其境界、意想,皆仿仙跡,將仙界寫得十分壯觀,有聲有色。但其中也寫了一些不盡如人意之處,如寫西王母之處境:

> 曜然白首，載勝而穴處兮，亦幸有三足烏爲之使。必長生
> 若此而不死兮，雖濟萬世不足以喜。

他認爲像西王母那樣幽居獨處而長生不死，縱然能濟萬世，也不足
爲羨！又篇末寫仙界之孤悽、冷清：

> 下崢嶸而無地兮，上寥廓而無天。視眩眠而無見兮，聽惝
> 怳而無聞。乘虛無而上假兮，超無友而獨存。

這種境界上不見天，下不見地，渺茫之中無所聞見，在虛無、孤獨中
生存。意在言外，這種仙境值得追求嗎？此即司馬相如之所以諷
諫，而武帝卻得意於仙游之樂，飄飄然有凌雲之氣。司馬相如勸百
諷一，結果卻適得其反。

《哀二世賦》是哀憫秦二世爲政之失誤，以爲武帝之鑑戒。此
賦篇幅很短，原文如下：

> 登陂陀之長阪兮，坌入曾宮之嵯峨。臨曲江之隑州兮，望
> 南山之參差。巖巖深山之谾谾兮，通谷𧲍兮蹖𧯖。汨淢噏習
> 以永逝兮，注平皋之廣衍。觀衆樹之塕薆兮，覽竹林之榛榛。
> 東馳土山兮，北揭石瀨。彌節容與兮，歷弔二世。持身不謹
> 兮，亡國失勢。信讒不寤兮，宗廟滅絶。嗚呼哀哉！操行之不
> 得兮，墳墓蕪穢而不脩兮，魂無歸而不食。夐邈絶而不齊兮，
> 彌久遠而愈休。精罔閬而飛揚兮，拾九天而永逝。嗚呼哀哉！

其中“持身不謹兮，亡國失勢。信讒不寤兮，宗廟滅絶”是對秦二
世敗亡經驗之總結。當然秦二世並非僅僅亡於立身不慎，聽信讒
言，司馬相如獨標舉此項，是有針對性的，即針對漢武帝所存在的
問題，以警戒武帝。然文直而言淺，未能達到預期的諷諫目的。

《長門賦》據其序云是爲陳皇后所作。陳皇后因妒失寵，退居

長門宮，"愁悶悲思"，乃"奉黃金百斤，爲相如文君取酒"，請其爲
"解悲愁之辭"，以感悟武帝。司馬相如因而作賦以抒發其愁苦。
但人們或根據《漢書·陳皇后傳》考證，認爲此說不足據。不過從
賦之內容看，其爲代被遺棄之后妃所作則是無疑義的。其中描寫
被遺棄之后妃盼望天子臨幸，而終於失望、絕望之心情最爲動人：

> 日黃昏而絕望兮，悵獨託於空堂。懸明月以自照兮，徂清
> 夜於洞房。援雅琴以變調兮，奏愁思之不可長。案流徵以卻
> 轉兮，聲幼妙而復揚。貫歷覽其中操兮，意慷慨而自卬。左右
> 悲而垂淚兮，涕流離而從橫。舒息悒而增欷兮，蹝履起而彷
> 徨。揄長袂以自翳兮，數昔日之愆殃。無面目之可顯兮，遂頹
> 思而就牀。摶芬若以爲枕兮，席荃蘭而茝香。忽寢寐而夢想
> 兮，魄若君之在旁。惕寤覺而無見兮，魂迋迋若有亡。衆雞鳴
> 而愁予兮，起視月之精光。觀衆星之行列兮，畢昴出於東方。
> 望中庭之藹藹兮，若季秋之降霜。夜曼曼其若歲兮，懷鬱鬱其
> 不可再更。澹偃蹇而待曙兮，荒亭亭而復明。妾人竊自悲兮，
> 究年歲而不敢忘。

后妃失寵之後，在長門宮渴望天子臨幸，從黃昏到天明，佇立等待，
出神凝思，寢寐之間似若天子在身邊，醒寤之後又形影俱無。
終漫漫之長夜，獨永嘆而悲傷。直到天明，仍自悲悽，不敢忘
君。其情其景，歷歷在目，形象逼真。亦暗喻其晚年免官閒居，
怨君戀君的情懷。這是最早的《宮怨》詩，開後代寫"宮怨"作品之
先河。

　　《美人賦》是司馬相如在梁孝王門下所作，寫其心誠意正，不
近女色，乃對《登徒子好色賦》之摹擬。全賦麗辭瑰句羅列成章，
然語淺意蕩，不如《好色賦》之婉而多諷。

那麼從總體上對司馬相如之賦如何評價呢？歷代人們的看法都不同。如葛洪《西京雜記》卷三云：

> 司馬長卿賦，時人皆稱典而麗，雖詩人之作，不能加也。揚子雲曰："長卿賦不似從人間來，其神化所至邪？"

把司馬相如賦凌駕於風人之詩以上，認爲非一般人所作，而是出於鬼斧神工。可謂推崇備至了。司馬遷《史記·司馬相如傳贊》云：

> 相如雖多虛辭濫說，然要其歸引之於節儉，此與《詩》之風諫何異？

他雖然承認司馬相如賦多"虛辭濫說"，但其要領則在引導節儉，與《詩》之諷諫沒有甚麼不同。按：他們的看法都未免失當，風人之詩對統治者主要是諷刺，而司馬相如之賦對統治者則主要是歌頌，創作傾向不同，不容混淆。從總的方面看，司馬相如賦是追求形式之典麗，重辭藻，多夸飾，而忽視了所寫事物是否符合客觀實際。這一點《文心雕龍》卷八《夸飾》篇講得很具體：

> 自宋玉、景差，夸飾始盛，相如憑風，詭濫愈甚。故上林之館，奔星與宛虹入軒；從禽之盛，飛廉與鷦明俱獲。

它叙述司馬相如繼承宋玉、景差夸飾文風之後，即指出其寫上林之宮館，則流星與長虹俱入窗户，寫獵取飛禽，連飛廉與鳳凰皆被捕獲之失實現象。又《文心雕龍》卷十《才略》篇云：

> 相如好書，師範屈宋，洞入夸艷，致名辭宗。然覆取精意，理不勝辭，故揚子以爲文麗用寡者長卿，誠哉是言也。

認爲雖然司馬相如學習屈、宋，文辭夸麗，成爲一代辭宗，但其作品之情理與辭采卻不相稱，揚雄謂其“文麗用寡”，確是恰當之論。
“文麗用寡”，即文辭艷麗，不切實用，這是司馬相如賦之特點，也
是文賦派之形式特點。

以上的論述，可以看出文賦派從屈原、宋玉、賈誼、枚乘發展到
司馬相如，達到漢賦之極盛時期。

宣帝以後，雖然也極力提倡辭賦，但已經逐漸轉入衰落時期，
遠不及武帝時期氣象之廣博和結構之宏偉，而趨向纖巧和摹擬了。
王褒是此期之重要作家。

王褒，據《漢書》卷六十四下本傳記載，他字子淵，蜀人。“宣
帝時修武帝故事，備論六藝群書，博盡奇異之好，徵能爲楚辭九江
被公，召見誦讀。益召高材劉向、張子僑、華龍、柳褒等待詔金馬
門。”王褒也因益州刺史王襄之舉薦被徵，受詔作《中和樂職宣布
詩》，好事者依《鹿鳴》聲調歌之，至京師後又受詔作《聖主得賢臣
頌》，而膾炙人口。宣帝令王褒與張子僑等並待詔，常携帶其隨從
田獵，所過宮館，輒令作歌頌，並依其所作之高低賜帛。不久，擢升
爲諫大夫。其後，太子身體不適，宣帝令褒等娛侍太子，太子朝夕
誦讀奇文及褒之賦。太子病愈後，始得歸。“後方士言益州有金馬
碧雞之寶，可祭祀致也”，王褒又奉詔去益州祭祀致寶，病卒道中。
王褒之生年不詳，他既卒於致金馬碧雞道中，據《通鑑》卷二十六
《漢紀》十八繫此事於神爵元年（公元前六一年），然《漢書》本傳則
云“神爵、五鳳之間”益州刺史王襄“因奏褒有軼材，上乃徵褒”，王
褒在神爵、五鳳間方入朝，豈得在未入朝之前即奉詔去益州致寶？
顯然《通鑑》記載有誤。按《僮約》有“神爵三年正月十五日，資中
男子王子淵”之句，神爵三年（公元前五九年）王褒尚在，則其死必
在此之後。王褒賦，《漢書·藝文志》著録爲十六篇，今存者有《洞
簫賦》（見《文選》卷十七）、《九懷》（見《楚辭》卷十五）、《聖主得賢臣

頌》(見《漢書》卷六十四本傳)、《四子講德論》(見《文選》卷五十一)、《甘泉宮頌》(見《藝文類聚》卷六十二《居處部二》)、《碧鷄頌》(見《後漢書》卷一百十六)、《僮約》(見《藝文類聚》卷三十五《人部十九》)、《責鬚髯奴辭》(見《初學記》卷十九《人部下》、《古文苑》卷十九以爲東漢黄香作)。其中或稱作"頌"和"辭",實際上也是一種賦體。在其全部賦作中,應以《洞簫》和《九懷》爲代表。

《洞簫賦》是以楚辭的調子寫成的。但其體裁並非騷體,而是文賦體。它句法兩兩並列,在首句之末用"兮"字,這自然是騷體,但每隔數句,又間用散文句式,這又爲騷體所無。又其於文意轉折處,多用"於是"、"故"、"或"、"若乃"、"是以"等虚詞相連接,這與司馬相如《上林賦》同,而與騷體賦異。且其内容並未抒發騷客之愁思,而單純是詠物。這都足以説明本篇不是騷賦,而是文賦。此賦之内容是賦寫簫之制作,吹簫者之感情,簫之聲音、功用等,極其細緻、生動。如寫簫之聲調云:

> 於是乃使夫性昧之宕冥,生不覩天地之體勢,闇於白黑之貌形。憤伊鬱而酷䏰,愍眸子之喪精,寡所舒其思慮兮,專發憤乎音聲。故吻吮值夫宫商兮,龢紛離其匹溢。形旖旎以順吹兮,瞋啯哷以紆鬱,氣旁迕以飛射兮,馳散涣以逫律。趣從容其勿述兮,鶩合遝以詭譎。或渾沌而潺湲兮,獵若枚折;或漫衍而駱驛兮,沛焉競溢。惏慄密率,掩以絶滅;㗱霵曄踕,跳然復出。若乃徐聽其曲度兮,廉察其賦歌。啾咇㘉而將吟兮,行鍖銋以龢囉。風鴻洞而不絶兮,優嬈嬈以婆娑。翩綿連以牢落兮,漂乍棄而爲他。要復遮其蹊徑兮,與謳謡乎相龢。故聽其巨音,則周流汜濫,并包吐含,若慈父之畜子也;其妙聲,則清静厭瘱,順敘卑迖,若孝子之事父也。科條譬類,誠應義理。澎濞慷慨,一何壯士;優柔温潤,又似君子。故其武聲,則

若雷霆輘輷，佚豫以沸㥜；其仁聲，則若颽風紛披，容與而施惠，或雜遝以聚斂兮，或拔摋以奮棄。悲愴悗以惻惐兮，時恬淡以綏肆。被淋灑其靡靡兮，時横潰以陽遂。哀悁悁之可懷兮，良醰醰而有味。……

其描寫簫之音調委婉曲折，語短韻長。對音樂的描寫，《七發》已開其端，但傾全篇寫音樂，而且寫得如此聲貌畢現，如劉勰所謂"子淵《洞簫》，窮變於聲貌"（《文心雕龍·詮賦》），則當首推此篇。這是最早的詠物賦，後代的詠物賦皆源於此。從語言上看，其遣詞造句極爲纖巧、細膩，是司馬相如鋪陳夸張賦風之轉變。其駢偶句式之連用，是駢儷文之雛形，對後代尤其對魏、晉、六朝駢儷文之發展有很大影響。

《九懷》，據王逸云："襃讀屈原之文，嘉其溫雅，藻采敷衍，執握金玉，委之污瀆，遭世溷濁，莫之能識。追而愍之，故作《九懷》，以褘其詞。"他認爲《九懷》是王襃追愍屈原之作。從形式上看，那完全是摹擬《九歌》句式，句中用"兮"字；從文意上看，是《離騷》"吾將上下而求索"一句之推衍。如《危俊》一章云：

　　　　林不容兮鳴蜩，余何留兮中州？陶嘉月兮總駕，搴玉英兮自脩。結榮茝兮逶逝，將去兮遠游。徑岱土兮魏闕，歷九曲兮牽牛。聊假日兮相伴，遺光耀兮周流。望太一兮淹息，紆余轡兮自休。晞白日兮皎皎，彌遠路兮悠悠。顧列孛兮縹縹，觀幽雲兮陳浮。鉅寶遷兮砏磤，雉咸雊兮相求。泱莽莽兮究志，懼吾心兮懤懤。步余馬兮飛柱，覽可與兮匹儔。卒莫有兮纖介，永余思兮怊怊。

從中我們可以依稀領會到一個失志者的哀愁，但其感情並不熾烈、誠摯，而是淡泊、冷漠，這可能由於王襃在政治上沒有屈原那樣不幸遭遇的原因吧！全篇除了華辭麗藻外，值得稱道者不多。

　　王褒的其他作品如《聖主得賢臣頌》、《責鬚髯奴辭》、《僮約》等雖同樣是賦，但皆用駢儷文寫成，留待以下記述駢體文時再論列之。

　　要之，王褒是宮廷文人，但他的賦作在賦體的演變上卻有一定的貢獻。

　　西漢末年，揚雄集賦形式之大成，並轉而形成以摹擬爲主之文風。他生於甘露元年（公元前五三年），卒於天鳳五年（公元一八年）。《漢書》卷八十七《本傳》記載，字子雲，蜀郡成都人，“少而好學，不爲章句訓詁，通而已，博覽無所見”。其“爲人簡易佚蕩，口吃不能劇談，默而好深湛之思。清靜亡爲，少耆欲，不汲汲於富貴，不戚戚於貧賤。不修廉隅以徼名當世。家產不過十金，乏無儋石之儲，晏如也”。可見他是一個好學深思，不貪圖富貴利祿，安貧樂道的人物。他喜好辭賦，慕司馬相如賦之“弘麗溫雅”，“常擬之以爲式”。他受《周易》中盈虛消長之道的影響，“以爲君子得時則大行，不得時則龍蛇”，對屈原那種執著頑強的精神不滿，因此作《反離騷》，聲稱“遇不遇命也，何必湛身哉”。他四十餘歲始自蜀來游京師，以文見召，侍從成帝祭祀游獵，奏《甘泉》、《河東》、《羽獵》、《長楊》四賦，以歌頌漢朝之聲威，被任爲郎官，給事黃門。歷成、哀、平三朝，不得升遷。王莽篡漢，“以耆老久次，轉爲大夫”，作《劇秦美新》以贊美新朝。這也說明揚雄並非甘心寂寞之人，他向成帝和王莽一再獻賦，仍是爲了取得帝王的信用。後校書天祿閣，爲劉歆事所累，被收捕，乃投閣自殺，幾死。因病免，又召爲大夫。晚年潛心於經學，仿《周易》作《太玄》，仿《論語》作《法言》，並撰寫文字語言之著作《訓纂》、《方言》等。天鳳五年卒，年七十一。他的賦，《漢書·藝文志》著錄爲十二篇，今傳《甘泉賦》（見《漢書》

本傳、《文選》卷七)、《河東賦》(見《漢書》本傳)、《羽獵賦》(見《漢書》本傳、《文選》卷八))、《長楊賦》(見《書漢》本傳、《文選》卷九)、《反離騷》、《解嘲》、《解難》(見《漢書》本傳)、《酒賦》(見《漢書》卷九十二《游俠傳》)、《蜀都賦》(見《古文苑》卷四、《藝文類聚》卷六十一)、《太玄賦》(見《古文苑》卷四)、《逐貧賦》(見《古文苑》卷四、《藝文類聚》卷三十五)、《劇秦美新》(見《文選》卷四十八),又本傳稱其"旁《離騷》作重一篇,名曰《廣騷》,又旁《惜誦》下以至《懷沙》一卷,名曰《畔牢愁》",然皆亡佚。如此,則其賦之篇數已超過《漢書·藝文志》所載。其中《蜀都賦》、《太玄賦》、《逐貧賦》,或疑其爲僞作,待考。揚雄是思想家並辭賦家,他的思想雖然與其辭賦相同,沒有甚麼獨創性,但他敢於對抗當時彌漫朝野的陰陽方士之思想,卻是可貴的;他的辭賦才氣不如司馬相如,但他的學識卻在司馬相如之上,所以其創作多古腴雅陊、奇突贍麗。

　　揚雄的代表作是《甘泉》、《河東》、《羽獵》和《長楊》四賦,這四篇賦是對司馬相如《子虛》、《上林》、《大人》諸賦之摹擬,是漢代文賦之直接發展。其内容都是立意諷諫,崇儉刺奢,表現了揚雄的政治觀點。據本傳記載,此四篇賦作於兩年之内,《甘泉》、《河東》、《羽獵》作於元延二年,《長楊》作於元延三年,先後依次奏上,皆因成帝而作。成帝是個昏君,不理國政,而沈湎於祭祀、游獵。揚雄新被召,有見於此,故連續進獻四賦以諷。揚雄對賦有明確的看法,他認爲"詩人之賦麗以則,詞人之賦麗以淫"(《揚子法言》卷二《吾子》),他自居爲"詩人之賦",因此即以這種觀點爲指導進行創作。

　　《甘泉賦》是寫成帝郊祀甘泉之事。其序云:"孝成帝時,客有薦雄文似相如者,上方郊祀甘泉泰時汾陰后土,以求繼嗣,召雄待詔承明之庭,正月,從上甘泉,還,奏《甘泉賦》以風。"此賦主要是

寫甘泉宮之壯麗,如:

> 於是大廈雲譎波詭,摧嗺而成觀。仰撟首以高視兮,目冥
> 眴而亡見。正瀏濫以弘惝兮,指東西之漫漫。徒徊徊以徨徨
> 兮,魂眇眇而昏亂。據軨軒而周流兮,忽坱圠而亡垠。翠玉樹
> 之青葱兮,璧馬犀之瞵珉。金人仡仡其承鍾虡兮,嵌巖巖其龍
> 鱗。揚光曜之燎爛兮,垂景炎之炘炘。配帝居之縣圃兮,象太
> 壹之威神。洪臺崛其獨出兮,橅北極之嶟嶟。列宿迺施於上
> 榮兮,日月纔經於枅栌。雷鬱律於巖窔兮,電儵忽於牆藩。鬼
> 魅不能自逮兮,半長途而下顛。歷倒景而絕飛梁兮,浮蠛蠓而
> 撇天。……

甘泉宮之高與雲氣水波相變幻,仰望而無所見,回顧而無際崖。但
見庭中玉樹青葱,金人勇武。其高臺特出,嶟嶟竦立,直達北極。
列星延連着屋翼,日月行經於屋栌。鬼魅不及其上,半途即顛墜而
下。浮道之橋映成倒影,塵氣飛揚拂蔽蒼天。可配帝居之縣圃,像
太一尊神之所居。作者把甘泉宮描繪得像仙境一般,"雖方征僑與
偓佺兮,猶彷彿其若夢",連仙人至此,猶彷彿在夢中,其高峻、瑰奇
可以想見。揚雄寫此賦之目的,或謂在說明"此非人力也,黨鬼神
可也",然而細味全篇,卻很難領會其意,其諷諫作用也就無從談
起了。

《羽獵賦》是寫成帝田獵之事。其序云:"孝成帝時,羽獵,雄
從。……游觀侈靡,窮妙極麗。雖頗割其三垂,以贍齊民,然至羽
獵,甲車戎馬,器械儲偫,禁禦所營,尚泰奢,麗誇詡,非堯、舜、成
湯、文王三驅之意也。又恐後世復脩前好,不折中以泉臺。故聊因
校獵,賦以風之。"他認爲成帝田獵過於奢侈、誇詡,不像古先王之
驅趕禽獸逃脫,以示好生之德,因此作賦以諷之。此賦通篇寫田

獵,從獵場之廣,儀衛之盛,聲威之壯,寫到獵獲禽獸之多,最後以諷諭作結。其寫勇士與禽獸搏擊之場面云:

若夫壯士忼慨,殊鄉别趣。東西南北,騁耆奔欲。拕蒼豨,跋犀犛,蹶浮麋。斮巨狿,搏玄猨。騰空虚,距連卷。踔夭蟜,娭澗閒。莫莫紛紛,山谷爲之風猋,林叢爲之生塵。及至獲夷之徒,蹶松柏,掌蒺藜。獵蒙蘢,轔輕飛。履般首,帶脩蛇。鉤赤豹,摼象犀。跇巒阬,超唐陂。車騎雲會,登降闇藹。泰華爲旒,熊耳爲綴。木仆山還,漫若天外。儲與乎大浦,聊浪乎宇内。於是天清日晏,逢蒙列眥,羿氏控弦。皇車幽輵,光純天地。望舒彌轡,翼乎徐至於上蘭。移圍徙陳,浸淫蹵部。曲隊堅重,各按行伍。壁壘天旋,神抶電擊。逢之則碎,近之則破。鳥不及飛,獸不得過。軍驚師駭,刮野掃地。及至罕車飛揚,武騎聿皇。蹈飛豹,羂嘄陽。追天寶,出一方。應駍聲,擊流光。野盡山窮,囊括其雌雄。……

諸勇士在獵場上各隨其所欲而奔騁,騰空虚,踰林木,風馳電掣,所向披靡,當之者破,近之者亡。鳥未及飛,獸未及走,即被獵獲。揚雄描寫了田獵技術之純熟、精練,行動之敏捷、神速,同時也表現了自己駕馭文字之得心應手和文學技巧之卓異、高超。最後曲終奏雅云:

奢雲夢,侈孟諸。非章華,是靈臺。罕徂離宫而輟觀游,土事不飾,木功不彫。丞民乎農桑,勸之以弗怠。儕男女使莫違。恐貧窮者不徧被洋溢之饒,開禁苑,散公儲,創道德之囿,弘仁惠之虞。……

諷諭成帝應廢奢侈,尚儉樸,勸民以農桑,使男女婚嫁以時。這是我們在反復玩味中可以窺測到的作者意圖。

《長楊賦》是寫成帝與胡人共同田獵之事。其序云："明年，上將大誇胡人以多禽獸。……是時農民不得收斂，雄從至射熊館，還，上《長楊賦》，聊因筆之成文章，故藉翰林以爲主人，子墨以爲客卿以風。"此賦之諷諫意義比前兩篇明顯，即諷刺成帝如此田獵有傷農事。如篇首子墨云：

> 今年獵長楊，先命右扶風，左太華而右褒斜。椓嶻嶭而爲弋，紆南山以爲罝；羅千乘於林莽，列萬騎於山隅。帥軍踤阹，錫戎獲胡，搤熊羆，拖豪猪，木擁槍纍，以爲儲胥，此天下之窮覽極觀也。雖然，亦頗擾于農人，三旬有餘，其廑至矣，而功不圖。恐不識者，外之則以爲娛樂之游，内之則不爲乾豆之事，豈爲民乎哉？且人君以玄默爲神，澹泊爲德。今樂遠出以露威靈，數搖動以罷車甲，本非人主之急務也。蒙竊惑焉。

子墨對成帝大舉田獵頗有微詞，認爲他如此窮極游獵大傷農田，使農民辛勤地耕耘得不到任何收益，且人君應以幽玄恬淡爲德，今則數動車甲，以顯威靈，諒非人君之急務！其下翰林之答辭，則正言若反，是進一步的諷刺了。

要之，揚雄的賦都是摹擬司馬相如之作，但是他的賦又具有不同於司馬相如的一些特點。司馬相如賦不同程度含有戰國縱橫家之體格，意氣風發，詞語雄肆，而揚雄此類賦則意旨深曲，詞語蘊藉，箴規之意難以捉摸。揚雄晚年自悔："或曰：'賦可以諷乎？'曰：'諷乎，諷則已；不已，吾恐不免於勸也。'"（《揚子法言》卷二《吾子》）歸根結底，賦的作用不過是勸而已，諷諫之意就微不足道了。這或者與他明哲保身的政治態度有關係。他聲稱"壯夫不爲"，從此絕意於辭賦，這表面上是硬語，實際上内心是很虛弱的。揚雄所寫以田獵爲内容之賦對後代有很大影響，東漢張衡即有羽獵之賦，建安時期曹丕有《校獵賦》、王粲有《羽獵賦》、應瑒有《校獵賦》，風氣未嘗衰歇，然都不如西漢之盛。

《反離騷》源於騷體，然其中不少文辭對仗極爲工整，已不像屈原作品之純任自然，而是賦的形式了。其寫作意圖，據《漢書》本傳記載，揚雄“又怪屈原文過相如，至不容，作《離騷》，自投江而死；悲其文，讀之未嘗不流涕也。……迺作書，往往摭《離騷》文而反之，自岷山投諸江流，以弔屈原，名曰《反離騷》”。這是一篇弔屈原文，對屈原的不幸遭遇寄予深切的同情，但對屈原之抗言直行以及最後以死結束自己的生命表示不能理解。如其云：“圖累承彼洪族兮，又覽累之昌辭。帶鉤矩而佩衡兮，履欃槍以爲綦。素初貯厥麗服兮，何文肆而質靡。資娵娃之珍髢兮，鬻九戎而索賴。”他爲屈原持方正之行，而遭惡人陷害；好修飾品德，而不被世用；以才高仕楚，猶美女賣於九戎之處境等遭遇而鳴不平，並且認識到此乃“惟天軌之不辟兮，何純絜而離紛”，這都是由於天路不開而使純善貞絜之人遭此苦難。把批判的筆鋒直接指向最高統治者。但是他不理解爲甚麼屈原始終執著地堅持自己的主張和操行，而不肯有所改變。他説：“靈修既信椒蘭之唼佞兮，吾累忽焉而不早睹。衿芰茄之綠衣兮，彼夫容之朱裳。芳酷烈而莫聞兮，不如襞而幽之離房。閨中容競淖約兮，相態以佳麗。知衆嫭之嫉妒兮，何必颺累之蛾眉？”楚王既信任子椒、子蘭，爲甚麼你早不覺察？朝廷中競爲佳麗之態以相傾，你爲甚麼還誇耀自己的美質？這是揚雄所不能理解的。但揚雄最不能理解的是屈原之死，他説：“精瓊靡與秋菊兮，將以延夫天年。臨汨羅而自隕兮，恐日薄於西山。”“卷薜芷與若惠兮，臨湘淵而投之。棍申椒與菌桂兮，赴江湖而漚之。”瓊靡秋菊將以延年，崦嵫忽迫而仍未暮，你爲甚麼自投汨羅？你的品德香如薜芷、菌桂而長久不衰，爲甚麼自殺而喪失其芳香？你的言行不是自相矛盾嗎？ 最後結云：

> 夫聖哲之遭兮，固時命之所有。雖增欷以於邑兮，吾恐靈
> 修之不累改！ 昔仲尼之去魯兮，斐斐遲遲而周邁。終回復於
> 舊都兮，何必湘淵與濤瀨？ 洞漁父之餔歠兮，絜沐浴之振衣。
> 棄由聃之所珍兮，躡彭咸之所遺。

意謂古代聖哲皆有不幸之遭遇，你自己悲傷感嘆，楚王也不會改
悔，從前孔子離開魯國時留戀不舍，終於回來了，你何必死呢？ 又
何必那樣抗流俗，不效法許由、老聃，而效法彭咸呢？ 這是揚雄所
不能理解的，也是他對屈原的責難。“遇不遇命也，何必湛身哉！”
（《漢書》本傳）這是揚雄得出的結論。揚雄弔屈原滲透着自己的思
想感受，他對溷濁的世道有清醒的認識，一切都泰然處之，因此他
懟怨屈原爲甚麼那樣認真。但是，在其冷漠的態度中卻包含着對
屈原之死更深的悲痛，所謂“悲其文，讀之未嘗不流涕”，即其内心
劇烈疼痛之流露。

　　《逐貧賦》是一篇述志之作，即表述自己安貧樂道的人生觀。
但細味全文，作者的内心並不平靜，在貧與富兩種生活的選擇上，
何去何從？ 是經過一番激烈的思想鬥爭的。文章開篇即申訴自己
貧苦難堪之境況，並下令逐貧云：

> 人皆文繡，余褐不完；人皆稻粮，我獨藜餐。貧無寶玩，何
> 以接歡？ 宗室之宴，爲樂不槃。徒行負賃，出處易衣。身服百
> 役，手足胼胝。或耘或耔，霑體露肌。朋友道絕，進官凌遲。
> 厥咎安在？ 職汝爲之。舍汝遠竄，昆侖之巔；爾復我隨，翰飛
> 戾天。舍爾登山，巖穴隱藏；爾復我隨，陟彼高岡。舍爾入海，
> 汎彼柏舟；爾復我隨，載沉載浮。我行爾動，我靜汝休。豈無
> 他人，從我何求？ 今汝去矣，勿復久留！

寫出貧窮與自己形影不離，緊被纏繞，千方百計都擺脫不了，最後
決心逐貧。貧則答辯云：

> 唯唯，主人見逐，多言益蚩。心有所懷，願得盡辭。昔我
> 乃祖，宣其明德，克佐帝堯，誓爲典則。土階茅茨，匪彫匪飾。
> 爰及季世，縱其昏惑。饕餮之群，貪富苟得。鄙我先人，乃傲
> 乃驕。瑤臺瓊室，華屋崇高。流酒爲池，積肉爲肴。是用鵠
> 逝，不踐其朝。三省吾身，謂予無諐。處君之所，福祿如山。
> 忘我大德，思我小怨。堪寒能暑，少而習焉。寒暑不忒，等壽
> 神仙；桀跖不顧，貪類不干。人皆重蔽，子獨露居；人皆忷惕，
> 子獨無虞。誓將去汝，適彼首陽，孤竹之子，與我連行。

謂富則盜跖垂涎，貧則貪婪不顧，富則忷惕以防寇，貧則長壽而安
生。貧之言理直氣壯，故色厲目張，翻然而去。他聽了這番議論，
頓時悔悟，向貧道歉：

> 請不貳過，聞義則服。長與汝居，終無厭極。

表示心悅誠服，願終生安於貧窮，不更作他求。可見揚雄是經過一
番思想鬥爭才選擇安貧樂道之生活道路的，是出於不得已，並非發
自內心，是爲了保命全身。

《逐貧賦》之內容與形式都與《鵩鳥賦》相似，表現了一種安於
天命的達觀精神和采用作者與假設的對象問答的形式。但也有不
同之處，即《鵩鳥賦》重在說理，《逐貧賦》則說理與抒情兼備。《逐
貧賦》之思想境界不如《鵩鳥賦》高，而形式卻比《鵩鳥賦》新穎生
動。這種題材和形式對後代的文學也頗有影響，《容齋續筆》卷十
五《逐貧賦》條云："韓文公《送窮文》，柳子厚《乞巧文》皆擬揚子
雲《逐貧賦》。"

揚雄的作品除此之外，還有《解嘲》、《解難》、《劇秦美新》等，

留待駢體文部分再作論述。

綜上所述，揚雄之賦雖以摹擬爲主，然終不失爲大家，他能在摹擬過程中，施展自己的才學，獨出心裁地熔鑄辭藻、創造意境，與其他"連偶俗語，有類俳優"的摹擬家絕然不同。《文心雕龍》卷十《才略》云："子雲屬意，辭人（應爲"義"之誤）最深，觀其涯度幽遠，搜選詭麗，而竭才以鑽思，故能理贍而辭堅矣。""桓譚以爲絕倫"（《漢書》本傳），當非虛語。

## 二、騷賦作家莊忌、淮南小山、東方朔、王褒、劉向

漢賦除了以上所論述之非詩非文的文賦之外，還有力圖保持楚辭之真面目的騷賦。這類騷賦皆摹擬楚辭之作。以作此類賦而顯名者，首推莊忌、淮南小山。

莊忌，生卒年不可考，其簡略事跡附見於《漢書》卷五十一《鄒陽傳》中。他原姓莊，因避明帝諱而改姓嚴，稱嚴忌，吳人。莊忌好辭賦，然此非景帝所好，因而不得志，投奔吳王劉濞，吳王劉濞謀反，莊忌自知不可規勸，便去吳至梁，深受梁孝王器重，與鄒陽、枚乘同列，號嚴夫子。《漢書·藝文志》著錄其賦二十四篇，今僅存《哀時命》（見《楚辭》卷十四）一篇。

《哀時命》純爲騷體，王逸《哀時命序》云："忌哀屈原受性忠貞，不遭明君而遇暗世，斐然作辭，歎而述之，故曰'哀時命'也。"寫屈原生不逢時，因此遠游以舒憂。遠游無路，又遭流俗嫉妒，難容於世。於是願退居山野，與神仙爲友，想遠遁匿跡，又恐後世而不見知。最後表示決不貪餌受辱，願爲忠義而死。集中抒發了憤世嫉俗的思想，與《離騷》、《九章》文意相通。如其寫世俗之嫉賢妒能云：

　　　　爲鳳皇作鶉籠兮，雖衆翅其不容。靈皇其不寤知兮，焉陳

詞而効忠？俗嫉妒而蔽賢兮，孰知余之從容？願舒志而抽馮
兮，庸詎知其吉凶？璋珪雜於甑窐兮，隴廉與孟娵同宮。舉世
以爲恒俗兮，固將愁苦而終窮。幽獨轉而不寐兮，惟煩懣而盈
匈。魂眇眇而馳騁兮，心煩冤之惛惛。志欲憋而憺兮，路幽昧
而甚難。……騁騏驥於中庭兮，焉能極夫遠道？置猨狖於欞
檻兮，夫何以責其捷巧？駟跛鱉而上山兮，吾固知其不能陞。
釋管晏而任臧獲兮，何權衡之能稱？

通篇作品把一個身處濁世，在政治上被排斥、被打擊的人的内心世
界描寫得極爲細緻，感情深沉誠摯。這當然是出於對屈原的悲憫，
同時也應當包括莊忌自己的政治遭遇和感受在内。他身處吳王謀
反、梁孝王謀求爲漢嗣的險惡環境，想勸阻，但"皆不敢諫"(《漢書
·鄒陽傳》)，其憂憤心情若隱若現地見諸作品之中。就其將自己的
感情與對屈原的悲憫融匯無間地表現出來看，本篇作品不失爲抒
情言志的佳作。

　　淮南小山，究竟是指甚麼？王逸《招隱士序》云："淮南小山之
所作也。"又云"小山之徒"云云，顯係指一部分人的名稱。王逸又
云："自八公之徒，咸慕其德，而歸其仁，各竭才智，著作篇章，分造
辭賦，以類相從，故或稱小山，或稱大山。其義猶《詩》有《小雅》、
《大雅》也。"則又似是指辭賦體制之名稱。王逸的意見自相矛盾，
文獻不足徵，不敢遽作結論，但據推測應以指淮南王劉安所招致之
賓客中一部分辭人爲更可信。

　　《漢書·藝文志》著録淮南王賦八十二篇，淮南王群臣賦四十
四篇。然今天僅存劉安《屏風賦》(見《古文苑》卷三)和淮南小山《招
隱士》(見《楚辭》卷十二)各一篇。《招隱士》據王逸《序》云："小山
之徒，閔傷屈原，又怪其文昇天乘雲，役使百神，似若仙者，雖身沉
没，名德顯聞，與隱處山澤無異，故作《招隱士》之賦，以章其志

也。"即認爲此賦是"閔傷屈原"之作。然屈原並非隱士,何閔傷爲? 其説未免穿鑿,不可取。王夫之《楚辭通釋》卷十二《招隱士序》則認爲"義盡於招隱,爲淮南王召致山谷潛伏之士,絕無閔屈子而章之之意"。結合篇中有"王孫歸來兮,山中不可以久留"的辭語,與王逸謂劉安"招懷天下俊偉之士"是一致的,説明王夫之的説法比較合理,即招天下在野之文士,而與屈原無涉。作品寫的是山林,但不是對一般山林景物之描摹,而是描寫深山中某些孤獨、恐怖之景與物,並加以渲染,創造一種危險的境界,以啓發隱士應從山中歸來,原文如下:

> 桂樹叢生兮山之幽,偃蹇連蜷兮枝相繚。山氣巃嵸兮石嵯峨,谿谷嶄巖兮水曾波。猿狖群嘯兮虎豹嗥,攀援桂枝兮聊淹留。王孫游兮不歸! 春草生兮萋萋。歲暮兮不自聊,蟪蛄鳴兮啾啾。坱兮軋,山曲岪,心淹留兮恫慌忽。罔兮沕,憭兮慄,虎豹穴,叢薄深林兮人上慄。嵚岑碕礒兮,碅磳磈硊。樹輪相糾兮,林木茷骫。青莎雜樹兮,薠草靃靡。白鹿麏麚兮,或騰或倚。狀兒崯崯兮峨峨,悽悽兮漇漇。獼猴兮熊羆,慕類兮以悲。攀援桂枝兮聊淹留。虎豹鬥兮熊羆咆,禽獸駭兮亡其曹。王孫兮歸來! 山中兮不可以久留。

通篇用比較簡短的語句,表現出一種纏綿幽怨之情思,與屈原之《九歌》、宋玉之《九辯》很相似,而又有所變化,有其特點。其音節之和諧鏗鏘,句調之參差錯落,源於屈原,而又有其獨創性。它在擬楚辭的騷賦中獨樹一幟。王夫之評云:"其可以類附《離騷》之後者,以音節局度,瀏灘昂激,紹楚辭之餘韻,非他詞賦之比。"(《楚辭通釋》卷十二)這篇作品無論從思想或藝術上看,都是在漢代擬楚辭的騷賦中成就最高的一篇。

東方朔(前一五四——前九三),據《漢書》卷六十五本傳記載,他字曼倩,平原厭次人。武帝初即位,徵天下舉方正賢良文學材力之士,他時年二十二,詣闕上書,以"文辭不遜,高自稱譽",令武帝大奇,使待詔公車。後復使待詔金馬門。他爲人好諧謔,善調笑,被武帝視爲俳優一類人物,"與枚皋、郭舍人俱在左右詼啁而已","然時觀察顏色,屢直言切諫"。他曾諫阻武帝起上林苑,其中有云:"今規以爲苑,絕陂池水澤之利,而取民膏腴之地,上乏國家之用,下奪農桑之業,棄成功,就敗事,損耗五穀,是其不可一也。且盛荆棘之林,而長養麋鹿,廣狐兔之苑,大虎狼之虛,又壞人冢墓,發人室廬,令幼弱懷土而思,耆老泣涕而悲,是其不可二也。斥而營之,垣而囷之,騎馳東西,車鶩南北,又有深溝而大渠,夫一日之樂,不足以危無隄之輿,是其不可三也。"他提出起上林苑有三不可。從中可以看出他有開明的政治見解,因此被擢爲太中大夫、給事中。後常爲郎,不得重用,他作《答客難》以抒寫自己懷才不遇之情,又作《非有先生論》,勸諭武帝納諫,勵精圖治。但是,從東方朔一生之行跡看,他仍然是一個弄臣式的宮廷文人。

東方朔之賦,《漢書‧藝文志》未曾著錄,惟《楚辭》卷十三載《七諫》七篇。其他作品有《答客難》、《非有先生論》皆載於《漢書》本傳。又有《封泰山》、《責和氏璧》、《皇太子生》、《襖》、《屏風》、《殿上柏柱》、《樂平觀賦獵》、《八言》、《七言》上下、《從公孫弘借車》,亦載《漢書》本傳,但有目無文。明張溥輯有《東方大中集》一卷,其中見於《漢書》本傳之記載者皆可信。

《七諫》爲《初放》、《沈江》、《怨世》、《怨思》、《自悲》、《哀命》、《謬諫》七章。王逸《序》云:"東方朔追愍屈原,故作此辭,以述其志,所以昭忠信,矯曲朝也。"全篇用代言體,是東方朔代屈原抒情。作品從內容到形式都摹仿《九章》,藝術上沒有多少創造,是典型之擬騷賦。如《初放》云：

　　　平生於國兮，長於原野。言語訥澀兮，又無彊輔。淺智褊
能兮，聞見又寡。數言便事兮，見怨門下。王不察其長利兮，
卒見棄乎原野。伏念思過兮，無可改者。群衆成朋兮，上浸以
惑。巧佞在前兮，賢者滅息。堯舜聖已没兮，孰爲忠直？高山
崔巍兮，水流湯湯。死日將至兮，與麋鹿同坈。塊兮鞠，當道
宿。舉世皆然兮，余將誰告？斥逐鴻鵠兮，近習鴟梟。斬伐橘
柚兮，列樹苦桃。便娟之修竹兮，寄生乎江潭。上葳蕤而防露
兮，下泠泠而來風。孰知其不合兮，若竹柏之異心。往者不可
及兮，來者不可待。悠悠蒼天兮，莫我振理。竊怨君之不寤
兮，吾獨死而後已。

此作是擬《九章》，但思想感情卻不如《九章》表現之激烈、深沉，屈
原之性格也不如《九章》抒寫之堅强、剛毅。通篇之文氣，哀怨多
於憤慨，感傷多於悲痛。這可能與東方朔之思想、遭際有關。東方
朔雖然在政治上不得志，不被重用，但並未受到屈原那樣的迫害，
因此對屈原之悲痛遭遇領會不深，在寫作時便從自己身世出發，以
輕淡之文筆追憫之。

　　西漢擬楚辭之作家，除了上叙諸家及作品外，還有王褒的《九
懷》和劉向的《九嘆》。王褒不但創作文賦，而且創作騷賦。這兩
種賦體在王褒筆下有時很難嚴格區分，不過從《九懷》的全篇體制
上看，完全是摹仿《九歌》的。《九懷》之寫作動機，王逸《序》云：
"褒讀屈原之文，嘉其温雅，藻采敷衍，執握金玉，委之污瀆，遭世溷
濁，莫之能識。追而愍之，故作《九懷》，以神其詞。"是王褒追愍屈
原之作。全文爲《匡機》、《通路》、《危俊》、《昭世》、《尊嘉》、《蓄
英》、《思忠》、《陶壅》、《株昭》九章。其意乃就《離騷》"吾將上下

而求索"一語擴展之。如《昭世》云：

> 世涵兮冥昏，違君兮歸真。乘龍兮偃蹇，高回翔兮上臻。
> 襲英衣兮緹縹，披華裳兮芳芬。登羊角兮扶輿，浮雲漠兮自
> 娛。握神精兮雍容，與神人兮相胥。流星墜兮成雨，進瞵盼兮
> 上丘墟。覽舊邦兮滃鬱，余安能兮久居！志懷逝兮心慅慄，紆
> 余彎兮躊躇。聞素女兮微歌，聽王后兮吹竽。魂悽愴兮感哀，
> 腸回回兮盤紆。撫余佩兮繽紛，高太息兮自憐。使祝融兮先
> 行，令昭明兮開門。馳六蛟兮上征，竦余駕兮入冥。歷九州兮
> 索合，誰可與兮終生？忽反顧兮西囿，覩輚丘兮崎傾。橫流涕
> 兮泆流，悲余后兮失靈。

把"兮"字用於句中，完全是《九歌》的形式。其他各章亦皆類此。
以華辭麗藻堆砌成篇，缺乏真實情感，名義是追愍屈原，實際則是
無病呻吟。

劉向傳附見於《漢書》卷三十六《楚元王傳》之後。他生於昭
帝劉弗陵元鳳四年（前七七），卒於哀帝劉欣建平元年（前六），凡
七十二歲，是高祖劉邦同父異母少弟楚元王劉交之四世孫，字子
政，本名更生。年十二以父劉德任爲輦郎（拉御輦郎），二十歲，以
行修飭擢爲諫大夫。宣帝招選名儒俊材，他"以通達能屬文辭"，
與王褒、張子僑等一同進見對詔，獻賦頌凡數十篇。宣帝興神仙方
術之事，而淮南有《鴻寶苑秘書》，言神仙使鬼物爲金之術，他得其
書而讀誦之，獻上，言黃金可成。宣帝令典尚方鑄作事，費甚多，方
不驗，吏劾其鑄僞黃金，繫當死。宣帝奇其材，得踰冬減死論。會
初立《穀梁春秋》，徵其受《穀梁》，講論《五經》於石渠閣，復拜爲郎
中給事黃門，遷散騎大夫給事中。元帝即位，被擢爲散騎宗正給事
中，患外戚許、史在位放縱和宦官弘恭、石顯弄權，圖謀與太傅蕭望

之,少傅周堪上書罷退之。不料語泄,被下獄。不久又被徵爲中郎,仍上《使外親上變事》以彈劾宦官,復被下獄,坐免爲庶人,更上《封事諫》,用陰陽災異推論時政,以爲恭、顯任事之咎,以譏彈恭、顯。周堪、張猛被恭、顯誣陷致死,他著《疾讒》、《摘要》、《救危》及《世頌》予以哀悼並亦自傷,遂被廢十餘年。成帝即位,復進用,改名向,召拜爲中郎,使領護三輔都水,遷光禄大夫,詔領校《五經》秘書。當時外戚王鳳專國柄,劉向乃集合《洪範五行傳論》奏之,記符瑞災異,推跡行事,其意皆指王氏。又上《極諫用外戚封事》與《論星孛山崩疏》,以譏彈王氏。成帝營建延陵,制度過奢,他上《諫營延陵過侈疏》,指陳厚葬之害。官終中壘校尉。劉向目睹世俗奢淫,趙皇后、昭儀、衛婕妤起微賤,踰禮制,因此采取《詩》、《書》所載賢妃貞婦,興國宜家可法則,及孽嬖亂亡者,序次爲《列女傳》,以戒天子。又采傳記行事,著《新序》、《説苑》,以助觀覽,補遺闕。他校書,每一書竟,輒論其指歸,辯其訛謬,叙録奏上。此叙録皆載於本書。又別集衆録,謂之《別録》,是我國目録學之祖。

劉向"爲人簡易無威儀,廉靖樂道,不交接世俗,專積思於經術,晝誦書傳,夜觀星宿,或不寐達旦"。他忠正耿直,"常顯訟宗室,譏刺王氏及在位大臣,其言多痛切,發於至誠"(《漢書》卷三十六本傳)。他一生之政治活動,主要是反對宦官、外戚專權,進賢退不肖,以求復興漢室。爲此,他進行了不屈不撓的鬥爭。劉向不是阿世取容的章句小儒,而是有賢明政治主張的正直儒者。

劉向之賦,《漢書·藝文志》著録其賦爲三十三篇,今天保存者僅《九嘆》(見《楚辭》卷十六)一篇。此外,還有《請雨華山賦》(見《古文苑》卷二十一)、《雅琴賦》(《文選》卷四《蜀都賦》注引)、《圍碁賦》(《文選》卷五十二《博弈論》注引)之幾段殘文。又《漢書》本傳記載,周堪、張猛死，"更生傷之，乃著《疾讒》、《摘要》、《救危》及《世頌》八篇"，此八篇亦可能是賦，然皆不可考。

《九嘆》是擬《九章》之作，全篇爲《逢紛》、《離世》、《怨思》、《遠逝》、《惜賢》、《憂苦》、《愍命》、《思古》、《遠游》九章。王逸《序》云："向以博古敏達，典校經書，辯章舊文，追念屈原忠信之節，故作《九嘆》。"是劉向代屈原抒情。劉向乃漢室皇族、宗臣，曾因屢次上書彈劾宦官，幾乎喪命，又上書陳諫外戚專權，不得重用，其遭際有似屈原，故此作不僅抒屈原之情，亦自己有感而作。如《怨思》云：

> 惟鬱鬱之憂毒兮，志坎壈而不違。身憔悴而考旦兮，日黃昏而長悲。閔空宇之孤子兮，哀枯楊之冤鶵。孤雌吟於高墉兮，鳴鳩棲於桑榆。玄蝯失於潛林兮，獨偏棄而遠放。征夫勞於周行兮，處婦憤而長望。申誠信而罔違兮，情素潔於紐帛。光明齊於日月兮，文采燿於玉石。傷壓次而不發兮，思沈抑而不揚。芳懿懿而終敗兮，名靡散而不彰。背玉門以奔鶩兮，寒離尤而干詬。若龍逢之沈首兮，王子比干之逢醢。念社稷之幾危兮，反爲讎而見怨。思國家之離沮兮，躬獲愆而結難。若青蠅之僞質兮，晉驪姬之反情。恐登階之逢殆兮，故退伏於末庭。孽臣之號咷兮，本朝蕪而不治。犯顏色而觸諫兮，反蒙辜而被疑。菀蘼蕪與菌若兮，漸薰本於洿瀆。淹芳芷於腐井兮，棄雞駭於筐簏。……

其中之哀傷、幽怨、憤慨，固然是爲屈原鳴不平，同時也是自己感情的傾瀉。特別是"犯顏色而觸諫兮，反蒙辜而被疑"，直是自己身世之披露了。從總體上看，此賦比《九懷》的思想情感更真實些。這之後，到東漢又有王逸作《九思》，純爲摹擬，沒有甚麼價值。對這類作品，王夫之《楚辭通釋》卷十二評云：“而《七諫》以下，無病呻吟，蹇澀膚鄙之篇，雖託屈子爲言，其漠不相知，徒勞學步。正使湘纍（屈原別稱）有靈，實應且憎。”確是有道理的。

綜觀西漢之賦，文賦與騷賦並行，但文賦是主流，騷賦是支流並漸就衰微，文賦代表真正的漢賦，漢賦的主要成就在文賦。但是，這類賦的意義並不大，左思《三都賦序》云：“於辭則易爲藻飾，於義則虛而無徵。且夫玉巵無當，雖寶非用；侈言無驗，雖麗非經。……美物者貴依其本，贊事者宜本其實，匪本匪實，覽者奚信？”即批評漢賦夸飾失實、理不勝辭之文風，所謂“文麗用寡”者也。

但是，賦作爲西漢之重要文學形式，在於它善於運用優美的韻語，細膩、客觀地描寫各種景物，抑揚有節地表現廣闊的內容，剪裁文辭形成“麗以則”的文風。《文心雕龍·詮賦》云：“寫物圖貌，蔚似雕畫。抑滯必揚，言曠無隘。風歸麗則，辭剪荑稗。”正道出賦在文學上的作用和意義。

## 第三節　前期之散文

散文至西漢，繼戰國之後又達到一個繁榮期，得到高度之發展。此期之散文從內容到文風都顯示出兩個不同的歷史階段，董仲舒的文章是區分這兩個歷史階段之重要標誌。董仲舒以前之散文乃繼承先秦之文風，氣勢磅礴，情感激切，鋪張揚厲，縱橫捭闔，內容則是總結秦亡的歷史經驗教訓，作爲漢初鞏固政權之鑒戒。自董仲舒開始，文風一變，而爲雍容典重，宏博深奧，語言峻潔，結構嚴密，形成真正之漢文，內容主要是講論天人感應，即用天變災異對漢代帝王迂曲諫諍或逢迎取寵。劉熙載《藝概》卷一《文概》

云:"賈長沙、太史公、《淮南子》三家文,皆有先秦遺意;若董江都、劉中壘,乃漢文本色也。"亦道出西漢前後散文之區別。所不同者,我們認爲司馬遷之散文並非僅屬於前期,而是從前期到後期之過渡。其文風既有前期之氣勢磅礴,情感激切,也有後期之深廣宏富,醇厚峻潔。其內容既總結歷代之興亡成敗,又論述天人感應對政治之作用。他鎔"秦文雄奇,漢文醇厚"(劉熙載《藝概》卷一《文概》)於一體,體現了西漢前期到後期散文之過渡形態,有承前啓後的重要作用。

西漢前期之散文家,在哲學思想上雖各有不同之秉受,但都具有儒家之性質。這是爲當時學術思想背景決定的。如陸賈是儒家而兼縱橫家,被稱爲"當世之辯士"(《史記》卷九十七《酈生陸賈列傳》)。賈誼是儒家,然"頗通曉諸子百家之書"(《史記》卷八十四《屈原賈生列傳》),實際上兼陰陽五行。鼂錯是儒家,而"學申商刑名"(《史記》卷一百一《袁盎鼂錯列傳》),是兼法家。賈山是儒家,但"受學祛(其祖父)所言涉獵書記,不能爲醇儒"(《漢書》卷五十一《賈鄒枚陆傳》)司馬遷是儒而兼黃老。到董仲舒則演變成純儒。他們都面對當時歷史提出的共同問題,即如何論證秦之所以亡,漢之所以興。對這一問題之重要性,其初,劉邦並不認識,當他聽了陸賈一席話之後,才對陸賈說:"試爲我著秦所以失天下,吾所以得之者何,及古成敗之國。"從此,一些有識之士各從不同的思想角度,提出自己的看法,這就構成了此期散文之中心內容。茲依次論述如下。

## 一、陸賈

《史記》卷九十七、《漢書》卷四十三皆有傳。他是楚人,以門客從高祖定天下,"名爲有口辯士",常出使諸侯。又曾出使南越,説服尉他接受南越王封號,對漢稱臣。回來後拜太中大夫。吕后時,諸呂專權,他來往於太尉周勃、丞相陳平之間,獻計云:"天下安,注意相;天下危,注意將。將相和調,則士務附。"促成將與相之團結,最後鏟除諸呂。文帝即位,又以太中大夫出使南越,令尉他取消黃屋稱制之皇帝規格。歸而壽終。他著有《新語》十二篇。據《史記》本傳記載:"陸生乃粗述存亡之徵,凡著十二篇。每奏一篇,高帝未嘗不稱善,左右呼萬歲,號其書曰《新語》。"從中我們可以了解其著作之重要性。可惜《新語》原書已佚,今傳者乃後人之僞作。《四庫全書總目提要·儒家類一》云:"唯是書之文,悉不見於《史記》。""其殆後人依託,非賈原本歟?""流傳既久,其真其贋,存而不論可矣。"可見今傳本之不可信。兹輯録其佚文如下:

> 陸賈曰:"天地生人也,以禮義之性。人能察己,所以受命而順,順之謂道。"（王充《論衡》卷三《本性》篇）

這可能是我們今天看到的僅有的原本文字,其他已無從查考。《新語》之内容,據《四庫全書總目提要》云:"大旨皆崇王道,黜霸術,歸本於修身用人。……餘皆以孔氏爲宗,所援據多《春秋》、《論語》之文。漢儒自董仲舒外,未有如是之醇正也。"他既爲儒家兼縱橫家,可以推斷其《新語》必然綜合儒家和縱橫家之思想及文風而成,具有儒家、縱橫家的思想和文章特徵。范文瀾云:"紹孟、荀而開賈、董,卓然儒者之言。"（見《文心雕龍》卷四《諸子》注）指出其文章承前啓後之關係。

## 二、賈誼

賈誼之生平事跡已見前文。他是有漢一代傑出的思想家和政治家。在其十二年的仕宦生涯中,四年做太中大夫,其餘時間出任長沙王和梁懷王太傅,有才略而不得施展,終於竭誠盡忠而死。其所著《新書》五十八篇,在於總結歷史經驗,剖析社會矛盾,議論時政,擯斥謬説,有重要的政治意義,爲散文的發展樹立了一個里程碑。其壓卷之作是《過秦論》。余嘉錫先生《四庫提要辨證》卷十《子部一》云"此篇所以冠全書之意","且爲以後諸篇之綱領",乃由於"《過秦》下曰:'鄙諺曰:前事之不忘,後事之師也。是以君子爲國,觀之上古,驗之當世,參之人事,察盛衰之理,審權世之宜,去就有序,變化因時,故曠日持久,而社稷安矣。'"即述古所以鑑今,爲鞏固文帝之時政立言。這正是《新書》之寫作目的和基本思想。因此認真分析《過秦論》,有助於掌握《新書》的全部内容。

《過秦論》分上中下三篇,《史記》卷六《秦始皇本紀》和《新書》卷一,三篇全録,《史記》卷四十八《陳涉世家》、《漢書》卷三十一《陳勝傳》、《文選》卷五十一僅録"秦孝公據殽函之固"一篇。三篇之次序,《秦始皇本紀》與《新書》所記不同,《新書》列"秦孝公據殽函之固"爲上篇,"秦并海内兼諸侯"爲中篇,"秦并兼諸侯山東三十餘郡"爲下篇,分別論述秦始皇、秦二世、孺子嬰三代之失,依時代先後排列,比較合理。《秦始皇本紀》則將論孺子嬰者列爲上篇,論秦始皇者列爲中篇,論秦二世者列爲下篇,次序顛倒,不可取。從文章看,三篇中應以上篇最好。原文如下:

　　秦孝公據殽函之固,擁雍州之地,君臣固守,以窺周室。有席卷天下,包舉宇内,囊括四海之意,併吞八荒之心。當是時也,商君佐之,内立法度,務耕織,修守戰之具;外連衡而鬥諸侯;於是秦人拱手而取西河之外。

　　孝公既没,惠文、武、昭蒙故業,因遺策,南取漢中,西舉巴蜀,東割膏腴之地,收要害之郡。諸侯恐懼,會盟而謀弱秦。不愛珍器重寶肥饒之地,以致天下之士,合從締交,相與爲一。當此之時,齊有孟嘗,趙有平原,楚有春申,魏有信陵。此四君

者,皆明智而忠信,寬厚而愛人,尊賢而重士。約從離橫,兼
韓、魏、燕、趙、宋、衛、中山之衆。於是六國之士,有甯越、徐
尚、蘇秦、杜赫之屬爲之謀;齊明、周最、陳軫、召滑、樓緩、翟
景、蘇厲、樂毅之徒通其意;吳起、孫臏、帶佗、兒良、王廖、田
忌、廉頗、趙奢之倫制其兵。嘗以十倍之地,百萬之衆,叩關而
攻秦。秦人開關而延敵,九國之師,遁逃而不敢進。秦無亡矢
遺鏃之費,而天下諸侯已困矣。於是從散約解,爭割地而賂
秦。秦有餘力而制其弊,追亡逐北,伏尸百萬,流血漂櫓。因
利乘便,宰割天下,分裂河山。强國請服,弱國入朝。

　施及孝文王、莊襄王,享國之日淺,國家無事。

　及至始皇,奮六世之餘烈,振長策而御宇内,吞二周而亡
諸侯,履至尊而制六合,執敲扑以鞭笞天下,威振四海。南取
百越之地,以爲桂林象郡。百越之君,俛首係頸,委命下吏。
乃使蒙恬北築長城而守藩籬,卻匈奴七百餘里,胡人不敢南下
而牧馬,士不敢彎弓而報怨。於是廢先王之道,燔百家之言,
以愚黔首。隳名城,殺豪俊,收天下之兵,聚之咸陽。銷鋒鏑,
鑄以爲金人十二,以弱天下之民。然後踐華爲城,因河爲池,
據億丈之城,臨不測之谿以爲固。良將勁弩,守要害之處,信
臣精卒,陳利兵而誰何。天下已定,始皇之心,自以爲關中之
固,金城千里,子孫帝王萬世之業。

　始皇既没,餘威震於殊俗。然而陳涉甕牖繩樞之子,甿隸
之人,而遷徙之徒也。材能不及中庸,非有仲尼、墨翟之賢,陶
朱、猗頓之富,躡足行伍之間,俛起阡陌之中,率罷散之卒,將
數百之衆,轉而攻秦。斬木爲兵,揭竿爲旗,天下雲集而響應,
贏糧而景從。山東豪俊,遂並起而亡秦族矣。

　且夫天下非小弱也,雍州之地,殽函之固,自若也。陳涉

之位,非尊於齊、楚、燕、趙、韓、魏、宋、衛、中山之君也;鋤耰棘
矜,非銛於鉤戟長鎩也;謫戍之衆,非抗於九國之師也;深謀遠
慮,行軍用兵之道,非及曩時之士也。然而成敗異變,功業相
反。試使山東之國,與陳涉度長絜大,比權量力,則不可同年
而語矣。然秦以區區之地,致萬乘之權,招八州而朝同列,百
有餘年矣。然後以六合爲家,殽函爲宮。一夫作難,而七廟
隳,身死人手,爲天下笑者,何也? 仁義不施,而攻守之勢
異也。

全文都是總結秦代興亡之歷史經驗,認爲秦之過失,在"仁義不施,
而攻守之勢異也",這是他得出的結論。這種認識也貫徹於中、下
篇之中。賈誼認爲在當時"并兼者高詐力,安定者貴順權,此言取
與守不同術也",即攻與守應采取不同措施。秦統一前,對六國處
於攻勢,秦統一後,無論始皇、二世還是子嬰,在各方面都處於守
勢。攻打天下,奪取政權,要憑藉武力;而坐守天下,鞏固政權,則
當施行仁義。然而始皇統一天下後,卻"廢先王之道,焚百家之言,
以愚黔首";二世不"正先帝之過",不瞭解"安民可與行義,而危民
易與爲非"之理,反而"重之以無道";子嬰立,"遂不寤",不認識
"安土息民"、"收弱扶罷"之道,乃至於"孤立無親,危弱無輔"。此
即所謂"秦離戰國而王天下,其道不易,其政不改,是其所以取之守
之者無異也。孤獨而有之,故其亡可立而待"。這是賈誼對秦所以
亡的分析。按漢承秦制,內法外儒,凡所設置之制度,與秦基本相
同,所謂"前事不忘,後事之師",正指出漢承秦制必將導致危亡。
《過秦論》下篇云:"故秦之盛也,繁法嚴刑而天下震;及其衰也,百
姓怨望而海內畔矣。"這説明漢代雖處於繁法嚴刑之盛世,然其中
卻蘊藏着衰亡之徵兆。《過秦論》中篇云"見始終之變,知存亡之
機",即由漢代之現行制度,可以預見其必然導致"危民易與爲非"

之結果,不可能長治久安。很顯然,賈誼所堅持的是"逆取順守"的政治觀點。這種觀點並非賈誼首創,在賈誼之前已經出現。如商鞅曾説:"武王逆取而貴順……其取之以力,持之以義。"(《商子》卷二《開塞》)又陸賈對劉邦説:"且湯、武逆取而以順守之,文武並用,長久之術也。"(《史記》卷九十七《陸賈列傳》)然賈誼比其前人論述得更充分,通過對史事之具體分析,得出秦亡之教訓,以爲漢代鑑戒。章學誠《文史通義》外篇三《答大兒貽選問》云:"如賈長沙《過秦》之論,有何深刻之意? 而文有賦心,氣如河海,誦讀一過,而過秦諷漢之意,溢於言外。"即指出《過秦論》之深刻意義。

《陳政事疏》,亦題《治安策》,是賈誼另一篇重要文章。這篇文章從内容到結構都源於荀子之《富國》、《議兵》諸篇。賈誼是荀子的再傳弟子,其演繹荀子文章的形式和觀點是很自然的。《漢書》卷四十八《賈誼傳》云:"是時匈奴強,侵邊。天下初定,制度疏闊,諸侯王僭儗,地過古制,淮南、濟北王皆爲逆誅。誼數上疏陳政事,多所欲匡建。"説明此文全是針對文帝時之政治、軍事、經濟政策而發,如主張消除諸侯割據,對匈奴用兵,重農抑商,發展生產,施行仁政等,並同樣以秦爲戒。這是一篇全面闡述其政治觀點之巨制鴻文。如其首段云:

　　臣竊惟事勢,可爲痛哭者一,可爲流涕者二,可爲長太息者六,若其它背理而傷道者,難徧以疏舉。進言者皆曰天下已安已治矣,臣獨以爲未也。曰安且治者,非愚則諛,皆非事實知治亂之體者也。夫抱火厝之積薪之下而寢其上,火未及燃,因謂之安,方今之勢,何以異此! 本末舛逆,首尾衡決,國制搶攘,非甚有紀,胡可謂治! 陛下何不壹令臣得孰數之於前,因陳治安之策,試詳擇焉。……
　　夫樹國固必相疑之勢,下數被其殃,上數爽其憂,甚非所以安上而全下也。今或親弟謀爲東帝，親兄之子西鄉而擊，今吳又見告矣。天子春秋鼎盛，行義未過，德澤有加焉，猶尚如是，況莫大諸侯，權力且十此者乎！然而天下少安，何也？大國之王幼弱未壯，漢之所置傅相方握其事。數年之後，諸侯王大抵皆冠，血氣方剛，漢之傅相稱病而賜罷，彼自丞尉以上徧置私人，如此，有異淮南、濟北之爲邪！此時而欲爲治安，雖堯舜不治。……

臣竊跡前事，大抵強者先反。淮陰王楚最強，則最先反；韓信倚胡，則又反；貫高因趙資，則又反；陳豨兵精，則又反；彭越用梁，則又反；黥布用淮南，則又反；盧綰最弱，最後反。長沙乃在二萬千戶耳，功少而最完，勢疏而最忠，非獨性異人也，亦形勢然也。曩令樊、酈、絳、灌，據數十城而王，今雖以殘亡可也；令信、越之倫，列爲徹侯而居，雖至今存可也。然則天下之大計可知已。欲諸王之皆忠附，則莫若令如長沙王；欲臣子之勿菹醢，則莫若令如樊、酈等；欲天下之治安，莫若衆建諸侯而少其力。力少則易使以義，國小則亡邪心。令海內之勢如身之使臂，臂之使指，莫不制從；諸侯之君不敢有異心，輻湊並進而歸命天子。雖在細民，且知其安，故天下咸知陛下之明。割地定制，令齊、趙、楚各爲若干國，使悼惠王、幽王、元王之子孫，畢以次各受祖之分地，地盡而止，及燕、梁它國皆然。其分地衆而子孫少者，建以爲國，空而置之，須其子孫生者，舉使君之。諸侯之地其削頗入漢者，爲徙其侯國及封其子孫也，所以數償之。一寸之地，一人之衆，天子無所利焉，誠以定治而已，故天下咸知陛下之廉。地制一定，宗室子孫莫慮不王，下無倍畔之心，上無誅伐之志，故天下咸知陛下之仁。法立而不犯，令行而不逆，貫高、利幾之謀不生，柴奇、開章之計不萌，細民

鄉善,大臣致順,故天下咸知陛下之義。臥赤子天下之上而
安,植遺腹,朝委裘,而天下不亂,當時大治,後世誦聖,一動而
業附,陛下誰憚而久不爲此?

天下之勢方病大瘇。一脛之大幾如要,一指之大幾如股,
平居不可屈信,一二指搐,身慮亡聊。失今不治,必爲錮疾,後
雖有扁鵲,不能爲已。病非徒瘇也,又苦蹠戾。元王之子,帝
之從弟也;今之王者,從弟之子也。惠王(之子),親兄子也;
今之王者,兄子之子也。親者或亡分地以安天下,疏者或制大
權以偪天子。臣故曰非徒病瘇也,又苦蹠戾。可痛哭者,此病
是也。

全文以痛哭、流涕、太息開始。其後即以痛哭者一,流涕者二,長太
息者三(原文爲"可爲太息者六",今《漢書》本傳載其文爲可太息
者才三。蓋班固作傳,分散其書,參差不一,故有此牴牾。)布設其
文,則痛哭、流涕、長太息者,乃一篇之骨幹。他爲之痛哭者是諸侯
謀叛跡已萌,漢代政權受到嚴重威脅。爲之流涕者是匈奴侵擾,邊
民不寧;富商大賈奢侈豪華,盤剝人民。爲之長太息者是庶人上
僭,名分不正,等等。作者身處漢之盛世,在一派昇平氣象中,卻洞
察到社會之危機四伏,指責那些認爲"天下已安已治"之博士官,
修禮設儀,粉飾太平,是"非愚則諛,皆非事實知治亂之體者也"。
指出當時漢王朝之處境猶"抱火厝之積薪之下而寢其上",有一觸
即發之勢,胡可謂安且治呢? 這種一觸即發之勢,除了見於以上引
文中之諸侯王叛亂危機之外,他還描述了當時社會階級矛盾之
尖銳:

今民賣僮者,爲之繡衣絲履,偏諸緣,内之閑中;……美者黼
繡;……今富人大賈,嘉會召客者以被牆;……今庶人屋壁得

爲帝服，倡優下賤得爲后飾。……此臣所謂舛也。夫百人作之，不能衣一人，欲天下亡寒，胡可得也；一人耕之，十人聚而食之，欲天下亡飢，不可得也。飢寒切於民之肌膚，欲其亡爲姦邪，不可得也。國已屈矣，盜賊直須時耳。

由富商大賈之奢侈豪華，寫到人民之飢寒，以至爲飢寒所迫，待機而動之嚴峻形勢，揭示了階級矛盾之深刻。此外，他還描述了當時豪强貪得無饜的掠奪：

盜者剟寢户之簾，搴兩廟之器，白晝大都之中，剽吏而奪之金。矯僞者出幾十萬石粟，賦六百餘萬錢，乘傳而行郡國。此其亡行義之尤至者也。而大臣特以簿書不報，期會之間，以爲大故，至於俗流失，世壞敗因，恬而不知怪，慮不動於耳目，以爲是適然耳。

對這種敗壞之社會風氣，人們習以爲常，認爲事理當然，不足爲怪。至於嚴刑峻法對他們不起作用，而是用以防止“群下”，但“群下至衆，而主上至少也，所託財器職業者粹於群下也”。“群下”是大多數的生產者。封建統治者對這些勞動生產者則采取堅決鎮壓的措施：

束縛之，係緤之，輸之司寇，編之徒官，司寇小吏詈罵而榜笞之，殆非所以令衆庶見也。夫卑賤者習知尊貴者之一旦，吾亦乃可以加此也！

這不但揭露了統治者對人民鎮壓之殘酷，而且預斷被鎮壓者必將以其人之道，還治其人之身。這顯示了賈誼階級反抗的觀點。

賈誼所構想的治與安，是“化成俗定”，令“爲人臣者，主耳忘身，國耳忘家，公耳忘私，利不苟就，害不苟去，唯義所在。上之化

也,故父兄之臣,誠死宗廟;法度之臣,誠死社稷;輔翼之臣,誠死君
上;守圉扞敵之臣,誠死城郭封疆。故曰:聖人有金城者,比物此志
也"。他的這種政治理想,未免疏闊,但也並非毫無實際意義,歷史
證明,他的一些主張後來是行之有效的。如宋人胡價跋《賈子》
云:"若衆建諸侯,益廣梁地,養大臣有節,崇廉耻之風,後皆遵之有
效,一一如誼所言。則誼之謀謨論建,誠有大過人者。"即説明此乃
賈誼之卓識遠見。文章指陳利弊,論證古今,以秦爲鑑,有一種不
可遏制之氣勢。《漢書》本傳引劉向語云:"言三代與秦治亂之意,
其論甚美,通達國體,雖古之伊、管未能遠過也。"他的思想認識確
是高於同時代人的水平。

　　《論積貯疏》是集中發揮其重農抑商思想之作。《漢書》卷二
十四《食貨志》云:"孝惠、高后之間,衣食滋殖。文帝即位,躬修儉
節,思安百姓。時民近戰國,皆背本趨末,賈誼説上。"説明此篇疏
奏,是爲了安定百姓,而反對"背本趨末",主張"以農爲本",把發
展農業看作是富國裕民之國策。其文云:

　　　　管子曰:"倉廩實而知禮節。"民不足而可治者,自古及今
　　未之嘗聞。古之人曰:"一夫不耕,或受之飢;一女不織,或受
　　之寒。"生之有時,而用之亡度,則物力必屈。古之治天下,至
　　纖至悉也,故其畜積足恃。今背本而趨末,食者甚衆,是天下
　　之大殘也;淫侈之俗,日日以長,是天下之大賊也。殘賊公行,
　　莫之或止;大命將泛,莫之振救。生之者甚少而靡之者甚多,
　　天下財産何得不厥! 漢之爲漢幾四十年矣,公私之積猶可哀
　　痛。失時不雨,民且狼顧;歲惡不入,請賣爵、子。既聞耳矣,
　　安有爲天下阽危者若是而上不驚者!

　　　　世之有饑穰,天之行也,禹、湯被之矣。即不幸有方二三
　　千里之旱,國胡以相恤? 卒然邊境有急,數千百萬之衆,國胡

以餽之？兵旱相乘，天下大屈，有勇力者聚徒而衡擊，罷夫羸
老易子而齩其骨。政治未畢通也，遠方之能疑者並舉而爭起
矣，乃駭而圖之，豈將有及乎？

　　夫積貯者，天下之大命也。苟粟多而財有餘，何爲而不
成？以攻則取，以守則固，以戰則勝。懷敵附遠，何招而不至？
今毆民而歸之農，皆著於本，使天下各食其力，末技游食之民，
轉而緣南畮，則畜積足而人樂其所矣。可以爲富安天下，而直
爲此廩廩也。竊爲陛下惜之。

賈誼是針對漢初出現的社會危機而提出自己的改革措施。當時有
所謂大殘者"背本趨末"，大賊者"淫侈之俗"，這兩種現象"莫之或
止"，"莫之或救"，並未引起人們的注意，公家、私人都無積貯，那
麽"天下財産何得不蹷"！這種情況延續四十年了，竟造成"失時
不雨，民且狼顧；歲惡不入，請賣爵子"之惡果，嚴重地威脅着漢代
政權，所謂"大命將泛"，"天下貼危"。賈誼上疏強調發展生產，積
貯糧食，對國祚民瘼之重要性，認爲"積貯"乃"天下之大命也"，是
解決漢王朝內憂外患各種矛盾的關鍵，惟"積貯"則攻可以取，退
可以守，戰可以勝，還可以"懷敵附遠"，從而改變"政治未畢通"之
局面，並達到天下之"富安"。賈誼把經濟基礎放在首位，重視經
濟基礎對政治、軍事及道德觀念的制約作用，力圖從經濟基礎方面
鞏固漢朝政權，是抓住了解決問題之根本。《文心雕龍》卷五《奏
啓》云："若夫賈誼之務農……理既切至，辭亦通暢，可謂識大體
矣。"不但説明了此文論述之切中要害，文理通達，而且認爲是識大
體。可謂知言。

　　此外，《大政下》云："民之治亂在於吏，國之安危在於政。"認
爲官吏在治國安民中具有決定作用。因此，《俗激》云："邪俗日
長"，"恬弗知怪"，批評朝臣之至愚無知。《解縣》云："天下倒縣，

莫之能解，猶爲國有人乎？"國家既無賢人，則國家之命運就不堪設想了。此即賈誼所以痛哭、流涕、長太息者！

從總體看，賈誼的文章多用排比句、偶句，具有雄辯之氣勢和縱橫馳騁之文風，同時又明潔清俊，情理相生，具有詩之素質。《文史通義》內篇一《詩教上》云："《過秦》……抑揚往復，詩人諷諭之旨。"又《文心雕龍》卷六《體性》云："賈誼俊發，故文絜而體清。"都指出其這一方面之特點。賈誼文章之風格、體式、素質對後代散文之創作影響很大，成爲後人撰寫文章之楷模。《宋書》卷六十九《范曄傳》云："吾雜傳論，皆有精意深旨，既有裁味，故約其詞句。至於循吏以下及六夷諸序論，筆勢縱放，實天下之奇作，其中合者，往往不減《過秦》篇。"范曄以《過秦論》作爲衡文之標準，説明其名著《後漢書》是追摹賈誼文章之作。

## 三、賈山

賈山之生卒年不可考。《漢書》卷五十一有傳，潁川（今河南禹縣）人。其祖父賈袪，是魏王時博士弟子。賈山受學於祖父，博覽群書。後曾爲潁陰侯灌嬰給事，孝文時言治亂之道，"借秦爲諭"，上書文帝，名曰《至言》。《漢書》卷三十《藝文志》"儒家"著錄其文八篇，今惟存《至言》一篇及《對詰諫除鑄錢令》殘文，俱載《漢書》本傳。《至言》篇是總結秦亡之教訓，以規勸文帝應任賢納諫，輕徭薄賦，以成德化。文長不能盡録，僅節其中之一部分以見其意：

> 臣聞爲人臣者，盡忠竭愚，以直諫主，不避死亡之誅者，臣山是也。臣不敢以久遠諭，願借秦以爲諭，唯陛下少加意焉。
>
> 夫布衣韋帶之士，修身於內，成名於外，而使後世不絕息。至秦則不然。貴爲天子，富有天下，賦斂重數，百姓任罷，赭衣

半道,群盜滿山,使天下之人戴目而視,傾耳而聽。一人大呼,
天下嚮應者,陳勝是也。秦非徒如此也,起咸陽而西至雍,離
宫三百,鐘鼓帷帳,不移而具。又爲阿房之殿,殿高數十仞,東
西五里,南北千步,從車羅騎,四馬騖馳,旌旗不橈。爲宫室之
麗至於此,使其後世曾不得聚廬而託處焉。爲馳道於天下,東
窮燕齊,南極吳楚,江湖之上,瀕海之觀畢至。道廣五十步,三
丈而樹,厚築其外,隱以金椎,樹以青松。爲馳道之麗至於此,
使其後世曾不得邪徑而託足焉。死葬乎驪山,吏徒數十萬人,
曠日十年。下徹三泉,合采金石,冶銅錮其内,漆塗其外,被以
珠玉,飾以翡翠,中成觀游,上成山林。爲葬薶之侈至於此,使
其後世曾不得蓬顆蔽冢而託葬焉。秦以熊羆之力,虎狼之心,
蠶食諸侯,并吞海内,而不篤禮義,故天殃已加矣。臣昧死以
聞,願陛下少留意而詳擇其中。

他指出秦之所以亡在於驕奢無度,侈靡無節,不行禮義。他進一步
論述説:

昔者,秦政力并萬國,富有天下,破六國以爲郡縣,築長城
以爲關塞。秦地之固,大小之勢,輕重之權,其與一家之富,一
夫之强,胡可勝計也!然而兵破於陳涉,地奪於劉氏者,何也?
秦王貪狼暴虐,殘賊天下,窮困萬民,以適其欲也。昔者,周蓋
千八百國,以九州之民養千八百國之君,用民之力不過歲三
日,什一而籍,君有餘財,民有餘力,而頌聲作。秦皇帝以千八
百國之民自養,力罷不能勝其役,財盡不能勝其求。一君之身
耳,所以自養者馳騁弋獵之娛,天下弗能供也。勞罷者不得休
息,飢寒者不得衣食,亡罪而死刑者無所告訴,人與之爲怨,家
與之爲讎,故天下壞也。秦皇帝身在之時,天下已壞矣,而弗

自知也。秦皇帝東巡狩,至會稽、琅邪,刻石著其功,古者聖王作諡,三四十世耳,雖堯舜禹湯文武累世廣德以爲子孫基業,無過二三十世者也。秦皇帝曰死而以諡法,是父子名號有時相襲也,以一至萬,則世世不相復也,故死而號曰始皇帝,其次曰二世皇帝者,欲以一至萬也。秦皇帝計其功德,度其後嗣,世世無窮,然身死纔數月耳,天下四面而攻之,宗廟滅絕矣。秦皇帝居滅絕之中而不自知者何也? 天下莫敢告也。其所以莫敢告者何也? 亡養老之義,亡輔弼之臣,亡進諫之士,縱恣行誅,退誹謗之人,殺直諫之士,是以道諛媮合苟容,比其德則賢於堯舜,課其功則賢於湯武,天下已潰而莫之告也。

此又指出秦之所以亡在於"殘賊天下,窮困萬民",又不肯招賢納諫。文章反復陳述秦強大至於極點,遽然破於陳涉,終於滅亡。如云:"秦以熊羆之力,虎狼之心,蠶食諸侯,并吞海內,而不篤禮義,故天殃已加矣。"又云:"秦王貪狼暴虐,殘賊天下,窮困萬民,以適其欲也。"又云:"勞罷者不得休息,飢寒者不得衣食,亡罪而死刑者無所告訴,人與之爲怨,家與之爲讎,故天下壞也。"又云:"然身死纔數月耳,天下四面而攻之。宗廟滅絕矣。"如此等等。極盛而敗,對秦亡之原因廣求深究,一篇中三致意焉。"借秦爲諭",所以勸諭文帝要吸取秦亡之歷史教訓,不應"從豪俊之臣、方正之士,直與之日日獵射,擊兔伐狐,以傷大業,絕天下之望",而應"定明堂,造太學,修先王之道"。文章之義本諸儒家,而文則類乎韓非或縱橫家,班固謂其《對詰諫除鑄錢令》爲"言多激切,善指事意"(《漢書》卷五十一本傳),也可以概括此篇之文風。文章純厚矯健,輝煌博大,雄肆之氣,噴薄橫出,與賈誼之文相似,西漢前期散文多近此格。

## 四、鼂錯

鼂錯(前二○○——前一五四),《史記》卷一百一、《漢書》卷四十九皆有傳。他是潁川(今河南禹縣)人,學申商刑名之學於軹張恢,與洛陽宋孟及劉禮同師,以通曉文獻典籍,任太常掌故。鼂錯爲人嚴峻剛直而苛刻。文帝時天下無治《尚書》者,獨齊之伏生故秦博士治《尚書》,鼂錯被遣學《尚書》於伏生。歸而報告便國宜民之事,稱說《尚書》,文帝詔令其爲太子舍人、門大夫、家令。因其善辯析,深受太子(即景帝)寵幸,太子家稱其爲“智囊”。文帝時,他多次上書,“言削諸侯事,及法令可更定者”,文帝奇其才,遷爲中大夫。景帝即位,任爲内史。他曾多次請求私下談論政事,景帝輒聽從,“寵幸傾九卿”,升爲御史大夫。鼂錯削弱諸侯之主張,損害了諸侯王之利益,景帝三年(前一五四),吳、楚等七國以誅鼂錯爲名,發動叛亂。竇嬰、袁盎進讒言,景帝即“令鼂錯衣朝衣斬東市”。但吳、楚之亂並未因此而平息,景帝悔之,已無及矣。

鼂錯是文、景時代之忠誠謀士,傑出之政治家,對内主張削弱諸侯勢力,强化中央集權,重農抑商,發展農業生産;對外强調抵禦匈奴侵擾,以鞏固邊防。這些主張與賈誼是完全一致的,不同者是他的主張比賈誼更切實更具體而已。鼂錯之文章,《漢書》卷三十《藝文志》“名家”著録爲三十一篇,今存者僅《賢良文學對策》、《言兵事疏》、《守邊備塞務農力本疏》、《募民徙塞下疏》(以上見《漢書》卷四十九《爰盎鼂錯傳》)和《論貴粟疏》(見《漢書》卷二十四《食貨志上》)等七八篇。《賢良文學對策》是全面表述其政治思想之文章,其中列舉古代聖君明主成功之經驗與秦代君王失敗之教訓,以規諷文帝。兹舉其詔策“通於人事終始”一條爲例:

愚臣竊以古之三王明之。臣聞三王臣主俱賢,故合謀相

輔,計安天下,莫不本於人情。人情莫不欲壽,三王生而不傷
也;人情莫不欲富,三王厚而不困也;人情莫不欲安,三王扶而
不危也;人情莫不欲逸,三王節其力而不盡也。其爲法令也,
合於人情而後行之;其動衆使民也,本於人事然後爲之。取人
以己,内恕及人。情之所惡,不以强人;情之所欲,不以禁民。
是以天下樂其政,歸其德,望之若父母,從之若流水;百姓和
親,國家安寧,名位不失,施及後世。此明於人情終始之功也。

所謂"人情",即民心、民意。三王之治天下,能順民意,得民心,因
此"百姓和親,國家安寧",達到天下大治。與此相反,秦朝則國不
安,民不寧。再舉其詔策"吏之不平,政之不宣,民之不寧"一條
爲例:

愚臣竊以秦事明之。臣聞秦始并天下之時,其主不及三
王,而臣不及其佐,然功力不遲者,何也?地形便,山川利,財
用足,民利戰。其所與并者六國,六國者,臣主皆不肖,謀不
輯,民不用,故當此之時,秦最富强。夫國富强而鄰國亂者,帝
王之資也。故秦能兼六國,立爲天子。當此之時,三王之功不
能進焉。及其末塗之衰也,任不肖而信讒賊;宫室過度,嗜慾
亡極,民力罷盡,賦斂不節;矜奮自賢,群臣恐諛,驕溢縱恣,不
顧患禍;妄賞以隨喜意,妄誅以快怒心,法令煩憯,刑罰暴酷,
輕絶人命,身自射殺;天下寒心,莫安其處。姦邪之吏,乘其亂
法,以成其威,獄官主斷,生殺自恣。上下瓦解,各自爲制。秦
始亂之時,吏之所先侵者,貧人賤民也;至其中節,所侵者富人
吏家也;及其末塗,所侵者宗室大臣也。是故親疏皆危,外内
咸怨,離散逋逃,人有走心。陳勝先倡,天下大潰,絶祀亡世,
爲異姓福。此吏不平,政不宣,民不寧之禍也。

其所列舉秦政之失，與賈誼《過秦》、賈山《至言》基本相同，如寵信讒賊，嗜欲無極，奢侈無度，賦斂不節，濫用民力，法令煩憯，妄自誅戮等等，但得出的結論卻不同，並非"仁義不施"，而是"吏不平，政不宣，民不寧之禍"。這是由於鼂錯之哲學思想與賈誼、賈山之主要爲儒家不同，而是儒家兼名家，他是從不同的角度立論，對秦之所以亡得出不同的結論。鼂錯將古代聖王之德政與秦代君主之倒行逆施作了鮮明的對比，最後雖然贊頌文帝"所爲天下興利除害，變法易故，以安海內者，大功數十，皆上世之所難及"，但其警戒之意寓焉。

《論貴粟疏》是鼂錯闡述其重農抑商思想之重要作品。漢初，承戰國之餘緒，民人"皆背本趨末"，嚴重地阻礙了農業的發展，使漢王朝沒有充足的糧食儲備，以抗擊匈奴的侵擾。針對這種現實，鼂錯上疏，提出貴粟之主張。文章先提出古代帝王治民之道：

> 聖王在上而民不凍飢者，非能耕而食之，織而衣之也，爲開其資財之道也。故堯、禹有九年之水，湯有七年之旱，而國亡捐瘠者，以畜積多而備先具也。

其次，叙述漢代當時之社會狀況，由於不發展農業生產，社會即將發生動亂：

> 今海內爲一，土地人民之衆不避湯、禹，加以亡天災數年之水旱，而畜積未及者，何也？地有遺利，民有餘力，生穀之土未盡墾，山澤之利未盡出也，游食之民未盡歸農也。民貧，則姦邪生。貧生於不足，不足則生於不農，不農則不地著，不地著則離鄉輕家，民如鳥獸，雖有高城深池，嚴法重刑，猶不能禁也。夫寒之於衣，不待輕暖；飢之於食，不待甘旨；飢寒至身，不顧廉恥。人情一日不再食則飢，終歲不製衣則寒。夫腹飢

不得食,膚寒不得衣,雖慈母不能保其子,君安能以有其民哉!
明主知其然也,故務民於農桑,薄賦斂,廣畜積,以實倉廩,備
水旱,故民可得而有也。

其三,用珠玉金銀與粟米布帛對比,説明應當"貴五穀而賤金玉",
即應當重農抑商:

　　　民者,在上所以牧之,趨利如水走下,四方亡擇也。夫珠
玉金銀,飢不可食,寒不可衣,然而重貴之者,以上用之故也。
其爲物輕微易藏,在於把握,可以周海内而亡飢寒之患。此令
臣輕背其主,而民易去其鄉,盜賊有所勸,亡逃者得輕資也。
粟米布帛生於地,長於時,聚於力,非可一日成也;數石之重,
中人弗勝,不爲奸邪所利,一日弗得而飢寒至。是故明君貴五
穀而賤金玉。

其四,從農民與商賈貧富懸殊之對比中,説明要鞏固封建經濟,必
須打擊商業奴隸主:

　　　今農夫五口之家,其服役者不下二人,其能耕者不過百
晦,百晦之收不過百石。春耕夏耘,秋穫冬藏,伐薪樵,治官
府,給繇役;春不得避風塵,夏不得避暑熱,秋不得避陰雨,冬
不得避寒凍,四時之間,亡日休息;又私自送往迎來,弔死問
疾,養孤長幼在其中。勤苦如此,尚復被水旱之災,急政暴虐,
賦斂不時,朝令而暮改,當具,有者半賈而賣,亡者取倍稱之
息,於是有賣田宅鬻子孫以償責者矣。而商賈大者積貯倍息,
小者坐列販賣,操其奇贏,日游都市,乘上之急,所賣必倍。故
其男不耕耘,女不蠶織,衣必文采,食必粱肉;亡農夫之苦,有
仟伯之得。因其富厚,交通王侯,力過吏勢,以利相傾;千里游
敖,冠蓋相望,乘堅策肥,履絲曳縞。此商人所以兼并農人,農

人所以流亡者也。今法律賤商人，商人已富貴矣；尊農夫，農夫已貧賤矣。故俗之所貴，主之所賤也；吏之所卑，法之所尊也。上下相反，好惡乖迕，而欲國富法立，不可得也。

其五，具體提出"貴粟"之辦法，即"以粟爲賞罰"：

> 方今之務，莫若使民務農而已。欲民務農，在於貴粟；貴粟之道，在於使民以粟爲賞罰。今募天下入粟縣官，得以拜爵，得以除罪。如此，富人有爵，農民有錢，粟有所渫。夫能入粟以受爵，皆有餘者也。取於有餘，以供上用，則貧民之賦可損，所謂損有餘補不足，令出而民利者也。順於民心，所補者三：一曰主用足，二曰民賦少，三曰勸農功。今令民有車騎馬一匹者，復卒三人。車騎者，天下武備也，故爲復卒。神農之教曰："有石城十仞，湯池百步，帶甲百萬，而亡粟，弗能守也。"以是觀之，粟者，王者大用，政之本務。令民入粟受爵至五大夫以上，乃復一人耳，此其與騎馬之功相去遠矣。爵者，上之所擅，出於口而亡窮；粟者，民之所種，生於地而不乏。夫得高爵與免罪，人之所甚欲也。使天下人入粟於邊，以受爵免罪，不過三歲，塞下之粟必多矣。

文章之中心論點是"爲開其資財之道也"，即開辟一條發展生產、增加財富之渠道。這條渠道，即"貴粟"和"以粟爲賞罰"。作者云："粟者，王者大用，政之本務。"這一措施，商鞅即曾采用過，《史記》卷六十八《商君列傳》記載："僇力本業，耕織致粟帛多者復其身。事末利及怠而貧者，舉以爲收孥。"鼂錯之主張，是對商鞅這種思想的繼承。如此，則富人可以向農民購買糧食，以入粟買爵，入粟除罪，農民生產的糧食既有銷路，又得到錢。國家通過賣爵獲取糧食，這一方面滿足了國家的需要，一方面減輕了人民的賦税負擔，並打擊了大商人，發展了生産，所謂"主用足，民賦少，勸農功"。

　　鼂錯這種重農、貴粟的思想，在當時有重要的戰略意義，在他的影響下，文、景時代都推行過重農措施。文帝曾多次下詔云："農，天下之大本也，民所恃以生也，而民或不務本而事末，故生不遂。朕憂其然，故今茲親率群臣農以勸之，其賜天下民今年田租之半。"(《漢書》卷四《文帝本紀》)景帝也曾下詔云："農，天下之本也。……其令郡國務勸農桑，益種樹，可得衣食物。"(《漢書》卷五《景帝本紀》)這種重農貴粟之措施，推動了農業生産的發展，到武帝時期出現了"都鄙廩庾皆滿，而府庫餘貨財"，"太倉之粟陳陳相因，充溢露積於外，至腐敗不可食"(《史記》卷三十《平準書》)的現象。這也説明鼂錯的主張在歷史上之進步作用。

　　《言兵事疏》、《守邊備塞務農力本疏》、《募民徙塞下疏》都是論述如何守邊安塞以抵禦匈奴入侵之作，提出了他對守邊安塞的一些具體意見和措施。《漢書》卷四十九《鼂錯傳》云："是時匈奴强，數寇邊，上發兵以禦之。"鼂錯因此上疏"言兵事"，"復言守邊備塞勸農力本當世急務二事"，"復言募民徙塞下"。即説明這三篇書疏，都是針對同一問題而發，所論述的也是一個，只是側重點各有不同而已。茲録其《募民徙塞》以概其餘：

　　　　陛下幸募民相徙，以實塞下，使屯戍之事益省，輸將之費益寡，甚大惠也。下吏誠能稱厚惠，奉明法，存卹所徙之老弱，善遇其壯士，和輯其心而勿侵刻，使先至者安樂而不思故鄉，則貧民相募而勸往矣。

　　　　臣聞古之徙遠方以實廣虛也，相其陰陽之和，嘗其水泉之味，審其土地之宜，觀其草木之饒，然後營邑立城，制里割宅，通田作之道，正阡陌之界。先爲築室：家有一堂二内；門户之

閉,置器物焉。民至有所居,作有所用,此民所以輕去故鄉,而
勸之新邑也。爲置醫巫,以救疾病,以修祭祀。男女有昏,生
死相卹,墳墓相從。種樹畜長,室屋完安。此所以使民樂其
處,而有長居之心也。

　　臣又聞古之制邊縣以備敵也,使五家爲伍,伍有長;十長
一里,里有假士;四里一連,連有假五百;十連一邑,邑有假候,
皆擇其邑之賢材有護,習地形,知民心者。居則習民於射法,
出則教民於應敵。故卒伍成於內,則軍正定於外。服習以成,
勿令遷徙;幼則同游,長則共事。夜戰聲相知,則足以相救;晝
戰目相視,則足以相識;驩愛之心,足以相死。如此,而勸以厚
賞,威以重罰,則前死不還踵矣。所徙之民,非壯有材力,但費
衣糧,不可用也;雖有材力,不得良吏,猶無功也。

　　陛下絕匈奴不與和親,臣竊意其冬來南也,壹大治則終身
創矣。欲立威者,始於折膠,來而不能困,使得氣去,後未易服
也。愚臣無識,唯陛下財察。

文中提出募民徙塞之具體措施:首先是讓募民"至有所居,作有所
用","爲置醫巫,以救疾病,以修祭祀",令其樂於離開故土而之新
邑,並以新邑爲樂,而有長居之心。然後用什伍之户籍法把他們組
織起來,"居則習民於射法,出則教民於應敵",並"勸以厚賞,威以
重罰",如此,則募民"前死不還踵矣"。鼂錯主張用守邊之民取代
屯戍之卒,認爲守邊之民"幼則同游,長則共事",他們都相知、相
識,臨戰時能相救,危急時"足以相死"。這樣既使"屯戍之事益
省,輸將之費益寡",又增强了邊防的戰鬥力,此所以"甚大惠也"。
這表現了鼂錯的軍事觀點和戰略思想。

　　鼂錯的文章説理剀切透辟,邏輯嚴密周詳,文風馳騁縱横,也
成爲後代文章之典範。與賈誼的散文比較,其文采雖不及,而沉實

則過之。對此，魯迅《漢文學史綱要》評云：“鼂、賈性行，其初蓋頗同。一從伏生傳《尚書》，一從張蒼受《左氏》。……爲文皆疏直激切，盡所欲言。……惟誼尤有文采，而沈實則稍遜，如其《治安策》、《過秦論》，與鼂錯之《賢良對策》、《言兵事疏》、《守邊勸農疏》，皆爲西漢鴻文，沾漑後人，其澤甚遠；然以二人之論匈奴者相較，則可見賈生之言，乃頗疏闊，不能與鼂錯之深識爲倫比矣。”一者有文采而疏闊，一者沈實而深識，此其同中之異也。他們既有疏直激切之相同處，又各具特點。

## 五、淮南王劉安

劉安（前一七九——前一二二），《漢書》卷四十四有傳。他是沛（今江蘇沛縣）人，漢高帝之孫，武帝之叔，襲其父劉長之封國，爲淮南王。他博學能文，工辭賦，文思敏捷。武帝甚尊重之，嘗使作《離騷傳》，“旦受詔，日食時上”。此《傳》是最早解説《離騷》之作，惜其全文已佚，今僅見其殘文於班固《離騷序》中：“昔在孝武，博覽古文，淮南王安叙《離騷傳》，以‘《國風》好色而不淫，《小雅》怨誹而不亂，若《離騷》者，可謂兼之。蟬蜕濁穢之中，浮游塵埃之外，皭然泥而不滓。推此志，雖與日月爭光可也。’斯論似過其真。”對《離騷》推崇備至。他又曾“招致賓客方術之士數千人，作爲《內書》二十一篇，《外書》甚衆；又有《中篇》八卷，言神仙黃白之術，亦二十餘萬言”。按《漢書》卷三十《藝文志》“雜家”著録《淮南·內》二十一篇，與本傳記載相合；又著録《淮南·外》三十三篇，本傳則云“甚衆”，不言篇數；此外，“天文”著録《淮南雜子星》十九卷，不見於本傳；本傳記載《中篇》二十餘萬言，亦不見於《藝文志》；原書皆散失，不可考見。今傳世者僅《內書》二十一篇。劉安終因陰謀叛亂，事泄，自殺，受株連者數千人。

《淮南子》之成書,有類呂不韋之編輯《呂氏春秋》,是淮南王劉安集合其群臣賓客所作。漢末高誘《淮南鴻烈叙》云:"遂與蘇飛、李尚、左吳、田由、雷被、毛披、伍被、晉昌等八人及諸儒大山、小山之徒,共講論道德,總統仁義,而著此書。其旨近老子,淡泊無爲,蹈虛守静,出入經道。言其大也,則燾天戴地;説其細也,則淪於無垠。及古今治亂,存亡禍福,世間詭異懷可之事。其義也著,其文也富,物事其類,無所不載。然其大較,歸之於道,號曰《鴻烈》。鴻,大也;烈,明也;以爲大明道之言也。故夫學者不論《淮南》,則不知大道之深也,是以先賢通儒,述作之士,莫不援采以驗經傳。"對《淮南子》之編撰及内容作了比較全面概括的論述。

《淮南子》第二十一篇《要略》應是全書的總序,對全書二十"訓"都有題旨,並説明作書之本意。如其開篇云:

> 夫作爲書論者,所以綱紀道德,經緯人事,上考之天,下揆之地,中通諸理,雖未能抽引玄妙之中才,繁然足以觀終始矣。總要舉凡,而語不剖判純樸,靡散大宗。則爲人之惛惛然弗能知也,故多爲之辭,博爲之説。又恐人之離本就末也,故言道而不言事,則無以與世浮沉;言事而不言道,則無以與化游息。故著二十篇。

由此可知,此書雖意多雜出,兼有陰陽、儒、道、名、法各家之説,但以道家或以陰陽與道家之混合思想爲主體,來統馭諸子百家。從篇題看,《原道》、《俶真》、《精神》諸篇屬道家,而《天文》、《地形》、《時則》諸篇則屬陰陽家。其中論述了宇宙之起源,天地之形成,萬物之變化,人類之死生以及陰陽消長,五行變易等。把這些看作是客觀的自然變化,人們只能順應這種變化,而不能有所違迕。這種變化之根源是"道","道"生自然萬物,"道"主宰一切。如《原

道訓》云:

> 夫道者,覆天載地,廓四方,柝八極;高不可際,深不可測;包裹天地,稟授無形。源流泉滂,冲而徐盈;混混汩汩,濁而徐清。故植之而塞于天地,橫之而彌于四海;施之無窮,而無所朝夕。舒之幎於六合,卷之不盈於一握。約而能張,幽而能明,弱而能强,柔而能剛。橫四維而含陰陽,紘宇宙而章三光。甚淖而漑,甚纖而微。山以之高,淵以之深,獸以之走,鳥以之飛;日月以之明,星歷以之行;麟以之游,鳳以之翔。泰古二皇,得道之柄,立於中央,神與化游,以撫四方。是故能天運地滯,輪轉而無廢;水流而不止,與萬物終始。風興雲蒸,事無不應;雷聲雨降,並應無窮。鬼出電入,龍興鸞集;鈞旋轂轉,周而復匝。已彫已琢,還反於樸。無爲爲之,而合於道;無爲言之,而通乎德。恬愉無矜,而得於和;有萬不同,而便於性。神託於秋毫之末,而大與宇宙之總。其德優天地而和陰陽,節四時而調五行,呴諭覆育,萬物群生:潤於草木,浸於金石;禽獸碩大,毫毛潤澤,羽翼奮也,角觡生也;獸胎不贕,鳥卵不毈;父無喪子之憂,兄無哭弟之哀;童子不孤,婦人不孀;虹蜺不出,賊星不行,含德之所致也。

他認爲"道"是宇宙之本體,是萬物生長之源,它是無形的,也是無限的,無所不在,也無始無終。"德"是自然萬物所含有之特性,它體現"道",與"道"相互依存。這種"道"産生萬物,主宰一切的觀點,完全是沿襲老、莊而來,意在與董仲舒的天人感應學説相對抗。

淮南王劉安是反對漢武帝的,力圖篡奪君位,因此他用道家思想統率諸子學説,以與武帝之獨尊儒術分庭抗禮,乃事理之必然。如《俶真訓》云:

　　是故聖人之學也,欲以返性於初而游心於虛也,達人之學
也,欲以通性於遼廓而覺於寂漠也;若夫俗世之學也,則不然,
擢德攓性,內愁五藏,外勞耳目,乃始招蟯振繾物之毫芒,搖消
掉捎仁義禮樂,暴行越智於天下,以招號名聲於世;此乃我所
羞而不爲也! 是故與其有天下,不若有説也(謂不若有又説樂
之也),樂其有説也,不若尚羊物之終始也。

他以其所標榜的黃老"聖人之學"、"達人之學",與儒者之"俗世之
學"對峙,抨擊武帝有天下而"搖消掉捎仁義禮樂,暴行越智於天
下",是他羞而不爲的。他認爲武帝以欺騙詐術,專己之能,居極害
人,還不如作一個百姓。這種對武帝之攻擊,乃爲遂其政爭之目
的。《俶真訓》又云:

　　周室衰而王道廢,儒墨乃始列道而議,分徒而訟,於是博
學以疑聖,華誣以脅衆,弦歌鼓舞,緣飾《詩》、《書》,以買名譽
於天下。繁登降之禮,飾紱冕之服,聚衆不足以極其變,積財
不足以贍其費。於是萬民乃始憛悵離跂,各欲行其僞以求鑿
枘於世,而錯擇名利。是故百姓曼衍於淫荒之陂,而失其大宗
之本。夫世之所以喪性命,有衰漸以然,所由來者久矣!

批判了儒家爲人主設計富貴,裝飾門面,像叔孫通那樣排演《詩》、
《書》、《禮》、《樂》等諷刺喜劇。這種繁文縟禮之倡導,耗盡了民力
民財。人們多施巧僞以索取榮顯之名利,百姓則曼衍於荒廢事務,
迷戀於佚樂之歧途,造成極端敗壞之社會風氣。他還把儒者所頌
揚的漢代盛世,作爲亂世、衰世來看待,並揭露出亂世、衰世一些本
質方面來。如《齊俗訓》云:

　　衰世之俗,以其知巧詐僞,飾衆無用,貴遠方之貨,珍難得
之財,不積於養生之具。……翡翠犀象,黼黻文章,以亂其目;

　　芻豢黍粱，荆吳芬馨，以嗛其口；鍾鼓筦簫，絲竹金石，以淫其
　　耳；趨舍行義，禮節謗議，以營其心。……且富人則車輿衣纂
　　錦，馬飾傅旄象，帷幕茵席，綺繡絛組，青黄相錯，不可爲象；貧
　　人則夏被褐帶索，唅菽飲水以充腸，以支暑熱，冬則羊裘解札，
　　短褐不揜形而煬竈口。故其爲編户齊民無以異，然貧富之相
　　去也，猶人君與僕虜，不足以論之。

揭露了貴族階級講求禮議、貪圖享樂之富貴生活，以及這種富貴生
活所造成的人民的窮困，形成了貧富之差別猶如人君與僕虜之尖
鋭階級對立現象。《齊俗訓》進而論述説：

　　夫雕琢刻鏤，傷農事者也，錦繡纂組，害女工者也。農事
　　廢，女工傷，則飢之本，而寒之源也。飢寒並至，能不犯法干誅
　　者，古今未之聞也。

進一步揭露階級矛盾激化之可能，預見到飢寒交迫之農民必將奮
起反抗。這顯示了淮南王劉安敏鋭的洞察力和深刻的社會分析
力，亦達到"原始察終，見盛觀衰"之境地。
　　《淮南子》不但批判了儒家，也批判了法家，如《覽冥訓》云：

　　今若夫申、韓、商鞅之爲治也，㨃拔其根，蕪棄其本，而不
　　窮究其所由生。何以至此也？ 鑿五刑爲刻削，乃背道德之本，
　　而爭於錐刀之末，斬艾百姓，殫盡太半。

又《繆稱訓》云：

　　水濁者魚噞，令苛者民亂，城峭者必崩，岸崝者必陁。故
　　商鞅立法而支解，吴起刻削而車裂。

這是對申、韓、商鞅的批判，然筆鋒所向仍在武帝時的時政。漢武
帝推行的是外儒内法的政策，因此《淮南子》批評繁文縟禮時，往

往兼及苛刑峻法,反對儒學同時即反對刑名。

　　但是《淮南子》的內容是駁雜的,他批評了儒、法以及墨、縱橫諸家學説,但在有些篇章中又肯定了儒家之仁義道德,贊揚了法家之法、術、勢。這是由於此書乃"掇拾舊文",並非出於一人之手,而造成思想觀點之不甚一致。然而此書真正有價值之部分,則是對儒、法兩家思想之批判。儘管外儒内法體制對鞏固西漢統一的政權起到一定的積極作用,但淮南王劉安卻從批判儒、法入手,揭穿了其在神聖思想光環下隱藏着的社會矛盾和各種社會弊端。劉安揭露與批判的目的,是爲了遂其政爭之需要,然而卻爲我們留下了認識漢代"盛世"的可貴思想資料。

　　淮南王劉安另有一篇文章,爲《諫伐閩越書》,見於《漢書》卷六十四上《嚴助傳》。此文很長,是反對漢武帝對閩越輕率用兵的,認爲對外用兵只能擾民而不能安民,應當施德惠以懷來遠方。如他陳述其不能對閩越用兵之理由云:

　　　臣聞道路言,閩越王弟甲弑而殺之,甲以誅死,其民未有所屬,陛下若欲來内,處之中國,使重臣臨存,施德垂賞以招致之,此必携幼扶老以歸聖德。若陛下無所用之,則繼其絶世,存其亡國,建其王侯,以爲畜越,此必委質爲藩臣,世共貢職。陛下以方寸之印,丈二之組,填撫方外,不勞一卒,不頓一戟,而威德並行。今以兵入其地,此必震恐,以有司爲欲屠滅之也,必雉兔逃入山林險阻。背而去之,則復相群聚;留而守之,歷歲經年,則士卒罷勌,食糧乏絶,男子不得耕稼樹種,婦人不得紡績織紝,丁壯從軍,老弱轉餉,居者無食,行者無糧。民苦兵事,亡逃者必衆,隨而誅之,不可勝盡,盜賊必起。……此老子所謂"師之所處,荆棘生之"者也。兵者凶事,一方有急,四面皆從。臣恐變故之生,姦邪之作,由此始也。

可見他的觀點源於老子，認爲戰爭是一切動亂滋生之根源，故云：
"用兵之不可不重也。"他這種主張也應當是針對漢武帝"内多欲
而外施仁義"的政策而發。

《淮南子》之文，《文心雕龍》卷四《諸子》評云："《淮南》汎采
而文麗，斯得百氏之華采，而辭氣文之大略也。"認爲其華麗之文
辭，是隱括了諸子百家文章風格之大概。這與他在思想上以道家
統馭諸子是一致的。又劉熙載在其《藝概》卷一《文概》中更具體
地評論云："《淮南子》連類喻義，本諸《易》與《莊子》，而奇偉宏
富，又能自用其才，雖使與先秦諸子同時，亦足成一家之作。"《淮
南子》多用歷史故實、神話傳説、寓言故事、古今諺語等，連類比喻，
因此其文極奇偉繁富、華贍宏肆。其取譬、設喻，如《原道訓》云：

> 夫臨江而釣，曠日而不能盈羅，雖有鉤箴、芒距、微綸、芳
> 餌，加之以詹何、娟嬛之數，猶不能與網罟爭得也。射者扜烏
> 號之弓，彎棊衛之箭，重之羿、逢蒙子之巧，以要飛鳥，猶不能
> 與羅者競多。何則？以所持之小也。……夫釋大道而任小
> 數，無以異於使蟹捕鼠，蟾蜍捕蚤。不足以禁姦塞邪，亂乃
> 逾滋。

他以必用網罟捕魚、鳥，始能獵獲多，比喻只有行大道，才能"禁
姦塞邪"。《老子》所謂"天網恢恢，疏而不失"，取譬貼切，又有
説服力。又其文辭之華贍整齊，而多用韻，仍如《原道訓》云：

> 夫太上之道，生萬物而不有，成化像而弗宰。跂行喙息，
> 蠉飛蝡動；待而後生，莫之知德；待之後死，莫之能怨。得以利
> 者莫能譽，用而敗者不能非；收聚畜積而不加富，布施禀授而
> 不益貧；施縣而不可究，纖微而不可勤；累之而不高，墮之而不
> 下；益之而不衆，損之而不寡；斲之而不薄，殺之而不殘；鑿之

而不深,填之而不淺。忽兮怳兮,不可爲象兮,怳兮忽兮,用不屈兮。幽兮冥兮,應無形兮;遂兮洞兮,不虚動兮。與剛柔卷舒兮,與陰陽俛仰兮。

這是以駢儷文講論"太上之道"。句法排列整齊,多用偶句,對仗自然,其中還引用了《老子》之"兮"字句。這種體制已近乎辭賦,或者説已經辭賦化了。然而更明顯辭賦化的是緊接此段的一節描寫:

> 昔者,馮夷、大丙之御也,乘雲車,入雲蜺,游微霧,騖怳忽,歷遠彌高以極往;經霜雪而無跡,照日光而無景;扶搖抮抱羊角而上;經紀山川,蹈騰崑崙;排閶闔,淪天門。末世之御,雖有輕車、良馬、勁策、利鍛,不能與之爭先。是故大丈夫恬然無思,澹然無慮,以天爲蓋,以地爲輿,四時爲馬,陰陽爲御,乘雲陵霄與造化者俱,縱志舒節,以馳大區。可以步而步,可以驟而驟;令雨師灑道,使風伯掃塵;電以爲鞭策;雷以爲車輪;上游於霄霓之野,下出於無垠之門。劉覽偏照,復守以全;經營四隅,還返於樞。

> 故以天爲蓋,則無不覆也;以地爲輿,則無不載也;四時爲馬,則無不使也;陰陽爲御,則無不備也。是故疾而不搖,遠而不勞,四支不動,聰明不損,而知八紘九野之形埒者,何也?執道要之柄,而游於無窮之地。是故天下之事不可爲也,因其自然而推之;萬物之變不可究也,秉其要歸之趣。

這是以人之趨車比喻人之體合大道。不但文采富麗、構思奇幻、句法整齊、隨處押韻與辭賦相類,即其境界、意象與《離騷》又何其相似! 直可謂是一篇楚辭了。

《淮南子》是西漢初年的一部重要子書,他不僅爲古代哲學、

先秦兩漢文學史

政治、歷史之研究,提供了重要資料,而且以其豐富的古史故實、神話傳說、寓言故事,爲文學描寫開拓了新的領域,其連類比喻、奇偉閎麗之文,也開後代散文風氣之先。其在文學史上之地位,不容忽視。

## 第四節　承前啓後之司馬遷散文

司馬遷是漢代成就最高的散文家。他的散文標誌着漢代散文由前期向後期之轉變,其文風兼有前期之氣勢磅礴,感情激切和後期之深廣宏富,醇厚峻潔,其内容包容前期之總結歷代之興亡成敗和後期之論述天人感應之政治作用。他之名著《史記》即體現了這一轉變的特徵。

### 一、司馬遷生平之事跡

司馬遷生平之事跡見《漢書》卷六十二《司馬遷傳》。他字子長,夏陽龍門(今陝西韓城市境内)人。關於他生年,主要有兩種説法,一種認爲他生在漢景帝中元五年(前一四五年。見《太史公自序》之張守節《正義》,王靜安先生《觀堂集林》卷十一《太史公行年考》),一種認爲他生在漢武帝建元六年(前一三五年。見《太史公自序》之司馬貞《索隱》,李長之先生《司馬遷之人格與風格》中之《司馬遷生年爲建元六年辨》)。我們采取第二種説法,即生於建元六年説。卒年不可確考,但是武帝征和三年(前九〇年)以後,他就没有甚麼活動了。他可能死在武帝末年和昭帝初年,活了五十多歲。他之一生是和武帝之統治相終始的。

司馬遷出生在一個世代相傳之史官家庭,所謂"世典周史"(《太史公自序》)。遠者且不談,他父親司馬談,即曾做太史令三十

餘年。司馬談之學識淵博，曾"學天官於唐都，受《易》於楊何，習
道論於黃子"。他根據道家之觀點寫了一篇富有學術價值和政治
意義的論文《論六家要指》，批判了儒、墨、名、法和陰陽五行諸家，
而充分肯定了道家。《史記》中有關諸子之評價，不少即保留了他
的觀點。他的道家思想也給司馬遷以很大影響。司馬談臨死時，
告訴司馬遷，要做第二個孔子，寫第二部《春秋》。司馬遷矢志繼
承其父之遺願。

　　司馬遷十歲學習"古文"（籀文），曾向孔安國學習古文《尚
書》，又曾向董仲舒學習公羊派《春秋》。這對他的學術修養起過
很大作用，也使他接受了一些儒家思想。

　　司馬遷二十歲開始漫游，先出武關，經南陽，渡江，至長沙，看
了屈原沉江之處；又東南至會稽，瞭解越王勾踐之故事；然後北到
淮陰，搜集韓信之傳說；再北上齊魯，熟習孔廟之車服禮器；轉回來
又到徐州，考察楚漢相爭之戰場；歸途中在大梁，察看信陵君之史
跡；在登封憑弔傳說中之許由冢。這次漫游，對他寫《淮陰侯列
傳》、《越王勾踐世家》、《屈原賈生列傳》、《孔子世家》、《魏公子列
傳》、《伯夷列傳》等有很大幫助。回長安之後，他做了郎中，在當
時"長吏多出於郎中、中郎"（董仲舒《賢良對策》）之情況下，這算是
皇帝之近臣，他便從此入仕。二十四歲，他侍從武帝到西北之扶
風、平涼、空峒，搜集了一些關於黃帝的傳說。二十五歲又奉使巴、
蜀、滇，到過邛（在今四川西昌東南）、筰（在今四川漢源縣東南）、
昆明等地，爲他寫《西南夷列傳》準備了材料。二十六歲參加武帝
在泰山之封禪。封禪之後，又侍從武帝東到海上，北達碣石，巡遼
西，歷九原，爲他寫《封禪書》、《齊太公世家》、《蒙恬列傳》、《武帝
本紀》等創造了條件。他親眼看到桑弘羊平準政策之成功，所以有
《平準書》那樣深刻的論述。他親自參加過武帝負薪塞河之活動，

親自參加過太初曆之訂立，所以才有《河渠書》、《天官書》、《曆書》之寫作。司馬遷之著作就是從長期的實地考察和實際生活經驗中概括出來的。

司馬遷二十八歲爲太史令，開始閱讀國家收藏之有關史料。其三十二歲，當太初元年，武帝下令實行太初曆，即改秦曆爲夏曆。司馬遷認爲這應該是一個新紀元之開始，因此在這年着手寫《史記》。正當司馬遷專心著述之際，發生了李陵抗擊匈奴，兵敗投降之事件。司馬遷認爲李陵並非真心投降，而是想尋找機會報答漢朝。武帝認爲他有意爲李陵辯護，定他"誣上"之罪，將他處以"腐刑"。司馬遷此時未嘗没有想到死，但考慮到《史記》之"草創未就"，便"隱忍苟活"頑强地活着。司馬遷三十七歲入獄，四十歲出獄。在獄中凡四年，使他對漢朝之吏治，對漢朝之刑法，對漢武帝之統治，都有了更深一層之認識，因此有《酷吏列傳》之寫作，也因此使他在全部《史記》之寫作中，有意無意間都流露出對這一不幸遭遇之隱痛。

司馬遷出獄後，做了中書令。中書令由宦者擔任，比太史令職位高，其職責是"領贊尚書，出入奏事"（《唐六典》九引《漢舊儀》），即將皇帝之詔令下到尚書，又將尚書之奏議轉呈皇帝，所以班固稱爲"尊寵任職"。年四十五，他的朋友益州刺史任安寫信勸他以"推賢進士爲務"，他懷着悲憤寫了一篇名文《報任安書》，謝絕了他的要求。在此前後，他又寫了一篇《悲士不遇賦》，抒發了受腐刑後之憤激情緒。四十六歲寫了《匈奴列傳》，據王靜安説，這是最晚的可信爲出自司馬遷手筆者。此後有關他的事跡，由於史料缺乏，也就無法確知了，他怎麼死的，也不清楚。

司馬遷之一生是個悲劇，這個悲劇之意義就在於：他忠於封建階級，希望鞏固封建制度，結果卻被封建階級和封建制度殘害了。

因此，他懷着憤懣和不平來揭露封建社會，鞭撻封建階級。他之憤懣與不平，他之愛與憎，他之思想觀點，他之學説，他之操守，他之全部精神意向，都集中地體現在他的偉大著作《史記》之中，《史記》是他整個精神世界之再現，在這種意義上説，《史記》也是一部偉大的悲劇！

《史記》是我國第一部紀傳體通史。它記載了從黃帝到漢武帝太初年間大約三千年之歷史。分爲十二本紀、十表、八書、三十世家、七十列傳，共一百三十篇。"本紀"，是按帝王之世代順序記叙政治軍事等天下大事；"表"，是排比並列了歷代帝王和諸侯國之政治軍事大事；"書"，是有關於經濟、文化、天文、曆法等之專門論述；"世家"，是先秦各諸侯國和漢朝有功之臣的傳記；"列傳"，是一般人物的傳記。這五種體例，互相配合補充，構成了《史記》全書之整體結構。司馬遷明確地提出自己之寫作主張，即"究天人之際，通古今之變"，那就是要研究自然界和人類社會之關係，探討古今歷史變化之原因。從創作思想看，"通古今之變"是對前期散文内容之繼承，"究天人之際"則是對後期散文内容之開拓，它起着繼往開來之作用。

## 二、《史記》體例之淵源

《史記》一書是由本紀、表、書、世家、列傳五種體例結構而成的。這五種體例，或謂司馬遷所獨創，或謂皆有所本。謂皆有所本者，一則認爲本自《吕氏春秋》，二則認爲源於《世本》，諸説紛紜，莫衷一是。我們認爲《史記》五體，皆有所自來，非司馬遷獨創。現在參照古人和近代人的説法，以《史記》一書之内證爲依據，來探討此五種體制之淵源。

"本紀"源於《禹本紀》。

《史記》卷一百二十三《大宛列傳贊》云：

> 太史公曰：《禹本紀》言"河出崑崙。崑崙其高二千五百餘里，日月所相避隱爲光明也。其上有醴泉、瑤池"。今自張騫使大夏之後也，窮河源，惡睹本紀所謂崑崙者乎？故言九州山川，《尚書》近之矣。至《禹本紀》、《山海經》所有怪物，余不敢言之也。

《禹本紀》不見録於《漢書・藝文志》，然司馬遷稱《禹本紀》云云，並徵引其文，與《山海經》並舉，顯係其親見。此書之存在，爲確鑿可信。但《禹本紀》所記之内容是甚麼，人們多所揣測。王應麟認爲即《禹受地記》、《禹大傳》(見《困學紀聞》卷十《地理》)；梁玉繩認爲即《大仐(顏師古曰"古'禹'字")》、《大禹》(見《史記志疑》卷三十五《大宛列傳》)。然而這些書籍已皆久佚，詳細内容無從考查。惟《玉海》卷五十七載《三禮義宗》引《禹受地記》云："崑崙東南五千里之地。謂之神州。"至於《禹大傳》，王逸注《離騷》"朝濯髮乎洧盤"句下，引其文云："洧盤之水，出崦嵫之山。"又《山海經》注引《禹大傳》，見於該書卷二"崦嵫山"之下，其文與王逸注《離騷》之文相同。可見《禹受地記》、《禹大傳》應是地理志之類的書。關於《大禹》，《列子・湯問》引其文云："六合之間，四海之内，照之以日月，經之以星辰，紀之以四時，要之以太歲，神靈所生，其物異形，或夭或壽，唯聖人能通其道。"此應即《漢書・藝文志》所載《大仐》三十七篇之文，《漢志・大仐》三十七篇原注云："傳言禹所作，其文似後世語。"而班固將其列入子部雜家，與《禹本紀》之叙事當不是一體。因此，可以推斷《禹本紀》別是一書，以傳大禹之事跡，司馬遷取法之以記述古代帝王之行事。這一點，前人已經看到了。如趙翼《陔餘叢考》卷五《史記一》云：

《史記·大宛傳贊》則云："《禹本紀》言'河出昆侖,高五百里'。"又云："《禹本紀》及《山海經》所有怪物,予不敢言也。"是遷之作紀,非本於《吕覽》。而漢以前,別有《禹本紀》一書,正遷所本耳。

其《廿二史札記》卷一《各史例目異同》表示同樣的觀點。又尚鎔《史記辨證》卷一《五帝本紀》云:

> 本紀以述皇王,《大宛傳》引《禹本紀》,此遷之所本也。劉勰謂取式《吕覽》,通號曰紀,蓋未覆案《大宛傳》耳。

他們的意見可謂卓識確論,漢以前有《禹本紀》一書存在,乃叙事之體,司馬遷本之以傳帝王之事。然則《禹本紀》固爲《史記》本紀體例之所從出也。

"表"源於"周譜"。

《史記》卷十三《三代世表叙》云:

> 太史公曰:五帝、三代之記,尚矣。自殷以前諸侯不可得而譜,周以來乃頗可著。……余讀諜記,黄帝以來皆有年數。稽其曆譜諜終始五德之傳,古文咸不同,乖異。夫子之弗論次其年月,豈虚哉!於是以《五帝繫諜》、《尚書》集世紀黄帝以來訖共和爲《世表》。

又《史記》卷十四《十二諸侯年表叙》云:

> 太史公讀《春秋曆譜諜》,至周厲王,未嘗不廢書而歎也。……譜諜獨記世謚,其辭略,欲一觀諸要難。於是譜十二諸侯,自共和訖孔子。

其中所謂"稽其曆譜諜",並以《五帝繫諜》及《尚書》而作《三代世表》,所謂"讀《春秋曆譜諜》,而作《十二諸侯年表》",都説明表之

爲體，乃源於古之譜諜。對此，古人已經指出。《梁書》卷五十《劉
杳傳》記載：

> 杳云：“桓譚《新論》云‘太史《三代世表》，旁行邪上，並效
“周譜”。’”

劉杳根據桓譚之意見，認爲《史記》之表體，乃仿效“周譜”。其所
謂“周譜”，當指周代之譜諜，並非專指一書。桓譚是東漢初年人，
與西漢緊相連接，因此《新論》中之説法當確鑿可信。其後，人們
多本桓譚之意以爲説。如趙翼《廿二史札記》卷一《各史例目異
同》云：

> 《史記》作十表，昉於周之譜牒。與紀傳相爲出入。

章學誠《文史通義》卷六《和州志輿地圖序例》云：

> 圖譜之學，古有專門。鄭氏樵論之詳矣。司馬遷爲史，獨
> 取旁行斜上之遺，列爲十表。

夏燮《校漢書八表叙言》（見《二十五史補編》）云：

> 史之有表，創自龍門，蓋仿“周譜”爲之，遂爲歷代史家之
> 所不可廢。

又《漢書·藝文志·數術略》著録有《漢元殷周諜曆》十七卷、《帝
王諸侯世譜》二十卷、《古來帝王年譜》五卷。桓譚所謂之“周譜”，
也應包括《漢書·藝文志》所著録者在内。司馬遷作十表，以《三
代世表》爲首，周之《十二諸侯年表》爲次，“自殷以前之諸侯不可
得而譜，周以來乃頗可著”，這與桓譚《新論》所謂“旁行邪上，並效
‘周譜’”似相合。周譜較古之譜諜完善詳密，漢代尚存，桓譚曾親
見之，證以《史記》之記述，則表之爲體，源於“周譜”，爲確切不疑

之論。

"書"源於《尚書》。

"書"之體例,當源於《尚書》。《尚書》爲古史官所撰述。《漢書·藝文志》云:"古之王者,世有史官,君舉必書,所以慎言行昭法式也。左史記言,右史記事,事爲《春秋》,言爲《尚書》。"司馬遷是史官,他要效法孔子之作《春秋》,故其"書"之一體,亦當仿自《尚書》。又他在《伯夷列傳》中説:"夫學者載籍極博,猶考信於六藝。《詩》、《書》雖缺,然虞夏之文可知也。"説明他對"六藝"及《詩》三百篇、《尚書》之重視。《在大宛列傳贊》中説:"故言九州山川,《尚書》近之矣。"説明他對《尚書》之推崇。這當然都是就《尚書》記述内容之真實可信説的,但在這種重視、推崇之同時,也自然有着對其體例之攝取。不同的是《史記》中之八書,依據《尚書》之内容按類别記述,成爲對某一事項之專論。如《堯典》、《舜典》所記述之律曆、柴祀、巡狩、刑律、穀殖之事,皆《史記》諸"書"所從出。如《堯典》云:

> 乃命羲和,欽若昊天,曆象日月星辰,敬授人時,分命羲仲,宅嵎夷,曰暘谷,寅賓出日,平秩東作,日中星鳥,以殷仲春,厥民析,鳥獸孳尾。申命羲叔,宅南交,平秩南訛,敬致,日永星火,以正仲夏,厥民因,鳥獸希革。分命和仲,宅西,曰昧谷,寅餞納日,平秩西成,宵中星虛,以殷仲秋,厥民夷,鳥獸毛毨。申命和叔,宅朔方,曰幽都,平在朔易。日短星昴,以正仲冬,厥民隩,鳥獸氄毛。帝曰,咨汝羲暨和,期三百有六旬有六日,以閏月定四時成歲。

這裏所記述之天文曆象諸事,應即《天官書》、《曆書》、《律書》所從出。尚鎔《史記辨證》卷三《天官書》即指出:"《天官書》,源出《堯典》。"又《舜典》云：

> 歲二月，東巡守，至於岱宗，柴，望秩於山川，肆覲東
> 后。……五月南巡守，至於南岳，如岱禮。八月西巡守，至於
> 西岳，如初。十有一月，朔巡守，至於北岳，如西禮。歸格於藝
> 祖，禰用特。五載一巡守，群后四朝。

這裏所記述之巡狩柴祀諸事，應即《封禪書》所從出。《舜
典》云：

> 帝曰：棄，黎民阻飢，汝后稷，播時百穀。

這裏所記述之食貨之事，應即《平準書》所從出。《舜典》云：

> 帝曰：咨，四岳，有能典朕三禮。僉曰：伯夷。帝曰：俞咨
> 伯，汝作秩宗，夙夜惟寅，直哉惟清。

這裏所記述之典朕三禮諸事，應即《禮書》所從出。《舜典》云：

> 帝曰：夔，命汝典樂，教胄子。直而溫，寬而栗，剛而無虐，
> 簡而無傲。詩言志，歌永言，聲依永，律和聲，八音克諧，無相
> 奪倫，神人以和。夔曰：於，予擊石拊石，百獸率舞。

這裏所記述之音樂諸事，應即《樂書》所從出。又《河渠書》所記大
禹治水，迄於戰國、秦、漢水利渠田諸事，固當采自《禹貢》。這些
事例都說明《史記》之"書"體，是將《尚書》之內容分類專論，溯其
所本，蓋源於《尚書》。范文瀾《正史考略》"《史記》條"云："八
《書》之作，則取《尚書》之《堯典》、《禹貢》。"所言極是。

"世家"源於古《世家》。

《史記》卷三十七《衛康叔世家贊》云：

> 余讀《世家》言，至於宣公之太子以婦見誅，弟壽爭死以

相讓,此與晉太子申生不敢明驪姬之過同,俱惡傷父之志。然卒死亡,何其悲也!

這裏所謂之"世家言",是何所指?梁玉繩提出疑問,《史記志疑》卷二十《衛康叔世家》云:

> 《世家》言即史公所作也,而曰"余讀"何哉?豈《衛世家》是司馬談作,而遷補論之歟?

我們認爲"世家言",確如梁氏所理解是指《世家》之語、《世家》之文,然此書絕非司馬遷自撰,而是在司馬遷撰寫《衛世家》之前已經存在,所以才説"余讀"。至於説此書爲司馬談所作,那純屬揣測之辭了。儘管此書不見録於《漢書·藝文志》,也不能證明其無有。司馬遷所讀之書,如《六國表叙》云"太史公讀《秦記》",《惠景間侯者年表》云"太史公讀《列封》",亦皆不見録於《漢書·藝文志》,也不能否定其存在。要之,司馬遷那段話説明其"世家"一體,乃仿古《世家》而作。前人對此,已有所領悟。趙翼《廿二史札記》卷一《各史例目異同》云:

> 《史記·衛世家贊》,"余讀《世家》言"云云,是古來本有"世家"體,遷用之以記王侯諸國。

又尚鎔《史記辨證》卷四《衛康叔世家》云:

> 《贊》謂"余讀《世家》言",是衛舊有"世家",爲遷所取法。

趙翼、尚鎔二人都認爲古時確有記衛事之《世家》一書,爲司馬遷所仿效。是《史記》中《世家》一體,本自古《世家》。

"列傳"源於古之"史傳"。

"列傳"後代正史單稱"傳",專記一人之行跡。《史記》中這一

體例之淵源,也可以從《史記》中考之。如《伯夷列傳》云:

> 余悲伯夷之意,睹軼詩可異焉。其傳曰:"伯夷、叔齊,孤
> 竹君之二子也。……遂餓死於首陽山。"

文中之"傳曰"並一大段文字究何所指?司馬貞《索隱》認爲指《韓
詩外傳》與《吕氏春秋》,然則這兩部書中並無此段文字,顯係無稽
之談。王若虛《溮南遺老集》卷十一《史記辨惑》三云:"《伯夷傳》
云'余悲伯夷之意,睹軼詩可異焉。傳曰'云云,'傳曰'二字,吾所
不曉。《索隱》云謂《吕氏春秋》、《韓詩外傳》也。信如是説,則遷
所記古人事,孰非摭諸前書者,而此獨稱傳乎?"他對司馬貞之説法
表示懷疑。又王筠《史記校》卷下云:

> 伯夷之事,不傳所傳之傳,荒唐不足信。惟讓國蓋得其
> 實,史公不得已而以"其傳曰"三字冠之。夫《史記》所采之
> 書,如《尚書》、《左傳》、《國策》,皆直録之。未嘗言某曰,史體
> 固當然耳。惟《大宛傳贊》引《禹本紀》、《山海經》,以其荒唐
> 而著其名。則所云"其傳曰"者,可以例觀矣。

他認爲司馬遷因舊傳如《禹本紀》、《山海經》所述盡荒唐之事,故
特著其名。《伯夷傳》之記述亦復如是,故著其名"傳曰"。且不管
他之推論是否得當,但他認爲司馬遷之前已有史傳之書,確是事
實。高閬仙先生《史記別録》亦云;

> 二書(按:指《韓詩外傳》及《吕氏春秋》)恐非史公所據。
> 蓋別有傳記載其事,故曰"其傳曰"。

高閬仙先生與王筠持同樣看法,即司馬遷之前已有傳記載伯夷之
行跡。這應當是可信的。那麼我們可以推斷古時有記人之傳,司
馬遷仿效之以爲七十列傳。

《漢書·藝文志》云："漢興,改秦之敗,大收篇籍,廣開獻書之
路,迄孝武世……於是建藏書之策,置寫書之官,下及諸子傳説,皆
充秘府。"又《太史公自序》云:"於是漢興……百年之間,天下遺文
古事靡不畢集太史公。"司馬遷爲太史令,得"紬史記石室金匱
之書",因此能囊括天下遺文世傳而有之。凡史記舊聞,諸子
雜説,以及詞人才士之作,法令檔案之文,莫不盡覽。其必於博
籍群書之中選擇探尋適於表現漢代史事之體例,以爲自己撰述所
取法,並經過自己之加工、補充,使五種體例各盡其用,成爲正史中
不桃之宗。

## 三、《史記》之撰述目的"究天人之際,通古今之變"

《史記》是司馬遷遵循其父之遺命而作的。其父臨死時對他
説:"今漢興,海内一統,明主賢君忠臣死義之士,余爲太史而弗論
載,廢天下之史文,余甚懼焉,汝其念哉!"司馬遷俯首流涕而受命。
司馬遷自己也曾説:"先人有言:'自周公卒五百歲而有孔子。孔
子卒後至于今五百歲,有能紹明世,正《易傳》,繼《春秋》,本《詩》、
《書》、《禮》、《樂》之際?'意在斯乎!意在斯乎!小子何敢讓焉。"
(以上引文皆見《太史公自序》)司馬遷以孔子自期,要效法孔子之寫
《春秋》。因此探討一下他對孔子寫《春秋》意圖之理解,有助於我
們對他寫《史記》意圖之認識。上大夫壺遂問他,孔子當年爲何寫
《春秋》,他根據董仲舒的意見回答説:

> 周道衰廢,孔子爲魯司寇,諸侯害之,大夫壅之。孔子知
> 言之不用,道之不行也,是非二百四十二年之中,以爲天下儀
> 表,貶天子,退諸侯,討大夫,以達王事而已矣。(《太史公自
> 序》)

他認爲孔子處於亂世,疾自己意見之不被采用,志向之不能推行,便通過對二百四十二年歷史之記述,以表明自己之是非觀念,貶斥天子,黜退諸侯,譴責大夫。要之,孔子寫《春秋》之目的在譏刺時政。另外,從他對《春秋》的評價中,也可以看出他對《春秋》歷史作用的認識:

> 夫《春秋》,上明三王之道,下辨人事之紀,別嫌疑,明是非,定猶豫,善善惡惡,賢賢賤不肖,存亡國,繼絕世,補敝起廢,王道之大者也。(《太史公自序》)

他認爲孔子寫《春秋》是爲亂世立法,認爲《春秋》比《易》、《禮》、《書》、《詩》、《樂》等儒家經典"長於治人","撥亂世反之正,莫近於《春秋》",這些都是他對孔子寫《春秋》意圖之理解,同時也是他寫《史記》所遵循之精神。司馬遷之意見是屬於封建階級的王道思想,是維護封建政權的。但在當時那所謂"太平盛世"之中,他卻看到了武帝之統治並不合乎王道,看到了社會之混亂,是非顛倒,善惡不明等等。他要以《史記》來匡正這個社會。因此,他在《報任安書》中明確提出自己之寫作主張:

> 亦欲以究天人之際,通古今之變,成一家之言。

這一主張,表現了他的兩種觀點:一種"究天人之際",是哲學觀點,即研究自然界和人類社會之關係;另一種"通古今之變",是歷史觀點,即探討古今歷史變化之原因。他之總意圖是要從哲學、歷史等方面總結經驗,以鞏固漢朝之封建政權。

司馬遷所探究之自然界和人類社會之關係究竟怎樣?他認爲天地萬物之根源並非來自超現實之精神實體或上帝,而是來自物質世界。他在《自序》中引其父《論六家要指》説:

　　……乃合大道,混混冥冥。光耀天下,復反無名。

"混混冥冥"是"氣"之原始狀態,當其未形成任何事物之前,還説不上甚麼"名稱",所以稱爲"無名"。然而"無名"絶非不存在之東西,而是最根本、最原始之物質性實體。這是對先秦老子學説之繼承。關於人類生命、身體之起源,司馬遷也給以唯物主義的解釋,他在同一篇文章中説:

　　　　凡人所生者神也,所託者形也。神大用則竭,形大勞則
　　　敝,形神離則死。死者不可復生,離者不可復反,故聖人重之。

由是觀之,神者生之本也,形者生之具也。文中所謂"神"之性質,張守節《正義》説:"混混者,元氣神者之貌也。"裴駰《集解》引用韋昭的話説:"聲氣者,神也。枝體者,形也。"這是沿襲秦漢以來唯物主義哲學對"神"與"氣"之解釋。司馬遷采用了這種解釋,認爲氣是一切事物之根源,自然界和人類都是由氣産生的,與神或上帝並無關係。

　　司馬遷是精通天文曆法的,自然科學的成就可以推動唯物主義哲學之發展。漢初之自然科學和唯物主義哲學都是以陰陽五行學説作爲理論根據的。陰陽五行學説産生之初,儘管仍有某些迷信成分,但對於神權思想卻有衝擊作用。它認爲自然萬物都是由水、火、木、金、土五大元素構成的,並非神所創造。到了漢代,儒學大師董仲舒把陰陽五行學説和儒學融匯成"春秋公羊學",借天變災異來附會經義,使儒學蒙上濃厚之迷信色彩。司馬遷接受了這種陰陽五行哲學思想,這充分地表現在《史記》之《律書》和《天官書》中。《天官書》記載了兩千多年前星球之運行,星座之位置;記載了幾百個星體、星座,並指出其出現之時間和季節、運行之規律。這説明天象運行並非神秘莫測,而是可以由人類推算出來之自然

現象。他在《自序》中又説：

> 夫陰陽四時、八位、十二度、二十四節各有教令，順之者
> 昌，逆之者不死則亡，未必然也，故曰"使人拘而多畏"。夫春
> 生夏長，秋收冬藏，此天道之大經也，弗順則無以爲天下綱紀，
> 故曰"四時之大順，不可失也"。

他認爲陰陽五行學説是有缺點的，即"大（太重視）祥（災異）而衆
忌諱，使人拘而多所畏"，但陰陽五行學説在解釋"四時之大順"，
天道運行方面，"不可失也"。贊揚了陰陽五行學説主張順從自
然，掌握自然發展規律的唯物主義觀點。

司馬遷從其唯物主義思想出發，對歷史上許多迷信現象進行
了一系列的批判。如他説：

> 余至江南，觀其行事，問其長老，云龜千歲乃游蓮葉之上，
> 著百莖共一根。又其所生，獸無虎狼，草無毒螫。江傍家人常
> 畜龜飲食之，以爲能導引致氣，有益於助衰養老，豈不信哉！
> （《龜策列傳》）

他以諷刺之筆法，揭露了龜策之騙人。"信哉"實際上是不可信，
以正爲反，以褒作貶，更具有批判力。又説：

> 今上封禪，其後十二歲而還，徧於五岳、四瀆矣。而方士
> 之候祠神人，入海求蓬萊，終無有驗。而公孫卿之候神者，猶
> 以大人之跡爲解，無有效。天子益怠厭方士之怪迂語矣，然羈
> 縻不絕，冀遇其真。（《封禪書》）

這就揭露了神仙家説之不足憑。司馬遷盡可能用人之活動來説明
人事，而避免用"天道"説明人事。《項羽本紀》描寫項羽失敗時，
自稱"此天之亡我，非戰之罪也"，司馬遷則指出項羽之失敗是其

自己之錯誤促成的,並非甚麼"天意":

> 自矜功伐,奮其私智而不師古,謂霸王之業,欲以力征經
> 營天下,五年卒亡其國,身死東城,尚不覺寤而不自責,過矣!
> 乃引"天亡我,非用兵之罪也",豈不謬哉!

蒙恬被秦二世賜死時,他自以爲有功,不當死。但最後他認爲是自己修長城、築馳道,塹山湮谷,犯下"絶地脈"罪過之報應。司馬遷則尖銳指出:

> 夫秦之初滅諸侯,天下之心未定,痍傷者未瘳,而恬爲名
> 將,不以此時强諫,振百姓之急,養老存孤,務修衆庶之和,而
> 阿意興功,此其兄弟遇誅,不亦宜乎! 何乃罪地脈哉?(《蒙恬
> 列傳》)

批判了信地脈説之荒謬。

司馬遷反對用天命解釋人生之吉凶禍福,在當時是有現實意義的。當時之統治者極力宣揚天是有意志的,人們之富貴窮通都是天命決定的,只要奉公守法,按照代天立言之天子所規定的道德規範去做,就會有好結果。司馬遷由於在政治上遭受殘酷的迫害,更主要根據歷史上大量不合理之事實,對統治者所宣揚之天命提出懷疑。他在《伯夷列傳》中,爲忠於自己之理想,不屈服暴力之伯夷、叔齊兄弟之遭遇鳴不平,對天道有知之觀念提出質詢:

> 或曰:"天道無親,常與善人。"若伯夷、叔齊,可謂善人者
> 非邪? 積仁絜行如此而餓死! 且七十子之徒,仲尼獨薦顔淵
> 爲好學。然回也屢空,糟糠不厭,而卒蚤夭。天之報施善人,
> 其何如哉? 盜蹠日殺不辜,肝人之肉,暴戾恣睢,聚黨數千人
> 横行天下,竟以壽終。是遵何德哉? 此其尤大彰明較著者也。

若至近世，操行不軌，專犯忌諱，而終身逸樂，富貴累世不絕。或擇地而蹈之，時然後出言，行不由徑，非公正不發憤，而遇禍災者，不可勝數也。余甚惑焉，儻所謂天道，是邪非邪？

在《李將軍列傳》中，對李廣爲漢王朝出擊匈奴立下了赫赫戰功，但卻得不到尺寸之封而深表同情，並十分憤慨，他通過李廣同樣對"天命"提出質詢：

> 自漢擊匈奴而廣未嘗不在其中，而諸部校尉以下，才能不及中人，然以擊胡軍功取侯者數十人，而廣不爲後人，然無尺寸之功以得封邑者，何也？豈吾相不當侯邪？且固命也？

司馬遷是精通古今歷史事變的，他所看到過的古往今來許多不合理、不公平之事實，證明統治者所宣揚的天道觀，完全是騙人的謊話。那些貪婪、無恥、低能之剝削者、寄生者，能取得高官厚祿、安富尊榮，而那些善良、忠誠、正義並爲國家建立功勛之人們，卻遭到冷遇、折磨、迫害和凌辱，這是甚麼"天道"？

司馬遷避免用"天道"解釋人事，認爲"天道"並不能定人生之吉凶禍福，這是司馬遷"究天人之際"思想中最有價值之部分。但司馬遷也接受了董仲舒"天人感應"學說的一些迷信成分，他似乎相信人間之一切，都是上天安排的。當人事符合"天意"之時，社會就能長治久安，否則便天下大亂。人君失德，天就降災異以示警告。如：

> 帝孔甲立，好方鬼神，事淫亂。夏后氏德衰，諸侯畔之。天降龍二，有雌雄，孔甲不能食，未得豢龍氏。（《夏本紀》）

孔甲沒有接受這種警告，修德政，終於滅亡。相反，如果人君能接受上天之警告，立即修德行仁，政權就能鞏固。如武丁祭祀成湯，

“有飛雉登鼎耳而呴”，“武丁修政行德，天下咸歡，殷道復興”（《殷本紀》）。他還説：

> 夫常星之變希見，而三光之占亟用。日月暈適，雲風，此天之客氣，其發見亦有大運。然其與政事俯仰，最近天人之符。（《天官書》）

這更明確地談到“天道”與政治之關係。他認爲日月星辰之自然表現都和人事相關聯，即“天人之符”，所以爲政者必須注意這種變化，才能避免隕越。這自然是一種宗教迷信，但正直之臣仍可以以此對人君進行諫諍，以天變災異來限制人君之行爲。司馬遷繼承了這種思想，藉以匡正人君，使人君講仁義，行德政。這是他之本意。

司馬遷是反對天命的，但他並不是一個徹底的唯物主義者，當他對複雜的歷史興亡成敗現象得不出正確答案時，又不得不用天命進行解釋。如他論秦始皇統一天下時説：

> 論秦之德義不如魯衛之暴戾者，量秦之兵不如三晉之強也，然卒并天下，非必險固便形勢利也，蓋若天所助焉。（《六國年表序》）

認爲秦之統一天下，是上天之助，並非人力。又論劉邦建立漢朝時説：“此乃傳之所謂大聖乎？豈非天哉！豈非天哉！非大聖孰能當此受命而帝者乎？”（《秦楚之際月表序》）説明劉邦之得天下，是天的意志。在談到一些將相功成封爵時説：“高祖離困者數矣，而留侯常有功力焉，豈可謂非天乎？”（《留侯世家贊》）認爲天命張良來解救劉邦之困厄。又説：“陽陵侯傅寬、信武侯靳歙皆高爵，從高祖起山東，攻項籍，誅殺名將，破軍降城以十數，未嘗困辱，此亦天授也。”（《傅靳蒯成列傳贊》）認爲傅寬、靳歙位尊爵高是天授。

司馬遷力圖擺脱神權迷信思想，但最後仍不得不求救於茫茫"天命"。

　　司馬遷既反對"天道"，又不能擺脱"天人感應"之迷信思想對他的影響；既反對"天命"，在無可奈何時又不得不求救於茫茫"天命"。這種矛盾現象正是當時哲學思想領域中矛盾之反映。

　　司馬遷提出自己寫《史記》之另一目的是"通古今之變"，即探求古今歷史變化之原因。那麼，他是怎樣闡述歷史變化的呢？他在《平準書》中談到中國古代史發展之法則時説：

> 故《書》道唐虞之際，《詩》述殷周之世，安寧則長庠序，先本絀末，以禮義防於利；事變多故而亦反是。是以物盛則衰，時極而轉，一質一文，終始之變也。《禹貢》九州，各因其土地所宜，人民所多少而納職焉。湯武承弊易變，使民不倦，各兢兢所以爲治，而稍陵遲衰微。齊桓公用管仲之謀，通輕重之權，徼山海之業，以朝諸侯，用區區之齊顯成霸名。魏用李克，盡地力，爲強君。自是之後，天下爭於戰國，貴詐力而賤仁義，先富有而後推讓。故庶人之富者或累巨萬，而貧者或不厭糟糠；有國強者或并群小以臣諸侯，而弱國或絶祀而滅世。以至於秦，卒并海内。

他提出"物盛則衰，時極而轉"之歷史發展的辯證法則。雖然他也談"一質一文，終始之變"，好像是循環論，但他所叙述之歷史事實卻都是發展的而不是循環的。他從大禹講起，這正好是我國階級社會之開始。《禹貢》九州各納所有，至湯武而發展成奴隸社會以至初期之封建制。春秋時代齊桓公用管仲因山海之利而成霸業，魏用李克盡地利之教以成強國，此後轉至戰國，井田制破壞，而兼併迭起，庶人之富者兼併貧窮，強國兼併弱小，至秦始皇而統一。

司馬遷是從經濟發展方面談問題的,他用經濟之發展來説明社會歷史之發展,這種歷史觀已經接近歷史唯物主義了。

司馬遷長於從經濟觀點解釋歷史之發展,從而能進一步得出唯物主義之結論來。他在《貨殖列傳》中,對人類物質生活資料之生產史,作了如下之論述:

> 故待農而食之,虞而出之,工而成之,商而通之。此寧有政教發徵期會哉?人各任其能,竭其力,以得所欲。故物賤之徵貴(賤徵求貴),貴之徵賤,各勸其業,樂其事,若水之趨下,日夜無休時,不召而自來,不求而民出之。豈非道之所符,而自然之驗邪?

他用經濟原因,生產和交換兩方面之需要情況來説明社會分工之必然性,並指出社會之發展正是由於人們爲了滿足自己之生活欲求而努力經營促成的。這種願望既出於自然,又符合社會發展之要求,也即"道"之所在。這是一種樸素的唯物主義觀點。在同一篇傳記中,他又説:

> 富者,人之情性,所不學而俱欲者也。故壯士在軍,攻城先登,陷陣卻敵,斬將搴旗,前蒙矢石,不避湯火之難者,爲重賞使也。其在閭巷少年,攻剽椎埋,劫人作姦,掘冢鑄幣,任俠并兼,借交報仇,篡逐幽隱,不避法禁,走死地如騖者,其實皆爲財用耳。今夫趙女鄭姬,設形容,揳鳴琴,揄長袂,躡利屣,目挑心招,出不遠千里,不擇老少者,奔富貴也。游閑公子,飾冠劍,連車騎,亦爲富貴容也。弋射漁獵,犯晨夜,冒霜雪,馳阬谷,不避猛獸之害,爲得味也。博戲馳逐,鬥雞走狗,作色相矜,必爭勝者,重失負也。醫方諸食技術之人,焦神極能,爲重糈也。吏士舞文弄法,刻章僞書,不避刀鋸之誅者,没於賂遺

也。農工商賈畜長,因求富益貨也。

他從戰士勇敢在爲賞,惡棍輕生在爲財,歌妓賣笑在爲富厚,説到浮浪子弟狩獵、賭博,醫生技士焦神極能,貪官污吏舞文弄法,農工商賈苦心經營,都是爲了追求各自之生活欲求。這種基於人生欲望之自然法則,完全是從人類學出發之經濟觀點,自然得出了"富無經業,則貨無常主,能者輻湊,不肖者瓦解"(《貨殖列傳》)之結論。這種觀點自然是幼稚的,但它反映了封建社會被壓迫人民和農民小私有者之要求,反映了這些人民希望通過努力生產,所得財產可致"千金之家比一都之君,巨萬者乃與王者同樂"(《貨殖列傳》)之願望。這種樸素的平等思想,對封建社會經濟之剥削制度是一種批判。

司馬遷能明察社會歷史變化之物質生產之根源,對社會歷史之變化能從物質生產方面進行解釋。他説:

> ……干戈日滋,行者齎,居者送,中外騷擾而相奉,百姓抏弊以巧法,財賂衰耗而不贍。入物者補官,出貨者除罪,選舉陵遲,廉恥相冒,武力進用,法嚴令具。興利之臣自此始也。(《平準書》)

漢武帝所以窮兵黷武,並非出於他個人之意志,而是當時社會經濟發展之結果。隨着經濟實力之發展,必然出現軍事之擴張。又由於軍事之擴張,造成經濟之衰竭。社會矛盾因此激化,於是酷吏任用。司馬遷從物質生產方面給酷吏之產生作了科學的解釋。

更值得注意者是,司馬遷能洞察封建社會經過生產過程自然發生之剥削與被剥削之關係。階級剥削是在生產過程中形成的,占有財富越多者,對他人之剥削就越嚴酷。他説:

> 凡編户之民,富相什(十)則卑下之,伯(百)則畏憚之,千

則役,萬則僕,物之理也。(《貨殖列傳》)

一般人,對財富十倍於自己者便向其低頭,百倍於自己者便敬畏他,千倍於自己者便受其役使,萬倍於自己者便做他的奴僕,這是人情物理。司馬遷雖然不是一個階級論者,但在客觀上卻揭示了階級社會之階級奴役關係是"物之理",是一種自然規律。

司馬遷對社會政治變革之歷史,十分重視從發展之觀點去考察,反對不考察歷史實際,以成敗論事,而蔽於偏見之思想。他在論秦代制度變革時説:

> 獨有《秦記》,又不載日月,其文略不具。然戰國之權變亦有可頗采者,何必上古?秦取天下多暴,然世異變,成功大。《傳》曰"法後王",何也? 以其近己而俗變相類,議卑而易行也。學者牽於所聞,見秦在帝位日淺,不察其終始,因舉而笑之,不敢道,此與以耳食無異。悲夫! (《六國年表序》)

司馬遷身居漢代,能不避嫌疑地議論秦代之歷史地位,當然是難能可貴的。更重要者是他肯定了戰國之權變,肯定了秦代之變異,肯定了我國古代史上空前大一統之局面,而這都足爲後王法,所以他也主張法後王。一句話,他能從客觀實際出發,看出社會政治制度之發展和變化。

司馬遷之歷史觀是唯物主義的,對歷史之變化、發展,作了許多精辟的論述和分析,具有真知灼見。但是,我們也應當看到他最終也不能擺脱英雄史觀之影響,在整部《史記》裏,他主要是寫帝王將相在歷史上的活動,通過對他們興亡成敗之描寫,説明古今歷史之變化。他在《自序》中説:十二本紀之著述,目的在於明"王跡所興",三十世家是紀"輔拂股肱之臣",七十列傳則傳"扶義俶儻"、"立功名於天下"之人。他往往把歷史上一些成敗現象,看成是帝王將相活動之結果。像夏、商、周三代之所以興,是由於禹、湯、文、武之文治武功;其所以亡,是由於桀、紂、幽、厲之昏庸殘暴。他强調"安危在出令,存亡在所任"(《楚元王世家贊》),把天下之安危存亡,繫於帝王將相個人之行爲。儘管如此,他力圖從經濟之發展説明歷史之發展,能把物質生産之歷史當作不以人之意志爲轉移之自然史看待,能明察社會、歷史變化之物質根源等,都説明他具有古人少有的極清醒的實事求是之精神。

## 四、《史記》之思想傾向

### (一) 揭露武帝時代之社會矛盾

司馬遷《史記》之寫作重點在漢代,寫得最好者是漢代,被封建文人譏爲"謗書"者也是漢史。在我國古代,像司馬遷這樣寫當代史,"貶損當世"(班固《典引·序》,見《文選》卷四十八),是很少見的。衛宏曾説:"司馬遷作《景帝本紀》,極言其短,及武帝過。武帝怒而削去之。"(衛宏《漢書舊儀注》,見《太史公自序》、《集解》引)這件事不一定可信,但從司馬遷寫漢史縱橫褒貶之精神看,確是顯示了其著作内容之政治意義。

司馬遷重點寫漢代,但更集中地寫漢武帝時代。

漢武帝統治之時代,是漢朝社會極其發達之時代,同時也是各種矛盾逐漸尖鋭、激化之時代。可貴者是司馬遷能洞察當時社會經濟由盛而衰之轉變,並揭示了當時社會之各種矛盾。《平準書》中説:

> 至今上即位數歲,漢興七十餘年之間,國家無事,非遇水旱之災,民則人給家足,都鄙廩庾皆滿,而府庫餘貨財。京師之錢累巨萬,貫朽而不可校。太倉之粟陳陳相因,充溢露積於外,至腐敗不可食。衆庶街巷有馬,阡陌之間成群,而乘字牝

者償而不得聚會。守閭閻者食粱肉，爲吏者長子孫，居官者以
爲姓號。故人人自愛而重犯法，先行義而後絀恥辱焉。當此
之時，網疏而民富，役財驕溢，或至兼併豪黨之徒，以武斷於鄉
曲。宗室有土公卿大夫以下，爭於奢侈，室廬輿服僭於上，無
限度。物盛而衰，固其變也。

　　自是之後，嚴助、朱買臣等招來東甌，事兩越，江淮之間蕭
然煩費矣。唐蒙、司馬相如開路西南夷，鑿山通道千餘里，以
廣巴蜀，巴蜀之民罷焉。彭吳賈滅朝鮮，置滄海之郡，則燕齊
之間靡然發動。及王恢設謀馬邑，匈奴絶和親，侵擾北邊，兵
連而不解，天下苦其勞，而干戈日滋。行者齎，居者送，中外騷
擾而相奉，百姓抏弊以巧法，財賂衰耗而不贍。入物者補官，
出貨者除罪，選舉陵遲，廉恥相冒，武力進用，法嚴令具。興利
之臣自此始也。

這段文字是司馬遷揭露漢代社會矛盾的關鍵之筆，是畫龍點睛之
處。他首先敘述漢興七十年之間國富民足之極盛景況，然後指出
"物盛而衰"之轉變趨勢，再則闡明連年對外用兵所造成民勞財竭
之危機，結尾提示因此而引起之一系列嚴重後果。

　　司馬遷認爲漢朝興盛之原因是"漢興七十餘年之間，國家無
事"，怎樣理解"國家無事"呢？所謂"國家無事"，是指漢初約法省
禁、輕徭薄賦、安撫"四夷"、偃武休兵、與匈奴"和親"等"清靜無
爲"之政治。這從他對漢初君臣政績之贊頌中便可以得到說明。
如《曹相國世家贊》云："參爲漢相國，清靜極言合道。然百姓離秦
之酷後，參與休息無爲，故天下俱稱其美矣。"《呂太后本紀贊》云：
"孝惠皇帝、高后之時，黎民得離戰國之苦，君臣俱欲休息乎無爲，
故惠帝垂拱，高后女主稱制，政不出房戶，天下晏然。刑罰罕用，罪
人是希。民務稼穡，衣食滋殖。"《孝文本紀》云："孝文帝從代來，

即位二十三年……與匈奴和親,匈奴背約入盜,然令邊備守,不發兵深入,惡煩苦百姓。……專務以德化民,是以海內殷富,興於禮義。"又《酷吏列傳》云:"漢興,破觚而爲圜,斲雕而爲朴,網漏於吞舟之魚,而吏治烝烝,不至於姦,黎民艾安。"這些都説明漢初君臣不希望多事,不願意煩苦百姓,而願意與民休息無爲,農民得以從事農業生産,所以"非遇水旱之災",社會經濟得到恢復和發展,天下比較安定。司馬遷對漢初興盛原因之分析是正確的。

同時,司馬遷還指出"物盛而衰"之發展趨勢。衰之原因是甚麼?他認爲是兼併豪黨之徒(大地主)、宗室(貴族)、有土(封君)、公卿大夫(大官僚)等等,窮奢極欲、貪得無厭、掠奪兼併所引起的。這種情形如《酷吏列傳》記載之寧成"乃貰貸買陂田千餘頃,假貧民,役使數千家。……其使民威重於郡守",《魏其武安侯列傳》記載之灌夫"家累數千萬,食客日數十百人。陂池田園,宗族賓客爲權利,橫於潁川",即所謂"網疏而民富,役財驕溢,或至兼併豪黨之徒,以武斷於鄉曲";又如《吳王濞列傳》記載,吳王濞因富"驕溢",發動了吳楚之叛亂。《淮南衡山列傳》記載,淮南王長,"益驕恣,不用漢法,出入稱警蹕,稱制,自爲法令,擬於天子",至於謀反;淮南王安,"陰結賓客",又謀作亂。《漢興以來諸侯王年表序》記載,諸侯王"置百官宮觀,僭於天子";"諸侯或驕奢,忕邪臣計謀爲淫亂",即所謂"宗室有土公卿大夫以下,爭於奢侈,室廬輿服僭於上,無限度"。司馬遷能從漢初極盛之形勢中看到衰敗之跡象,能從階級矛盾中看到社會危機,這是他之卓識遠見。

但是,司馬遷並沒有在這方面作過多之記述,而是把重心轉到漢興七十餘年之後漢武帝之政治措施上。"物盛而衰,固其變也",揭開了漢武帝一系列"多事"之政治措施是造成盛衰之變的重要原因。

　　首先,他揭露了漢武帝時代頻繁之對邊地用兵勞民傷財之情況。《平準書》記載:"其後漢將歲以數萬騎出擊胡。""通西南夷道,作者數萬人,千里負擔饋糧,率十餘鍾致一石。……悉巴蜀租賦不足以更之。""又興十萬餘人築衛朔方,轉漕甚遼遠,自山東咸被其勞,費數十百巨萬,府庫益虛。""漢遣大將將六將軍,軍十餘萬,擊右賢王。……捕斬首虜之士受賜黄金二十餘萬斤,虜數萬人皆得厚賞,衣食仰給縣官;而漢軍之士馬死者十餘萬,兵甲之財轉漕之費不與焉。""其秋,渾邪王率數萬之衆來降,於是漢發車二萬乘迎之。既至,受賞,賜及有功之士。是歲費凡百餘巨萬。""天子爲伐胡,盛養馬,馬之來食長安者數萬匹,卒牽掌者關中不足,乃調旁近郡。而胡降者皆衣食縣官,縣官不給。""大將軍、驃騎大出擊胡,得首虜八九萬級,賞賜五十萬金,漢軍馬死者十餘萬匹,轉漕車甲之費不與焉。""會軍數出,渾邪王等降,縣官費衆,倉府空。""天子爲山東不贍,赦天下囚,因南方樓船卒二十餘萬人擊南越,數萬人發三河以西騎擊西羌,又數萬人度河築令居。初置張掖、酒泉郡,而上郡、朔方、西河、河西開田官,斥塞卒六十萬人戍田之。中國繕道餽糧,遠者三千,近者千餘里,皆仰給大農。"這些都充分説明漢武帝之對邊地用兵,浪費了巨大之人力、物力和財力,加深了社會危機。

　　其次,揭露了漢武帝大興土木,揮霍無度之情況。《平準書》記載:"是時越欲與漢用船戰逐,乃大修昆明池,列觀環之。治樓船,高十餘丈,旗幟加其上,甚壯。於是天子感之,乃作柏梁臺,高數十丈。宫室之修,由此日麗。"《封禪書》還揭露了當時修築甘泉宫、建章宫和五城十二樓之窮奢極欲的情景。這都是搜刮民脂民膏之結果。

　　其三,揭露了當時治河修渠之流弊及其所造成之損失。《平準

書》記載："其後番係欲省厎柱之漕,穿汾、河渠以爲溉田,作者數
萬人;鄭當時爲渭漕渠回遠,鑿直渠自長安至華陰,作者數萬人;朔
方亦穿渠,作者數萬人:各歷二三期,功未就,費亦各巨萬十數。"由
於漢武帝不斷地用兵拓土,窮奢極欲,造成"國家用竭,海內蕭然"
之結果。《平準書》記載當時之情況説"江淮之間蕭然煩費矣",
"財賂衰耗而不贍","是時財匱,戰士頗不得禄矣","貧民大徙,皆
仰給縣官,無以盡贍",國家已經窮困到極點了。爲了克服財政無
法支付之困難,便鋭意開辟財源,興利之臣就大被任用。

　　《平準書》之寫作,原是爲了闡明漢朝建國以來之理財制度,
結果重點卻放在漢武帝時期之各種"興利"之事。在"興利之臣自
此始也"一句之下,司馬遷列舉了十三項興利措施,即募豪民田南
夷入粟,募民入奴及羊,賣武功爵,造皮幣、白金三品,官營鹽鐵,算
緡,入穀補官,鑄赤側錢、輸銅,楊可告緡,株送徒入財補官,出牝
馬,立平準均輸法,入粟補官贖罪。所謂"興利",不過是"與民爭
利",搜刮百姓,是對人民壓榨、剥削、迫害之加深。如"楊可告緡
徧天下,中家以上大抵皆遇告","得民財物以億計,奴婢以千萬
數,田大縣數百頃,小縣百餘頃,宅亦如之",以致使"大農之諸官,
盡籠天下之貨物"。這種對人民財物嚴酷之掠奪和壓榨,造成人民
生活之極端貧困,"黎民重困","貧者畜積無有",再加上嚴重之自
然災害,"民多飢乏",甚至"人或相食,方一二千里"。即使如此,
爲了這些"興利"措施堅決執行之需要,就得用嚴刑峻法來鎮壓人
民,酷吏便因此而産生了。

　　酷吏之任用,一方面是爲了對付豪强、宗室、外戚、猾吏;一方
面則是爲了敲榨勒索百姓,"督盜賊",剥削和壓迫人民,是爲了輔
助興利,鎮壓反對"興利"之人,如誅殺持反對意見之大農顔異以
及誅殺"盜鑄"的人們。據《酷吏列傳》記載,這些酷吏斬戮殺伐之

手段各具特徵,而且一個比一個凶殘。像"其治如狼牧羊"之寧
成,"暴酷驕恣"之周陽由,"酷急"之趙禹,"務在深文"之張湯,
"以鷹擊毛摰爲治"之義縱,"苛察"之王温舒,"微文深詆"之減宣,
"内深次骨"之杜周等。他們一個個"用法益刻",而且"相效爲
酷"。郅都"獨先嚴酷";其次寧成,"其治效郅都";寧成、周陽由之
後,"大抵吏之治類多成、由等";王温舒等後起,"治酷於禹";其次
義縱,"其治放郅都";其次尹齊,"聲甚於寧成";其次楊僕,"治放
尹齊";自王温舒等以惡爲治之後,郡守、都尉、諸侯二千石欲爲治
者,"大抵盡放温舒";其次杜周爲中丞時,"其治與宣相放";爲廷
尉時,"其治大放張湯";他的兩個兒子夾河爲守,"其治暴酷皆甚
於王温舒等"。司馬遷總結説:"自郅都、杜周十人者,此皆以酷爲
聲。"一句話,道出了他們共同之本質特徵。

　　在對這些酷吏的殘暴行爲之具體描寫中,張湯是最突出的一
個。他"爲人多詐,舞智以御人",執法時,"乡上意",即按國君之
意旨辦事,"即上意所欲罪,予監史深禍者;即上意所欲釋,與監史
輕平者"。又"傅古義",即緣飾以儒術,欺上壓下,打擊異己,舞文
弄法,苛察巧詆,弄得民不聊生。其次王温舒,他"督盜賊,殺傷甚
多",做河内太守時,能使"郡中毋聲,毋敢夜行,野無犬吠之盜",
"捕郡中豪猾,郡中豪猾相連坐千餘家",殺人"至流血十餘里",作
者痛恨地説:"其好殺伐行威不愛人如此!"再則是杜周,他善於候
伺漢武帝之意圖,"上所欲擠者,因而陷之;上所欲釋者,久繫待問
而微見其冤狀"。他做廷尉時,"詔獄亦益多矣。二千石繫者新故
相因,不減百餘人。郡吏大府舉之廷尉,一歲至千餘章。章大者連
逮證案數百,小者數十人;遠者數千,近者數百里。會獄,吏因責如
章告劾,不服,以笞掠定之"。因此聽到逮捕之事,大家都逃跑了。
這種大搜捕,在歷史上是罕見的。另外,像郅都、寧成、周陽由、義

縱、尹齊、楊僕、減宣等，或"所誅殺甚多"，或"殺者甚衆"，或"以斬殺縛束爲務"，都是一群殺人之劊子手。而他們之手段，卻屢次受到漢武帝之稱贊："上以爲能。"作者批判之矛頭直接指向最高統治者。

儘管施行嚴刑峻法，但並未奏效，相反卻激起人民强烈之反抗。司馬遷多次提到自此以後，"事益多，民巧法"；"然取爲小治，奸益不勝"；"吏民益輕犯法，盗賊滋起"等等。很明顯，司馬遷寫酷吏，重點是揭露君主專制、酷吏横行，使得官事耗廢，"吏民益凋敝"，"盗賊滋起"，反映了亂自上作，官逼民反之事實。

我們把《酷吏列傳》和《平準書》結合起來看，漢武帝時期之"興利"、"酷法"，實際上反映了當時政治、經濟方面之封建專制，以及這種專制所造成之社會危機。司馬遷描寫當時國家"多事"，政策多"變"，社會動亂，説明當時政治、經濟等問題之嚴重性，並寓有指責漢代之統治有蹈亡秦覆轍之意。

司馬遷寫漢興以來百年間之歷史，以建元之年作分水嶺，漢初七十年爲一時期，漢武帝建元以後爲另一個時期。他寫漢初"國家無事"，漢武帝時興利興功，即"多事"；漢初在政治上崇尚"無爲"，漢武帝時則推行嚴刑酷法；漢初社會安定，"黎民艾安"，漢武帝時則"百姓不安其生，騷動"。總之，"物盛而衰，固其變也"。"變"、社會矛盾，是他注意之重心。司馬遷不但寫出了漢代由盛而衰之變化，而且揭示了促成這一變化之各種原因。儘管他所揭示之原因，在今天看來並不全面，但在一定程度上仍然反映了當時歷史發展之趨勢，揭露了漢代社會之各種矛盾，抒發了反對專制獨斷之思想傾向，流露了希望社會安定、富國裕民之意願，這是有重大歷史意義和進步作用的。揚雄等人稱贊司馬遷之著作爲"實錄"，這説明漢代學者已經認識到司馬遷具有寫實的批判精神。班氏父子所謂"其是非頗繆於聖人",這不但無損於司馬遷之創作思想,"適足以彰遷之不朽"(李贄《藏書》卷四十《儒臣傳·司馬遷》)!

## (二)譏刺漢朝最高統治者

作爲一個封建時代的歷史家和文學家,司馬遷在總的方面對漢代最高統治者是擁護和歌頌的。如他認爲劉邦是"受命而帝"的"大聖"(《秦楚之際月表》),認爲文帝是"以德化民"(《孝文本紀》)的仁德之君,贊揚武帝下推恩令說:"盛哉,天子之德!"(《建元已來王子侯者年表》)但是,由於他在寫作上能夠堅持忠於史實,堅持"實錄"的精神,揭露了這些統治者的殘酷、貪狠、愚昧、昏庸的階級本質,揭露了他們陰險、詭詐的手段,因而他的著作被班固指責爲"徵文刺譏,貶損當世"(《典引》序),被王允詆毀爲"謗書"(《後漢書·蔡邕傳》)。

漢朝的開國之君是劉邦,司馬遷的譏刺筆鋒首先指向了他。在《高祖本紀》中,司馬遷揭露了這位所謂"聖君"許多本質的方面。如他揭露了劉邦的流氓無賴相和善耍陰謀和權術。劉邦當泗水亭長時,"廷中吏無所不狎侮",他"好酒及色",並對廷中的官吏隨便取笑、欺侮,完全是一個酒色之徒。沛縣縣令家中來了位貴客,縣裏的豪紳都去送禮,蕭何當主吏,對大家說:"進不滿千錢,坐之堂下。"劉邦則詐稱"賀萬錢,實不持一錢","固狎侮諸客,遂坐上坐,無所詘",這不僅如蕭何所說"劉季固多大言,少成事",而簡直是在玩弄權術了。在《項羽本紀》中,寫楚、漢戰爭時項羽捉到了劉邦的父親,並以烹劉邦的父親爲要挾,劉邦泰然自若地說:

> 吾翁即若翁,必欲烹而翁,則幸分我一杯羹。

揭露了劉邦的自私和殘忍,爲了奪取天下,不惜把自己的父親作犧牲品。曹無傷說他"欲王關中……珍寶盡有之",范增說他"貪於財貨,好美姬",則進一步説明他的貪財好色。在《蕭相國世家》中,記述他奪取天下之後,給蕭何的封地獨多,因爲早年"帝嘗繇咸陽時何送我獨贏奉錢二也"。用漢朝的疆土報答別人對自己的私惠,何其卑鄙!在《高祖本紀》中,記載未央宮剛建成,他大朝諸侯,舉杯爲太上皇祝壽説:

> 始大人常以臣無賴,不能治産業,不如仲力。今某之業所就孰與仲多?

活現了他奪取農民革命勝利果實之後,一副得意洋洋的陰謀家的嘴臉。

司馬遷還揭露了劉邦的刻薄和猜忌。在《蕭相國世家》中,寫蕭何爲漢朝立下汗馬功勞,劉邦卻對其時刻猜疑。劉邦與項羽相距京、索之間,曾多次派人慰問留守關中的蕭何,用意何在? 鮑生指出:"王暴衣露蓋,數使使勞苦君者,有疑君心也。"淮陰侯被殺後,劉邦拜蕭何爲相國,增封蕭何五千户,派五百士兵一個都尉爲蕭何守衛,用意何在? 召平指出:"以今者淮陰侯新反於中,疑君心矣。夫置衛衛君,非以寵君也。"黥布謀反,劉邦親自將兵出擊,也多次派人問蕭何在關中做什麼,有客告訴蕭何:"上所爲數問君者,畏君傾動關中。"劉邦對蕭何時時提防,處處留心。在《淮陰侯列傳》中,寫韓信"自以爲功多,漢終不奪我齊",而事實卻相反,劉邦則"畏惡其能"。韓信幫助他奪取天下,每打一次勝仗,他"輒使人收其精兵";當他取得天下之後,便以謀反的罪名,把韓信捉了起來。

司馬遷也揭露了劉邦的詭詐多端。在《高祖本紀》中,記述劉邦聽説義帝死了,便"袒而大哭",並爲義帝發喪,令諸侯皆縞素,以騙取人們的擁戴。又記述項羽射傷了他的胸口,他捫足説:"虜中吾指！"用欺騙的手段穩定軍心。

在司馬遷筆下，劉邦就是這樣一個陰險、詭詐、猜忌和善於玩弄權術的帝王，這樣一個人物能夠取天下，是不可理解的。他在《秦楚之際月表》中説："五年之間，號令三嬗，自生民以來，未始有受命若斯之亟也。"虞、夏之興，積善累功數十年；湯、武之王，修仁行義十餘世；秦之統一也經歷百有餘載。"以德若彼，用力如此，蓋一統若斯之難也。"爲什麽劉邦的德行、能力都不如他們，卻能如此快地統一天下呢？"豈非天哉，豈非天哉！"司馬遷把原因歸結爲劉邦之得天命。他曾借韓信的口説："且陛下所謂天授，非人力也。"（《淮陰侯列傳》）仍包含着對劉邦能夠統一天下的譏諷。

對歷史上號稱"仁德"之君的文帝，司馬遷在其本紀中雖然記載了一些他的"德政"，但在其他人的傳記中卻揭露了他的殘忍和醜顔穢行。如在《張釋之列傳》中寫文帝過中渭橋時，有人從橋下跑出來，驚了他的馬，他立刻派人捕捉，交給廷尉治罪。張釋之告訴他："縣人來，聞蹕，匿橋下。久之，以爲行已過，即出，見乘輿車騎，即走耳。"這位百姓本來是要躲避皇帝的車駕的，無意間犯蹕，其驚懼之情已够令人悲憫的，張釋之依法罰金，而文帝仍大爲不滿説：

> 此人親驚吾馬，吾馬賴柔和，令他馬，固不敗傷我乎？而廷尉乃當之罰金！

他不同意處之以罰金之罪，而要置之於死地。在張釋之力爭之下，才不得不依法處理，使這位百姓免於一死。這就揭露了這位曾經廢三族法和肉刑的"仁德"之君的殘酷本質。在《佞幸列傳》中寫文帝寵幸宦官鄧通的醜顔穢行。文帝對鄧通"尊幸之日異"，愛之如獲至寶，"賞賜通巨萬以十數，官至上大夫"，并且"時時如鄧通家游戲"。然而鄧通一無所能,"獨自謹其身以媚上而已"。善相者給鄧通看相,説:"當貧餓死。"文帝則説:"能富通者在我也。何謂貧乎?"於是"賜鄧通蜀嚴道銅山,得自鑄錢,'鄧氏錢'布天下"。他爲了自己的喜好,而許鄧通鑄錢致富,這個素稱節儉的帝王,其内心又何其卑鄙無恥!

對於景帝,司馬遷在其本紀中並未寫他多少政績,只寫了七國之亂,在《贊》語中提出了安危在於人謀的觀點。但在其他人的傳記中卻寫了他的刻薄無情、猜疑忌恨。在《張釋之列傳》中,記述景帝爲太子時,過司馬門不下車,張釋之"劾不下公門不敬,奏之"。後來景帝即位,對這件事雖然表面不忌恨,所謂"景帝不過也",但卻始終耿耿於懷,不久便調張釋之爲淮南王相,司馬遷明確地指出:"猶尚以前過也。"揭露了景帝的猜疑和忌恨。在《絳侯周勃世家》中,記述景帝欲立皇后兄王信爲侯,周亞夫堅決反對説:"高皇帝約'非劉氏不得王,非有功不得侯。不如約,天下共擊之。'今信雖皇后兄,無功,侯之,非約也。"景帝聽了"默然而止"。可是後來他卻特意刁難周亞夫,請周亞夫吃飯,"獨置大胾,無切肉,又不置櫡",使周亞夫無法吃。周亞夫心中不平,辭別趨出,他心懷忌恨,"以目送之"。終於以謀反罪下廷尉,死後,"景帝乃封王信爲蓋侯"。張釋之、周亞夫都是以鞏固封建制度和封建法權爲己任的,其言行稍拂"聖意",便慘遭不幸,景帝的兇狠、忌恨可以想見了。

武帝是司馬遷一生所侍從的"今上",是司馬遷最瞭解的人物。可是在長篇的《孝武本紀》中,司馬遷對他沒有一句好的評語,全是揭露、諷刺和批判。其中特別突出的是諷刺他的求仙。迷信方士,追求長生,這是司馬遷對武帝諷刺、揭露的重心。方士李少君"善爲巧發奇中",武帝深受迷惑,對李少君的胡言亂語堅信不疑。李少君説:"臣嘗游海上,見安期生,食臣棗,大如瓜。安期

生仙者,通蓬萊中,合則見人,不合則隱。"武帝便信以爲真,"始親
祠竈,而遣方士入海求蓬萊安期生之屬,而事化丹砂諸藥齊爲黄金
矣"。後來,李少君病死,而"天子以爲化去不死"。這就揭露了武
帝的愚蠢。

又方士少翁,聲言能用方術將武帝寵愛的王夫人的魂魄招來。
武帝因之對他極爲尊崇,封他爲文成將軍,"賞賜甚多,以客禮禮
之"。少翁説:"上即欲與神通,宮室被服不象神,神物不至。"他立
刻把宮室按照神仙的境界加以布置,自己居住其中,以待神來。司
馬遷接着寫道:

> 居歲餘,其方益衰,神不至。乃爲帛書以飯牛,詳弗知也,
> 言此牛腹中有奇。殺而視之,得書,書言甚怪,天子疑之。有
> 識其手書,問之人,果僞書。於是誅文成將軍而隱之。

武帝又一次被欺騙,因爲怕人嘲笑,具體細節不肯對人講。
"詳弗知也"、"隱之",司馬遷冷然寫去,使武帝的愚蠢本相暴
露無遺。

司馬遷對武帝揭露深刻之處,在於武帝雖屢次被騙,卻始終執
迷不悟。他生病了,游水發根告訴他上郡有巫神能夠醫治,他便把
神君請到壽宮中來。這位神君什麽樣呢? 司馬遷寫道:

> 非可得見,聞其言,與人言等。時去時來,來則風肅然也。
> 居室帷中。時晝言,然常以夜。

他來去飄渺,"與人言等",和一般人没有什麽不同。而武帝卻對
之恭謹、虔誠之至:

> 天子祓,然後入。因巫爲主人,關飲食。所欲者言行下。
> 又置壽宮、北宫,張羽旗,設供具,以禮神君。神君所言,上使

人受書其言,命之曰"畫法"。

是否真正靈驗? 完全不是。司馬遷記述説:

> 其所語,世俗之所知也,毋絶殊者,而天子獨喜。其事秘,
> 世莫知也。

對武帝愚蠢、昏庸的神態作了更深入的揭露。

又欒大妄言能入東海見仙人,獲得不死之藥。武帝又信以爲真,拜他爲五利將軍。後來欒大治裝東去,"上使人微隨驗,實無所見。五利妄言見其師,其方盡,多不讎"。武帝再次受騙。這個封建君王,爲了追求長壽不死,寧願舍棄一切。公孫卿告訴他黄帝學仙昇天的事,他無限感慨地説:"吾誠得如黄帝,吾視去妻子如脱躧耳。"此後,他經常東巡海上求神仙。例如:"於是上欣然庶幾遇之,乃復東至海上望,冀遇蓬萊焉。"又"東至海上,考入海及方士求神者"。又"臨渤海,將以望祠蓬萊之屬,冀至殊庭焉"。結果都無應驗,"然無驗者","終無有驗","無其效"。但他始終不死心,"莫驗,然益遣,冀遇之"。最後,他倦怠了,至於討厭方士的迂怪言論:"天子益怠厭方士之怪迂語矣。"然他總不能忘懷這件事,"然終羈縻弗絶,冀遇其真"。這對武帝的愚蠢和昏憒是多麽深刻的諷刺和揭露!

司馬遷一方面揭露了武帝的愚蠢和昏憒,另一方面揭露了他的兇狠和殘酷。在《酷吏列傳》中記述了漢代濫施刑法,筆鋒所向,都在武帝。司馬遷在寫這些酷吏以殺人多爲榮時,屢次提到"上以爲能","天子以爲能"。明確指出這些酷吏的倒行逆施的根源,在武帝的縱容。他們"專以人主意指爲獄","上意所欲罪,予監史深禍者;上所欲釋,與監史輕平者"。那麽這些酷吏之濫施淫威,還不是武帝的意旨!

司馬遷通過汲黯的口指責武帝説"陛下内多欲而外施仁義"（《汲鄭列傳》），可謂對武帝極透闢的認識。武帝所推行的嚴刑峻法和對神仙生活的無厭追求，都是在温情脈脈的"仁義"外衣下進行的。這種内與外、表與裏的矛盾，構成了他的政權的極大欺騙性。何謂仁義？説穿了不過是封建階級進行殺戮、掠奪和追求無耻享受的遮羞布而已。司馬遷在《游俠列傳》中説："何知仁義，已饗其利者爲有德。""竊鈎者誅，竊國者侯，侯之門仁義存。"這自然是司馬遷的憤世之言，但未嘗不是針對漢武帝的。

我認爲司馬遷並不像屈原、杜甫那樣，認爲楚國的國君必須是熊姓，唐朝的天子必須是李氏。在他看來漢朝的天下不一定永遠屬於劉家。他在《項羽本紀贊》中説："舜目蓋重瞳子，又聞項羽亦重瞳子。"就説明項羽也有帝王之相；又《陳涉世家》中説："王侯將相寧有種乎！"這雖然是陳涉號召戍卒造反的話，但卻包含着司馬遷自己的感情。司馬遷爲他們的失敗而惋惜，也爲他們的事業未竟而痛心。可見，司馬遷以劉漢爲正統的觀念並不那麽彊，在他看來是人皆可以爲堯舜的。

司馬遷在《匈奴列傳贊》中説："孔氏著《春秋》，隱桓之間則章，至定哀之際則微，爲其切當世之文而罔褒，忌諱之辭也。"很明顯，作爲歷史家，對古代歷史由於時代久遠，可以無忌諱地寫；對當代歷史卻不能無所忌諱而隨便動筆了，因爲這容易觸犯當世的文網。司馬遷卻能夠尊重歷史事實，把自己的生命置之度外，不但對古代，即使對當代，也無所忌諱地進行描寫，從而揭露了當時最高統治者某些殘酷、腐朽、反動的本質，表現了令人欽佩的膽識！

### （三）譴責諸侯王叛亂

漢高祖劉邦取得天下之後，爲了促進全國統一，便消滅了異姓王韓信、彭越、英布等，爲了鞏固自己的統治，又分封了一批同姓王，如封子劉肥爲齊王、劉長爲淮南王、劉建爲燕王、劉如意爲趙王、劉恢爲梁王、劉恒爲代王、劉友爲淮陽王，又封弟劉交爲楚王、侄劉濞爲吳王。使已實行的郡縣制，"形錯諸侯間，犬牙相臨"（《漢興以來諸侯王年表序》）。劉邦滿以爲這樣可以使漢政權長治久安，萬無一失。然而事與願違，造成漢王朝重大威脅的，恰恰是這些同姓王。當時，漢家天下共有五十餘郡，分封給諸侯王的三十九郡，"大者或五六郡，連城數十"（《漢興以來諸侯王年表序》），直屬漢王朝的僅十五郡，這説明諸侯王勢力膨脹的嚴重性。

漢初從文帝、景帝到武帝時期，同姓諸侯王叛亂一直是漢王朝面臨的尖鋭問題。如文帝前元三年（公元前一七七）濟北王劉興居的叛亂，前元六年（公元前一七四）淮南王劉長的叛亂陰謀，景帝前元三年（公元前一五四）的"吳楚七國之亂"，武帝元狩元年（公元前一二二）淮南王劉安、衡山王劉賜的叛亂陰謀等。爲了對付他們的反叛行動，漢王朝統治者在政治、經濟、軍事方面采取了一系列的限制、打擊措施，最後終於平復了他們的反叛，鞏固了國家的統一。作爲歷史家的司馬遷，敏鋭地觀察到這一社會問題，在《漢興以來諸侯王年表》、《吳王濞列傳》、《袁盎晁錯列傳》、《絳侯周勃世家》、《淮南衡山列傳》、《平津侯主父列傳》中具體地記述了這一問題的發生、發展過程，並譴責了這種危害漢家天下統一、鞏固的行爲。

司馬遷所記述的漢初分封同姓王，與西周時的分封有很大不同。它並没有改變封建土地所有制，諸侯王的權力受到各種限制，封國的重要官吏丞相、太傅是漢朝廷任命，法令由漢朝廷制定，軍隊統歸漢朝廷掌握。但是，他們在封國内仍然有很大的特權，他們可以任免御史大夫以下的官吏，可以徵收賦税，鑄造錢幣，在漢王朝没有明文規定諸侯王不得養兵的情況下，可以私自發展軍事力量。他們在政治、經濟、軍事等方面發展的結果，便形成了"獨立王國"，與漢王朝相對抗。吳王劉濞就是這樣的典型。

司馬遷在《吳王濞列傳》中，記述劉邦封劉濞爲吳王，"王三郡五十三城"時，曾憂心忡忡地對他説："天下同姓爲一家也，慎無反！"劉濞恭謹地回答："不敢！"但是到了封國不久，情況就完全不同了。劉濞"務自拊循其民"，"招致天下亡命者盜鑄錢，煮海水爲鹽，以故無賦，國用富饒"，極力搜集天下無賴子弟、亡命之徒，發展自己的經濟實力。并且"歲時存問茂材，賞賜閭里。佗郡國吏欲來捕亡人者，訟共禁弗予"。用一些手段籠絡賢材和一般百姓，窩藏歹徒，因此能號令群衆。在具有一定的政治、經濟實力的基礎上，開始"稍失藩臣之禮，稱病不朝"之後，"爲謀滋甚"。但文帝並不責罰，反而"賜吳王幾杖，老，不朝"。吳王劉濞不但沒有任何收斂，更有所發展。鼌錯看到這種嚴重形勢，向文帝提出削藩建議。"文帝寬，不忍罰，以此吳日益横。"景帝即位，鼌錯爲御史大夫，又上書建議削藩：

> 今吳王……即山鑄錢，煮海水爲鹽，誘天下亡人，謀作亂。今削之亦反，不削之亦反。削之，其反亟，禍小；不削，反遲，禍大。

主張着力打擊諸侯王，以鞏固漢王朝的統一政權。景帝采納了他的建議，削楚王之東海郡、吳王之豫章郡和會稽郡、趙王之河間郡、膠西王之六縣。這一措施。驚動了吳王劉濞，"因以此發謀，欲舉事"，便派密使應高去聯絡膠西王，訂立"同惡相助，同好相留，同情相成，同欲相趨，同利相死"的盟約，並利用"彗星出，蝗蟲數起，此萬世一時，而愁勞聖人之所以起也"的迷信觀念，煽動叛亂。膠西王應諾後，吳王劉濞還不放心，"乃身自爲使，使於膠西，面結之"。膠西王又派使者去聯絡其他諸侯王共同謀反。因此,吳王濞、楚王戊、趙王遂、膠西王卬、濟南王辟光、菑川王賢、膠東王雄渠七國之亂爆發了。當時"諸侯既新削罰,振恐,多怨晁錯",他們是以誅晁錯爲名義的。於是,膠西王"誅漢吏二千石以下,膠東、菑川、濟南、楚、趙亦然"。吳王劉濞下令國中:"寡人年六十二,身自將。少子年十四,亦爲士卒先。諸年上與寡人比,下與少子等者,皆發。"脅迫六十二歲以下,十四歲以上的人全部服兵役。而且"陰使匈奴與連兵","南使閩越、東越,東越亦發兵從"。吳王劉濞還夸耀説:"寡人金錢在天下者往往而有,非必取於吳,諸王日夜用之弗能盡。"可謂氣勢洶洶,不可一世。司馬遷具體地描述了諸侯王的叛亂活動由産生到發展的過程。在描述中注意揭露他們的假面具,他們口頭上説要安劉氏社稷,實際上是要篡奪劉家政權。吳王劉濞説"漢有賊臣","不以諸侯人君禮遇劉氏骨肉",因此"欲舉兵誅之",當景帝錯誤地采納袁盎的意見,誅晁錯之後,袁盎持詔書見吳王,讓吳王拜受詔時,劉濞則説:"我已爲東帝,尚何誰拜?"直接道出了他們的政治野心,在奪取漢家天下,不在誅晁錯。爲此,他們"節衣食之用,積金錢,修兵革,聚穀食,夜以繼日,三十餘年矣",蓄謀已久了。

　　吳楚七國的叛軍所到之處,"迫劫萬民,夭殺無罪,燒殘民家,掘其丘冢,甚爲暴虐"。景帝派周亞夫等平叛。周亞夫用深溝高壘,絶吳糧道的戰略,使吳"士卒多饑死,乃畔散",吳王逃到丹徒,被東越人刺殺。其他諸侯王也相繼潰敗或自殺。吳楚七國的叛亂,終於被平定了。

　　吳王劉濞圖謀不軌,養精蓄鋭三十餘年,七國之亂前後共三個月,司馬遷用簡潔的文字把它敘述出來。司馬遷傾注着感情描述了晁錯提出的削藩措施的深遠意義,對晁錯的死,寄予深切同情,他説:"鼂錯爲國遠慮,禍反近身。"他又引歷史以爲鑒戒説:"故古者諸侯地不過百里,山海不以封。"表示了對漢初分封制度的不滿。

繼吳王劉濞之後,司馬遷還記述了漢朝諸侯王另一次重要叛亂,即淮南、衡山王的叛亂。他在《淮南衡山列傳》中記載了高祖十一年封庶子劉長爲淮南王,文帝即位後,劉長"自以爲最親,驕蹇,數不奉法","入朝,甚横","歸國益驕恣,不用漢法,出入稱警蹕,稱制,自爲法令,擬於天子"。文帝本不想懲治他,但在群臣諫議的壓力下,不得不把他逮捕遣送蜀郡,半路他畏罪自殺。十年後,文帝把淮南的疆土分封給劉長的三個兒子,即封劉安爲淮南王、劉賜爲衡山王、劉勃爲廬江王。劉安從被封於淮南王之日開始,即等待時機叛亂。景帝三年,吳楚七國反,"吳使者至淮南,淮南王欲發兵應之"。但兵權被淮南相掌握,劉安調動不了,再加上漢王朝調兵增防,他更動彈不得。從此以後,他"時欲畔逆,未有因也"。建元二年,劉安入朝,武安侯田蚡慫恿説:"方今上無太子,大王親高皇帝孫,行仁義,天下莫不聞。即宫車一日晏駕,非大王當誰立者!"他聽了很高興,便賄賂田蚡,"陰結賓客,拊循百姓,爲畔逆事","愈益治器械攻戰具,積金錢賂遺郡國諸侯游士奇材","而謀反滋甚"。並派愛女劉陵到長安偵察動向,他的兒子劉遷則和他謀劃殺漢中尉。謀士伍被曾反復勸阻,劉安都不聽,他僞造印璽,派人潛伏長安將軍府和丞相府,一旦作亂,就刺殺衛青,同時勸公孫弘入伙。衡山王劉賜"數稱引吳楚反時計劃"作爲行動的榜樣。但是劉安、劉賜的封地只有原淮南國的三分之二,又受漢王朝派來的官吏的箝制,他們的實力與條件遠比不上劉長,更比不上吳楚七國的十分之一二,且漢王朝平定七國之亂後,更加鞏固,强弱異勢決定了他們必然失敗。漢吏逮捕了淮南王太子、王后,圍困王宫,"謀反列侯二千石豪傑數千人,皆以罪輕重受誅"。劉安、劉賜

皆自殺。劉安后荼、兒子遷受族誅。司馬遷描寫了這些逆歷史潮
流而動的諸侯王,最終不免於滅亡。司馬遷評論説:

> 《詩》之所謂"戎狄是膺,荆舒是懲",信哉是言也。淮南、
> 衡山親爲骨肉,疆土千里,列爲諸侯,不務遵蕃臣職以承輔天
> 子,而專挾邪僻之計,謀爲畔逆,仍父子再亡國,各不終其身,
> 爲天下笑。

即譴責這些諸侯王的行爲爲邪僻、爲叛逆,譴責他們違背歷史發展
規律一意孤行,終於身死國亡而貽笑天下。

　　漢王朝面對諸侯王的叛亂活動,采取了一系列的措施。但主
要是限制諸侯王的分封特權。繼景帝實行削藩政策之後,武帝采
納了主父偃的意見,實行"推恩"法。主父偃對武帝説:"今諸侯子
弟或十數,而適嗣代立,餘雖骨肉,無尺寸地封,則仁孝之道不宣。
願陛下令諸侯得推恩分子弟,以地侯之。彼人人喜得所願,上以德
施,實分其國,不削而稍弱矣。"(《平津侯主父列傳》)在名義上是皇
帝施恩德,實際上是使藩國自析。武帝又以諸侯王貢獻祭祀的黄
金成色不足爲理由,廢掉了列侯一百零六人。此外,還制定了一整
套嚴密的法制,使諸侯王在政治、經濟上都受到重重限制,完成了
"强本幹,弱枝葉"的戰略部署。司馬遷在《漢興以來諸侯王年表
序》中記述這段歷史説:

> 漢興,序二等。高祖末年,非劉氏而王者,若無功上所不
> 置而侯者,天下共誅之。高祖子弟同姓爲王者九國,唯獨長沙
> 異姓,而功臣侯者百有餘人。自雁門、太原以東至遼陽,爲燕、
> 代國;常山以南,大行左轉,度河、濟、阿、甄以東薄海,爲齊、趙
> 國;自陳以西,南至九疑,東帶江、淮、穀、泗,薄會稽,爲梁、楚、
> 淮南、長沙國;皆外接於胡、越。而內地北距山以東盡諸侯地,

大者或五六郡，連城數十，置百官宮觀，僭於天子。漢獨有三河、東郡、穎川、南陽，自江陵以西至蜀，北自雲中至隴西，與內史凡十五郡，而公主列侯頗食邑其中。何者？天下初定，骨肉同姓少，故廣強庶孽，以鎮撫四海，用承衛天子也。

　　漢定百年之間，親屬益疏，諸侯或驕奢，忕邪臣計謀爲淫亂，大者叛逆，小者不軌於法，以危其命，殞身亡國。天子觀於上古，然後加惠，使諸侯得推恩分子弟國邑，故齊分爲七，趙分爲六，梁分爲五，淮南分三，及天子支庶子爲王，王子支庶爲侯，百有餘焉。吳楚時，前後諸侯或以適削地，是以燕、代無北邊郡，吳、淮南、長沙無南邊郡，齊、趙、梁、楚支郡名山陂海咸納於漢。諸侯稍微，大國不過十餘城，小侯不過數十里，上足以奉貢職，下足以供養祭祀，以蕃輔京師。而漢郡八九十，形錯諸侯間，犬牙相臨，秉其厄塞地利，彊本幹，弱枝葉之勢，尊卑明而萬事各得其所矣。

這段文字叙述了漢初分封諸侯王的情況，諸侯王國勢力的强大，漢王朝領地的狹小，漢初分封的目的在使同姓王"承衛天子"，諸侯王因而驕奢叛亂，並終於被削弱，漢武帝實行推恩法，把諸侯王國由大化小，使它們確能"蕃輔京師"，形成强本弱枝之勢。這是對漢王朝和諸侯王矛盾鬥爭的簡明完整的記述，是對這一段歷史的總結。在記述中流露了司馬遷對漢朝封建統一政權的肯定，對諸侯王割據勢力的譴責。

### （四）歌頌陳勝、吳廣起義

司馬遷對重大歷史問題的處理，比較重視人民群衆在歷史上的作用。他爲陳勝、吳廣立世家，就突出地説明了這個問題。

漢興以來，人們對秦漢興亡的歷史經驗，都表現了極大的興趣。秦因暴政而亡於陳勝首倡的起義，這是自賈誼以後，如嚴安、徐樂、賈山、伍被等人的一致看法。作爲一個歷史家,司馬遷也必然對陳勝、吳廣領導的農民起義作出評價,提出自己的看法。司馬遷對陳勝、吳廣起義的評價,集中概括在《陳涉世家》之中,他的觀點不但表現在他的正面議論之中,也表現在他對這一歷史事件具體的敘述裏面。歷史學家們往往從司馬遷的正面議論中去探討他的觀點和看法,這當然是必要的。但是,從文學批評的角度來說,更重要的是看他在作品裏怎樣反映的,他是通過具體的敘述過程反映出對這一重大歷史事件的評價的。

司馬遷描寫了我國歷史上第一次規模巨大的農民起義運動,反映了這次起義運動從興起、發展、壯大到建立政權,並終於失敗的全部過程。陳勝稱王前後僅六個月,司馬遷不歸他於列傳,而把他列爲世家,理由是"秦失其政,而陳涉發跡。……天下之端,自涉發難"(《自序》),因爲他開闢了一個歷史新時期。

在《陳涉世家》中,司馬遷首先揭示了這次農民起義爆發的根源,在於秦二世繼位之後,繼續秦始皇所加給貧苦農民的苛重徭役,迫使他們無處求生:

> 二世元年七月,發閭左適戍漁陽九百人,屯大澤鄉。陳勝、吳廣皆次當行,爲屯長。會天大雨,道不通,度已失期。失期,法皆斬。陳勝、吳廣乃謀曰:"今亡亦死,舉大計亦死,等死,死國可乎?"

"亡亦死,舉大計亦死,等死,死國可乎?"其中連用了四個"死"字,何去何從,一目了然,而陳勝、吳廣的革命精神畢現。這種繁重的徭役所加給人民的痛苦,其他各篇中也有記載。如《秦始皇本紀》即記載,秦二世元年四月:"復作阿房宮。外撫四夷,如始皇計。盡徵其材士五萬人爲屯衛咸陽,令教射狗馬禽獸。當食者多,度不足,下調郡縣轉輸菽粟芻藁,皆令自齎糧食,咸陽三百里內不得食其穀。用法益刻深。"爲了滿足自己窮奢極欲的生活,濫用民力,以至於使民不聊生。又同篇記載,陳勝起義之後,各地人民紛紛嚮應,左丞相李斯勸諫二世説:"盜多,皆以戍漕轉作事苦,賦税大也。"戍是戍邊,漕是水運,轉是陸運,作是建築,賦税大是指當時農民每年向地主貴族繳納占總收成三分之二以上的地租、田賦和人口税。這是當時階級壓迫和階級剝削的總形勢。司馬遷在幾處都記載了這種形勢,説明他是在對這種階級壓迫、階級剝削形勢有深刻認識的基礎上,揭示出這次農民大起義爆發的根源的。

其次,司馬遷描寫了這次農民起義的領導者陳勝和吳廣的抱負、卓識,贊揚了他們的組織、領導才能。陳勝出身於雇農,是"甕牖繩樞之子,氓隸之人",幼年便有非凡的抱負:

> 陳涉少時,嘗與人傭耕,輟耕之壟上,悵恨久之,曰:"苟富貴,無相忘。"傭者笑而應曰:"若爲傭耕,何富貴也?"陳涉太息曰:"嗟乎! 燕雀安知鴻鵠之志哉!"

這種"鴻鵠之志",當然包含着一種庸俗的富貴利禄觀念,但是更主要的表現了他不滿於被剝削地位的反抗精神。

在階級鬥爭的緊要關頭,他們臨危不亂,對形勢做出正確的分析和判斷,采取相應措施和策略。如陳勝説:

> 天下苦秦久矣。吾聞二世少子也,不當立,當立者乃公子扶蘇。扶蘇以數諫故,上使外將兵。今或聞無罪,二世殺之。百姓多聞其賢,未知其死也。項燕爲楚將,數有功,愛士卒,楚人憐之。或以爲死,或以爲亡。今誠以吾衆詐自稱公子扶蘇、項燕,爲天下唱,宜多應者。

他的策略之一,是利用公子扶蘇作號召。扶蘇是秦始皇的長子,秦始皇死後,被秦二世逼迫自殺,民間傳說他還活着。他利用人們懷念扶蘇的心理喚起人民反抗二世的情緒。他的策略之二,是憑借楚將項燕作旗幟。十五年前項燕曾率領楚軍在蘄縣大澤鄉一帶和秦將王翦、蒙武作戰。後來下落不明,有的說已經死了,也有的說没死。他以秦滅楚的事激發楚地人民的復仇精神。"天下苦秦久矣","宜多應者"是他經過分析得出的判斷。革命形勢的發展,完全證明了他判斷的正確性,所謂"風起雲蒸,卒亡秦族"(《自序》)。

吳廣一向愛護士卒,所以士卒都願意爲他出力。在生死存亡的關鍵時刻,他們號召大家説:

> 公等遇雨,皆已失期,失期當斬。藉弟令毋斬,而戍死者固十六七。且壯士不死即已,死即舉大計耳,王侯將相寧有種乎!

"失期當斬"點明形勢的緊迫,"藉弟令毋斬,而戍死者固十六七"説明死在眼前,"壯士不死即已",鼓勵士卒爲"舉大計"而死,特別是"王侯將相寧有種乎",打亂了"尊卑有序,貴賤有別"的封建秩序,否定了秦王可以萬世爲君的幻想,鼓舞了士卒造反的鬥志。這是一道革命的動員令。這道動員令,言之以理,動之以情,很有感召力,所以振臂一呼,群起響應:"敬受命。"把處在走投無路的苦難人民,立刻聚集在自己爲國犧牲的旗幟下,向着殘酷的暴秦統治進軍。

另外,司馬遷還描寫了陳勝、吳廣領導的這支農民隊伍的革命精神和威力,描寫了這支隊伍的成長和壯大。由於他們的行動爆發於深刻的階級壓迫和剥削,又有比較明確的綱領——"死國",所以起義一開始,便風起雲涌,所向無敵,勢如破竹,形勢發展很快:

攻大澤鄉，收而攻蕲。蕲下，乃令符離人葛嬰將兵徇蕲以東，攻銍、酇、苦、柘、譙皆下之。

大澤鄉點燃起來的革命之火，遍地燃燒。大軍所到，沿途群衆紛紛響應，"行收兵"就是這種情況的生動寫照。"比至陳"，已經形成了具有"車六七百乘，騎千餘，卒數萬人"的一支浩浩蕩蕩的農民起義大軍。

陳縣的地理位置十分重要，春秋時代它是陳國的國都，戰國時又曾經是楚國的國都，秦朝時是陳郡的郡治所在，境內有一條運河叫鴻溝，溝通了黄河和淮河兩大水系。秦王朝依靠這條水路把江淮地區的大批糧食運到敖倉。農民起義軍占領陳縣，截斷了秦朝重要的經濟給養綫，是對秦二世反動統治的沉重打擊，是農民起義軍的重大勝利。因此，更博得了社會各階層的擁護。

三老、豪傑皆曰："將軍身被堅執銳，伐無道，誅暴秦，復立楚國之社稷，功宜爲王。"陳涉乃立爲王，號爲張楚。

在我國歷史上建立了第一個農民革命政權。"張楚"即張大楚國的意思。這是一項有重要意義的事件，它爲後來的農民起義開創了用革命的手段反抗封建壓迫，推動歷史前進的光輝先例。它的建立標誌着陳勝、吳廣領導的這次起義發展到一個新的階段，是民心所向，衆望所歸：

當此時，諸郡縣苦秦吏者，皆刑其長吏，殺之以應陳涉。……楚兵數千人爲聚者，不可勝數。

它有利於進一步發動群衆，組織力量，把全國大規模的農民起義推向新的高潮。

在農民政權的統一指揮下，全國分西、南、北三路向秦二世爲首的封建王朝進軍。西路軍分三支,一支由吳廣親自率領,進攻榮陽;一支由周文率領,通過函谷關,直取咸陽;另一支由宋留率領,經武關,入漢中。北路、南路兩軍,一支以武臣爲將軍,張耳、陳餘爲左右校尉,帶兵渡過黃河,進攻舊趙國地區;一支由汝陰人鄧宗帶領,攻取九江郡;另一支由周市帶領,進攻舊魏國地區。陳勝、吳廣的戰略意圖是:主力西進,直搗秦都咸陽,同時分兵各路,積極發展起義軍的力量,打擊各地區的秦朝統治。終於周文率領的西征軍,在吳廣軍隊的掩護下,繞過榮陽,抵達函谷關:

> 行收兵至關,車千乘,卒數十萬,至戲,軍焉。

並很快進駐關中,打到了距咸陽不過一百多里的戲,直接威脅着秦二世的反動統治中心。農民起義軍所向披靡,銳不可當,他們的行動反映了飢寒交迫的奴隸們的要求和願望,反映了千百萬奴隸們的根本利益,因此,一旦揭竿而起,便天下雲集。

　　司馬遷還進一步描寫了這次農民起義的失敗過程,總結了它失敗的歷史教訓。隨着革命形勢的發展,農民起義隊伍中的一些貴族殘餘分子,滋長了個人稱霸一方的念頭。他們各到一處,便自立爲王,如武臣在邯鄲稱趙王,韓廣在舊燕國地區稱燕王,田儋在狄縣稱齊王,周市在攻下舊魏國地區後,立魏國的貴族魏咎爲魏王。他們完全放棄了反秦鬥爭,只顧發展自己的地方割據勢力,對農民起義軍起了破壞和瓦解的作用。與此同時,秦二世接受了少府章邯的建議,赦免驪山"刑徒"的"罪"和"奴產子"(私家奴隸所生的兒子)的奴隸身份,把他們武裝起來,組織成一支幾十萬人的軍隊,由章邯率領去鎮壓農民起義軍。這件事使戰爭形勢發生了急劇的變化。章邯首先襲擊了占據戲的周文的部隊,迫使周文的部隊不得不撤出關中,在函谷關以東的曹陽、澠池和章邯的軍隊作

戰。由於敵我力量懸殊，寡不敵衆，又無後援，周文自殺，戰爭失
敗。章邯軍更進而向圍攻滎陽的起義軍進攻。當時起義軍內部因
爲在戰略上有分歧，吳廣的部將田臧等人主張以精兵去迎擊秦軍，
便假借陳勝的命令把吳廣殺了。陳勝因大敵當前，不得不任命田
臧爲上將繼續作戰。田臧留李歸仍圍困滎陽，自己率主力迎擊秦
軍於敖倉。經過一場激戰，田臧兵敗身死。章邯乘機進擊李歸，李
歸兵少，也戰敗身死。章邯又相繼擊敗郟縣的鄧説和許縣的伍徐，
再向東南推進，逼近陳縣。起義軍的形勢急轉直下，在强敵壓境的
情況下，陳勝采取緊急措施，一面處死從前方逃回來的鄧説，以整
肅軍紀，一面派上柱國蔡賜帶兵阻擊章邯軍，並派張賀帶兵駐扎於
陳縣西部，與之策應。陳勝親自出城督戰。這一段戰鬥，作者深懷
感情地寫道：

> 章邯已破伍徐，擊陳，柱國房君死。章邯又進兵擊陳西張
> 賀軍。陳王出監戰，軍破，張賀死。

不幸的事件發生了，當起義軍撤到下城父的時候，陳勝的御者莊賈
乘機殺害了陳勝而降秦，這一叛變行動給革命造成重大的損失。

　　陳勝領導的這次農民革命運動，從大澤鄉起義到他自己犧牲，
時間很短。它興起那樣勃然，因爲他們的行動反映了廣大被壓迫
人民的要求；它失敗又那樣驟然，因爲他們本身存在着缺點。缺點
之一，是農民起義軍勃然興起，又發展那麼快，參加起義隊伍的人
大部分没有經過戰爭的鍛煉，而且過早地遇到了裝備精良的章邯
軍，因此不能抵敵。缺點之二，是起義軍內部混入了舊貴族殘餘分
子如武臣之類，他們無心於反擊暴秦，只是乘機進行地方割據，掠
土稱王，以渙散起義隊伍。缺點之三，是陳勝、吳廣稱王後，驕傲自
滿，不肯聽取別人的意見。田臧即説："今假王驕，不知兵權，不可

與計。"結果把吳廣殺了。陳勝則拋棄了貧賤之交，忘了本：

> 其故人嘗與傭耕者聞之，之陳，扣宮門曰："吾欲見涉。"
> 宮門令欲縛之。自辯數，乃置，不肯爲通。陳王出，遮道而呼
> 涉。陳王聞之，乃召見，載與俱歸。……客出入愈益發舒，言
> 陳王故情。或説陳王曰："客愚無知，顓妄言，輕威。"陳王斬
> 之。諸陳王故人皆自引去，由是無親陳王者。

因爲故鄉的窮朋友談了些他貧賤時的故事，他嫌丟臉，竟把故交殺
了。他爲了提高自己的權威，還任意殺戮部下：

> 陳王以朱房爲中正，胡武爲司過，主司群臣。諸將徇地，
> 至，令之不是者，繫而罪之，以苛察爲忠。其所不善者，弗下
> 吏，輒自治之。陳王信用之。諸將以其故不親附。

結果群臣都叛離了他。一是故人無親陳王者，一是諸將不親附，既
見疾於百姓，又被疏於諸將。在司馬遷看來："此其所以敗也！"

司馬遷對陳勝起義失敗原因的總結，並不全面，但他明確指出
的這兩個方面，卻是重要的、關鍵性的。除此之外，他還通過具體
的叙述，揭示出由於起義隊伍發展很快，來不及訓練，以及舊貴族
殘餘分子進行的叛變活動等，給革命事業造成的損失。從他的明
確的見解和具體的叙述中，我們可以得出這次農民起義失敗的全
部原因。

司馬遷描寫了這次農民起義的整個過程，描寫了它爆發的階
級根源，描寫了他們的革命精神、威力以及他們的領袖陳勝、吳廣
卓越的才略、智謀，同時也描寫了他們的失敗和應該吸取的教訓。
要之，是描寫了這次農民起義的優點和缺點。司馬遷在描寫這一
重大歷史事件的過程中，傾注着濃厚的感情，對被壓迫、被剥削者
的反抗精神給予熱烈的贊揚和歌頌，對他們的失敗和錯誤流露出

沉痛的惋惜情緒。他是從同情在秦王朝暴政壓迫下人民苦難的遭遇出發,來描寫這次農民起義的,因此他雖然沒有明確的階級觀點,卻描寫了一場波瀾壯闊的階級鬥爭,描寫了農民起義對秦王朝反動統治的摧枯拉朽的作用。司馬遷筆歌墨舞地在禮讚這次起義的領袖們,他在《陳涉世家》篇末說:

> 陳勝雖已死,其所置遣侯王將相竟亡秦,由涉首事也。高祖時爲陳涉置守冢三十家碭,至今血食。

他又在《自序》中說:

> 桀、紂失其道而湯、武作,周失道而《春秋》作。秦失其政,而陳涉發跡……天下之端,自涉發難。

又在《秦楚之際月表》中說:

> 太史公讀秦楚之際,曰:初作難,發於陳涉;虐戾滅秦,自項氏;撥亂誅暴,平定海內,卒踐帝祚,成於漢家。……

他反復讚揚了陳勝在歷史上的首難功績,因爲沒有陳勝的首難,便打不倒暴秦,也就沒有後來歷史的發展。值得注意的是司馬遷把陳勝的地位與湯、武和孔子並列。湯、武是古代的"聖王",孔子是奴隸社會的"聖人",司馬遷把陳勝提到和聖王、聖人同等的地位,可謂推崇備至了。他給陳勝這樣高的評價,不是沒有根據的。在他看來,湯、武伐桀紂,孔子作《春秋》和陳勝首難,代表以德政代替暴政、以統一代替分裂的三個歷史發展階段,他們各標誌着一個新時代的開始。《秦楚之際月表》說:

> 然王跡之興,起於閭巷,合從討伐,軼於三代,鄉秦之禁,適足以資賢者爲驅除難耳。故憤發其所爲天下雄,安在無土不王。

這是説漢高祖的統一天下，是基於起於壟畝之間的陳勝、吳廣。過去是"無土不王"，没有一塊土地不分封諸侯的，現在則是無土者無宗，打破了宗法貴族的傳統，是無土而王，這是陳勝、吳廣首創的奇舉，陳勝、吳廣的革命行動，開闢了一個歷史新時期。這是司馬遷對陳勝、吳廣的崇高評價，也是他自己的遠見卓識！

### （五）贊揚"游俠"

漢朝統一天下之後，局面焕然一新，在這種新局面之下出現了許多新事物，如何看待和評價這些新事物，是判斷一個歷史家和文學家是進步還是保守的重要尺度。進步的歷史學家和文學家很注意發現這些新生事物並加以分析給予應有的評價；相反，保守的歷史學家和文學家則往往漠然視之，甚至反對它、擯斥它。游俠是當時的新生事物，是漢代初年的新興階層。戰國時期游俠是屬於"士"階層，後來開始分化，從中游離出來的叫"游士"，倚人門下的叫"食客"，帶劍而行的叫"劍客"等，到漢朝即成爲游俠。游俠的行爲是違反封建道德、破壞封建秩序的，因此他們是我國封建統治時期有積極意義的階層。對此，司馬遷的態度被班固批評爲"其是非頗繆於聖人"，"序游俠，則退處士而進奸雄"（《漢書·司馬遷傳》），正從反面道出了司馬遷反對封建正統觀念而歌頌游俠的觀點。

司馬遷爲什麼歌頌游俠、贊揚游俠？游俠有些什麼值得被立傳的？他在《自序》中説：

> 救人於厄，振人不贍，仁者有乎；不既信，不背言，義者有取焉。作《游俠列傳》。

又在《游俠列傳》中説：

> 今游俠，其行雖不軌於正義，然其言必信，其行必果，已諾

必誠，不愛其軀，赴士之厄困，既已存亡死生矣，而不矜其能，
羞伐其德，蓋亦有足多者焉。

那就是說游俠能急人之難，濟人之困，輕生死，重然諾，爲了別人，
可以犧牲自己的一切，而沒有任何個人的追求。這種精神在當時
那種自私自利、爾虞我詐，一人有難千萬人落井下石的罪惡社會
裏，是極其可貴的。但是這類人物及其精神，"儒、墨皆排擯不
載"，以至"湮滅不見"，作者"甚恨之"，因此爲他們立傳，以廣
其傳。

司馬遷在描寫這些人物的獨行特立的精神品質時，有意識地
把他們和他所批評、譏諷、憎惡的人物對比起來寫。像與"以術
取宰相、卿、大夫"的儒者比，"蓋亦有足多者"；與"抱咫尺之
義，久孤於世"的季次、原憲比，則"比權量力，效功於當世，不同
日而語矣"；與"招天下賢者，顯名諸侯"的孟嘗君、春申君、平原
君、信陵君比，其"修行砥名，聲施於天下，莫不稱賢，是爲難耳"；
與"設財役貧"、"侵凌孤弱"的豪暴比，他們的行爲"游俠亦醜之"。
司馬遷就是通過這種對比突出了游俠的高尚、無私的精神。

司馬遷寫的是"布衣之徒"、"鄉曲之俠"、"閭巷之俠"、"匹夫
之俠"，那就說明這些游俠是下層人民，或接近下層人民的中小地
主。其中的代表人物是朱家和郭解。他們對上"時扞當世之文
罔"，對下"專趨人之急，甚己之私"，表現了對統治階級的憎惡和
對被迫害者的同情的鮮明態度。如朱家：

> 所藏活豪士以百數，其餘庸人不可勝言。……振人不贍，
> 先從貧賤始。家無餘財，衣不完采，食不重味，乘不過駒
> 牛。……既陰脫季布將軍於阨，及布尊貴，終身不見也。自關
> 以東，莫不延頸願交焉。

這裏所說的"所藏活豪士以百數"的"豪士",即"士不虛附"的
"士",就是指當時社會上有聲望的人;所說的"其餘庸人不可勝
言"的"庸人",即城、鄉一般平民,指社會下層的人民。朱家收藏
的逃亡豪傑之士有好幾百,一般平民則不計其數。這是對當時封
建法制的一種對抗,是一種極其值得稱頌的俠義行爲。"振人不
贍,先從貧賤始",貧賤者是勞動人民,說明朱家同情的重心是勞動
人民,他的行爲是從解民於倒懸出發的。"家無餘財,衣不完采,食
不重味,乘不過軥牛",可見朱家自己就是社會下層人民,那麼他的
賑危濟貧則是出於階級本能。至於"陰脫季布將軍於阸"的事,據
《史記·季布列傳》記載,季布是當時的一位賢者,爲項羽將時,曾
屢窘劉邦。劉邦得勢後,用千金購求季布,季布藏在濮陽周氏家
中,周氏"乃髡鉗季布,衣褐衣,置廣柳車中,並與其家僮數十人之
魯朱家所賣之。朱家心知是季布,乃買而置之田,誡其子曰:'田事
聽此奴,必與同食!'朱家乃乘軺車之洛陽,見汝陰滕公。"通過滕
公向劉邦爲季布說情,劉邦終於赦了季布。這是他"藏活豪士"的
事件之一,當季布做了劉邦的郎中和文帝時的河東太守時,他卻終
身不見,即所謂"不伐其能、歆其德",表現了高尚的道德精神。

　　郭解的行爲、精神與朱家大致相同,《游俠列傳》中是這樣概
括的:

　　　　解爲人短小精悍,不飲酒。少時陰賊,慨不快意,身所殺
　　甚衆。以軀借交報仇,藏命作姦剽攻,休乃鑄錢掘冢,固不可
　　勝數。適有天幸,窘急常得脫,若遇赦。及解年長,更折節爲
　　儉,以德報怨,厚施而薄望。然其自喜爲俠益甚。既已振人之
　　命,不矜其功,其陰賊著於心,卒發於睚眦如故云。而少年慕
　　其行,亦輒爲報仇,不使知也。

這段文字把郭解的一生分爲兩個時期,即少年時和年長以後,寫出
了他的轉變。少年時他隨意殺人,私鑄銅錢,偷掘墳墓等,好像是
一個社會歹徒。年長以後完全改變了作風,成爲一個任俠尚義的
俠客。作者描寫的重心在後期,所歌頌的也在後期。下文的描寫
即具體地體現了他的俠義行爲,像"更折節爲儉,以德報怨,厚施而
薄望"。郭解"執恭敬,不敢乘車入其縣廷","出未嘗有騎"等,即
對自己行爲的嚴加檢束。他對那個對他無禮的箕踞者,不但不加
害,反而利用自己的威望免了他的徭役;他爲洛陽讎家排難解紛,
功成奏效,自己卻不承擔名義,而把美名讓給洛陽豪傑,所謂"且無
用,待我去,令洛陽豪居其間,乃聽之",都是這種行爲的表現。又
像"振人之命,不矜其功",郭解的外甥依仗郭解的聲勢,在喝酒
時,强迫人家喝過量的酒,被人刺殺,郭解得知真情後,告訴兇手:
"公殺之固當,吾兒不直。"便把兇手放了,並歸罪自己的外甥。這
不但是"不矜其功",而簡直是公而無私了。又"邑中少年及旁近
縣賢豪,夜半過門常十餘車,請得解客舍養之"句下,《索隱》如淳
云:"解多藏亡命者,故喜事年少與解同志者,知亡命者多歸解,故
多將車來,欲爲解迎亡者而藏之者也。"可見郭解"振人之命"之多
和因此受人們的敬重。"其陰賊著於心,卒發於睚眦如故云",指
郭解在楊季主的兒子做縣掾時,舉薦他移徙茂陵,他的侄子"斷楊
掾頭"的事。至於"少年慕其行,亦輒爲報仇,不使知也",指軹縣
一個儒生在座上誣衊郭解,被郭解的擁護者殺了,"吏以此責解。
解實不知殺者"的事。郭解的一生不是沒有缺點的,但他那種急人
之難,而自己毫無所求的精神,卻吸引着當時社會中不同階層的人
們,"天下無賢與不肖,知與不知,皆慕其聲"。然而,封建統治者
卻極端畏懼,最終判處他"大逆無道"罪行,並將他滿門抄斬了。
"於戲,惜哉!"司馬遷對他寄以深切的同情。

　　司馬遷在描寫這些游俠人物的過程中,在描寫這些游俠人物和封建統治者對立的過程中,提出了兩種對立的道德觀念。他説:

　　　　鄙人有言曰:"何知仁義,已饗其利者爲有德。"故伯夷醜周,餓死首陽山,而文武不以其故貶王;跖、蹻暴戾,其徒誦義無窮。由此觀之,"竊鈎者誅,竊國者侯,侯之門仁義存",非虛言也。今拘學或抱咫尺之義,久孤於世……而布衣之徒,設取予然諾,千里誦義,爲死不顧世,此亦有所長,非苟而已也。……要以功見言信,俠客之義又曷可少哉! ……

這是我國傳統道德學説史上的一段重要文字。它説明道德是有階級性的,不同階級有不同的道德。封建統治者以周文王、周武王爲仁義之君,而盜跖、莊蹻其徒也誦義無窮,此亦一是非,彼亦一是非,這完全是兩種不同的道德觀念,是無法求同的。"竊鈎者誅,竊國者侯,侯之門仁義存",即揭露不同階級的道德內涵。在封建統治者看來,竊鈎者破壞了封建統治秩序,破壞了封建地主所有制,所以當誅;而竊國者已經取得了政權,他們是統治者,他們就是仁義之所在,他們的竊國行爲也就是理所當然的了。他們的是非就是封建社會的是非,他們的道德觀念就是封建社會的道德觀念。大盜有功,小盜有罪,這是因爲"已饗其利者爲有德"。當時的既得利益者是地主階級,他們取得了政權,也就是"有德者王"了。"鄙人有言曰:'何知仁義,已饗其利者爲有德。'"鄙人即勞動人民,勞動人民揭露了統治階級道德的階級本質,而爲司馬遷所充分肯定。在封建社會裏,道德爲地主階級所壟斷,司馬遷抨擊了這種道德學説的虛僞性。司馬遷蔑視季次、原憲之徒的"或抱咫尺之義,久孤於世",而歌頌了"布衣之徒,千里誦義,爲死不顧世"。季次、原憲之徒雖然不是統治階級,但他們抱持的操行完全是封建正

統的道德觀念,而布衣之俠,"以功見言信"而論,則是下層人民的
道德觀念,把兩種人物相比,"俠客之義又曷可少哉"!

　　游俠的行爲爲儒家所排斥,但並不像司馬遷所説爲墨家所不
載,相反卻是與墨家有聯繫的。侯外廬在他主編的《中國思想通
史》中説:"韓非子'俠以武犯禁'是墨俠以武犯禁。《墨經》云'士
損己而益所爲也',頗合俠者之旨,惟在戰國墨俠的行爲早已失
傳。……墨子説,竊犬彘,世謂之不仁,而竊國都,則以爲義,是知
小物而不知大物。"墨家學説代表手工業者的觀點,也就是代表勞
動人民的觀點,他們同情勞動人民,因此行爲才有些像游俠。反過
來也可以證明游俠的言行出於勞動人民。墨子"竊犬彘","竊國
都"之説,和"侯之門仁義存"很相似,但司馬遷的學説卻直接來自
莊周,《莊子・胠篋》説:"彼竊鈎者誅,竊國者爲諸侯;諸侯之門,
而仁義存焉。"司馬遷繼承了這一學説並有所發揮,提出了"已饗
其利者爲有德"的道德哲學。這是對封建地主階級既得利益者的
揭發,這些封建統治者既享有政治、經濟的利益,又享有仁義道德
的美譽。司馬遷無情地指出:這是不公平的,這是强盜邏輯!

　　司馬遷歌頌游俠、贊揚游俠,與他自身的遭遇有密切關係。他
遭李陵之禍,身被腐刑,因此對漢代最高統治者充滿憤慨和不滿。
他在《游俠列傳》中説:

　　　　且緩急,人之所時有也。太史公曰:昔者虞舜窘於井廩,
　　伊尹負於鼎俎,傅説匿於傅險,吕尚困於棘津,夷吾桎梏,百里
　　飯牛,仲尼畏匡,菜色陳、蔡。此皆學士所謂有道仁人也,猶然
　　遭此菑,況以中材而涉亂世之末流乎? 其遇害何可勝道哉!

他以歷史上六個被儒家認爲是"有道仁人"的不幸遭遇自比,來説
明自己以"中材"而遭末世,其被殘害是必然的。這是憤世之辭。

郭嵩燾《史記札記》卷五下説:"秦爲亂世,自秦以後皆亂世之末流
也。史公值漢盛時而言,此誠亦有傷心者哉!"司馬遷把漢武帝的
統治看作是"亂世之末流",有着他的切身體驗在内,是對那個時
代的揭露。在這種封建末世,自己被殘害的冤屈"何可勝道哉"!
怎麼能説得完呢!對那個時代發出了强烈的控訴。

　　他的這種處境,這種遭際,這種思想情緒,使他對"時扞當世之
文罔,然其私義廉潔退讓"的游俠的行爲無限向往。宋人晁公武曾
指出:"其進奸雄者,蓋遷嘆時無朱家之倫,不能脱己於禍,故曰:
'士窮窘得委命,此非人所謂賢豪者耶?'"(《郡齋讀書志》卷五)可以
説道出了司馬遷當時著述的心事。司馬遷寫《游俠列傳》,贊揚了
游俠的俠義行爲,同時也傾注了自己激烈的感情。游俠和漢代的
統治者是對立的,司馬遷贊揚他們的行爲,那麼他的立場也不言而
喻了。他是從被迫害、被摧殘者的角度贊揚游俠並控訴那個社
會的。

### (六)崇尚"貨殖"

　　新興的商人地主階級的產生是漢朝統一後,出現的另一新生
事物。本來在戰國時期地主階級可以分成兩類:一是宗法貴族,一
是新興商人。這兩種社會力量始終在矛盾着、鬥爭着,戰國後期各
諸侯國的變法活動,即新興商人地主階級對舊的宗法貴族地主階
級的鬥爭。項羽領導農民起義席捲秦朝政權之後,仍然保持着舊
貴族的傳統觀念,把曾經是統一的帝國分封爲許多諸侯。劉邦繼
承了陳涉、吳廣的傳統,他們是無土而王,無土者無宗,他們打破了
宗法貴族的舊思想,所以在建立政權之後,這種制度便逐漸崩潰。
在宗法貴族的時代,是"不貴不富"并且貴才能富的,當時的政權、
土地全部掌握在宗法貴族手裏,除了他們之外再没有富人。但是,
隨着社會經濟的發展,新興的商人地主階級出現了,他們是些不貴

而富的人，是"多財善賈"者。他們雖然富，但還未掌握政權，並不能貴，這是"富而不貴"的時代。後來，到了新興地主階級掌握政權，也就是富人掌握了政權，情況便發生了變化，如何評價這些新興地主階級，是歷史提出來的新課題。司馬遷是滿腔熱情地肯定新興的商人地主階級的作家。他在《貨殖列傳》中贊揚了許多因爲從事生産而致富的人。"貨殖"就是生産，司馬遷鼓吹貨殖，就是提倡發展生産，並從而歌頌那些發展生産的人。班固批評他"其是非頗繆於聖人"，"述貨殖，則崇勢力而羞賤貧"（《漢書·司馬遷傳》），這並不能貶低司馬遷的歷史地位，適足以表明司馬遷的進步觀點。

司馬遷在《貨殖列傳》中，首先從人民對生活利益的要求出發，批判了老子那種小國寡民、安貧樂業、清静無爲、老死不相往來的復古倒退的社會理想，認爲在漢朝還照老子那套辦法去做，那便是塞人耳目的愚民政策了，是絕對行不通的。他根據對歷史的考察，得出的看法是：

> 夫神農以前，吾不知已。至若《詩》、《書》所述虞、夏以來，耳目欲極聲色之好，口欲窮芻豢之味，身安逸樂，而心夸矜勢能之榮使。俗之漸民久矣，雖户説以眇論，終不能化。故善者因之，其次利道之，其次教誨之，其次整齊之，最下者與之爭。

他提出了人們的生活欲望是與生俱來的觀點，認爲這是爲有文字記載以來的歷史所證明了的，也是人民受社會風尚的感染而行之已久的，因而是不可改變的。對此，只能因勢利導，不能"與之爭"，與民爭利，最爲下策。他不但論述了人民對生活利益的要求，是合乎自然的法則，同時也指斥了違反這種自然法則的漢武帝的興利措施。

爲了滿足人民對生活利益的要求,司馬遷主張重視生產、發展生產。就是靠農民耕種取得糧食,靠虞人開采、捕捉取得礦植物和水產品,靠工人製造各種器具,靠商人流通貨物,只有各行各業的人們各盡其才力,才能達到自己的生活要求。他説:

> 《周書》曰:"農不出則乏其食,工不出則乏其事,商不出則三寶絶,虞不出則財匱少。"財匱少而山澤不辟矣。此四者,民所衣食之原也。原大則饒,原小則鮮。上則富國,下則富家。

只有發展生產,人民的生活才能富足,只有發展生產,才能富國裕民。這種重視生產的觀點,有利於社會發展,有利於人民生活。他同情人民,關心人民的物質利益,這種思想是進步的。

司馬遷認爲"貧富之道,莫之奪予,而巧者有餘,拙者不足",富不是因爲有人贈給的,貧也不是因爲有人掠奪去了,而完全在人們的聰明和愚笨。他以吕望、管仲治理齊國爲例説明這個道理。吕望封在營丘,那裏土地貧瘠,人民稀少,他於是"勸其女功,極技巧,通魚鹽,則人物歸之,繦至而輻湊",齊國因而富强起來,"冠帶衣履天下,海岱之間斂袂而往朝焉"。後來,管仲相齊,"設輕重九府,則桓公以霸,九合諸侯,一匡天下"。這都説明發展生產必須依靠人們的才智、技術,事在人爲,生產發展了,社會才能繁榮,國家才能富强。他批判那種空談仁義而不講物質利益的荒謬觀點:

> 故曰:"倉廩實而知禮節,衣食足而知榮辱。"禮生於有而廢於無。故君子富,好行其德;小人富,以適其力。淵深而魚生之,山深而獸往之,人富而仁義附焉。富者得勢益彰,失勢則客無所之……故曰:"天下熙熙,皆爲利來;天下攘攘,皆爲

利往。"

司馬遷把人對生活利益的要求放在第一位,這實際上是批判了封建統治階級那種表面"口不言利",而實質則惟利是圖的反動本質。封建統治階級向人民標榜"正其誼,不謀其利;明其道,不計其功",要人民不要講利,只講道義就行了。這是用"義"來遏制人民正當的生活權利,是用"義"來剝奪人民的利益。在階級社會中,"義"和"利"都是有階級性的。《墨子·經上》説:"義,利也。"又説:"利,所得而喜也。""功,利民也。"這就是説,凡是有利於人民的功業就是義,所以義也就是利。後來的儒家則認爲有利於封建統治階級的都是義,有利於人民的便都不是義。他們要求人民遵守禮法,要求人民行其義而不謀其利,也就是只顧地主階級的利益而不顧人民的死活,所以司馬遷説,必富而後"人人自愛而重犯法,先行義而後絀辱焉"(《平準書》)。司馬遷首先肯定了人民的利益,這與封建統治階級的觀點、要求是背道而馳的。

司馬遷重視社會物質利益,重視財富,他認爲追求富,是人的本性,"富者,人之情性,所不學而俱欲者也",所以"農工商賈畜長,固求富益貨也。此有知盡能索耳,終不餘力而讓財矣"。各行各業的人都盡力謀求財富,而決不肯把財富讓給別人。這好像是一種自然規律,不可動搖。而謀求財富的妙訣,在於"無財作力,少有鬥智,既饒爭時,此其大經也",即貧窮多賣力氣,有點錢就和別人鬥智,錢多了就抓緊時機賺錢。采用這種方法致富的有以下各種行業的人物:

> 田農,掘業,而秦揚以蓋一州。掘冢,姦事也,而田叔以起。博戲,惡業也,而桓發用富。行賈,丈夫賤行也,而雍樂成以饒。販脂,辱處也,而雍伯千金。賣漿,小業也,而張氏千

萬。洒削,薄技也,而郅氏鼎食。胃脯,簡微耳,濁氏連騎。馬
醫,淺方,張里擊鐘。此皆誠壹之所致。

這些人物所操的職業,今天看來並不都值得肯定,但是他們都是
"必用奇勝","皆誠壹之所致",即用巧妙的方法和對事業專心一
志的精神,由一般平民變成富商大賈,其財勢"大者傾郡,中者傾
縣,下者傾鄉里"。在宗法貴族勢力統治的時代,這是新生事物,所
以值得推崇和歌頌。

　　司馬遷重視富商大賈,贊揚那些不仕而富的人。像蜀地卓氏
"即鐵山鼓鑄,運籌策,傾滇蜀之民,富至僮千人。田池射獵之樂,
擬於人君"。山東程鄭,"亦冶鑄,賈椎髻之民,富埒卓氏"。宛地
孔氏"大鼓鑄,規陂池,連車騎,游諸侯,因通商賈之利……家致富
數千金,故南陽行賈盡法孔氏之雍容"。曹地邴氏"以鐵冶起,富
至巨萬。……俯有拾,仰有取,貰貸行賈遍郡國"。齊地刀閒收取
豪奴,"使之逐漁鹽商賈之利……起富數千萬"。周人師史"轉轂
以百數,賈郡國,無所不至。……數過邑不入門,設任此等,故師史
能致七千萬"。宣曲任氏"力田畜。田畜人爭取賤賈,任氏獨取貴
善,富者數世"。橋姚在邊塞放牧,"致馬千匹,牛倍之,羊萬頭,粟
以萬鐘計"。無鹽氏於長安列侯從軍旅平吳楚七國之亂時,"出捐
千金貸,其息什之。……一歲之中,則無鹽氏之息什倍,用此富埒
關中"。此外關中的富商大賈還有田嗇、田蘭,韋家栗氏、安陵杜氏
等,都家資巨萬。這些富商大賈的財富,多數是榨取人民的血汗所
取得的,但其結果在經營的過程中卻提高了生產力,促進了社會的
發展。司馬遷贊揚他們說:

　　　　今有無秩祿之奉,爵邑之入,而樂與之比者,命曰"素
　　封"。……此其人皆與千戶侯等。然是富給之資也,不窺市

井,不行異邑,坐而待收,身有處士之義而取給焉。若至家貧
親老,妻子軟弱,歲時無以祭祀進醵,飲食被服不足以自通,如
此不慚恥,則無所比矣。……無岩處奇士之行,而長貧賤,好
語仁義,亦足羞也。

司馬遷推崇富商大賈雖無官階爵禄,但其財富卻可以和千户侯相
比的地位;貶斥貧窮之士上不能奉父母,下不能畜妻子的處境,值
得自慚,認爲没有真正隱士的高尚品德,而長期貧賤,還談什麽"仁
義"? 那是令人羞恥的事! 這又把批判的鋒芒指向那些只空談仁
義而不講物質利益的正統儒家學派的觀點了。最後結論説:

由是觀之,富無經業,則貨無常主,能者輻湊,不肖者瓦
解。千金之家比一都之君,巨萬者乃與王者同樂,豈所謂"素
封"者邪? 非也?

致富不靠一定的職業,財貨没有固定的主人,能否得到,關鍵在人
的本領。家資千金的人比得上一都的君長,巨萬的富翁可以和國
王一樣享樂,這就是所謂"素封"了吧! 司馬遷贊揚了那些"素封"
之家,贊揚了那些通過自己經營而致富的人,即新興的商人地主階
級。新興商人地主階級的出現,打破了宗法貴族勢力對財富世世
代代的壟斷局面,即所謂"富無經業,財貨無常主"。因此,司馬遷
公開地、滿腔熱情地贊揚新興的商人地主階級,在當時是對宗法貴
族勢力的猛烈衝擊,是對這種舊的生産關係的一次滌蕩!
　《貨殖列傳》在我國經濟思想史上是少見的好文章。在先秦,
西方各諸侯國反對商賈而主張農戰;而東方各諸侯國,都重視商賈
漁鹽之利,因此管仲有"倉廩實而知禮義"的話。司馬遷發展了這
種觀點,他提倡生産,鼓吹貨殖,重視財富,推崇富商大賈,把富者
提高到與貴者相等的地位,使一向貴而後富的局面,變成富而後

貴。這是社會發展史上的一場"劇變"。貴族是世襲的,是神聖的
祖傳,財富則是可以力取的,由不能力取的貴到可以力取的富,説
明社會階級關係發生了變化。司馬遷是站在社會變化的進步方
面,肯定新生的事物,贊揚新生的事物,鼓吹新生的事物,因此他的
思想、理論、觀點是進步的。

## 五、《史記》之文筆

### (一) 善序事理、辨而不華、質而不俚

　　司馬遷具有卓越的文學才能,劉勰即稱贊他有"博雅弘辯之
才"(《文心雕龍》卷四《史傳》)。這不僅表現在他對自己著作內容之
論述上,也表現在他行文之間和文筆之運用上。劉向、揚雄都服其
文筆之"善序事理,辨而不華,質而不俚;其文直,其事核;不虛美,
不隱惡,故謂之實録"(《漢書》卷六十二《司馬遷傳》),這是對他文章
之極高推崇。趙翼《廿二史札記》卷一曾指出:司馬遷"序帝王",
"記侯國","繫時事","詳制度","志人物"等全是用記叙之形式
寫作的,通過記述反映一個時代政治之得失。他的看法是正確的,
但是沒有指出所謂"善序事理"之意思是甚麼。我們認爲司馬遷
文筆之"善序事理",表現爲善於把握歷史之重要問題,描述其變
化之脈胳和原委,即善於從歷史發展之過程中去"原始察終"。這
是一種很高的寫作手法。

　　司馬遷寫《史記》,幾乎全部是叙事的,通過叙事闡述歷史演
變之因果關係,表明自己對歷史現象之分析和看法,在記叙歷史之
重要問題上尤其如此。如漢初王朝之統治者和諸侯王之矛盾與鬥
爭,是當時政治之尖鋭問題。司馬遷在《高祖功臣侯者年表序》中
叙述諸侯王之興衰變化説:

　　　　余讀高祖侯功臣,察其首封,所以失之者,曰:異哉所聞!

《書》曰"協和萬國"，遷於夏商，或數千歲。蓋周封八百，幽厲之後，見於《春秋》。《尚書》有唐虞之侯伯，歷三代千有餘載，自全以蕃衛天子，豈非篤於仁義，奉上法哉？漢興，功臣受封者百有餘人。天下初定，故大城名都散亡，戶口可得而數者十二三，是以大侯不過萬家，小者五六百戶。後數世，民咸歸鄉里，戶益息，蕭、曹、絳、灌之屬或至四萬，小侯自倍，富貴如之。子孫驕溢，忘其先，淫嬖。至太初百年之間，見侯五，餘皆坐法隕命亡國，秏矣。罔亦少密焉，然皆身無兢兢於當世之禁云。

這裏所説之"事理"，是古今封侯的問題。他指出古今封侯有相同之處，也有不同之處，而他主要叙述者是不同之處，即漢初百年之間功臣侯者變化之情況。其初由於天下初定，民生凋敝，諸侯國内之民戶很少；後來隨着生產之恢復和經濟之發展，諸侯之勢力也逐漸强大起來；但是因爲"子孫驕溢"、"淫嬖"和"罔亦少密"，大都由尊寵而廢辱。他用簡練之文字從史實出發，評論當時之歷史與政治，把漢初諸侯王之歷史脈胳清楚地表達出來。接着他又説：

居今之世，志古之道，所以自鏡也，未必盡同。帝王者各殊禮而異務，要以成功爲統紀，豈可緄乎？觀所以得尊寵及所以廢辱，亦當世得失之林也，何必舊聞？

他認爲"志古之道，所以自鏡"，不能混同古今；爲政之道，應事異則備變，以成功爲準則，不可拘泥；當今之成敗，有現實之原因，不能完全求之於古。在簡潔之叙述中表達了一種樸素之辯證法觀點。

司馬遷之"善序事理"，除了明顯地表現在對重要歷史問題之論述中外，也隱約地表現在他對一些政治鬥爭成敗之描述中。這種描述很平淡,不被人注意,但仔細玩味,它與整個歷史事件之發展有深刻的聯繫。如《魏其武安侯列傳》開卷即提出"喜賓客"之問題,司馬遷即着意描寫賓客在竇嬰、田蚡、灌夫三人政治生活上成敗利鈍之作用。如:

> 七國兵已盡破,封嬰爲魏其侯。諸游士賓客爭歸魏其侯。
> 孝景崩,即日太子立,稱制,所鎮撫多有田蚡賓客計筴。
> 籍福説武安侯曰:"魏其貴久矣,天下士素歸之。"
> 武安侯雖不任職,以王太后故,親幸,數言事多效,天下吏士趨勢利者,皆去魏其歸武安。
> 天下士郡諸侯愈益附武安。
> 魏其失竇太后,益疏不用,無勢,諸客稍稍自引而怠傲。
> 灌夫家居雖富,然失勢,卿相侍中賓客益衰。
> 及魏其侯失勢,亦欲倚灌夫引繩批根生平慕之後棄之者。
> 灌夫亦持丞相陰事,爲姦利,受淮南王金與語言。賓客居間,遂止,俱解。
> 魏其侯大媿,爲資使賓客請,莫能解。

這篇傳記自始至終都在不斷地點染着賓客在他三人政治關係中之作用。竇嬰是由於賓客爲他出力而起家的,田蚡是由於賓客爲他計算而得勢的,灌夫也是由於賓客爲他權利而橫行潁川。因此,賓客對他們之親疏、遠近,正反映出他們各人在政治上之得意與失勢。司馬遷這樣寫"竇嬰、田蚡、灌夫,則感其三人以賓客之結相傾危"(茅坤《史記鈔·讀史法》),這是他所叙述的這段史實之"事理",而其文筆迤邐委婉何其平實自然!

所謂"辨而不華,質而不俚"是説翔實而不空疏,質樸而有文采,也即質文並茂之意。這種文筆對文學是至關重要的,因爲文學不能只發空論，而要有社會生活內容，不能只記事實，還必須有文采。明何喬新《何文肅公文集》卷二評論説：“如叙游俠之談，而論六國之勢，則土地甲兵，以至車騎積粟之差，可謂辨矣，而莫不當其實，是辨而不華也；叙貨殖之資，而比封侯之家，則棗栗漆竹，以至籍藁鮐鮆之數，可謂質矣，而莫不各飾以文，是質而不俚也。”他是具體地論述了班固之觀點。當然，這種事例很多，遠不止於此。司馬遷在《封禪書》中關於歷代封禪之記載也明顯地表現了這一特點。他在開卷序文中即申明帝王所以封禪和封禪對帝王之重要性：

> 自古受命帝王，曷嘗不封禪？蓋有無其應（猶德）而用事者矣，未有睹符瑞見而不臻乎泰山者也。雖（讀作唯）受命而功不至，至梁父（二字衍文）矣而德不洽，洽矣而日有不暇給，是以即事用希。……每世之隆，則封禪答焉，及衰而息。……

接着他歷述自舜到武帝時各個時代封禪之情況。記載了哪些帝王功德足以封泰山禪梁父，哪些則不配；哪些帝王世隆而禮樂興，哪些世衰而禮樂廢。神堂社祠，俎豆珪幣等事陳置羅列，可謂翔實。但都有條不紊，能夠見盛觀衰，寫出歷史之變化。如在叙述殷朝封禪興衰之過程中説：“伊陟贊巫咸，巫咸之興自此始。”又説：“由此觀之，始未嘗不肅祗，後稍怠慢也。”在叙述周靈王時，諸侯都不入朝，萇弘明鬼神，“依物怪欲以致諸侯”，然後説：“周人之言方怪者自萇弘。”在叙述騶衍以陰陽五行顯於諸侯，燕齊方士都不能通其術時，則説：“然則怪迂阿諛苟合之徒自此興，不可勝數也。”在叙述秦始皇上泰山，爲雨所阻，不得封禪，被儒生譏諷時，接着説：“此豈所謂無其德而用事者邪？”進一步申明了序文中所貶斥之帝王，直接抨擊了秦始皇。這些描寫既記載了史實，又點出了歷史變化，都條理明晰,並非空言。司馬遷在贊語中説:"余從巡祭天地諸神名山川而封禪焉。入壽宮侍祠神語,究觀方士祠官之意,於是退而論次自古以來用事於鬼神者,具見其表裏。"這是説明他是根據自己之見聞,由表及裏,條分屢析地描述出來,所謂"辨而不華"者也。

何喬新在文章中所論到的《貨殖列傳》也是很好的事例。此列傳記載了全國各地之地理、氣候、物産、風習、人情等,歷歷在目,了若指掌。如:

> 漢興,海内爲一,開關梁,弛山澤之禁,是以富商大賈周流天下,交易之物莫不通,得其所欲,而徙豪傑諸侯强族於京師。
>
> 關中自汧、雍以東至河、華,膏壤沃野千里,自虞夏之貢以爲上田,而公劉適邠,大王、王季在岐,文王作豐,武王治鎬,故其民猶有先王之遺風,好稼穡,殖五穀,地重,重爲邪。及秦文、德、繆居雍,隙隴蜀之貨物而多賈。獻公徙櫟邑,櫟邑北卻戎翟,東通三晉,亦多大賈。孝、昭治咸陽,因以漢都,長安諸陵,四方輻湊並至而會,地小人衆,故其民益玩巧而事末也。南則巴蜀。巴蜀亦沃野,地饒巵、薑、丹沙、石、銅、鐵、竹、木之器。南御滇僰,僰僮。西近邛笮,笮馬、旄牛。然四塞,棧道千里,無所不通,唯襃斜綰轂其口,以所多易所鮮。天水、隴西、北地、上郡與關中同俗,然西有羌中之利,北有戎翟之畜,畜牧爲天下饒。然地亦窮險,唯京師要其道。故關中之地,於天下三分之一,而人衆不過什三;然量其富,什居其六。

這是關於關中地區之情況。接着他又歷述三河、邯鄲、燕、齊、鄒、魯、梁、宋、越、楚、潁川、南陽等地之天時、地利、物産、習尚等。最後總結説:

　　總之,楚越之地,地廣人希,飯稻羹魚,或火耕而水耨,果
隋蠃蛤,不待賈而足,地勢饒食,無饑饉之患,以故呰窳偷生,
無積聚而多貧。是故江、淮以南,無凍餓之人,亦無千金之家。
沂、泗水以北,宜五穀桑麻六畜,地小人衆,數被水旱之害,民
好畜藏,故秦、夏、梁、魯好農而重民。三河、宛、陳亦然,加以
商賈。齊、趙設智巧,仰機利。燕、代田畜而事蠶。

　這些既是各地地理之描摹,又是該處人民生活之實録;既是一段段
歷史之沿革,又是一幅幅社會風俗之畫面;既是樸實之記述,又離
奇變幻文采斐然。朱鶴齡在《愚庵小集》卷十三《讀貨殖列傳》中
即指出:"太史公《貨殖傳》將天時、地理、人事、物情歷歷如指諸
掌,其文章瑰瑋奇變不必言。"便是所謂"質而不俚",質文並茂之
意思。司馬遷在開篇提出自己對發展經濟之看法云:"善者因之,
其次利道之,其次教誨之,其次整齊之,最下者與之爭。"這些描寫
都在於表現漢初,開關梁,弛山澤之禁,富商大賈周流天下,物產莫
不溝通與交易,即所謂"因之"和"利道之",是司馬遷最推崇之經
濟政策。這是全文之中心。其所記述、所描寫、所議論,大旨皆歸
於此。又可謂"善序事理"。他把天下古今都置於自己之視綫之
內,奮筆揮毫,不能抑止。胡應麟評論説:"子長叙事喜馳騁。"(《少
室山房筆叢》卷十三《史書占畢》一)信然!

　　(二)文直、事核,不虛美,不隱惡

　　《史記》文章之另一特點是:"其文直,其事核;不虛美,不隱
惡。"所謂"文直、事核"即直書其事,不作曲筆;述事準確,並無僞
造。關於這方面之成就,前人曾多次論述過。劉知幾即説:"《史
記》者,紀以包舉大端,傳以委曲細事,表以譜列年爵,志以總括遺
漏,逮以天文地理、國典朝章,顯隱必該,洪纖靡失,此其所以爲長
也。"(《史通》卷二《二體》)就是總論《史記》之文直事核。所謂"國典

朝章,顯隱必該,洪纖靡失"即講的這一文章特點。何喬新更具體地論述説:"上自黄帝,下迄漢武,首尾三千餘年,論著才五十萬言,非文之直乎? 紀帝王,則本《詩》、《書》。世列國,則據左氏。言秦兼諸侯,則采《戰國策》。言漢定天下,則述《楚漢春秋》。非事之核乎?"(《何文肅公文集》卷二)他認爲《史記》之文直在於能用簡潔之文字概括悠久之歷史,事核在於述事必有所本,不作空言。其實,這是一個問題的兩方面,文直指形式,事核指内容,二者結合,才構成《史記》文筆之特點。

"文直"即直筆無隱之意。王鳴盛在《十七史商榷》卷六中説:"子長於《封禪》、《平準》等書,《匈奴》、《大宛》等傳,直筆無隱。"其實,豈止他所列舉之二書、二傳? 整部《史記》何嘗不如此! 這是一種《春秋》筆法,司馬遷繼承了這種筆法。章學誠在《文史通義》中即説:"夫據事直書,善惡自見,《春秋》之意也。"(《文史通義》内篇四《繁稱》)司馬遷就是用直書其事之筆法來寫《史記》的,即在直接之叙述中使社會歷史生活自然呈現出來,不另外表示自己之意見。這種筆法,可以從他對自春秋戰國到秦漢儒學發展歷史之叙述中明顯地看出來。儒學在春秋戰國本來具有匡時濟世之精神,可是到秦漢時期卻變成了阿順苟合、追逐利禄之學問。司馬遷在記述這段歷史時,先描寫了孔、孟對當時劇烈變化之現實的不滿,針刺統治者,要撥亂反正,提出了違時之救世藥方。他在《自序》中記述孔子之意説:

> 周室既衰,諸侯恣行。仲尼悼禮廢樂崩,追修經術,以達王道,匡亂世反之於正……

又在《孟子荀卿列傳》中記述孟子之志説:

> 天下方務於合縱連衡,以攻伐爲賢,而孟軻乃述唐、虞、三

代之德,是以所如者不合。退而與萬章之徒序《詩》、《書》,述仲尼之意,作《孟子》七篇。

這兩段文字表明,孔、孟之儒學雖在匡時,但不切時宜。荀卿出現,儒學開始變化。他分析、綜合和批判了各家學説,而完成了自己之理論。《孟子荀卿列傳》記述説:

荀卿嫉濁世之政,亡國亂君相屬,不遂大道而營於巫祝,信機祥,鄙儒小拘,如莊周等又猾稽亂俗,於是推儒、墨、道德之行事興壞,序列著數萬言而卒。

這裏説明荀子之學説承襲了孔、孟匡時濟世的傳統,同時又與孔、孟之學説不同,思想也有差異。到了李斯,儒學爲之大變。他雖"從荀卿學帝王之術",但他的思想與孔、孟、荀大不相同。司馬遷在《李斯列傳》中詳細地記述了李斯入秦時辭別荀卿之一段話,其中在諷刺李斯之馳騖世俗:

斯知六藝之歸,不務明政以補主上之缺,持爵禄之重,阿順苟合,嚴威酷刑,聽高邪説,廢嫡立庶。諸侯已畔,斯乃欲諫爭,不亦末乎!

他的思想已不是儒學之遵循六藝,極救世敝,而是"持爵禄之重,阿順苟合",已不是追求儒家之理想政治,而是"嚴威酷刑,聽高邪説,廢嫡立庶"了。司馬遷之記述表明,李斯不過是個鄙儒而已。秦末,秦始皇燒焚詩書,儒學備受摧殘,《儒林列傳》中寫道:

及至秦之季世,焚《詩》、《書》,阬術士,《六藝》從此缺焉。陳涉之王也,而魯諸儒持孔氏之禮器往歸陳王。於是孔甲爲陳涉博士,卒與涉俱死。

爲甚麼"縉紳先生之徒負孔子禮器往委質爲臣"？司馬遷説：

> 以秦焚其業，積怨而發憤於陳王也。

說明儒生在走投無路時，也會參加農民起義隊伍，起來造反。

司馬遷在《儒林列傳》中記述：漢興，景帝、竇太后都好黄老刑名之術，儒學雖然存在，但不爲時所重。武帝即位，開始崇尚儒學。當時以叔孫通、公孫弘爲代表之大多數儒者，他們之處境已不同於秦末之孔甲，他們之政治態度也不同於春秋時之孔子。他們變違時爲趨時，變嫉俗爲隨俗，變追求理想爲競逐利禄。社會風氣爲之大變。《劉敬叔孫通列傳》記載，魯兩生譏諷叔孫通説："公所事者且十主，皆面腴以得親貴。"叔孫通恬不知耻地笑道："若真鄙儒也，不知時變。"司馬遷傳寫漢代儒林，他們所學雖然不同，但目的只有一個，即競逐利禄。叔孫通以"知當世之要務"，博得漢高祖之寵幸，司馬遷深有感慨地説：

> 叔孫通希世度務，制禮進退，與時變化，卒爲漢家儒宗。

公孫弘以"誠飾詐欲以釣名"，爲漢武帝所愛悦：

> 天子察其行敦厚，辯論有餘，習文法吏事，而又緣飾以儒術，上大悦之。（《平津侯主父列傳》）

在司馬遷筆下，漢代儒學雖然表面上尊奉孔子，遵循六藝，但實際上是趨炎附勢，阿諛逢迎。儒學之本來精神已經喪失殆盡。通過這些史實之記録，表明司馬遷對儒學發展之不同階段，有肯定，有否定，有分析，有批判，特別是諷刺了儒學末流——漢儒。他之意圖在於表明自己有孔子作《春秋》之精神，而和漢儒不同調。這些描寫，即所謂"據事直書，善惡自見，《春秋》之意也"。錢大昕在評論班固寫《漢書》時説："然較之史公之直筆，則相去遠矣。"（《十駕齋養新餘録》卷中)則從反面贊揚了司馬遷"文直"之特點。

"事核"即述事準確。司馬遷在《伯夷列傳》中説:"學者載籍極博,猶考信於六藝。"又在《五帝本紀》中説:"百家言黄帝,其文不雅馴,薦紳先生難言之。"説明他之著述以六藝爲根據,諸子爭鳴稱引古人古事以自證,其意本不在歷史,多不可取。所以他據《戴記》以紀五帝,而不取百家;據《論語》以傳太伯,而疑許由、正軼詩。至於記上古軼事,舉凡庖犧蛇身人首之説,女媧煉石補天之談,都非雅馴之文,盡删薙無遺。可見司馬遷寫作之求實精神。儘管其中有些史事,如人們所指責者,"甚多疏略,或有抵梧"(《漢書·司馬遷傳》),但顧頡剛先生説得比較好:"第我輩指摘之者是一事,而古史真相又爲一事。以甲校乙,固足以明乙之非,然又何足以知甲之必是? 故不得謂我輩一加指摘,即可揭發其事實之真相也。學不求進於古人,何貴乎有吾輩? 抑徒有求進之心,而不知固其壁壘,則雖取寵一時,終將爲不知晦朔之朝菌耳。"(《史記》校點本序文)我們不能苛求古人,而應當從古人所處之具體環境中去認識古人。如果認識到古代之歷史文化環境和文獻典籍不足之條件,那麼司馬遷在這方面之成就,便沒有能與之抗顏者了。

司馬遷述事必取信於六藝,以求史實之準確無誤。如《殷本紀》記載有關殷之始祖契説:

> 殷契,母曰簡狄,有娀氏之女,爲帝嚳次妃。三人行浴,見玄鳥墮其卵,簡狄取吞之,因孕生契。契長而佐禹治水有功。帝舜乃命契曰:"百姓不親,五品不訓,汝爲司徒而敬敷五教,五教在寬。"封於商,賜姓子氏。契興於唐、虞、大禹之際,功業著於百姓,百姓以平。

這段文字是綜合《詩經·商頌》之《玄鳥》、《長發》而成。又記載湯伐桀於鳴條説：

> 湯乃興師率諸侯，伊尹從湯，湯自把鉞以伐昆吾，遂伐桀。湯曰：“格女衆庶，來，女悉聽朕言。匪臺小子敢行舉亂，有夏多罪，予維聞女衆言，夏氏有罪。予畏上帝，不敢不正。今夏多罪，天命殛之。今女有衆，女曰‘我君不恤我衆，舍我嗇事而割政’。女其曰‘有罪，其奈何’？夏王率止衆力，率奪夏國。有衆率怠不和，曰‘是日何時喪？予與女皆亡’！夏德若兹，今朕必往。爾尚及予一人致天之罰，予其大理女。女毋不信，朕不食言。女不從誓言，予則帑僇女，無有攸赦。”以告令師，作《湯誓》。

這段史實全采自《尚書·湯誓》。司馬遷在《贊》文中説：“余以《頌》次契之事，自成湯以來，采於《書》、《詩》。”又《周本紀》記載周始祖后稷之事跡説：

> 周后稷，名棄。其母有邰氏女，曰姜原。姜原爲帝嚳元妃。姜出野，見巨人跡，心忻然説，欲踐之，踐之而身動如孕者。居期而生子，以爲不祥，棄之隘巷，馬牛過者皆辟不踐；徙置之林中，適會山林多人，遷之；而棄渠中冰上，飛鳥以其翼覆薦之。姜原以爲神，遂收養長之。初欲棄之，因名曰棄。棄爲兒時，屹如巨人之志。其游戲，好種樹麻、菽，麻、菽美。及爲成人，遂好耕農，相地之宜，宜穀者稼穡焉，民皆法則之。……

這段文字又全是采摭《詩經·大雅·生民》篇融匯而成。這都是對古代史之記述。對近代史和當代史也同樣重視史實之準確性。但他已不是取信於儒家之典籍，而是“紬史記石室金匱之書”(《自序》)，根據漢王朝藏書處所收藏之各國史書和漢朝之檔案資料。關於他對歷史記述之真實性，我們可以從他對秦漢時期中央集權

不斷加强之描述中看得出來。中央集權制之加强,是秦漢史上之
一大特點,但如何加强中央集權之統治,秦與漢並不完全相同,秦
朝是郡縣制逐漸代替着分封制,漢朝則是分封同姓王與"削藩"之
鬥爭。司馬遷在《秦始皇本紀》中記載兩次關於立郡縣和封諸侯
之爭論。一次是丞相王綰與廷尉李斯之爭論,王綰主張封諸侯,李
斯主張設郡縣。李斯説:

> 周文武所封子弟同姓甚衆,然後屬疏遠,相攻擊如仇讎,
> 諸侯更相誅伐,周天子弗能禁止。今海内賴陛下神靈一統,皆
> 爲郡縣,諸子功臣以公賦税重賞賜之,甚足易制。天下無異
> 意,則安寧之術也。

他總結了歷史經驗,認爲分封之弊在於諸侯易於搞分裂,立郡縣便
於加强中央對地方之統治。另一次是齊博士淳于越與周青臣、李
斯之爭論。兩次爭論之結果,都是主張立郡縣之意見取勝,於是
"分天下以爲三十六郡,郡置守、尉、監"。中央集權之郡縣制代替
了封建制。

漢代則既實行郡縣制,又分封同姓王。其目的在於使郡縣制
"形錯諸侯間,犬牙相臨"(《漢興以來諸侯王年表序》),以鞏固中央集
權。司馬遷在《漢興以來諸侯王年表序》中詳細、具體地記述了這
種制度並行之情況和變化。漢朝分封同姓王,與從前"分民分疆
土"之封侯建國不同,而是規定封國内之重要官吏由朝廷任命,法
令由朝廷制訂,軍隊由朝廷掌管。以此來控制封國。但是隨着封
國政治、經濟、軍事之發展,便形成爲"獨立王國",與漢朝廷相對
抗。漢王朝爲了削弱他們的勢力,便采取"削藩"措施,實行"推
恩"法,把諸侯之封國由大化小,達到了"强本幹,弱枝葉",鞏固中
央集權之目的。司馬遷在《袁盎鼂錯列傳》、《平津侯主父列傳》、

《絳侯周勃世家》等篇中，生動、具體地描寫了漢初分封與"削藩"之鬥爭，反映了新制度代替舊制度之演變過程。

司馬遷對秦漢時期加強中央集權之記述，主要是寫出了封建制向郡縣制之轉變，世襲貴族制向公卿官僚制之轉變。當時雖然仍有分封子弟之現象，但是諸侯王對皇朝是直接之隸屬關係，地方之卿相、守令，中央可以隨時任免，與古時諸侯獨立於王朝之情況不同。這是當時歷史發展之總趨勢，司馬遷用直筆真實地描述了這一歷史趨勢。

在我國古代，著述史書每爲本朝之事跡諱飾，能文直事核是十分少見的。劉知幾即曾慨嘆："史之不直，代有其書。"（《史通》卷七《曲筆》）著作者爲了避禍遠害，往往篡改史事。司馬遷能無所畏懼，信筆直書，確是難能可貴的了。

"不虛美，不隱惡"，即寫作態度嚴謹，描繪歷史準確，善惡必書，而且恰如其分。對"美"，不虛誇；對"惡"，不隱諱。這方面之成就，何喬新具體評論說："伯夷古之賢人，則冠冕於傳首；晏嬰善與人交，則願爲之執鞭；其不虛美可知。陳平之謀略，而不諱其盜嫂受金之奸；張湯之薦賢，而不略其文深意忌之酷；其不隱惡可見。"（《何文肅公文集》卷二）我們即從何喬新之論述出發，具體分析司馬遷這方面之成就。

司馬遷是懷着一種憤慨、同情和贊美之感情寫《伯夷列傳》的。在這篇傳記中，他主要不是記述伯夷、叔齊之事跡，而是傳寫他們之高尚精神，是藉伯夷、叔齊之不幸遭遇而抒情和發議論。其中表述了自己的寫作態度和寫《史記》的思想意圖等。這種寫法，很像《屈原列傳》，而與其他傳記不同。明陳懿典《讀史漫筆》即指出："屈原、伯夷乃太史公列傳變體。敘事中忽入議論，議論中忽接敘事，離合變化，如神龍乘雲馭風，莫可端倪。"的確道出了這篇傳記寫作上之特點，即不在寫人物之事跡，而在傳人物之精神。

林駉《古今源流至論》後集卷九《史學》説："以伯夷居於列傳之首，重清節也。"伯夷、叔齊有關"清節"之事跡，司馬遷在其傳記中只寫了一段：

> 伯夷、叔齊，孤竹君之二子也。父欲立叔齊，及父卒，叔齊讓伯夷。伯夷曰："父命也。"遂逃去。叔齊亦不肯立而逃之。國人立其中子。於是伯夷、叔齊聞西伯昌善養老，盍往歸焉。及至，西伯卒，武王載木主，號爲文王，東伐紂。伯夷、叔齊叩馬而諫曰："父死不葬，爰及干戈，可謂孝乎？以臣弑君，可謂仁乎？"左右欲兵之。太公曰："此義人也。"扶而去之。武王已平殷亂，天下宗周，而伯夷、叔齊恥之，義不食周粟，隱於首陽山，采薇而食之。及餓且死，作歌。其辭曰："登彼西山兮，采其薇矣。以暴易暴兮，不知其非矣。神農、虞、夏忽焉没兮，我安適歸矣？于嗟徂兮，命之衰矣！"遂餓死於首陽山。

這段文字説明伯夷、叔齊主張禮讓反對掠奪，主張仁政反對暴政，而且爲堅持自己之政治信仰不惜犧牲自己之生命。司馬遷深爲這種精神所感動，他説："余悲伯夷之意。"又因爲孔子所謂"伯夷、叔齊不念舊惡，怨是用希"，"求仁得仁，又何怨乎"與史實不合，他説："睹軼詩可異焉。"因此采摭史實，以反駁孔子之錯誤觀點，並傳寫伯夷、叔齊之真正精神。從軼詩《采薇》看，伯夷、叔齊何嘗不怨！在司馬遷看來，一個重清節之人遭遇不幸，能"無怨乎"(《屈原列傳》)？他們含怨懷恨是正常的現象。

此外，司馬遷再没有記述伯夷、叔齊之事跡，全是傳寫他們的精神。如：

> 或曰："天道無親，常與善人。"若伯夷、叔齊，可謂善人者

非邪？積仁絜行如此而餓死！

這自然是譴責天道之不公平，同時也是贊美伯夷、叔齊之高尚品格和寧死不屈之精神。他還用孔子對廉潔之士的贊頌來表現伯夷、叔齊：

> 子曰"道不同不相爲謀"，亦各從其志也。故曰"富貴如可求，雖執鞭之士，吾亦爲之。如不可求，從吾所好"。"歲寒，然後知松柏之後凋"。舉世混濁，清士乃見。豈以其重若彼，其輕若此哉？

一個廉潔之士，是不會與自己政治理想不同的人共事的，也不會拋棄自己之信仰去追求富貴，他們之高尚節操越是在亂世越表現得明顯，只有這種人才應當爲世所重。孔子所談者是一個"積仁潔行"之人應采取的行徑，實質上，司馬遷是借此以贊揚伯夷、叔齊之高尚品德。

司馬遷對伯夷、叔齊並不局限於一般的贊美上，而是要通過自己之寫作傳播他們之美德，使伯夷、叔齊之精神永存。他説："君子疾没世而名不稱焉。"疾恨自己至死而聲名不被人稱述，所以用賈誼的話"貪夫徇財，烈士徇名，夸者死權，衆庶馮生"以喻自己爲"徇名"而寫《史記》。並且引《易·繫辭》"同明相照，同類相求"，"雲從龍，風從虎，聖人作而萬物覩"説明物各從其類和自己要學孔子那樣通過著述使萬物之情僞畢現。"伯夷、叔齊雖賢，得夫子而名益彰"，自己爲他們寫傳記，也是進一步辨析世情之輕重，使伯夷、叔齊之高尚品德和精神更加發揚光大。

我們今天對伯夷、叔齊之評價，可能與司馬遷不同。但是，司馬遷當時從自己之政治立場出發，依照自己之道德標準去贊美他們，不是没有根據的，是有現實意義的，可謂"不虛美"。

司馬遷用同樣之態度描寫屈原。在《屈原賈生列傳》中，他並沒有寫出屈原一生完整之事跡，而主要是傳寫屈原之精神。他寫屈原被讒遭嫉而賦《離騷》，身處濁世而不苟合取容，對屈原剛直不阿之性格十分嚮往，對他之不幸遭遇寄予深切同情。他說：“余讀《離騷》、《天問》、《招魂》、《哀郢》，悲其志。適長沙，觀屈原所自沈淵，未嘗不垂涕，想見其爲人。”他傾注着全副感情和滿腔熱血贊揚屈原說：

> 其文約，其辭微，其志絜，其行廉，其稱文小而其指極大，舉類邇而見義遠。其志絜，故其稱物芳。其行廉，故死而不容自疏。濯淖汙泥之中，蟬蛻於濁穢，以浮游塵埃之外，不獲世之滋垢，皭然泥而不滓者也。推此志也，雖與日月爭光可也。

結合屈原一生之行跡和他的創作看，這種贊揚絕非過當，相反沒有這等文字便不足以表現屈原之真精神。

司馬遷不僅不無根據地誇飾和贊美一個歷史人物，而且也不隱諱一個歷史人物之缺點。而是從實際出發，按照歷史之本來面貌，善惡必書，毫不吝情。何喬新所謂“張湯之薦賢，而不略其文深意忌之酷”自然道出了這方面之特點，但對司馬遷關於張湯這個人物優點的描述之分析是很不夠的。司馬遷在《酷吏列傳》中寫張湯之爲人，有可肯定之方面，也有可批判之方面。司馬遷描寫他值得肯定之方面，是他做廷尉時向漢武帝薦賢，常揚人之善，蔽人之短，把錯誤歸於自己，把成績讓給別人。如記述他：

> 奏讞疑事，必豫先爲上分別其原，上所是，受而著讞決法廷尉，絜令揚主之明。奏事即譴，湯應謝，鄉上意所便，必引正、監、掾史賢者，曰：“固爲臣議，如上責臣，臣弗用，愚抵於此。”罪常釋。間即奏事，上善之，曰：“臣非知爲此奏，乃正、

　　監、掾史某爲之。"其欲薦吏,揚人之善蔽人之過如此。

　　因此,他在當時博得好的聲譽。而且他做廷尉、御史大夫多年,死後卻家無餘財:"湯死,家產直不過五百金,皆所得奉賜,無他業。"司馬遷贊揚説:"其廉者足以爲儀表。"認爲可以作爲封建官吏之表率。

　　同時,司馬遷又揭露他爲人之另一方面,即詭詐多端,他"己心內雖不合,然陽浮慕之"陰一套,陽一套,完全是一個兩面派。他"務在深文",以酷察爲忠,按照漢武帝之意旨斷獄,是封建統治者之忠實爪牙。

　　在執法之過程中,他也有可肯定和被批判之兩方面。他之執法,一方面爲了打擊"豪强并兼之家",這有積極意義。如司馬遷寫他打擊豪强、宗室之情況説:"治陳皇后蠱獄,深竟黨與。""所治即豪,必舞文巧詆。""及治淮南、衡山、江都反獄,皆窮根本。"當時漢武帝本想釋放與淮南、江都等謀反有關之嚴助和伍被,他爭辯説:"伍被本畫反謀,而助親幸出入禁闥爪牙臣,乃交私諸侯如此,弗誅,後不可治。"武帝采納了他的意見。接着司馬遷記述説:"其治獄所排大臣自爲功,多此類。"説明他在打擊豪强、宗室方面之作用。對他這種行徑,司馬遷頗多稱許:

　　　　　張湯以知陰陽,人主與俱上下,時數辯當否,國家賴其便。

另一方面爲了鎮壓人民,致人民於絶域死境。如司馬遷還寫他舞文弄法,大事興作,搞得民心思變説:"百姓不安其生,騷動,縣官所興,未獲其利,姦吏并侵漁,於是痛繩以罪。則自公卿以下,至於庶人,咸指湯。"張湯又成爲天下人所嫉恨之對象,是社會動亂之根源。所以,司馬遷在《平準書》中説,張湯死"而民不思",就是從人民之角度對張湯罪惡行徑之鞭笞和批判。

　　司馬遷就是這樣既描寫出人物値得肯定之方面，又揭露了他們之缺點，表現了一種嚴謹之寫作態度。

　　這種寫作特點，在《河渠書》中也表現得比較充分。《河渠書》並非以寫人物爲主，而是寫歷代之水利工程。但漢代之水利工程是在漢武帝支持下進行的，因此，相對地突出了漢武帝的形象。司馬遷在整部《史記》中，對漢武帝沒有講過幾句好話，幾乎全是揭露和批判。但在本篇中既表現了他之政績，又揭露了他之昏庸、缺點。對他之功過，不虛誇，不隱諱，恰如其分。如寫他對興修水利，發展生産，始終是支持的，司馬遷反復書明“天子以爲然”。在塞瓠子口時，司馬遷寫道：“自河決瓠子後二十餘歲，歲因以數不登，而梁楚之地尤甚。”説明當時河患之嚴重。於是“天子乃使汲仁、郭昌發卒數萬人塞瓠子決”，並且“自臨決河”，“令群臣從官自將軍以下皆負薪實決河”，自己親臨現場指揮。終於完成了治河工程，“於是卒塞瓠子，築宮其上，名曰宣房宮。而道河北行二渠，復禹舊跡，而梁、楚之地復寧，無水災”，取得了治河之巨大勝利。又漢武帝采取大司農鄭當時之建議，“引渭穿渠起長安，并南山下，至河三百餘里”，三年而通，“通，以漕，大便利。其後漕稍多，而渠下之民頗得以溉田矣”，爲富國裕民創造了有利條件。其他通河穿渠，引水溉田成功之事。例如：

　　　朔方、西河、河西、酒泉皆引河及川谷以溉田；而關中輔渠、靈軹引堵水；汝南、九江引淮；東海引鉅定；泰山下引汶水：皆穿渠爲溉田，各萬餘頃。佗小渠披山通道者，不可勝言。

這些都是在漢武帝塞瓠子口之行動影響下完成的。司馬遷寫漢武帝在這方面之成績，是滿懷深情的。同時，司馬遷也寫漢武帝之昏庸和由於失算而出現的問題。如在瓠子決口時，東南注入鉅野，武帝原擬派人塞河，丞相田蚡之食邑鄃在河北，不但無水災，而且收成很多，因此反對塞河，對武帝説："江河之決皆天事，未易以人力爲强塞，塞之未必應天。""而望氣用數者亦以爲然"，司馬遷接着寫道：

　　　　於是天子久之不事復塞也。

這就揭露了漢武帝之昏庸和愚蠢。又漢武帝采納河東太守番係之建議，"穿渠引汾漑皮氏、汾陰下，引河漑汾陰、蒲坂下"，乃"發卒數萬人作渠田。數歲，河移徙，渠不利，則田者不能償種。久之，河東渠田廢"，勞民傷財而無所收獲。其他如"通褒斜道及漕事"，"發數萬人作褒斜道五百餘里。道果便近，而水湍石，不可漕"。修龍首渠，"作之十餘歲，渠頗通，猶未得其饒"。這些都由於預先失於周密之計算，任意大興土木，濫用民力，結果徒勞一場。在樸實之記述中，包含着對武帝之譴責。

　　司馬遷是忠於歷史事實和社會生活的，對歷史事實和社會生活之是非得失、善惡功過，完全按照其本來之面貌去寫，不加任何雕飾，所以能真實地再現歷史生活。班固譽之爲"實録"，這不但是對他的著作内容之高度評價，也是對他的寫作筆法之高度評價。

　　（三）以寫人物爲中心

　　我國文學史上最早之歷史散文是《尚書》和《春秋》。《尚書》以記言，《春秋》以記事。到《左傳》出現之後，開始變記言、記事爲記傳，能粗略描述一些歷史人物之梗概，是記傳文學之祖。而《史記》則是這種記傳文學之嫡傳。司馬遷是以寫人物傳記之形式來寫歷史的，整部《史記》可以説是以人物爲中心展開了我國約三千年之社會生活史的。梁啓超在《中國歷史研究法》中即説："其最異於前史者一事，曰以人物爲本位。"司馬遷在"本紀"、"世家"、

"列傳"中寫了各階級、各階層之人物，無論從歷史或從文學方面講，這都是一項創造。

司馬遷描寫人物，特別着重從社會歷史環境中加以表現，寫人物受不同之歷史環境之影響，有着不同之經歷、遭際，並在歷史變革中爲歷史條件所制約，各有不同之結局。和單純之文學創作不同，他筆下之人物都交織着廣闊、複雜、多面之歷史現象，是歷史生活之再現。例如在《魏其武安侯列傳》中，司馬遷主要寫了三個人物，即竇嬰、田蚡和灌夫。其中之竇嬰、田蚡是外戚，灌夫是將門之子，他們都是統治階級之上層人物，各有不同的政治背景，因此，政治生涯，宦途遭遇也完全不同。

竇嬰憑着竇太后、景帝之支持，地位日益提高。梁人高遂對他説："能富貴將軍者，上也；能親將軍者，太后也。"就直截了當地點出了促成他富貴之政治因素。當他被封爲魏其侯之後，每朝議大事，"諸列侯莫敢與亢禮"。其氣焰之盛，可以傾諸將相。司馬遷在着重描寫竇嬰活動之政治背景之同時，還注意突出竇嬰之個性，突出竇嬰個性在政治鬥爭中之作用。竇嬰爲人好"沾沾自喜，多易"，即驕傲自滿、輕舉易動，而且"不知時變"，不知乘時變化之道理。他之驕傲自滿、輕舉易動，明顯地表現在對栗太子被廢之態度上。作爲太子太傅，當栗太子被廢時，他屢次爭辯不成，便乾脆"屏間處而不朝"，行動確實輕率了些，高遂即指出"是自明揚主上之過"，以致引起景帝之不滿，使他失去了在桃侯免相之後，出任丞相之機會，並且終景帝之世再沒有升遷。武帝即位，由於竇太后之關係和田蚡表面地推尊，他登上了丞相之職位。同樣由於輕舉易動，觸怒了竇太后，又終於被罷免。竇太后好黃、老之言，他和田蚡、趙綰、王臧等則"務隆推儒術，貶道家言"。信仰不同，政治路綫不同，矛盾發展到趙綰"請無奏事東宮"，即不讓武帝把政事奏知竇太后。竇太后盛怒，“乃罷逐趙綰、王臧等，而免丞相、太尉”，他便以侯家居。當能親他之竇太后一死，他之政治生命基本上結束了。從此，司馬遷着重突出他個性中之“不知時變”。在“益疏不用”之情況下，他仍然企圖挽回已經失去之地位。他交納灌夫，想攀附田蚡，竟被田蚡所卑棄。田蚡向他强索田地，他大爲怨恨説：“老僕雖棄，將軍雖貴，寧可以勢奪乎？”然而他攀附田蚡之觀念並未動摇。當詔賀田蚡娶燕王女爲夫人時，灌夫本不想去，他卻“强與俱”，在宴會上又爲田蚡等所凌辱。在灌夫被械繫時，他鋭身拯救，其妻勸阻説：“灌將軍得罪丞相，與太后家忤，寧可救邪？”他説甚麽“侯自我得之，自我捐之，無所恨！且終不令灌仲儒獨死，嬰獨生”。可以説逆形勢而動，“不知時變”到了極點。“東朝廷辯”時，他“盛推灌夫之善”，“因言丞相短”，結果以欺謾君上之罪棄市。司馬遷就這樣描寫了竇嬰在景帝、竇太后在世時之得勢與失勢，描寫了他在武帝、王太后當權時企圖挽回已經失去之勢力而不可得。司馬遷描寫了這個人物活動之歷史環境，描寫了具體之歷史環境決定了這個人物之命運。

　　田蚡與竇嬰不同，他之政治靠山是王太后、漢武帝，他是依靠王太后和漢武帝由諸郎做到丞相的。他的姐姐王太后原是景帝之寵姬，由於長公主爲她出力，才得到景帝之寵幸，以至於立爲皇后。田蚡也就隨之逐漸貴幸起來。田蚡未得勢之前，在外戚中之地位，遠遠比不上顯赫之竇嬰。所以在竇嬰面前，他總是卑躬屈節，“往來侍酒魏其，跪起如子姓”。爲了攀附竇嬰，他不擇手段，“蚡事魏其，無所不可”。同時，由於他“辯有口，學《槃盂》諸書”，得到王太后之賞識，這又爲他之仕宦生涯增添了新的政治因素。景帝死後，武帝即日即位，王太后“稱制，所鎮撫多有田蚡賓客計算”，他竟成了王太后在政治上之得力幫手，被封爲武安侯，進而做了太尉。司馬遷着重寫他"負貴而好權"之個性。《外戚世家》説他"貪,巧於文辭",即道出了他之陰險與狡獪。他想做丞相時,便"卑下賓客,進名士家居者貴之,欲以傾魏其諸將相";做了丞相之後,"又以爲諸侯王多長,上初即位,富於春秋,蚡以肺腑爲京師相,非痛折節以禮詘之,天下不肅"。他用盡了權術,以籠絡人心,制服天下,建立自己之威嚴。他憑藉王太后,挾持武帝,貪慾專權:

> 當是時,丞相入奏事,坐語移日,所言皆聽。薦人或起家至二千石,權移主上。上乃曰:"君除吏已盡未? 吾亦欲除吏。"嘗請考工地益宅,上怒曰:"君何不遂取武庫!"

這更是"負貴而好權"之生動寫照。他還以丞相之尊倨傲於人。竇嬰聽灌夫説他要幸臨,便"益市牛酒,夜灑掃,早帳具至旦。平明,令門下候伺。至日中,丞相不來"。原來他在家中高卧未起,把和灌夫之約言當作玩話,竟完全忘了。這種自尊自貴,得意忘形,即使對待自己之同母兄弟王信,也不例外。他"嘗召客飲,坐其兄蓋侯南向,自坐東向,以爲漢相尊,不可以兄故私橈",可謂自負尊貴至極。他向竇嬰索田,説甚麽"何愛數頃田",認爲憑藉自己之地位,竇嬰怎敢不給田! 東朝廷辯時,他恬不知耻地説:"天下幸而安樂無事,蚡得爲肺腑,所好音樂狗馬田宅。蚡所愛倡優巧匠之屬。"公開聲明自己之貪鄙、奢侈愛好。因此,他"治宅甲諸第,田園極膏腴,而市買郡縣器物,相屬於道。前堂羅鍾鼓,立曲旃,後房婦女以百數。諸侯奉金玉狗馬玩好,不可勝數"。司馬遷描寫了這個人物一生活動之政治背景,即"負貴",同時描寫了他之權謀、詭詐和貪鄙,即"好權"。正是這種政治背景作用於他之思想性格,形成了他權謀、貪鄙、驕橫之特徵。

灌夫與竇嬰、田蚡不同,他是以軍功起家的。吳、楚反時,他由

於馳入吳軍而名聞天下，被任爲中郎將，又由於治淮陽，而入爲太
僕。司馬遷特別描寫了他“無術而不遜”之性格，即對待任何事情
沒有手腕卻偏要放肆地去幹。如他“剛直使酒，不好面諛。貴戚諸
有勢在己之右，不欲加禮，必陵之。諸士在己之左，愈貧賤，尤益
敬，與鈞。稠人廣衆，薦寵下輩，士亦以此多之”，具有一種陵貴恤
賤之俠客作風。他“好任俠，已然諾。諸所與交通，無非豪桀大猾。
家累數千萬，食客日數十百人。陂池田園，宗族賓客爲權利，橫於
潁川”，又是一個地方强豪。司馬遷毫無隱飾地傳録潁川兒歌：
“潁水清，灌氏寧；潁水濁，灌氏族。”以表現當地人民對他之憤怒。
他“坐法去官”，失勢家居後，也不甘居人下，仍想多和列侯宗室交
通以爲名高。他一方面倚重竇嬰，一方面又攀附田蚡。“使酒罵
座”一段充分表現了他之“無術而不遜”。他粗率、暴躁，漠視一切
權貴，不顧客觀形勢，放肆狂言。結果以“罵座不敬”罪被誅。他
是竇嬰、田蚡兩人關係中之犧牲者。司馬遷把他安插在竇、田矛盾
之中，不是沒有原因的，其原因就是爲了更具體地揭示統治階級内
部之複雜矛盾和鬥爭。司馬遷評論説：

> 魏其、武安皆以外戚重。灌夫用一時決英而名顯。魏其
> 之舉，以吳楚；武安之貴，在日月之際。

就明確道出了他們各自活動之社會背景和鬥爭之政治意義。司馬
遷把他們結合起來寫，把他們三人合傳，就是要從他們互相依賴互
相制約之關係中，去考察當時之社會，認識當時之現實，反映當時
之歷史。
　　在描寫人物方面，司馬遷很注意把握人物之基本特徵。人物
之基本特徵，體現人物之思想傾向，體現人物之政治態度。只有把
握人物之基本特徵，才能揭示出社會本質之某些方面。司馬遷通

過對人物基本特徵之描述,揭示了當時社會和統治階級之本質。
他在《萬石張叔列傳》中寫石奮祖孫三代都以“恭謹”聞名於郡國,
寫了他們許多“馴行孝謹”之事例。如寫石奮之子石建爲郎中令、
石慶爲太僕之表現,便很具體、生動:

> 建爲郎中令,書奏事,事下,建讀之,曰:“誤書!‘馬’者
> 與尾當五,今乃四,不足一。上譴死矣!”甚惶恐。其爲謹慎,
> 雖他皆如是。

> 慶爲太僕,御出,上問車中幾馬,慶以策數馬畢,舉手曰:
> “六馬。”慶於諸子中最爲簡易矣,然猶如此。

這種對最高統治者畢恭畢敬之神態,我們今天看來未免愚蠢可笑,
然而這卻是這伙官僚們之真實靈魂。他們“無他大略,爲百姓
言”,全憑仰承統治者之鼻息而得到尊寵:

> 建爲郎中令,事有可言,屏人恣言,極切;至廷見,如不能
> 言者。是以上乃親尊禮之。

他們陰一面,陽一面,鬼鬼祟祟,然而正是這一套作風卻使自己之
官職不斷升遷。“元狩元年,上立太子,選群臣可爲傅者,慶自沛守
爲太子太傅,七歲遷爲御史大夫。元鼎五年秋,丞相有罪,罷。制
詔御史:‘萬石君先帝尊之,子孫孝,其以御史大夫慶爲丞相,封爲
牧丘侯。’”在國家多事,武帝巡守,諸臣各有進用之情況下,“事不
關決於丞相,丞相醇謹而已。在位九歲,無能有所匡言”,然而,其
“諸子孫爲吏更至二千石者十三人”。司馬遷就是這樣以描寫石
建、石慶之個性特徵,來揭露漢武帝之淫威和專制,揭露當時官場
中之一種恭謹自保之政治風氣。

在《衛將軍驃騎列傳》中,司馬遷描寫了衛青之“奉法遵職”。
衛青是衛皇后之弟,炙手可熱之外戚,在征伐匈奴時有功,官拜大

將軍。就他之職位、聲威而論,是有權自己誅罰不稱職之將相的。然而恰巧相反,他特別恭謹自己之職守,不敢越雷池一步。他率兵出定襄擊匈奴,右將軍蘇建喪師逃回,議郎周霸諫議斬蘇建以明軍威,他則説:"使臣職雖當斬將,以臣之尊寵而不敢自擅專誅於境外,而具歸天子,天子自裁之,於是以見人臣不敢專權,不亦可乎?"他處處想到自己之職守,"以和柔自媚於上"。蘇建曾勸他效法古名將招選賢者,他又説:"彼親附士大夫,招賢絀不肖者,人主之柄也。人臣奉法遵職而已,何與招士!"可見他是把官職看作封建官僚機構中之工具而已。在《平津侯主父列傳》中,司馬遷還描寫了公孫弘之阿諛逢迎。這個圓滑老儒,表面上"其行敦厚",實際上虛偽詭詐。他"每朝會議,開陳其端,令人主自擇,不肯面折庭爭","嘗與公卿約議,至上前,皆倍其約以順上旨"。他全憑能順承武帝之旨意而得到重用,從博士、御史大夫一直升爲丞相。司馬遷描寫這些人物之基本特徵,突出這些人物之基本特徵,是爲了揭露在封建專制主義統治下,公卿大臣無所作爲,"爲丞相備員而已"(《張丞相列傳》),甚至連生命都難保。

在描寫人物方面,司馬遷還注意用一個人物之生活瑣事概括其一生之活動。這些生活瑣事似乎是不經意之叙述,其實是作者之匠心所在,是關乎一個人物一生之政治得失之描寫。他在《李斯列傳》開卷寫李斯:"年少時,爲郡小吏,見吏舍厠中鼠食不絜,近人犬,數驚恐之。斯入倉,觀倉中鼠,食積粟,居大廡下,不見人犬之憂。於是李斯乃歎曰:'人之賢不肖譬如鼠矣,在所自處耳!'"這是一件小事,似乎無關緊要,但司馬遷卻借以寫出了李斯之全部人生觀。李斯從荀卿學帝王之術,游説秦始皇,聽從趙高而立二世,上督責書,獄中上書,都不過爲的是求"所自處"。李斯位極人臣時,喟然而嘆曰:"當今人臣之位無居臣上者,可謂富貴極矣。物極而衰,吾未知所稅駕也!"後來他與趙高合謀立二世,"乃仰天而歎,垂淚太息曰:'嗟乎!獨遭亂世,既以不能死,安託命哉!'"到腰斬咸陽市時,他"顧謂其中子曰:'吾欲與若復牽黄犬俱出上蔡東門逐狡兔,豈可得乎!'"都是在最緊要之關頭,念念不忘如何"自處"之利害關係。從全篇列傳看,在一定意義上,老鼠之故事,簡直就是李斯一生之縮影。又司馬遷在《陳涉世家》開卷寫:"陳涉少時,嘗與人傭耕,輟耕之壟上,悵恨久之,曰:'苟富貴,無相忘。'"這一段記述,好像只是陳涉爲人傭耕時之一句玩話,然而司馬遷卻用以概括他未來之成敗。陳涉起義後,到稱王,王陳六月,"其故人嘗與傭耕者聞之,之陳,扣宫門曰:'吾欲見涉。'宫門令欲縛之。自辯數,乃置,不肯爲通。陳王出,遮道而呼涉。陳王聞之,乃召見,載與俱歸。入宫,見殿屋帷帳,客曰:'夥頤!涉之爲王沈沈者!'……客出入愈益發舒,言陳王故情。或説陳王曰:'客愚無知,顓妄言,輕威。'陳王斬之。"此後,司馬遷接着陳述説:"諸陳王故人皆自引去。由是無親陳王者。"這説明陳涉違背了傭耕時之諾言,抛棄了貧苦伙伴,脱離了群衆,因此導致起義之失敗。司馬遷用一個小故事,説明歷史上一個大問題。此外,他在《陳丞相世家》中寫陳平爲里社宰時,分肉食很平均,得到里社人之稱贊,他説:"嗟乎,使平得宰天下,亦如是肉矣!"後來果然做了丞相。他在《酷吏列傳》中寫張湯年輕時審訊偷肉吃之老鼠,"視其文辭如老獄吏"。後來竟成了殘酷的濫施刑法之官吏。可見,司馬遷有關人物生活瑣事之描寫,都不是隨意之筆,而是經過深思熟慮之安排,是爲了表現人物,表現人物一生之重要活動。用小故事説明大問題,正是司馬之文學才能。

在描寫人物方面,司馬遷對所要采用之材料,都加以縝密地選擇,並非有文必録。他在《留侯世家》中説:"(留侯)所與上從容言

天下事甚眾,非天下所以存亡,故不著。"張良是輔助劉邦定天下之
人物,不是關於興亡成敗之言行,都不足以表現這個人物,所以舍
棄不用。這是司馬遷處理材料之一條總原則。因此,他經常采用
"互見法",即在本人傳記中有礙於突出其主要特徵和基本傾向之
材料,便放在其他傳記中去寫。如《項羽本紀》集中描寫項羽之叱
咤風雲、氣蓋一世之英雄形象,而把有損於他英雄性格之政治上軍
事上之錯誤放在《淮陰侯列傳》中寫。《信陵君列傳》集中描寫信
陵君"禮賢下士",而把他不收留魏齊之事放在《范睢蔡澤列傳》中
寫。這種寫法固然可以避免重複,更重要者是描寫人物之需要,是
突出人物基本特徵之需要。

　　司馬遷描寫人物之才能是很高的,爲了完整、突出、逼真地表
現一個人物,他調動了一切藝術手段。他描寫的雖然是歷史人物,
必須根據歷史事實,不能虛構,但在處理、剪裁事實時,又包含着自
己對事實之體會、認識和想象,因此他之描寫過程同時也就是再
創造。

　　《史記》是一部偉大之史學著作,同時也是一部偉大之文學著
作。它繼承了它以前之優良文學傳統,並有所發展和創造。特別
是它吸取了《詩經》和《楚辭》之創作方法與精神,並發揚、光大。
《史記》中曾多次稱述《詩經》和《楚辭》之寫作動機、意義和作用,
這説明《詩經》、《楚辭》之精神感召着司馬遷,並在其著作中閃爍
着思想藝術之光輝。茅坤《史記鈔·序》説:"太史公所爲《史記》
百三十篇……指次古今,出風入騷。"即指出它對《詩經》、《楚辭》
之繼承關係。又《史記鈔·讀史法》説:"屈宋以來,渾渾噩噩,如
長川大谷,探之不窮,攬之不竭,蘊藉百家,包括萬代者,司馬子長
之文也。"又指出它對屈宋文章之創造和發展。《史記》是我國古
代光輝燦爛的文化孕育而成的,司馬遷完成了時代賦予他的"究天

人之際,通古今之變"的歷史使命,記載從遠古到秦漢,特別是秦漢時期之社會生活和歷史面貌,成爲劃時代之信史和史詩,爲後代史學和文學寫作樹立了楷模。

## 第五節　後期之散文

西漢之散文自董仲舒開始轉入後期,即所謂真正之漢文時期。劉熙載《藝概》卷一《文概》云:"漢家制度,王霸雜用;漢家文章,周、秦並法。惟董仲舒一路無秦氣。"即説明董仲舒開漢代文氣之先。又《文概》云:"秦文雄奇,漢文醇厚。大抵越世高談,漢不如秦;本經立義,秦亦不能如漢也。"漢初散文是周、秦文風之延續。因此,劉熙載所論秦漢文風之區別,實際上也是西漢前期與後期文風之不同特點。後期之散文,在内容上也一變總結前朝興亡的歷史經驗,而爲講論天人感應,以迎合漢武帝統治之需要。這一時期,漢王室政權已經穩定了,歷史發展要求實現"大一統"和加強中央集權,董仲舒的災異之變、天人之際的學説便應運而生,以爲漢代立法。其影響所及,成爲這一時期文學之主要内容。

### 一、董仲舒

《漢書》卷五十六《董仲舒傳》記載,他是廣川(今河北棗強縣)人。生於文帝元年(前一七九),卒於武帝太初元年(前一〇四)。《太平御覽》卷九七六引桓譚《新論》云:"董仲舒專精於述古,年至六十餘。"活了六十多歲。他少治《春秋》,景帝時爲博士,下帷講誦,弟子很多,轉相傳授,以至於有未曾見其面者。武帝元光元年(前一三四),詔舉賢良對策,他以《天人三策》對,令武帝驚奇,任以江都王相,轉爲膠西王相。同時位居卿相的公孫弘亦治《春秋》，但不如董仲舒，故嫉忌之。董仲舒深怕日久獲罪，乃以病辭官回家，修學著書，以“三年不闚園圃，乘馬不知牝牡”（《太平御覽》卷八九七引《鄒子》）之專心勤苦，“論思《春秋》，造著傳記”（《論衡》卷二十六《實知篇》）。董仲舒居家期間，朝廷每有大議，輒遣使者及廷尉張湯至其家問之，其對答皆有明法。他在武帝時代所起之作用，《漢書》本傳記載：“自武帝初立，魏其武安侯爲相，而隆儒矣。及仲舒對册，推明孔氏，抑黜百家，立學校之官，州郡舉茂材孝廉，皆自仲舒發之。”又其著述之內容，《漢書》本傳則云：“仲舒所著，皆明經術之意，及上疏條教，凡百二十三篇，而説《春秋》事得失，《聞舉》、《玉杯》、《蕃露》、《清明》、《竹林》之屬，復數十篇，十餘萬言，皆傳於後世。”他的《天人三策》見《漢書》本傳，而“説《春秋》事得失”，今傳《春秋繁露》十七卷，或即其遺文。

　　董仲舒是西漢今文經學之大師，儒者之宗。《漢書》卷二十七上《五行志》云：“昔殷道弛，文王演《周易》；周道敝，孔子述《春秋》；則乾坤之陰陽，效《洪範》之咎徵，天人之道粲然著矣。漢興，承秦滅學之後，景、武之世，董仲舒治《公羊春秋》，始推陰陽爲儒者宗。”對《春秋》之解釋，董仲舒之前，只着眼於政治觀點，自董仲舒始，乃援陰陽家之言爲之説，開拓了天道人事互相影響之新領域，使《春秋》成爲天人感應之經典。

　　董仲舒的政治觀點、哲學思想和文章特點，集中體現在《天人三策》之中。這三策是武帝爲了復興三代之禮樂太平，達到天下大治提出來的。如何才能達到天下大治？漢武帝在第一策中問道：何以彼“守文之君”，“欲則先王之法”，竟然失敗？凡所爲務法上古者，能否成功？那些災異之變、天人之際又如何產生？董仲舒先以天人感應爲説：

　　　　臣謹案《春秋》之中，視前世已行之事，以觀天人相與之際,甚可畏也。國家將有失道之敗,而天乃先出災害以譴告之;不知自省,又出怪異以警懼之,尚不知變,而傷敗乃至。以此見天心之仁愛人君,而欲止其亂也。自非大亡道之世者,天盡欲扶持而全安之,事在彊勉而已矣。……故治亂廢興在於己,非天降命,不可得反(原作"不得可反",依劉敞校改),其所操持誖謬,失其統也。臣聞天之所大奉使之王者,必有非人力所能致而自至者,此受命之符也。天下之人,同心歸之,若歸父母,故天瑞應誠而至。《書》曰:"白魚入于王舟,有火復于王屋,流爲烏。"此蓋受命之符也。……及至後世,淫佚衰微,不能統理群生,諸侯背畔,殘賊良民,以爭壤土,廢德教而任刑罰,刑罰不中則生邪氣,邪氣積於下,怨惡畜於上,上下不和,則陰陽繆盩而妖孽生矣,此災異所緣而起也。

他認爲"天"並非自然的天,而是有意志的,是造物主,自然萬物皆其創造活動之產物,"天"主宰萬物。"人"亦非自然的人,而是人們意念中的所謂"聖人",聖人之位置乃是三代聖王,是統治世間之人君,漢武帝便是這種"人"。"天"對人君是"仁愛"的,天瑞與災異皆以人君是否"彊勉行道"爲轉移,可不慎歟! 其策對所向,乃在武帝。

董仲舒進而提出,要實現"大一統",必須"更化"。他説:

今漢繼秦之後,如朽木糞牆矣,雖欲善治之,亡可奈何。法出而奸生,令下而詐起,如以湯止沸,抱薪救火,愈甚亡益也。竊譬之,琴瑟不調甚者,必解而更張之,乃可鼓也;爲政而不行甚者,必變而更化之,乃可理也。當更張而不更張,雖有良工不能善調也;當更化而不更化,雖有大賢不能善治也。故漢得天下以來,常欲善治而至今不可善治者,失之于當更化而

　　不更化也。古人有言曰："臨淵羨魚，不如退而結網。"今臨政
　　而願治七十餘歲矣，不如退而更化。更化則可善治，善治則災
　　害日去，福禄日來。

董仲舒對秦以法治天下，采取徹底否定的態度，對漢初七十餘年之
安定局面，認爲不過"如朽木糞牆矣"，也一筆抹煞。他主張要實
現天下大治，關鍵在"更化"，即改制。只有更化才能加强中央集
權，達到所謂"善治"。武帝"覽其對而異焉"。

　　但是，武帝得其辭而不得其意，以爲所謂"更化"猶自己之變
法易令，因而易其對而再策之。在第二策中，武帝借歷史問題以爲
問：堯舜垂拱無爲，文王日昃不暇食；先王或尚質樸、節儉，或"造玄
黄旌旗之飾"；殷人用刑措以懲惡，成、康不用刑措四十年而天下太
平。當何所遵從？董仲舒説：

　　　臣聞制度文采玄黄之飾，所以明尊卑、異貴賤而勸有德
　　也。故《春秋》受命所先制者，改正朔，易服色，所以應天也。
　　然則宫室旌旗之制，有法而然者也。故孔子曰："奢則不遜，儉
　　則固。"儉非聖人之中制也。臣聞良玉不琢，資質潤美，不待刻
　　琢，此亡異於達巷黨人，不學而自知也。然則常玉不琢，不成
　　文章；君子不學，不成其德。臣聞聖王之治天下也，少則習之
　　學，長則材諸位，爵禄以養其德，刑罰以威其惡，故民曉於禮
　　誼，而耻犯其上。

董仲舒以文采與質樸爲問，其實他是傾向於文采的，董仲舒主張
"文采玄黄之飾"，並禮樂教化之事，認爲"常玉不琢，不成文章；君
子不學，不成其德"，這正投武帝之所好了。

　　但是，武帝認爲董仲舒所對，條貫未完，統紀未終，因此第三策
便致意於三王之異同。他問道：你既通陰陽造化，何以言之並不明

暢？是惑於當世之務，還是以爲我聽不懂？董仲舒説：

> 三王之道所祖不同，非其相反，將以捄溢扶衰，所遭之變
> 然也。故孔子曰："亡爲而治者，其舜乎！"改正朔，易服色，以
> 順天命而已；其餘盡循堯道，何更爲哉！故王者有改制之名，
> 亡變道之實。然夏上忠，殷上敬，周上文者，所繼之捄，當用此
> 也。孔子曰："殷因於夏禮，所損益可知也；周因於殷禮，所損
> 益可知也；其或繼周者，雖百世可知也。"此言百王之用，以此
> 三者矣。

董仲舒在這裏提出公羊學派政治理論之核心"三統説"。這種"三
統説"乃是從五行説蜕化而來，是以天道自然循環爲根據的。其所
謂天命同於天道，改正朔，易服色，即所以順天道，順天道則是王朝
施政最重要之問題。夏忠、殷敬、周文，繼周而興之漢"若宜少損周
之文致，用夏之忠者"。董仲舒對策之目的在鞏固漢王室政權，昭
然若揭。

董仲舒認爲"聖人法天"，"天序日月星辰以自光，聖人序爵禄
以自明"(《春秋繁露》卷六《立元神》)，與天同者大治，與天異者大亂。
他説：

> 夫天亦有所分予，予之齒者去其角，傅其翼者兩其足，是
> 所受大者，不得取小也。古之所予禄者，不食於力，不動於末，
> 是亦受大者，不得取小，與天同意者也。夫已受大，又取小，天
> 不能足，而况人乎！此民之所以囂囂苦不足也。身寵而載高
> 位，家温而食厚禄，因乘富貴之資力，以與民爭利於下，民安能
> 如之哉！是故衆其奴婢，多其牛羊，廣其田宅，博其産業，畜其
> 積委，務此而亡已，以迫蹙民，民日削月朘，寖以大窮，富者奢
> 侈羡溢，貧者窮急愁苦，窮急愁苦而上不救，則民不樂生，民不

樂生尚不避死，安能避罪？此刑罰之所以蕃，而姦邪不可勝者
也。故受禄之家食禄而已，不與民爭業，然後利可均布，而民
可家足。此上天之理，而亦太古之道，天子之所宜法以爲制，
大夫之所當循以爲行也。

這種人君必須循天之理的主張，認爲貴族官吏只應當食禄，不應當
再與民爭利，既食禄又與民爭利，便會加深社會階級矛盾，是社會
動亂之根源，是違反天理的。這種主張對貴族豪强之恣意掠奪剥
削無疑是一種限制，在一定程度上減輕了人民的負擔，説明在董仲
舒的天道觀中含有某些對人民有益的因素。董仲舒最後總結説：

　　　道之大原出于天，天不變，道亦不變。……《春秋》大一
統者，天地之常經，古今之通誼也。今師異道，人異論，百家殊
方，指意不同，是以上亡以持一統，法制數變，下不知所守。臣
愚以爲：諸不在六藝之科，孔子之術者，皆絕其道，勿使並進。
邪辟之説滅息，然後統紀可一，而法度可明，民知所從矣。

他把論説的全部問題歸結爲"大一統"。這是董仲舒《天人三策》
之基本思想，也是《春秋繁露》的重要思想。《論衡》卷十二《程材
篇》云："董仲舒表《春秋》之義，稽合於律，無乖異者。"武帝接受了
他的建議，"罷黜百家，獨尊儒術"，使董仲舒之今文經學成爲漢代
統治階級的統治思想。

　　《天人三策》之文很少形象比喻，主要是論證説理，對武帝之
策問，逐條對答，層次清楚，引經據典，闡明事理。《文心雕龍》卷
五《議對》云："仲舒之對，祖述《春秋》，本陰陽之化，究列代之變，
煩而不愿者，事理明也。"可謂道着其策對特點，成爲漢代一種新儒
學文風。

　　《春秋繁露》凡八十二篇，《逸周書》卷七《王會解》云："天子

南面立,絻無繁露。”孔晁注:“繁露,冕之所垂也。”意謂通貫《春秋》屬辭比事之精神。然從今傳八十二篇看,其解説《春秋》者,尚不足半數,而主要是闡述陰陽五行之説。如《五行對》、《五行之義》、《陽尊陰卑》、《陰陽位》、《陰陽終始》、《陰陽義》、《陰陽出入》、《五行相勝》、《五行相生》、《五行逆順》、《治水五行》、《治亂五行》、《五行變救》、《五行五事》、《天地陰陽》等,其見於篇目者如此之多,其不見於篇目,而内容關乎陰陽五行之説者,就更多了。他在《五行相生》中闡述陰陽五行之變化云:

天地之氣合而爲一,分爲陰陽,判爲四時,列爲五行。

即認爲天地之精氣合而成一,分而成陰陽,再分而成春夏秋冬四時,配到東南中西北五方成五行。而且五行中有“比相生”和“間相勝”兩種相反之法則。“比相生”者,即木生火,火生土,土生金,金生水,水生木(《五行相生》);“間相勝”者,即金勝木,水勝火,木勝土,火勝金,土勝水(《五行相勝》)。五行統一於陰陽,陰陽統一於天。

在《基義》中,董仲舒根據陽尊陰卑的觀點,闡述其“三綱五紀”之倫理學云:

凡物必有合,合必有上、必有下、必有左、必有右、必有前、必有後、必有表、必有裏,有美必有惡,有順必有逆,有喜必有怒,有寒必有暑,有晝必有夜,此皆其合也。陰者陽之合,妻者夫之合,子者父之合,臣者君之合,物莫無合,而合各有陰陽。……君臣父子夫婦之義,皆取諸陰陽之道。君爲陽,臣爲陰;父爲陽,子爲陰;夫爲陽,妻爲陰;陰道無所獨行,其始也不得專起,其終也不得分功,有所兼之義。是故臣兼功於君,子兼功於父,妻兼功於夫,陰兼功於陽。……陽之出也,常縣於前而任事；陰之出也，常縣於後而守空處，而見天之親陽而疏陰，任德而不任刑也。是故仁義制度之數，盡取之天；天爲君而覆露之，地爲臣而持載之，陽爲夫而生之，陰爲婦而助之，春爲父而生之，夏爲子而養之……王道之三綱，可求於天，天出陽爲暖以生之，地出陰爲清以成之。……然而計其多少之分，則暖暑居百，而清寒居一，德教其與刑罰，猶此也。故聖人多其愛而少其嚴，厚其德而簡其刑，以此配天。

他認爲"凡物必有合"，一種事物皆由相反的事物合成，如上與下、左與右、前與後等，合者兩方面性質不同，如夫與妻、父與子、君與臣等，謂之"合各有陰陽"。陰陽之性質有一定的規則，陽性尊，陰性卑，謂之"同度而不同意"。君、父、夫是陽（三綱），臣、子、妻是陰，陰不得獨立行事，須從陽行事，事成不得分功，謂之"陽兼於陰，陰兼（被兼）於陽"。他以"三綱五紀"配天，認爲人君以此承天命治理下民，乃天理自然。

在《人副天數》中，董仲舒提出"天"是主，"人"是副，人副天的觀點：

> 天地之精所以生物者，莫貴於人。人受命乎天也，故超然有以倚（高物）。物疢疾莫能爲仁義，唯人獨能仁義；物疢疾莫能偶天地，唯人獨能偶天地。人有三百六十節，偶天之數也；形體骨肉，偶地之厚也；上有耳目聰明，日月之象也；體有空竅理脉，川谷之象也；心有哀樂喜怒，神氣之類也。觀人之體，一何高物之甚而類於天也！……于其可數也副數，不可數者副類，皆當同而副天一也。

他認爲人受天命而生，與天相同，也有陰陽五行。人是天之副，與天合而爲一，謂之"人副天"。董仲舒之結論是"道（人道）之大原

出於天(天道)，天不變，道亦不變”，這是暗示人君應當遵守“天
啓”的戒令。

又《漢書》卷三十《藝文志》“春秋”類，著録“《公羊董仲舒治
獄》十六篇”，今已不傳，《春秋繁露》卷三《精華》中有“春秋聽獄”
一節，或即其遺文。如：

> 春秋之聽獄也，必本其事而原其志。志邪者不待成，首惡
> 者罪特重，本直者其論輕。是故逢丑父當斬而轅濤塗不宜執；
> 魯季子追慶父，而吳季子釋闔廬。此四者，罪同異論，其本殊
> 也：俱欺三軍，或死或不死；俱弑君，或誅或不誅。聽訟折獄，
> 可無審邪？故折獄而是也，理益明，教益行；折獄而非也，闇理
> 迷衆，與教相妨。教，政之本也；獄，政之末也。其事異域，其
> 用一也，不可不以相順，故君子重之也。

董仲舒據《春秋》經義附會漢朝法律以斷獄，主張“聽訟折獄”應當
審慎，因爲這是關乎治國理民之大事。他以《春秋公羊傳》論是
非，決疑難，下決斷，從輕裁判了許多疑獄，救活了許多人命，應予
肯定。

《春秋繁露》一書和“聽訟折獄”之詞，就文章講是重質不重
文，即重内容而不重形式。《玉杯》即云：“志爲質，物爲文，文著於
質，質不居文，文安施質？”這裏雖然講的是“禮”，但我們也可以從
文學方面來理解。文與質互爲表裏，但質更重要，不得已“甯有質
而無文”。在這種思想支配下，其書故只重事義而不重辭采了。因
此，就其對後代文學的影響而論，則不及其“對策”與章奏遠矣。

## 二、桓寬

《漢書》沒有爲桓寬立傳，僅在卷六十六《車千秋傳》中附有

"鹽鐵會議"之事,又於傳末"贊"中記述了"鹽鐵之議"及桓寬之簡略事跡。桓寬,字次公,生卒年不可考,汝南(今河南上蔡縣西南)人,治《公羊春秋》,被舉爲郎,又官至廬江太守丞。《車千秋傳》云:"昭帝世,國家少事,百姓稍益充實。始元六年,詔郡國舉賢良文學士,問以民所疾苦,於是鹽鐵之議起焉。"這場鹽鐵之議是就鹽鐵是否官營,在賢良、文學與御史大夫桑弘羊及其僚屬之間展開的大辯論。桑弘羊是武帝後期的許多經濟政策之制訂者和施行者,因此,他堅決維護鹽鐵官營,而賢良、文學則相反,認爲這是與民爭利,是社會動亂之源。到了宣帝時期,"博通善屬文"的桓寬,將這次會議發言之記錄,加以剪裁、加工而編纂成書,所謂"推衍鹽鐵之議,增廣條目,極其論難,著數萬言,亦欲以究治亂,成一家之法焉"(《車千秋傳贊》)。可見桓寬不是簡單的編輯,而是傾注着自己的著述才能,形成了統一的體例和文風,顯示了桓寬的文學素養和獨創性的表現技巧。

《鹽鐵論》凡十卷六十篇。兼收丞相、御史大夫、丞相史、御史與賢良、文學雙方的辯論文章。但作者的態度是比較鮮明的,在多數篇章中,他都以賢良、文學的論辯作結,顯示賢良、文學是論爭的勝利者,說明他是傾向於儒者之見的。與內容相適應,其文章詞鋒犀利,說理周密,引古證今,氣韻流暢。如《本議》第一開篇云:

> 惟始元六年,有詔書使丞相、御史與所舉賢良、文學語。問民間所以疾苦。

> 文學對曰:"竊聞治人之道,防淫佚之原,廣道德之端,抑末利而開仁義,毋示以利,然後教化可興,而風俗可移也。今郡國有鹽鐵、酒榷、均輸,與民爭利。散敦厚之樸,成貪鄙之化。是以百姓就本者寡,趨末者衆。夫文繁則質衰,末盛則本虧。末修則民淫,本修則民慤。民慤則財用足,民侈則飢寒

生。願罷鹽鐵、酒榷、均輸，所以進本退末，廣利農業，便也。”

　　大夫曰：“匈奴背叛不臣，數爲寇暴於邊鄙。備之則勞中國之士，不備則侵盜不止。先帝哀邊人之久患，苦爲虜所繫獲也，故修障塞，飭烽燧，屯戍以備之。邊用度不足，故興鹽鐵、設酒榷、置均輸，蕃貨長財，以佐助邊費。今議者欲罷之，内空府庫之財，外乏執備之用，使備塞乘城之士，飢寒於邊，將何以贍之？罷之，不便也。”

一方面文學認爲鹽鐵、酒榷、均輸是“與民爭利”，“散敦厚之樸，成貪鄙之化”，應當“進本退末，廣利農業”。一方面大夫認爲這些既行之政策，能“蕃貨長財，以佐助邊費”，“贍民用”，“便百姓”，罷之，不便。雙方脣槍舌劍，針鋒相對，各自申述理由，互不相讓。言詞若斷綫之珠滾滾而來，文氣如江河之水滔滔不絶。這等文字必非全出於記錄，而是經過作者所加工，乃毫無疑義。茲再舉《非鞅》第七之首段爲例：

　　大夫曰：“昔商君相秦也，内立法度，嚴刑罰，飭政教，姦僞無所容；外設百倍之利，收山澤之税，國富民强，器械完飾，蓄積有餘。是以征敵伐國，攘地斥境，不賦百姓而師以贍。故利用不竭而民不知，地盡西河而民不苦。鹽鐵之利，所以佐百姓之急，足軍旅之費，務蓄積以備乏絶，所給甚衆，有益於國，無害於人。百姓何苦爾，而文學何憂也？”

　　文學曰：“蓋文帝之時，無鹽鐵之利而民富，今有之而百姓困乏。未見利之所利也，而見其害也。且利不從天來，不從地出，一取之民間，謂之百倍，此計之失者也。無異於愚人反裘而負薪，愛其毛，不知其皮盡也。夫李、梅實多者，來年爲之衰，新穀熟者，舊穀爲之虧。自天地不能兩盈，而况於人事乎？

故利於彼者必耗於此，猶陰陽之不並曜，晝夜之有長短也。商鞅峭法長利，秦人不聊生，相與哭孝公。吳起長兵攻取，楚人搔動，相與泣悼王。其後楚日以危，秦日以弱。故利蓄而怨積，地廣而禍搆，惡在利用不竭而民不知，地盡西河而人不苦也？今商鞅之冊任於內，吳起之兵用於外，行者勤於路，居者匱於室，老母號泣，怨女歎息。文學雖欲無憂，其可得也？"

大夫贊揚商鞅變法，使秦"國富民强，器械完飾，蓄積有餘"，並最後統一六國"而成帝業"。文學則批評商鞅"棄道而用權，廢德而任力"，使"秦人不聊生"，終於導致二世而亡。其辯論的中心：究竟商鞅行法治是使秦强大還是令秦覆亡？唇征舌戰短兵相接，單刀直入，毫無迂迴曲折之文風，並同樣具有語豐理析，辭嚴意明之特點。對這種論辯形式，《論衡》卷二十九《案書》篇評云："兩刃相割，利鈍乃知；二論相訂，是非乃見。是故韓非之《四難》，桓寬之《鹽鐵》，君山《新論》之類也。"這既道出桓寬文章之論辯特點，也道出《鹽鐵論》可與韓非《四難》、桓譚《新論》相比並的歷史地位。

　　如上所述，《鹽鐵論》中之許多篇章，是在記述丞相、御史大夫與賢良、文學雙方的論辯過程中流露出作者的褒貶態度的，但有些篇章則正面攻擊和嘲笑那些維護興鹽鐵、設酒榷、置均輸者了。如《刺議》第二十六云：

　　　　丞相史曰："山林不讓椒桂以成其崇，君子不辭負薪之言以廣其名。故多見者博，多聞者知，距諫者塞，專己者孤。故謀及下者無失策，舉及衆者無頓功。《詩》云'詢于蒭蕘'，故布衣皆得風議，何況公卿之史乎？《春秋》士不載文而書喧者，以爲宰士也。孔子曰：'雖不吾以，吾其與聞諸侯。'僕雖不敏，亦當傾耳下風，攝齊勾指，受業徑於君子之塗矣。使文

學言之而是,僕之言有何害?使文學言之而非,雖微丞相史,
孰不非也?"

　　文學曰:"以正輔人謂之忠。以邪導人謂之佞。夫悱過納
善者,君之忠臣,大夫之直士也。孔子曰:'大夫有爭臣三人,
雖無道不失其家。'今子處宰士之列,無忠正之心,枉不能正,
邪不能匡。順流以容身,從風以説上。上所言則苟聽,上所行
則曲從。若影之隨形,響之於聲,終無所是非。衣儒衣,冠儒
冠,而不能行其道,非其儒也。譬若土龍文章,首目具而非龍
也。葶歷似菜而味殊,玉石相似而異類。子非孔氏執經守道
之儒,乃公卿面從之儒,非吾徒也。冉有爲季氏宰而附益之,
孔子曰:'小子鳴鼓而攻之可也。'故輔桀者不爲智,爲桀斂者
不爲仁。"

　　丞相史默然不對。

文學指責丞相史那種"順流以容身,從風以説上,上所言則苟聽,上
所行則曲從",阿諛逢迎,隨聲附和,以取媚於人君的庸俗作風,並
揭露他那種表裏不一,言行相背的處世態度。這便不僅是關於政
治、經濟政策的辯論了,而是接觸到論敵的道德品質。身不正,則
令不行。因此丞相史"默然不對"。《漢書·車千秋傳贊》云:"若
夫丞相、御史兩府之士,不能正議以輔宰相,成同類,長同行,阿意
苟合,以説其上,'斗筲之徒,何足選也!'"正有見於此,而得出的
評語。

　　《鹽鐵論》最後之《雜論》,是桓寬借"客曰"以表述自己的意
見,是對雙方論難的總結,集中地表現了桓寬的思想觀點和文章風
格,對我們認識桓寬及《鹽鐵論》更有意義。全文如下:

　　客曰:"余覩鹽鐵之義,觀乎公卿、文學、賢良之論,意指殊

路，各有所出，或上仁義，或務權利，異哉吾所聞。周秦粲然，皆有天下而南面焉，然安危長久殊世。始汝南朱子伯爲予言，當此之時，豪俊並進，四方輻輳。賢良茂陵唐生、文學魯萬生之倫六十餘人，咸聚闕庭，舒六藝之諷，論太平之原。智者贊甚慮，仁者明甚施，勇者見其斷，辯者陳其詞。闇闇焉，侃侃焉，雖未能詳備，斯可略觀矣。然蔽於雲霧，終廢而不行。悲夫！公卿知任武可以辟地，而不知德廣可以附遠；知權利可以廣用，而不知稼穡可以富國也。近者親附，遠者悦德，則何爲而不成，何求而不得？不出於斯路，而附畜利長威，豈不謬哉！中山劉子雍言王道，矯當世，復諸正，務在乎反本。直而不徼，切而不燦，斌斌然斯可謂弘博君子矣。九江祝生奮由路之意，推史魚之節，發憤懣，刺譏公卿，介然直而不撓，可謂不畏强禦矣。桑大夫據當世，合時變，推道術，尚權利，辟略小辯，雖非正法，然巨儒宿學，惡然不能自解，可謂博物通士矣。然攝卿相之位，不引準繩，以道化下，放於利末，不師始古。《易》曰：‘焚如棄如。’處非其位，行非其道，果隕其性，以及厥宗。車丞相即周魯之列，當軸處中，括囊不言，容身而去，彼哉！彼哉！若夫群丞相、御史，不能正議以輔宰相，成同類，長同行，阿意苟合，以説其上，‘斗筲之人，何足算哉’！”

他看到公卿、賢良、文學之論，認爲他們兩家的意見與自己的看法不同，然而他的看法如何？他首先肯定賢良、文學的意見，認爲他們“舒六藝之諷，論太平之原。智者贊甚慮，仁者明甚施，勇者見其斷，辯者陳其詞。闇闇焉，侃侃焉，雖未能詳備，斯可略觀矣”，而惋惜其“蔽於雲霧，終廢而不行”。贊揚中山劉子雍“言王道，矯當世，復諸正”，是“弘博君子”；九江祝生“發憤懣，刺譏公卿，介然直而不撓”，能够“不畏强禦”。其次是批評公卿，指責“公卿知任武可以辟地，而不知廣德可以附遠；知權利可以廣用，而不知稼穡可以富國也”，不尚仁義、廣德，“而務畜利長威，豈不謬哉”。但對桑弘羊還是極其稱道的，認爲他“居當世，合時變，推道術，尚權利，雖非正法，然巨儒宿學，嗒然不能自解，可謂博物通達之士矣”。至於那些“阿意苟合，以説其上”者，其器材才小，就不值得一提了。

這是桓寬對其所記述的辯論者雙方比較全面的評價。班固在《車千秋傳贊》中幾乎全部采用了這段評價，亦説明這篇《雜論》之重要性了。

桓寬是傾向於儒者之見的，即主張廢除鹽鐵官營。應當看到鹽鐵官營，在武帝初年削弱地方豪强、巨商富賈之勢力，增加王室之財政收入，以佐助邊費，是起了積極作用的。但是，到了武帝後期，由於官鹽價格昂貴，官製鐵器質地粗劣，又人民勞役繁多，便激起人們的强烈不滿，所以昭帝才“問民所以疾苦”。儘管桓寬所傾向的儒者之主張，在當時未必切實可行，但他們關心人民疾苦，力圖把人民從苦難中解脱出來，則是應當肯定的。況且桓寬對桑弘羊的功績並未一筆抹煞，而予以應有的贊揚。這種公正的態度，也是可貴的。值得注意的是，這些賢良、文學並未采用當時儒者侈談之天人感應、星象災異來解釋社會現象和作爲自己之論辯根據，完全是根據對歷史和現實問題的分析來説理，語言簡潔明快，文風渾樸質實。這應當是桓寬及《鹽鐵論》文章之一大特色。

## 三、劉向

劉向的散文，可分爲兩類，即奏議和叙録。奏議所以彈劾時政，叙録所以評述古代典籍。分別論述如下：

劉向的奏議大都以天人感應論時政之得失。如其《上封事諫》云：

　　臣聞舜命九官，濟濟相讓……衆賢和於朝，則萬物和於
野。故簫韶九成，而鳳凰來儀，擊石拊石，百獸率舞。……武
王周公繼政……諸侯和於下，天應報於上……此皆以和致和，
獲天助也。下至幽厲之際，朝廷不和，轉相非怨。……當是之
時，日月薄蝕而無光……天變見於上，地變動於下，水泉沸騰，
山谷易處……此皆不和，賢不肖易位之所致也。……由此觀
之，和氣致祥，乖氣致異，祥多者其國安，異衆者其國危，天地
之常經，古今之通義也。……今賢不肖渾殽，白黑不分，邪正
雜糅，忠讒并進……更相讒愬，轉相是非……分曹爲黨，往往
群朋，將同心以陷正臣。正臣進者治之表也，正臣陷者亂之機
也。乘治亂之機，未知孰任，而災異數見，此臣所以寒心者也。
夫乘權藉勢之人，子弟鱗集於朝，羽翼陰附者衆……是以日月
無光，雪霜夏隕，海水沸出，陵谷易處，列星失行，皆怨氣之所
致也。……初元以來六年矣，案《春秋》六年之中，災異未有稠
如今者也。……原其所以然者，讒邪並進也。……今二府奏
佞讇不當在位，歷年而不去，故出令則如反汗，用賢則如轉石，
去佞則如拔山，如此望陰陽之調，不亦難乎？……今以陛下明
知，誠深思天地之心……考祥應之福，省災異之禍，以揆當世
之變。……臣幸得託肺腑，誠見陰陽不調，不敢不通所聞，竊
推春秋災異，以救今事一二，條其所以，不宜宣泄。

　　全文對由虞舜至漢之歷史，皆用天人感應的觀點進行說明，不僅以
陰陽休咎論時政得失，而且引災異推演之術，以攻擊外戚許、史與
宦官弘恭、石顯等。其所寒心者，如"賢不肖渾殽，白黑不分，邪正
雜糅，忠讒並進……更相讒愬，轉相是非……分曹爲黨，往往群朋，
將同心以陷正臣"等，正是外戚、宦官專權下的漢室政治。可見
劉向所推演的陰陽災異，雖然是一種宗教迷信，但也有明顯的

彈劾時政的政治功用。又其《使外親上變事》等一些奏議都有同樣的内容和思想傾向，這種附會天變災異以反對外戚專權和宦官亂政，要求實行德治，以維護封建統治之主張，在當時是有積極意義的。

　　劉向之奏議不僅抨擊了外戚和宦官，而且還揭露了君主之窮奢極慾對國家之嚴重危害。成帝初建延陵，嫌其不好，又建昌陵，數年不成，又回來重建延陵，規模過大，耗資甚巨，他上《諫營延陵過侈疏》，以曉諭之：

　　　　臣聞《易》曰："安不忘危，存不忘亡，是以身安而國家可保也。"故賢聖之君，博觀終始，窮極事情，而是非分明。王者必通三統，明天命所授者博，非獨一姓也。孔子論《詩》，至於"殷士膚敏，祼將于京"，喟然歎曰："大哉天命！善不可傳于子孫，是以富貴無常；不如是，則王公其何以戒慎，民萌何以勸勉？"蓋傷微子之事周，而痛殷之亡也。雖有堯、舜之聖，不能化丹朱之子；雖有禹、湯之德，不能訓末孫之桀、紂。自古及今，未有不亡之國也。

疏奏開宗明義提出"天命"説，認爲"天命所授者博，非獨一姓也"，"自古及今，未有不亡之國也"。這種以有德代失德的思想，在當時是有價值的，進步的，是貫串本篇奏議之綱。然後分別叙述自黄帝、堯、舜、周公、孔子等"聖帝明王賢君智士"主張薄葬之深謀遠慮，吳王闔閭、秦惠、文、武、昭、莊襄五王主張厚葬之卒被掘墓。一正一反，説明節儉足以興邦，奢侈必然亡國。最後申述成帝營建延陵，其後果不堪設想。如：

　　　　陛下即位，躬親節儉，始營初陵，其制約小，天下莫不稱賢明。及徙昌陵，增埤爲高，積土爲山，發民墳墓，積以萬數，營

起邑居,期日迫卒,功費大萬百餘。死者恨於下,生者愁於上,
怨氣感動陰陽,因之以饑饉,物故流離以十萬數,臣甚憫焉。
以死者爲有知,發人之墓,其害多矣;若其無知,又安用大? 謀
之賢知則不說,以示衆庶則苦之;若苟以說愚夫淫侈之人,又
何爲哉! 陛下仁慈篤美甚厚,聰明疏達蓋世,益弘漢家之德,
崇劉氏之美,光昭五帝、三王,而顧與暴秦亂君競爲奢侈,比方
丘壟,說愚夫之目,隆一時之觀,違賢知之心,亡萬世之安,臣
竊爲陛下羞之。唯陛下上覽明聖黄帝、堯、舜、禹、湯、文、武、
周公、仲尼之制,下觀賢知穆公、延陵、樗里、張釋之之意。孝
文皇帝去墳薄葬,以儉安神,可以爲則;秦昭、始皇增山厚藏,
以侈生害,足以爲戒。初陵之樶,宜從公卿大臣之議,以息
衆庶。

成帝掘民墓爲自己造墓,享死人役活人,"死者恨于下,生者愁于
上",怨氣衝天,希望國家長治久安,安可得乎? 文章反復陳述
厚葬關乎國家存亡,一篇之中三致志焉。意切、情深、辭暢,顯
示劉向匡救時弊之忠忱! 劉熙載云:"劉向……文皆本經術。
向傾吐肝膽,誠懇悱惻。"(《藝概》卷一《文概》)當即評其奏議一類
文章。

劉向的"叙録",多叙述古代學術之變遷及對古代典籍之評
價。這類文章應以《戰國策叙》和《孫卿新書叙》爲代表。從這兩
篇文章中可以看出同類文章之體例與特點。如《戰國策叙》開篇
叙述校書之過程:

臣向言:所校中《戰國策》書,中書餘卷,錯亂相糅莒。又
有國別者八篇,少不足。臣向因國別者,略以時次之,分別不
以序者相補,除復重,得三十三篇。本字多誤脫爲半字,以

"趙"爲"肖"，以"齊"爲"立"，如此字者多。中書本號，或曰
《國策》，或曰《國事》，或曰《短長》，或曰《事語》，或曰《長
書》，或曰《修書》。臣向以爲戰國時，游士輔所用之國，爲之
策謀，宜爲《戰國策》。其事繼春秋以後，訖楚、漢之起，二百
四十五年間之事皆定，以殺青，書可繕寫。

先説明原書存在之問題，然後説明校録之情況及命名之由來。完
全是記述文字，樸實、清晰，毫無藻飾。接着是叙録正文，分析自西
周至秦之歷史和策士產生之背景：

叙曰：周室自文、武始興，崇道德，隆禮義，設辟雍泮宮庠
序之教，陳禮樂弦歌移風之化，叙人倫，正夫婦，天下莫曉然論
孝悌之義、惇篤之行，故仁義之道，滿乎天下，卒致之刑錯四十
餘年。……下及康、昭之後，雖有衰德，其綱紀尚明。及春秋
時，已四五百載矣。然其餘業遺烈，流而未滅，五霸之起，尊事
周室。……及春秋之後，衆賢輔國者既没，而禮義衰矣。……
至秦孝公，損禮讓而貴戰爭，棄仁義而用詐譎，苟以取强而已
矣。夫篡盗之人，列爲侯王，詐譎之國，興立爲强，是以轉相放
效，後生師之，遂相吞滅，併大兼小，暴師經歲，流血滿野，父子
不相親，兄弟不相安，夫婦離散，莫保其命，湣然道德絕矣。晚
世益甚，萬乘之國七，千乘之國五，敵侔爭權，盡爲戰國。貪饕
無耻，競進無厭，國異政教，各自制斷。上無天子，下無方伯，
力功爭强，勝者爲右，兵革不休，詐僞並起。當此之時，雖有道
德，不得施設；有謀之强，負阻而恃固，連與交質，重約結誓，以
守其國。故孟子、孫卿儒術之士，棄捐於世，而游説權謀之徒，
見貴於俗。是以蘇秦、張儀、公孫衍、陳軫、代、厲之屬，生縱横
短長之説，左右傾側；蘇秦爲縱，張儀爲横：横則秦帝，縱而楚

王。所在國重,所去國輕。……

作者從歷史上叙述戰國之産生和策士之出現,感嘆周道衰微,天下大亂,上無天子,下無方伯,至戰國則併大兼小,互相吞滅,兵革不休,詐偽並起,游説權謀之徒,在諸侯傾軋中起着特殊的作用。作者之目的在説明所校書之内容,但從其所記述之歷史的演變看,與其以前在《上封事諫》中完全用天人感應的觀點解釋歷史卻不同,而是把歷史看成人的活動所促成的,擺脱了宗教迷信觀念的束縛,應當説這是他思想的之重大變化。最後評價策士:

> 戰國之時,君德淺薄,爲之謀策者,不得不因勢而爲資,據時而爲畫。故其謀扶急持傾,爲一切之權,雖不可以臨教化,兵革救急之勢也。皆高才秀士,度時君之所能行,出奇策異智,轉危爲安,運亡爲存,亦可喜,皆可觀。

劉向是頌揚西周行德政而一統天下之局面的,而批評策士"生縱橫短長之説,左右傾側",但他又認爲這些策士"皆高才秀士",能"度時君之所能行,出奇策異智,轉危爲安,運亡爲存",這是爲甚麼呢?武帝賜嚴助書云:"具以《春秋》對,毋以蘇秦縱橫。"(《漢書》卷六十四上《嚴助傳》)意謂《春秋》嚴上下之分,大一統之治,縱橫則有害統一。劉向是治《穀梁春秋》的,此處卻稱道起縱橫家來了,其意何在? 我們認爲劉向是從治國的根本之道上否定縱橫之術的,但在具體方式、具體歷史條件下,他又肯定縱橫家之"扶急持傾"的作用,意者此乃借對縱橫家這方面作用的肯定,寄託其對西漢末年社會動亂之憂慮。

《孫卿新書叙》亦同此例,先記述校書之情況,後記述孫卿之生平事跡及其儒學源流,最後評論云:

> 惟孟軻、孫卿爲能尊仲尼。蘭陵多善爲學,蓋以孫卿也。

長老至今稱之曰蘭陵人喜字爲卿,蓋以法孫卿也。孟子、孫卿、董先生皆小五伯,以爲仲尼之門,五尺童子皆羞稱五伯。如人君能用孫卿,庶幾於王。然世終莫能用,而六國之君殘滅,秦國大亂,卒以亡。觀孫卿之書,其陳王道甚易行,疾世莫能用,其言悽愴,甚可痛也。嗚呼! 使斯人卒終於閭巷,而功業不得見於世,哀哉! 可爲實涕。其書比於記傳,可以爲法。謹第録。

感嘆孫卿所陳述之王道,足以安社稷,定天下,然世莫能用,卒終於閭巷,功業不成,遂造成六國之君殘滅,秦國大亂,終於滅亡。這是哀悼孫卿,同時規諷成帝之意寓焉。文章冲溶渾厚,淳樸自然,雖爲述評,卻包含着濃厚的個人情感。劉熙載評其文與董仲舒同爲"漢文本色",他説:"劉向文足繼董仲舒。仲舒治《公羊》,向治《穀梁》。仲舒《對策》,向《上封事》,引《春秋》並言'天地之常經,古今之通義',亦可見所學之務乎其大,不似經生習氣,譊譊置辯於細故之異同也。"(《藝概》卷一《文概》)就其文風看,確乎與董仲舒文一脈相承。

《漢書》卷三十《藝文志》"儒家"類著録"劉向所序六十七篇",原注:"《新序》、《説苑》、《世説》、《列女傳頌圖》也。"按:曾鞏之《新序叙》云:"向之序此書,於今最爲近古,雖不能無失,然遠至舜、禹,而次及周、秦以來,古人之嘉言善行,亦往往而在也。"曾鞏稱劉向"序"《新序》,説明《新序》當時已經成書,劉向是對舊書進行編次,並非自己撰述。又劉向《説苑叙録》云:"臣向言:所校中書《説苑雜事》及臣向書,民間書誣,其事類衆多,章句相溷,或上下謬亂,難分别次序。除去與《新序》重復者,其餘者淺薄不中義理,别集以爲百家後,令以類相從,一一條别篇目,更以造新事十萬言以上,凡二十篇,七百八十四章,號曰《説苑》,皆可觀。"他説明

《説苑》是根據舊本《説苑雜事》，除去與《新序》重複者，編校而成，亦非其自撰。又《初學記》卷二十五"器物部"《屏風》"事對"有"納妃二合，烈（按：當作列，下同）女四堵"條，引劉向《七略·別録》云："臣向與黃門侍郎歆所校之《列女傳》，種類相從爲七篇，以著禍福榮辱之効，是非得失之分，畫之於屏風四堵。"亦説明《列女傳》爲向、歆父子所編校，並非個人所撰述。要之，此三書，皆劉向類輯先秦至漢初之典籍及民間傳説而成，内容是闡明儒家之政治理想及倫理道德，但也有反對暴政，反對奢靡，及贊揚婦女不畏强暴和鼓勵丈夫力精圖治的積極方面。因爲不是劉向所撰述，便不作具體闡釋。

總之，劉向是西漢大經學家和文學家，他在思想上和文學上都有重要成就。班固在其傳《贊》中説："仲尼稱'材難不其然與'！自孔子後，綴文之士衆矣，唯孟軻、孫況、董仲舒、司馬遷、劉向、揚雄。此數公者，皆博物洽聞，通達古今，其言有補於世。傳曰：'聖人不出，其間必有命世者焉'，豈近是乎？……有意其推本之也。嗚呼！向言山陵之戒，于今察之，哀哉！指明梓柱以推廢興，昭矣！豈非直諒多聞，古之益友與！"班固不但指出劉向之學識"博物洽聞，通達古今"，而且指出其著述乃"有意其推本之也"，並認爲其綴文可以與孔子之後的孟軻、孫況、董仲舒、司馬遷、揚雄等人同列。道出了劉向在思想上、文學上的重要地位。

## 四、劉歆

劉歆傳附見於《漢書》卷三十六《楚元王傳》之後，他約生於宣帝甘露元年（前五三），卒於王莽地皇四年（公元二三）。他是楚元王劉交五世孫，劉向之子，字子駿，後改名秀，字穎叔，成帝初待詔宦者署，爲黃門郎。河平中，受詔與父向領校秘書，講六藝傳記，諸

子、詩賦、數術、方技，無所不究。向死後，他復爲中壘校尉。哀帝
即位，大司馬王莽薦爲侍中太中大夫，遷騎都尉，奉車光禄大夫，令
其繼父前業。劉歆攝《別録》指要，集六藝群書，種別爲《七略》。
他校秘書，見古文《春秋左氏傳》而大好之，乃引傳文以解經，轉相
發明，由是章句義理備焉。以爲左丘明與孔子同時，又同好惡，而
《公羊》、《穀梁》則是孔子七十弟子之後所撰述，傳聞之與親見之
不同，當以《左傳》爲準。因此，他建議立《左氏春秋》、《毛詩》、
《逸禮》、《古文尚書》爲學官。諸經博士不肯，他便移書太常博士，
以責讓之。乃爲朝廷大臣所非疾，懼誅，求外任，出爲河內太守，又
以宗室不宜典三河，徙守五原，轉守涿郡，以病免。起爲安定屬國
都尉。王莽攝政，器重之，爲右曹太中大夫，遷中壘校尉、羲和、京
兆尹，使治明堂辟雍，封紅休侯，典儒林史卜之官，考定律曆，著《三
統曆譜》。王莽代漢自立，尊爲“國師”，封嘉新公。地皇末，與衛
將軍王涉、大司馬董忠謀劫王莽歸漢，事泄自殺。劉歆是西漢古文
經學家、天文學家、文獻學家，並“少以通《詩》、《書》，能屬文”著
稱。可惜他的文章大都散佚，今存者僅《移太常博士書》(見《漢書》
本傳)、《上〈山海經〉表》、《孝武廟不毁議》、《惠景及太上皇寢園
議》、《功顯君喪服議》、《與揚雄書從取〈方言〉》、《新序論》等文及
《遂初賦》、《甘泉宫賦》、《燈賦》等賦(以上皆見《全上古三代秦漢三國
六朝文》卷四十至卷四十一《全漢文》)。其中最有代表性的文章是《移
太常博士書》，這不但是一篇很好的散文，而且是一篇古代學術史。
全文如下：

　　昔唐虞既衰，而三代迭興，聖帝明王累起相襲，其道甚著，
周室既微，而禮樂不正，道之難全也如此。是故孔子憂道之不
行，歷國應聘，自衛反魯，然後樂正，《雅》、《頌》乃得其所。修
《易》序《書》，制作《春秋》，以紀帝王之道。及夫子没而微言

絶，七十子終而大義乖。重遭戰國，棄籩豆之禮，理軍旅之陳。孔氏之道抑，而孫吳之術興。陵夷至於暴秦，燔經書，殺儒士，設挾書之法，行是古之罪，道術由是遂滅。漢興，去聖帝明王遐遠，仲尼之道又絶，法度無所因襲。時獨有一叔孫通略定禮儀，天下唯有《易》卜，未有它書。至孝惠之世，乃除挾書之律，然公卿大臣絳、灌之屬，咸介冑武夫，莫以爲意。至孝文皇帝，始使掌故鼂錯從伏生受《尚書》。《尚書》初出于屋壁，朽折散絶，今其書見在，時師傳讀而已。《詩》始萌芽。天下衆書往往頗出，皆諸子傳説，獨廣立於學官，爲置博士。在漢朝之儒，唯賈生而已。至孝武皇帝，然後鄒、魯、梁、趙，頗有《詩》、《禮》、《春秋》先師，皆起於建元之間。當此之時，一人不能獨盡其經，或爲《雅》，或爲《頌》，相合而成，《泰誓》後得，博士集而讀之。故詔書稱曰："禮壞樂崩，書缺簡脱，朕甚閔焉。"時漢興已七八十年，離於全經，固已遠矣。及魯恭王壞孔子宅以爲宫，而得古文於壞壁之中，《逸禮》有三十九篇，《書》十六篇。天漢之後，孔安國獻之，遭巫蠱倉卒之難，未及施行；及《春秋左氏》，丘明所修，皆古文舊書，多者二十餘通，藏於秘府，伏而未發。孝成皇帝閔學殘文缺，稍離其真，乃陳發秘藏，校理舊文，得此三事。以考學官所傳，經或脱簡，傳或間編，傳問民間，則有魯國桓公、趙國貫公、膠東庸生之遺學，與此同抑而未施。此乃有識者之所惜閔，士君子之所嗟痛也。往者綴學之士，不思廢絶之闕，苟因陋就寡，分文析字，煩言碎辭，學者罷老且不能究其一藝。信口説而背傳記，是末師而非往古。至於國家將有大事，若立辟雍、封禪、巡狩之儀，則幽冥而莫知其原，猶欲保殘守缺，挾恐見破之私意，而無從善服義之公心。或懷妒嫉，不考情實，雷同相從，隨聲是非，抑此三學。以《尚書》爲不備，謂左氏爲不傳《春秋》，豈不哀哉？今聖上德通神明，繼統揚業，亦閔文學錯亂，學士若兹，雖昭其情，獨依違謙讓，樂與士君子同之，故下明詔，試左氏可立不，遺近臣奉指銜命，將以輔弱扶微，與二三君子比意同力，冀得廢遺。今則不然，深閉固距而不肯試，猥以不誦絶之。欲以杜塞餘道，絶滅微學，夫可與樂成，難與慮始，此乃衆庶之所爲耳，非所望士君子也。且此數家之事，皆先帝所親論，今上所考視，其古文舊書，皆有徵驗，外內相應，豈苟而已哉？夫禮失求之於野，古文不猶愈於野乎？往者博士，《書》有歐陽，《春秋》公羊，《易》則施、孟。然孝宣皇帝，猶復廣立穀梁《春秋》、梁丘《易》、大小夏侯《尚書》，義雖相反，猶並置之，何則？與其過而廢之也，寧過而立之。《傳》曰：“文武之道，未墜於地在人；賢者志其大者，不賢者志其小者。”今此數家之言，所以兼包大小之義，豈可偏絶哉？若必專己守殘，黨同門，妬道真，違明詔，失聖意，以陷於文吏之議，甚爲二三君子不取也。

其對自先秦至漢的學術興廢完闕之演變過程，叙述得極其清晰而有條理，比之《漢書·儒林傳序》簡核而詳明。其指責今文經學“因陋就寡，分文析字，煩言碎辭，學者罷老且不能究其一藝”，與“保殘守缺，挾恐見破之私意……或懷妬嫉，不考情實，雷同相從，隨聲是非”，確是揭示出今文經學弊病和陋習之所在，成爲長期以來對今文經學之定評。他特別反對今文經學之“黨同門，妬道真”，認爲“與其過而廢之也，寧過而立之”，主張異説並存。因此，被章太炎稱作“良史”。其對古文經學之推崇，影響於後代者也很大，形成歷代重視研究古文《尚書》、《毛詩》、《左傳》等的學風。

劉歆自幼是受今文經學教育的，《漢書》本傳即説：“歆及向始皆治《易》。"又《漢書》卷二十七上《五行志》記載董仲舒、劉向、劉歆對天變災異的看法和解釋,彼此不同,然其講天變災異則一。但在這篇文章中,分毫没有把古代學術之變遷與陰陽災異聯繫起來,而完全看作是人事。這與其父劉向在《戰國策叙》所表現的觀點一脈相承。當然,我們不能説劉歆已經擺脱了神學迷信,卻可以説明他在這方面有所覺醒。劉歆是主張信古、存古的,這種信古、存古之主張,在充滿神學迷信的今文經學占統治地位的當時,有託古改制的意義在。

劉歆此文叙事詳贍,文意簡賅,語言峻潔,無一句浮詞冗語,皆典實凝重。《文心雕龍》卷四《檄移》評云:"劉歆之移太常,辭剛而義辨,文移之首也。"認爲此文言辭剛勁,辨義清晰,是移文中最好的一篇。當非虚譽。

此外,劉歆校秘書,也有"叙録"一類的文章,但多散佚,今存者如《上〈山海經〉表》,同樣記述其校理之情況和對此書之評價。如其對《山海經》之評價云:

> 《山海經》者,出於唐虞之際。昔洪水洋溢,漫衍中國,民人失據,崎嶇於邱陵,巢於樹木。鯀既無功,而帝堯使禹繼之。禹乘四載,隨山刊木,定高山大川,蓋與伯翳主驅禽獸,命山川,類草木,别水土,四岳佐之,以周四方。逮人跡之所希至,及舟輿之所罕到,内别五方之山,外分八方之海,紀其珍寶奇物異方之所生,水土草木禽獸昆蟲麟鳳之所止,禎祥之所隱,及四海之外,絶域之國,殊類之人。禹别九州,任土做貢;而益等類物善惡,著《山海經》,皆聖賢之遺事,古文之著明者也。

對《山海經》之成書過程叙述得歷歷在目。儘管他認爲《山海經》是禹、益所作,並不可信,要在其文字之曉暢明白有條理,且多用對偶和排比句,增强了文章之節奏。又其《與揚雄書從取〈方言〉》一文,是他爲向揚雄索取《方言》的總目以入自己所編之書録而作,文章同樣典實凝重,而無浮詞濫語。

班固評云:"歆亦湛靖有謀,父子俱好古,博見彊志,過絶於人。"(《漢書》本傳)他與其父向皆以其博學湛思在古代經學、文獻學方面作出重要貢獻,在文學方面也有獨特的成就。

## 五、貢禹

據《漢書》卷七十二《王貢兩龔鮑傳》記載,他字少翁,琅邪(今山東諸城縣)人。生於武帝元朔五年(前一二四),卒於元帝初元五年(前四四)。宣帝時以明經絜行徵爲博士,出爲凉州刺史,因病去官,復舉賢良,爲河南令,歲餘以職事爲府官所責,又去官。元帝即位,徵其爲諫大夫,並數問以政事。當時年歲不登,郡國多困,貢禹《奏宜放古自節》,勸元帝循古制,行節儉。元帝嘉其言,遷爲光禄大夫。貢禹乃《上書乞骸骨》,願生還鄉里。元帝不許,並以其爲長信少府,會御史大夫陳萬年卒,遂代陳爲御史大夫,列於三公。貢禹在位,數言得失,書數十上,但保存於《漢書》中者,僅片斷文字而已,其全部文章已不可得見。

貢禹是儒林中剛强正直的人物,與王吉並爲世人所稱道,謂"王陽(吉字子陽)在位,貢公彈冠"(《漢書》卷七十二《王貢兩龔鮑傳》),言其取舍相同。他與那般利禄之徒不同,是以素餐尸禄爲恥的鐵中錚錚。

貢禹的文章主要是針對漢代政治、經濟制度而作,特别是針對武帝以來之苛政而作,具有鮮明的現實性和强烈的批判精神。如《奏宜放古自節》一文,先叙述古制之儉樸和高祖、文帝、景帝遵循古制,躬行節儉之政風,然後叙述從武帝開始形成之腐敗現象:

　　　　後世爭爲奢侈，轉轉益甚。臣下亦相放（仿）效。……方今
齊三服官，作工各數千人，一歲費數鉅萬，蜀、廣漢主金銀器，
歲各用五百萬，三工官官費五千萬，東西織室亦然。廄馬食粟
將萬匹。臣禹嘗從之東宮，見賜杯案盡文畫金銀飾，非當所以
賜食臣下也。東宮之費，亦不可勝計。天下之民所爲大飢餓
死者是也。今民大飢而死，死又不葬，爲犬猪所食。人至相
食，而廄馬食粟，若其大肥，氣盛怒至，乃日步作之，王者受命
於天，爲民父母，固當若此乎？天不見邪？

揭露武帝以來之奢侈濫費給人民造成的貧困、飢餓和死亡，謂"天
下之民所爲大飢餓死者是也"。面對這種現實，作者對代行天命之
人君發出强烈的控訴："爲民父母，固當若此乎？"接着文章進一步
叙述説：

　　　　武帝時又多取好女至數千人，以填後宮。及棄天下，昭帝
幼弱，霍光專事，不知禮正，妄多臧金錢財物鳥獸魚鼈牛馬虎
豹生禽，凡百九十，物盡瘞臧之。又皆以後宮女置於園陵。大
失禮，逆天心，又未必稱武帝意也。昭帝晏駕，光復行之。至
孝宣皇帝時，陛下惡有所言，群臣亦隨故事，甚可痛也！故使
天下承化，取女皆大過度，諸侯妻妾或至數百人，豪富吏民畜
歌者至數十人，是内多怨女，外多曠夫。及衆庶葬埋，皆虛地
上以實地下，其過自上生，皆大臣循故事之罪也。唯陛下深察
古道，從其儉者，大減損乘輿服御器物，三分去二。子産多少
有命，審察後宮，擇其賢者留二十人，餘悉歸之。及諸陵園女
亡子者宜悉遣。獨杜陵宮人數百，誠可哀憐也。廄馬可亡過
數十匹。獨舍長安城南苑，以爲田獵之囿。自城西南至山西
至鄠，皆復其田，以與貧民。方今天下饑饉，可亡（不）大自損

減以救之，稱(合)天意乎？天生聖人，蓋爲萬民，非獨使自娛
樂而已也！

更深入地揭露出武帝及其以後，封建統治者之淫亂、享樂生活給人
民造成的苦難。他們生時盡情佚樂，死後還以金銀器物殉葬，並置
諸宮女於園陵守陵，“皆虛地上以實地下”。作者對此無限憤慨，
直言不諱地指責說：“天生聖人，蓋爲萬民，非獨使自娛樂而已
也！”全篇文章氣韻一貫，充滿了對封建統治者之不滿和對苦難人
民之同情。所謂“大失禮，逆天心”，“甚可痛也”，“誠可哀憐也”，
一篇之中三致意焉。

《論錢幣疏》是揭露武帝以來所推行之鑄錢、鹽鐵官營等政策
給社會造成的各種弊端，針對這種弊端，他提出之挽救措施等。其
揭露鑄錢之弊云：

古者不以金錢爲幣，專意於農，故一夫不耕，必有受其飢
者。今漢鑄錢，及諸鐵官，皆置吏卒徒，攻山取銅鐵，一歲功十
萬人已上，中農食七人，是七十萬人常受其飢也。鑿地數百
丈，銷陰氣之精，地臧空虛，不能含氣吐雲，斬伐林木，亡有時
禁，水旱之災，未必不由此也。自五銖錢起已來七十餘年，民
坐盜鑄錢被刑者衆，富人積錢滿室，猶無厭足。民心動搖，商
賈求利，東西南北，各用智巧，好衣美食，歲有十二之利，而不
出租稅。農夫父子暴露中野，不避寒暑，捽草杷土，手足胼胝，
已奉穀租，又出稿稅，鄉部私求，不可勝供。故民棄本逐末，耕
者不能半。貧民雖賜之田，獨賤賣以賈，窮則起爲盜賊。何
者？末利深而惑於錢也。是以姦邪不可禁，其原皆起於錢也。
疾其末者絶其本，宜罷采珠玉金銀鑄錢之官，亡復以爲幣。市
井勿得販賣，除其租銖之律，租稅祿賜皆以布帛及穀。使百姓

壹歸於農,復古道便。

文章以充分的事實論證了鑄錢加劇了社會的矛盾和兩極分化。國家每年以大量人力攻山取銅鐵,則"民棄本逐末,耕者不能半",以致數十萬人陷入飢餓境遇中,富商巨賈"積錢滿室,猶亡厭足",而農民"窮則起爲盜賊"。這種嚴重社會危機之形成,"其原皆起於錢也"。把批判之筆鋒直接指向武帝時期之經濟政策。作者的基本觀點是重農抑商,認爲天下所以大亂,即在於人們舍本逐末。要匡救時弊,應當恢復古道,以仁德治國,不與民爭利。這種思想與賈誼、鼂錯和桓寬《鹽鐵論》所表現者完全一致。文章論叙問題極爲集中,毫無支蔓,把武帝時期社會一切弊端歸結爲"末利深而惑於錢也",確是擊中了時政之要害。

《論贖罪疏》則是對武帝時期法律、政治的批判,並揭露了漢代人倫道德之本質。文章和《奏宜放古自節》一樣,先叙述古代之廉政,然後叙述武帝時之腐敗:

> 武帝始臨天下,尊賢用士,闢地廣境數千里,自見功大威行,遂從者欲,用度不足。乃行一切之變,使犯法者贖罪,入穀者補吏,是以天下奢侈,官亂民貧,盜賊並起,亡命者衆。郡國恐伏其誅,則擇便巧史書習於計簿,能欺上府者,以爲右職。姦軌不勝,則取勇猛能操切百姓者,以苛暴威服下者,使居大位。故亡義而有財者顯於世,欺謾而善書者尊於朝,詩逆而勇猛者貴於官。故俗皆曰:"何以孝弟爲?財多而光榮;何以禮義爲?史書而仕宦;何以謹慎爲?勇猛而臨官。"故黥劓而髡鉗者,猶復攘臂爲政於世,行雖犬彘,家富勢足,目指氣使,是爲賢耳!故謂居官而置富者爲雄傑,處姦而得利者爲壯士。兄勸其弟,父勉其子,俗之壞敗,乃至於是!察其所以然者,皆

以犯法得贖罪,求士不得真賢,相守崇財利,誅不行之所致也。今欲興至治,致太平,宜除贖罪之法,相守選舉不以實及有臧者,輒行其誅,亡但免官。則爭盡力爲善,貴孝弟,賤賈人,進真賢,舉實廉,而天下治矣。

文章指責武帝不循古道,而"行一切之變",設贖罪法,"使犯法者贖罪,入穀者補吏",造成"官亂民貧,盜賊並起"的社會現象。同時揭示出武帝推行之"法度"內容,並非法律,而是"舍法度而任私意"之倒行逆施;其所標榜之禮義孝弟,不過是犬彘之行爲而已。要之,對漢代之政治、禮法、人倫、道德,作了鞭辟入裏的剖析,戳穿了其神聖的光環,顯示出其真相和本質。

　　貢禹的文章對漢代自武帝以後的政治、經濟、法律、宗法禮教作了比較全面的揭露和批判。他以其敏銳的觀察力,洞察到所謂"盛世"中的各種尖銳的社會矛盾並以其理性的邏輯分析力,對這些矛盾產生之根源作了深入細微的分析。貢禹家境貧寒,"年老貧窮,家訾不滿萬錢,妻子穭豆不贍,短褐不完"(《漢書》本傳《乞骸骨書》),因此,他在分析、解剖這些社會矛盾時,總是從解除人民的苦難出發提出自己的建議,對人民被壓迫、被剝削的悲慘遭遇寄予深切的同情。就文章講,他重事實不重文采,行文以能盡其意爲準,無更多的繁辭冗語,情深意切,皆慨乎言之。班固《漢書·貢禹傳贊》云:"漢興將相名臣,懷祿耽寵,以失其世者多矣,是故清節之士於是爲貴。然大率多能自治不能治人,王(吉)、貢(禹)之材優於龔(勝)、鮑(宣)……"這是對貢禹人品的贊揚。然而人格即風格,貢禹之文風亦如其人歟!

## 六、谷永

　　谷永的生卒年不可考。《漢書》卷八十五《谷永杜鄴傳》記載,

他字子雲，長安（今陝西西安市西北）人。少時爲長安小史，博學
經書。元帝建昭中，補御史大夫屬，舉太常丞。建始中，舉方正直
言，對策上第。成帝即位，他依附外戚王鳳，由是擢爲光禄大夫。
河平中，出爲安定太守。鴻嘉中補營軍司馬，轉大司馬長史，出爲
護菀使者。永始中遷涼州刺史，徵爲太中大夫，遷光禄大夫給事
中。元延元年，爲北地太守，數年徵爲大司農。綏和初，病免。谷
永與鮑宣、翼奉、京房等都是盛言陰陽災異之儒者，然其所言之陰
陽災異卻含有反對暴政之意義在。班固云："永於經書，汎爲疏達，
與杜欽、杜鄴略等，不能洽浹如劉向父子及揚雄也。其於天官、《京
氏易》最密，故善言災異，前後所上四十餘事，略相反覆，專攻上身
與後宫而已。"（《漢書》卷八十五本傳）班固於指出其治經與杜欽、杜
鄴和劉向父子、揚雄之同異時，即指出其爲文以陰陽災異來譏彈時
弊之特點。他是一個正直的儒者，反對暴政，倡導德政，主張以有
德代失德，這在當時是有進步意義的。他有集二卷，已佚。今存文
章二十餘篇，大都爲奏議、對策、書信等，皆見於《漢書》本傳及《五
行志》、《匈奴傳》諸篇。其中重要者如《建始三年舉方正對策》、
《黑龍見東萊對》、《災異對》、《諫成帝微行》、《説成帝距絶祭祀方
術》等。其《舉方正對策》即以陰陽災異對成帝進行諫諍，首段云：

　　竊聞明王即位，正五事，建大中，以承天心，則庶徵序於
下，日月理於上；如人君淫溺後宫，般樂游田，五事失於躬，大
中之道不立，則咎徵降而六極至。凡災異之發，各象過失，以
類告人。乃十二月朔戊申，日食婺女之分，地震蕭牆之内，二
者同日俱發，以丁寧陛下，厥咎不遠，宜厚求諸身。意豈陛下
志在閨門，未邺政事，不慎舉錯，婁失中與？内寵大盛，女不遵
道，嫉妒專上，妨繼嗣與？古之王者廢五事之中，失夫婦之紀，
妻妾得意，謁行於内，勢行於外，至覆傾國家，或亂陰陽。昔褒

似用國,宗周以喪;閻妻驕扇,日以不臧。此其效也。……

他論述日食地震同日出現之原因,在"皇天所以譴告人君過失",使人君"畏懼敬改,則禍銷福降"。成帝之過失是甚麼?是留心女色嗎?或是女寵太盛?把事實作爲疑問提出來,辭婉而諷,達到了預期之效果:"對奏,天子異焉,特召見永。"此即"專攻上身與後宮而已"。《黑龍見東萊對》表現同樣的內容。永始中,黑龍出現於東萊,成帝使尚書問永,永因此諷諫成帝云:

> 王者以民爲基,民以財爲本,財竭則下畔,下畔則上亡。是以明王愛養基本,不敢窮極,使民如承大祭。今陛下輕奪民財,不愛民力,聽邪臣之計,去高敞初陵,捐十年功緒,改作昌陵,反天地之性,因下爲高,積土爲山,發徒起邑,並治官館,大興繇役,重增賦斂,徵發如雨,役百乾谿,費疑驪山,靡敝天下,五年不成而後反故。又廣盱營表,發人冢墓,斷截骸骨,暴揚尸柩。百姓則財竭力盡,愁恨感天,災異婁降,饑饉仍臻。流散冗食,餧死於道,以百萬數。公家無一年之畜,百姓無旬日之儲,上下俱匱,無以相救。《詩》云:"殷監不遠,在夏后之世。"

這是全文中之一段,主要是寫成帝傾盡人力物力大建陵墓給人民帶來的深重災難。與劉向之《諫營延陵過侈疏》所論爲同一內容,可互相參看。成帝營建陵墓是當時之重大政治事件,造成嚴重的社會危機,導致正直之儒者都上書諫阻,指諫其危害。本篇與上篇不同者是文辭並不委婉,而是直截了當之指斥,並且更明顯地從同情人民的角度揭露和批判成帝之倒行逆施,所謂"王者以民爲基","民"是立論之出發點。這是十分可貴的。文章接續云:

> 漢興九世,百九十餘載,繼體之主七,皆承天順道,遵先祖

法度，或以中興，或以治安。至於陛下，獨違道縱欲，輕身妄行，當盛壯之隆，無繼嗣之福，有危亡之憂，積失君道，不合天意，亦已多矣。爲人後嗣，守人功業，如此，豈不負哉！

他感嘆成帝"積失君道，不合天意"，在當時"天人同心，人心説則天意解矣"（見鮑宣《復上書諫哀帝》）的思想潮流下，民心即天心，負天意即負民心。"豈不負哉！"他是指責成帝有負民心。谷永另一篇從同情人民的角度出發，藉陰陽災異以譏刺時政之重要文章是《災異對》。元延元年，谷永爲北地太守，"時災異尤數"，成帝使衛尉淳于長問永，谷永對曰：

> 臣聞天生蒸民，不能相治，爲立王者以統理之，方制海内非爲天子，列土封疆非爲諸侯，皆以爲民也。垂三統，列三正，去無道，開有德，不私一姓，明天下乃天下之天下，非一人之天下也。王者躬行道德，承順天地，博愛仁恕，恩及行葦，籍税取民不過常法，宫室車服不踰制度，事節財足，黎庶和睦，則卦氣理效，五徵時序，百姓壽考，庶草蕃滋，符瑞並降，以昭保右。失道妄行，逆天暴物，窮奢極欲，湛湎荒淫，婦言是從，誅逐仁賢，離逖骨肉，群小用事，峻刑重賦，百姓愁怨，則卦氣悖亂，咎徵著郵，上天震怒，災異婁降，日月薄食，五星失行，山崩川潰，水泉踊出，妖孽並見，茀星耀光，饑饉薦臻，百姓短折，萬物夭傷。終不改寤，惡洽變備，不復譴告，更命有德。《詩》云："乃眷西顧，此惟予宅。"

這段文字之中心意思在説明天不是爲王生民，而是爲民立王。利民之王，天即降符瑞並安助之；害民之王，天即降災異以警戒之，若仍不改寤，則更易其位。總之，天"不私一姓，明天下乃天下之天下，非一人之天下也"。這種天命靡常之學説，其本旨在於利民。

這是谷永從總體上論述天人感應之理,下面具體地藉天變災異來
抨擊成帝之弊政云:

> 諸夏舉兵,萌在民饑饉而吏不邮,興於百姓困而賦斂重,
> 發於下怨離而上不知。……王者遭衰難之世,有饑饉之災,不
> 損用而大自潤,故凶;百姓困貧無以共求,愁悲怨恨,故水;城
> 關守國之固,固將去焉,故牡飛。往年郡國二十一傷於水災,
> 禾黍不入。今年蠶麥咸惡。百川沸騰,江河溢決,大水泛濫郡
> 國十五有餘。比年喪稼,時過無宿麥。百姓失業流散,群輩守
> 關。大異較炳如彼,水災浩浩,黎庶窮困如此,宜損常稅小自
> 潤之時,而有司奏請加賦,甚繆經義,逆於民心,布怨趣禍之道
> 也。牡飛之狀,殆爲此發。古者穀不登虧膳,災婁至損服,凶
> 年不墾塗,明王之制也。《詩》云:"凡民有喪,扶服捄之。"《論
> 語》曰:"百姓不足,君孰予足?"臣願陛下勿許加賦之奏,益減
> 大官、導官、中御府、均官、掌畜、廩犧用度,止尚方、織室、京師
> 郡國工服官發輸造作,以助大司農。流恩廣施,振贍困乏,開
> 關梁,内流民,恣所欲之,以救其急。立春,遣使者循行風俗,
> 宣布聖德,存邮孤寡,問民所苦,勞二千石,敕勸耕桑,毋奪農
> 時,以慰綏元元之心,防塞大姦之隙。諸夏之亂,庶幾可息。

文章之重要性並不在於顯示天意如何靈驗,而在於在這種迷信形
式下所揭示的成帝時社會之動亂。他揭示出社會動亂之原因是
"萌在民饑饉而吏不邮,興於百姓困而賦斂重,發於下怨離而上不
知"。因此,他主張免賦稅,減用度,止造作,贍困乏,内流民,存邮
孤寡,問民疾苦,以慰元元之心。總之,他認爲平息動亂在於安民。
谷永這些借天意說人事之對策,其終極目的在勸諫人君爲善。其
言多激切,發於至誠,辭頗舒暢,緣於熱忱。《文心雕龍》卷五《奏

啓》評云：“谷永之諫仙，理既切至，辭亦通暢，可謂識大體矣。”所謂“諫仙”，是就其《說成帝距絕祭祀方術》而言，卻可以概括谷永全部奏議、對策之文風和氣韻。

## 七、鮑宣

鮑宣生卒年不可考。《漢書》卷七十二有傳，他字子都，渤海高城（今河北鹽山縣東南）人，好學明經，爲縣鄉嗇夫，守束州丞，後爲都尉太守功曹，舉孝廉爲郎，病去官，復爲州從事。大司馬衛將軍王商徵召之，薦爲議郎，又以病去。哀帝初，大司空何武敬重他，薦其爲諫大夫，遷豫州牧。歲餘，以“舉錯煩苛”免官。歸家數月，復徵爲諫大夫，拜司隸。後因觸犯丞相孔光，下廷尉獄，得博士諸生千餘人營救，罪減死一等，髡鉗，既被刑，乃徙上黨。平帝即位，王莽秉政，捕殺不附己者之大臣、豪傑。鮑宣坐繫獄，自殺。他居官必盡其職，常上書諫諍，抨擊哀帝任用外戚、佞臣，主張進賢退不肖，以振興漢朝。他是一個直言敢諫的儒者。他的文章僅存《上書諫哀帝》及《復上書諫哀帝》兩篇，皆見《漢書》本傳。如其《上書諫哀帝》云：

> 竊見孝成皇帝時，外親持權，人人牽引所私以充塞朝廷，妨賢人路，濁亂天下，奢泰亡度，窮困百姓，是以日蝕且十，彗星四起。危亡之徵，陛下所親見也，今奈何反覆劇於前乎！朝臣亡有大儒骨鯁，白首耆艾，魁壘之士；論議通古今，喟然動衆心，憂國如飢渴者，臣未見也。敦外親小童及幸臣董賢等在公門省戶下，陛下欲與此共承天地，安海內，甚難。今世俗謂不智者爲能，謂智者爲不能。昔堯放四罪而天下服，今除一吏而衆皆惑；古刑人尚服，今賞人反惑。請寄爲姦，群小日進。國家空虛，用度不足。民流亡，去城郭，盜賊並起，更爲殘賊，歲

增於前。

文章集中抨擊哀帝用人不當。這裏指斥其朝政之紊亂有甚於成帝之時，朝臣中無一憂國憂民者，而皆爲外戚與佞幸董賢之輩，他們"牽引所私"，"請寄爲姦"，殘賊人民，造成萬民流亡，盜賊蜂起之局面。文章進一步指斥説：

> 民有七亡而無一得，欲望國安，誠難；民有七死而無一生，欲望刑措，誠難。此非公卿守相貪殘成化之所致邪？群臣幸得居尊官，食重禄，豈有肯加惻隱於細民，助陛下流教化者邪？志但在營私家，稱賓客，爲姦利而已。……天下乃皇天之天下也，陛下上爲皇天子，下爲黎庶父母，爲天收養元元，視之當如一，合《尸鳩》之詩。今貧民菜食不厭，衣不穿空，父子夫婦不能相保，誠可謂酸鼻。陛下不救，將安所歸命乎？奈何獨私養外親與幸臣董賢，多賞賜以大萬數，使奴從賓客漿酒霍肉，蒼頭廬兒皆用致富！非天意也。及汝昌侯傅商亡功而封，夫官爵非陛下之官爵，乃天下之官爵也。陛下取非其官，官非其人，而望天説民服，豈不難哉！

這裏不但抨擊了哀帝"取非其官，官非其人"，重用董賢、孫寵、息夫躬等佞臣及外戚，重要者在説明"天乃皇天之天下"，"治天下者當用天下之心爲心，不得自專快意而已也"。所謂"天下之心"即民心，人君治理天下應當合民心，而不應當快私意。這種重民的思想與谷永的觀點是一致的，是可貴的。其《復上書諫哀帝》之内容與此相同，不贅述。鮑宣之文，皆情感激昂，切中時弊。班固云："其言少文多實。"意者其直寫所感，非有意爲文，然亦勁健，有似谷永之作。

　　總之，這一時期之散文，自董仲舒以下皆附會天變災異以反對暴政,要求德治,反對一姓獨私天下,希望以有德代失德。他們同情人民的疾苦,重在勸諫統治者實行仁政,以民心爲施政之依據。這都是爲當時的歷史條件所決定的,歷史條件爲這時期的散文增加了新内容。

## 第六節　辭賦與散文匯合,駢文之産生

駢文與散文是對稱的一種文體,也稱駢儷文或儷體。駢文之産生,其遠因源於儷辭偶語,其近因源於辭賦與散文之匯合。我國文學史上這種特有的儷辭偶語的出現,不是偶然的,而是有其各方面的原因。阮元《揅經室三集》卷二《文言説》云:

> 古人以簡策傳事者少,以口舌傳事者多;以目治事者少,以口耳治事者多。故同爲一言,轉相告語,必有愆誤。是必寡其詞,協其音,以文其言,使人易於記誦,無能增改。且無方言俗語雜於其間,始能達意,始能遠行。此孔子於《易》所以著《文言》之篇也。古人歌詩、箴銘、諺語凡有韻之文,皆此道也。

阮元認爲寡詞、協音、文言等有韻之文的運用,乃是由於古人口耳相傳以治事、傳事易於記誦之故。劉師培《中國中古文學史》之《概論》則云:

> 準聲畫字,修短揆均,字必單音,所施斯適。遠國異人,書違頡、誦,翰藻弗殊,侔均斯遜。是則音泮輕軒,象昭明兩,比物醜類,泯蹟從齊,切響浮聲,引同協異,乃禹域所獨然,殊方所未有也。

劉師培認爲由於漢語單音隻義,易於音節整齊,便於駢詞屬對,此

乃我國文字所獨具,而爲外國文字所未有。他們兩家之説法都是
正確的,然未免各執一端。范文瀾對此作了全面的論述。他在《文
心雕龍》卷七《麗辭》注中云:

> 原麗辭之起,出於人心之能聯想。既思"雲從龍",類及
> "風從虎",此正對也。既思"西伯幽而演《易》",類及"周旦
> 顯而制禮",此反對也。正反雖殊,其由於聯想一也。古人傳
> 學,多憑口耳,事理同異,取類相從,記憶匪艱,諷誦易熟,此經
> 典之文所以多用麗語也。凡欲明意,必舉事證,一證未足,再
> 舉而成;且少既嫌孤,繁亦苦贅。二句相扶,數折其中。昔孔
> 子傳《易》,特制《文》、《繫》,語皆駢偶,意殆在斯。又人之發
> 言,好趨均平,短長懸殊,不便脣舌。故求字句之齊整,非必待
> 於耦對;而耦對之成,常足以齊整字句。魏晉以前篇章,駢句
> 儷語,輻輳不絶者此也。綜上諸因,知耦對出於自然。

范文瀾認爲是聯想、易記、事證、便言促成了儷辭偶語之產生。除
了漢字單音一項未談及外,對其他四項之分析入情入理,説明儷辭
偶語之出現,乃自然天成。所以古代經、傳、子、史中運用了不少儷
辭偶語,爲漢代駢文之產生奠定了基礎。

前文我們曾經説過,《易·文言》是駢文之祖。那是説它具備
了駢文之雛形,並非完整體制之駢文。真正完整體制駢文之產生,
一般認爲是東漢,我卻認爲是西漢武帝時代。我認爲駢文之產生,
與辭賦、散文的發展有極其密切之關係。西漢是辭賦大發展之時
代,也是散文大發展之時代,辭賦與散文之高度發展,必然互相影
響,促成其匯合。當時許多賦家兼寫散文,他們以賦筆寫散文,則
遂將賦之寫作方法融入散文之中,駢文便因此產生。駢文之特點
是講求辭句對偶、音韻協調、文采藻飾,與散文之接近語言之自然

形態者不同。其形成有個過程。

　　漢初,文、景時代,賈誼、枚乘和鄒陽的創作,對駢文之形成起了很大的推動作用。賈誼是著名的辭賦家,也是著名的散文家。他的文章主要是散體,卻采用了不少偶句,如其《過秦論》(見《文選》卷五十一)云:

　　　　秦孝公據殽函之固,擁雍州之地,君臣固守,以窺周室,有席卷天下,包舉宇內,囊括四海之意,併吞八荒之心。……既至始皇,奮六世之餘烈,振長策而御宇內,吞二周而亡諸侯,履至尊而制六合,執敲扑以鞭笞天下,威振四海。……

其中多用偶句。然惟意所適,不求精工,甚至上下聯字數也不盡相等。這正是辭賦與散文初期融匯之情況。又其《陳政事疏》(見《漢書》卷四十八本傳)云:"以禮義治之者積禮義,以刑罰治之者積刑罰;刑罰積而民怨背,禮義積而民和親。""或道之以德教,或驅之以法令。道之以德教者,德教洽而民氣樂;驅之以法令者,法令極而民風哀。""然而湯武廣大其德,行六七百歲而弗失;秦王治天下,十餘歲則大敗。"全篇偶句連綴,亦辭賦與散文融匯之一例。其後,枚乘是著名的辭賦家,但他寫了兩篇重要文章,即《上書諫吳王》和《上書重諫吳王》(見《漢書》卷五十一本傳、《文選》卷三十九),由於他主要是寫賦,因此這兩篇文章融化了更多的賦的形式,如其《諫吳王》第一書云:

　　　　臣聞得全者昌,失全者亡。舜無立錐之地,以有天下;禹無十戶之聚,以王諸侯。湯武之土,不過百里,上不絕三光之明,下不傷百姓之心,有王術也。故父子之道,天性也。忠臣不避重誅以直諫,則事無遺策,功流萬世。臣乘願披腹心而効愚忠,惟大王少加意惻怛之心於臣乘言。

夫以一縷之任，係千鈞之重，上懸之無極之高，下垂之不
測之淵，雖甚愚之人，猶知哀其將絶也。馬方駭，鼓而驚之；係
方絶，又重鎮之。係絶於天，不復結；墜入深淵，難以復出。其
出不出，間不容髮。能聽忠臣之言，百舉必脱。必若所欲爲，
危於累卵，難於上天；變所欲爲，易於反掌，安於泰山。今欲極
天命之上壽，弊無窮之極樂，究萬乘之勢，不出反掌之易；居泰
山之安，而欲乘累卵之危，走上天之難。此愚臣之所大惑
也。……

這篇文章是枚乘爲勸阻吳王劉濞叛漢而作，表現了枚乘既忠於吳
王，又尊奉漢朝之立場。幾乎全篇用駢儷句式，毫無矯揉造作之
跡，順適自然地將事、理論述得極爲周密。是一篇很好的駢儷化的
文章。其《上書重諫吳王》，亦同於此。這兩篇文章顯示了西漢初
年辭賦與散文融匯所達到的水平，顯示了駢文這種特殊文體處於
即將形成的階段，在駢文史中占有重要地位。

鄒陽，生卒年不可考。《史記》卷八十三、《漢書》卷五十一均
有傳。鄒陽齊人，吳王濞招致四方游士，鄒陽與嚴忌、枚乘俱仕吳，
皆以文辯著名。久之，吳王謀叛，鄒陽上書諫阻，不被采納，乃與嚴
忌、枚乘去而之梁，爲梁孝王門客。"陽爲人有智略，忼慨不苟
合。"孝王與羊勝、公孫詭等合謀，求立爲太子，鄒陽以爲不可，被羊
勝等進讒而下獄，鄒陽於獄中上書以自白。書上，孝王即釋之，並
以之爲上客，常爲王出謀劃策。司馬遷説："鄒陽辭雖不遜，然其比
物連類，有足悲者，亦可謂抗直不橈矣。"贊揚了他文辭之引類比喻
和人品之耿介不屈。

《漢書·藝文志》"縱橫家"，著録其文七篇，今僅存《上吳王
書》和《獄中上梁王書》兩篇，皆見《漢書》本傳，亦駢儷之濫觴。
《上吳王書》之作，《漢書》本傳記載："爲其事尚隱，惡指斥言，故先

引秦爲諭,因道胡、越、齊、趙、淮南之難,然後乃致其意。"由於事關謀叛,不便明陳直諫,故其爲文深婉迂曲,如文章開篇云:

> 臣聞秦倚曲臺之宮,懸衡天下,畫地而不犯,兵加胡越。至其晚節末路,張耳、陳勝連從兵之據以叩函谷,咸陽遂危。何則? 列郡不相親,萬室不相救也。今胡數涉北河之外,上覆飛鳥,下不見伏菟;鬥城不休,救兵不至;死者相隨,輦車相屬;轉粟流輸,千里不絶。强趙責於河間,六齊望於惠后,城陽顧於盧博,三淮南之心思墳墓。大王不憂,臣恐救兵不專,胡馬遂進窺於邯鄲。越水、長沙,還舟青陽。雖使梁并淮陽之兵,下淮東,越廣陵,以遏越人之糧;漢亦折西河而下,北守漳水,以輔大國;胡亦益進,越亦益深。此臣之所以爲大王患也。

以秦爲喻,借秦之"晚節末路",爲吳王戒。然後指陳利弊,説明不要心懷不軌,輕舉妄動,此"乃致其意"也。維護漢朝統一,反對叛亂,在當時是有積極意義的。文風猶如縱橫家之排比鋪陳,辯白設喻,駢而不齊,麗而不靡,偶而不工,由散到駢演進之跡極爲明顯。又其《獄中上梁王書》,據《漢書》本傳云:鄒陽客游於梁,"以讒見禽,恐死而負累,乃從獄中上書"。文章博引史實,廣徵舊聞,以明自己之冤,發讒佞之私,釋梁王之疑。其辭云:

> 臣聞忠無不報,信不見疑。臣常以爲然,徒虚語耳。昔荆軻慕燕丹之義,白虹貫日,太子畏之;衛先生爲秦畫長平之事,太白食昴,昭王疑之。夫精變天地而信不諭兩主,豈不哀哉! 今臣盡忠竭誠,畢議願知,左右不明,卒從吏訊,爲世所疑。是使荆軻、衛先生復起,而燕、秦不寤也。願大王熟察之。
>
> 昔玉人獻寶,楚王誅之;李斯竭忠,胡亥極刑。是以箕子陽狂,接輿避世,恐遭此患。願大王察玉人、李斯之意,而後楚

王、胡亥之聽，毋使臣爲箕子、接輿所笑。臣聞比干剖心，子胥鴟夷，臣始不信，乃今知之。願大王孰察，少加憐焉。……

今人主沈諂諛之辭，牽帷墻之制，使不羈之士與牛驥同皁，此鮑焦所以憤於世也。

臣聞盛飾入朝者不以私污義，底厲名號者不以利傷行。故里名勝母，曾子不入；邑號朝歌，墨子回車。今欲使天下寥廓之士籠於威重之權，脅於位勢之貴，回面污行以事諂諛之人，而求親近於左右，則士有伏死堀穴巖藪之中耳，安有盡忠信而趨闕下者哉！

全文悲傷感嘆，激昂慷慨，申訴自己忠而被謗，賢而遭讒之憤懣情緒。其情切，其詞復，比物連類，排比偶對，以抒發其由衷之委屈、無限之危苦。淩稚隆云："此書詞多偶麗，其六朝之濫觴歟！"（見《漢書評林》卷五十一）亦見其在駢文形成中之作用。

武帝時期，辭賦與散文之發展，都達到了極盛時期，二者之融匯、滲透加劇了。武帝本於文、景時所蓄積之富力而擴大之，舉方正賢良文學、材力之士，以輔佐政治。如《漢書》卷六十五《東方朔傳》云："武帝初即位，徵天下舉方正賢良文學、材力之士，待以不次之位。四方士多上書言得失，自衒鬻者以千數。"然其所言之得失，一者必須比附"公羊"，如公孫弘即以公羊家上書蒙召；二者必須比於俳優，如東方朔、枚皋皆自比俳優，專作美文，不談政治，爲武帝所賞識。司馬相如雖非方正賢良文學材力之士出身，然其賦作亦被武帝所贊賞。他們都是大辭賦家，着力於文章辭藻之雕飾，當其寫散文時，必然使散文進一步辭賦化，成爲早期的駢文。如司馬相如之《上書諫獵》、《喻巴蜀檄》、《難蜀父老》和《封禪文》，皆用駢文寫成，被載入專收駢體之《文選》中，亦見録於《駢體文鈔》。然則司馬相如不僅是一位賦家，而且是一位駢體文家。如其《封禪文》云：

> 大漢之德，逢涌原泉，沕潏曼羡；旁魄四塞，雲布霧散；上暢九垓，下泝八埏；懷生之類，沾濡浸潤；協氣橫流，武節猋逝；昆蟲闓澤，迴首面內；然後囿騶虞之珍群，徼麋鹿之怪獸；導一莖六穗於庖，犧雙觡共柢之獸，獲周餘珍，放龜於岐，招翠黃乘龍於沼。鬼神接靈，囿賓於閒館；奇物譎詭，俶儻窮變。欽哉符瑞臻茲，猶以爲德薄，不敢道封禪。蓋周躍魚隕航，休之以燎，微夫此之爲符也，以登介丘，不亦恧乎？進讓之道，何其爽歟！……

這類文章之內容是歌功頌德，沒有甚麼意義，但從形式上看，作者則有意作儷句，字數均一，長短整齊，完全是駢文體制。又如其《喻巴蜀檄》之一節云：

> 夫邊郡之士，聞烽舉燧燔，皆攝弓而馳，荷兵而走，流汗相屬，唯恐居後。觸白刃，冒流矢；議不反顧，計不旋踵；人懷怒心，如報私仇。彼豈樂死惡生，非編列之民，而與巴蜀異主哉？計深慮遠，急國家之難，而樂盡人臣之道也。故有剖符之封，析珪而爵，位爲通侯，處列東第；終則遺顯號于後世，傳土地于子孫。行事甚忠敬，居位甚安逸；名聲施於無窮，功烈著而不滅。是以賢人君子，肝腦塗中原，膏液潤野草，而不辭也。今奉幣役至南夷，即自賊殺，或亡逃抵誅，身死無名，謚爲至愚，恥及父母，爲天下笑。人之度量相越，豈不遠哉？然此非獨行者之罪也，父兄之教不先，子弟之率不謹，寡廉鮮恥，而俗不長厚也。其被刑戮，不亦宜乎？

由於唐蒙略通夜郎僰中，擾亂巴蜀人民，司馬相如奉使巴、蜀，宣諭人民：此非天子之本意和應報効國家的道理。辭婉而豐，義嚴而

闊,氣暢而沛。辭句雖非全爲駢偶,然字當其位,辭當其理,運思精
微,遣辭瑰麗,意隨筆轉,揮灑自如,是一篇優秀的駢文。此外,《難
蜀父老》亦同此類。要之,司馬相如這類文章是典型的駢文,是駢
文真正形成之標誌。

此期寫駢文者還有東方朔、終軍等。東方朔有兩篇很有意義
的駢文,即《答客難》和《非有先生論》。他雖然以賦名家,但今天
看來,其駢文之價值卻遠遠高於他的賦作。《答客難》據《文心雕
龍》卷三《雜文》云:"宋玉含才,頗亦負俗,始造對問,……東方朔
效而廣之,名爲《客難》,託古慰志,疏而有辨。"説明其對問形式是
源於宋玉之作。然《文選》卷四十五既將《答客難》編於宋玉《對楚
王問》之後,又以宋玉之作爲"對問",而以《答客難》爲"設論",這
説明其與宋玉之作既有繼承關係,也有區別。《答客難》之作,據
《漢書》卷六十五《東方朔傳》云:"朔上書陳農戰強國之計……終
不見用。朔因著論,設客難己,用位卑以自慰喻。"這是一篇在政治
上牢騷不平之作,如文中叙述他回答客之責難一段云:

> 東方先生喟然長息,仰而應之,曰:"是故非子之所能備。
> 彼一時也,此一時也,豈可同哉?夫蘇秦、張儀之時,周室大
> 壞,諸侯不朝,力政爭權,相擒以兵,并爲十二國,未有雌雄。
> 得士者強,失士者亡。故説得行焉。身處尊位,珍寶充內,外
> 有倉廩,澤及後世,子孫長享。今則不然。聖帝流德,天下震
> 慴,諸侯賓服。連四海之外以爲帶,安於覆盂。天下平均,合
> 爲一家,發動舉事,猶運之掌。賢不肖何以異哉?遵天之道,
> 順地之理,物無不得其所。故綏之則安,動之則苦;尊之則爲
> 將,卑之則爲虜;抗之則在青雲之上,抑之則在深淵之下;用之
> 則爲虎,不用則爲鼠。雖欲盡節效情,安知前後?夫天地之
> 大,士民之衆,竭精馳説,并進輻湊者,不可勝數,悉力慕之,困

於衣食，或失門户。使蘇秦、張儀與仆並生於今之世，曾不得
掌故，安敢望侍郎乎。傳曰：'天下無害，雖有聖人，無所施才；
上下和同，雖有賢者，無所立功。'故曰：時異事異。"

東方朔不滿於自己"博學辯智，然悉力盡忠以事聖帝"，卻僅做了
一個侍郎，但他並不直説，而從時代不同論證蘇秦、張儀之能爲卿
相，自己只能官卑職小。遇不遇，時也。言外之意，自己是生不逢
時，生在這個中央集權制度下，士無所展其才能，只能任憑最高統
治者擺布了。其悲憤情緒溢於言表。這篇駢文之體制，與司馬相
如之作很相似，不同者此文用韻較多而且明顯。音韻諧調，説理周
密，文辭繁縟是此文之特點。

　　《非有先生論》在形式上與《答客難》相同，采用主客問答，但
内容卻不同，而是勸諭吴王虚心納諫，勵精圖治。文章開端記述非
有先生仕吴三年而不言，吴王怪而問之，答以四次"談何容易"，意
味深長，感慨萬端。自"夫談者有悖於目，而佛於耳，謬於心，而便
於身者；或有説於目，順於耳，快於心，而毁於行者。非明王、聖主，
孰能聽之矣"以下運用正反兩方面之歷史史實，説明帝王納諫之重
要。最後，吴王接納他的諫議，致力於政治之修明云：

　　　於是正明堂之朝，齊君臣之位；舉賢材，布德惠，施仁義，
　　賞有功；躬親節儉，減後宫之費，損車馬之用；放鄭聲，遠佞人；
　　省庖厨，去侈靡，卑宫館，壞苑囿，填池塹，以與貧民無産業者；
　　開内藏，振貧窮；存耆老，恤孤寡；薄賦斂，省刑罰。行此三年，
　　海内晏然，天下大洽，陰陽和調，萬物咸得其宜。國無災害之
　　變，民無飢寒之色；家給人足，畜積有餘，囹圄空虚。鳳皇來
　　集，麒麟在郊；甘露既降，朱草萌芽。遠方異俗之人，嚮風慕
　　義，各奉其職而來朝賀。故治亂之道，存亡之端，若此易見，而

君人者莫肯爲也。臣愚，竊以爲過。故《詩》曰："王國克生，惟周之貞。濟濟多士，文王以寧。"此之謂也。

作者説明是否納諫關乎社會之治亂和國家之存亡，吳王虛心納諫，終於達到國家大治。就全篇文章看，雖然不像《答客難》之用韻明顯，而基本上不用韻，但卻十分重視駢偶、對稱，連文中所舉之歷史事實，既有聖君之德政，亦有庸主之暴行，一正一反皆成駢列。至於詞句之對偶，更整齊精巧。要之，此文與《答客難》都是駢文中之佳作，班固評云："朔之文辭，此二篇最善。"(《漢書》本傳) 可謂確論。

終軍字子雲，濟南人。少好學，以辯博能屬文聞於郡中，年十八選爲博士弟子。至長安，上書言事，武帝異其文，拜爲謁者給事中，從武帝幸雍祠五畤，獲白麟、奇木。武帝廣詢群臣，此何祥瑞之徵，終軍上《白麟奇木對》，極受武帝嘉許。此文見《漢書》卷六十四下本傳。原文云：

臣聞《詩》頌君德，《樂》舞后功，異經而同指，明盛德之所隆也。南越竄屏荽薁，與鳥魚群，正朔不及其俗。有司臨境，而東甌內附，閩王伏辜，南越賴救。北胡隨畜薦居，禽獸行，虎狼心，上古未能攝。大將軍秉鉞，單于奔幕；票騎抗旌，昆邪右衽。是澤南洽而威北暢也。若罰不阿近，舉不遺遠，設官竢賢，縣賞待功，能者進以保禄，罷者退而勞力，刑於宇内矣。履衆美而不足，怪聖明而不專，建三宮之文質，章厥職之所宜，封禪之君無聞焉。……蓋六鶂退飛，逆也；白魚登舟，順也；夫明闇之徵，上亂飛鳥，下動淵魚，各以類推。今野獸并角，明同本也；衆支內附，示無外也。若此之應，殆將有解編髮，削左衽，襲冠帶，要衣裳，而蒙化者焉。斯拱而竢之耳。

這是一篇頌聖之作，没有甚麼意義。但文章以靡麗見異，句式整齊，辭采藻飾，亦作者有意所作之駢體。

東方朔、終軍之作，比司馬相如更嚴整了，使駢體之形式達到新的水平。

宣帝時期，承武帝之餘燄，天下晏然，宣帝終日無事，乃以文章爲玩好品，《漢書》卷六十四下《王褒傳》記載，宣帝云：“（辭賦）辟如女工有綺縠，音樂有鄭、衛。……賢於倡優博弈遠矣。”帝王之所好，給文章駢儷化以更大影響。這種影響在王褒的創作上表現得很明顯。王褒之駢文有《聖主得賢臣頌》、《四子講德論》、《僮約》、《責鬚髯奴辭》等。《聖主得賢臣頌》是王褒奉詔之作，乃規諷宣帝應當任用賢臣，但是任用賢臣首先人君必須聖明，所謂“世必有聖智之君，而後有賢明之臣”，這當是作者規諷之意旨所在。其中陳述任用賢臣之重要性云：

　　　夫賢者國家之器用也。所任賢，則趨舍省而功施普；器用利，則用力少而就效衆。故工人之用鈍器也，勞筋苦骨，終日矻矻。及至巧冶鑄干將之璞，清水淬其鋒，越砥斂其鍔，水斷蛟龍，陸剸犀革，忽若篲氾畫塗。如此則使離婁督繩，公輸削墨，雖崇臺五層，延袤百丈而不溷者，工用相得也。庸人之御駑馬，亦傷吻弊策，而不進於行。胸喘膚汗，人極馬倦。及至駕齧膝，驂乘旦，王良執靶，韓哀附輿。縱騁馳騖，忽如影靡；過都越國，蹶如歷塊。追奔電，逐遺風，周流八極，萬里一息，何其遼哉！人馬相得也。故服絺綌之凉者，不苦盛暑之鬱燠；襲狐貉之煖者，不憂至寒之悽滄。何則？有其具者易其備，賢人君子，亦聖王之所以易海内也。是以嘔喻受之，開寬裕之路，以延天下之英俊也。夫竭智附賢者，必建仁策；索人求士者，必樹伯跡。昔周公躬吐握之勞，故有圄空之隆；齊桓設庭燎之禮，故有匡合之功。由是觀之，君人者，勤於求賢而逸於得人。

作者極力追求藻采之美，文辭之工，駢儷之風濃鬱。張溥《漢魏六朝百三家集題辭》之《王諫議集》"題辭"云："《聖主賢臣》，文詞采密……意主規諷，猶長卿之《子虛》、《上林》，游戲園囿，有戒心焉。"誠爲知言。《四子講德論》是爲《中和樂職宣布詩》所作之傳，託諸微斯文學、虛儀夫子、浮游先生、陳丘子四人，講論道德。先是微斯文學與虛儀夫子問答，然後是微斯文學、虛儀夫子與浮游先生、陳丘子問答。其所講論之內容與《聖主得賢臣頌》相似，主要是君臣遇合。沒有甚麼價值。但其體制卻是嚴整之駢文。如其中之文學與夫子問答云：

> 文學曰："何爲其然也？昔寧戚商歌，以干齊桓；越石負芻，而痑晏嬰。非有積素累舊之歡，皆塗覯卒遇而以爲親者也。故毛嬙西施，善毀者不能蔽其好，嫫姆倭傀，善譽者不能掩其醜。苟有至道，何必介紹！"夫子曰："咨。夫特達而相知者，千載之一遇也；招賢而處友者，衆士之常路也。是以空柯而無刃，公輸不能以斲；但懸曼矰，蒲且不能以射。故膚騰撇波而濟水，不如乘舟之逸也；衝蒙涉田而能致遠，未若遵塗之疾也。才蔽於無人，行衰於寡黨，此古今之患。唯文學慮之。"

全篇皆用駢儷之法，此段所用爲短排對，又有用長排對者，如："齊桓有管、鮑、隰、寧，九合諸侯，一匡天下；晉文有咎犯、趙衰，取威定霸，以尊天子；秦穆有王由、五羖，攘卻西戎，始開帝緒；楚莊有叔孫、子反，兼定江淮，威震諸夏；勾踐有種、蠡、漦、庸，尅滅強吳，雪會稽之恥；魏文有段干、田、翟，秦人寢兵，折衝萬里；燕昭有郭隗、樂毅，夷破強齊，困閔於莒。"也有用長隔對者，如："美玉蘊於碔砆，凡人視之怢焉,良工砥之,然後知其和寶也;精練藏於鑛朴,庸人視之忽焉,巧冶鑄之,然後知其幹也。"句法變幻多樣,説明駢文已經達到相當成熟之階段。張溥《漢魏六朝百三家集題辭》之《王諫議集》"題辭"云:"然詞長於理,聲偶漸諧,固西京之一變也。"説到是處。

《僮約》是一種游戲文字,以俗語、俗事入文,以諧謔滑稽格調出之,這對以典雅、富麗見長之駢文來講,無疑是一項開拓。此文之内容是寫蜀郡王子淵從寡婦王惠買得奴婢名便了,訂立契約,約定便了"當從百役使",反映了奴隸主階級施展一切手段役使奴隸,榨取奴隸的血汗,使奴隸痛不欲生的殘酷本質。如其契約文云:

> 晨起早掃,食了洗滌;居當穿臼縛帚,裁盂鑿井;浚渠縛落,鉏園斫陌;杜埤地,刻大枷,屈竹作杷,削治鹿盧;出入不得騎馬載車。跣坐大呹,下牀振頭。……黏雀張烏,結網捕魚,繳雁彈鳧。登山射鹿,入水捕龜;後園縱養,雁鶩百餘;驅逐鴟烏,持梢牧猪;種薑養芋,長育豚駒;糞除常潔,餧食馬牛;鼓四起坐,夜半益芻。……舍中有客,提壺行酤;汲水作餔,滌杯整案。……奴但飯豆飲水,不得嗜酒;欲飲美酒,唯得染脣漬口,不得傾盂覆斗。……焚薪作炭,壘石薄岸;治舍蓋屋,書削代牘。日暮以歸,當送乾薪二三束。……植種桃李,梨柿柘桑;三丈一樹,八尺爲行;果類相從,縱橫相當。果熟收斂,不得吮嘗。……勤心疾作,不得遨游。奴老力索,種莞織席;事訖欲休,當春一石;夜半無事,浣衣當臼。若有私錢,主給賓客。奴不得有姦私,事事當關白;奴不聽教,當答一百。

> 讀券文徧訖,詞窮咋索,乞乞扣頭,兩手自縛,目淚下落,鼻涕長一尺。"審如王大夫言,不如早歸黃土陌,蚯蚓鑽額。早知當爾,爲王大夫酤酒,不敢作惡"。

作者站在奴役者的立場對被奴役者奴婢的苦難持取笑態度,這是
應當批判的,但他以氣如泉涌之排偶句淋漓盡致地描寫了奴婢的
血淚生活史,爲當時社會提供了一幅人民苦難境遇的真實史料,卻
是十分可貴的。《責鬚髯奴辭》與《僮約》相似,也是一篇諧謔之
作。作者以上層人物之鬚與鬚髯奴之鬚相比,嘲笑鬚髯奴之鬚之
醜陋,更顯示出其奴隸主階級的頑固立場。如先寫上層人物之鬚:

> 離離若緣坡之竹,鬱鬱若春田之苗,因風披靡,隨身飄颻,
> 爾乃附以豐頤,表以蛾眉,發以素顏,呈以妍姿。……

次寫鬚髯奴之鬚:

> 既亂且赭,枯槁禿瘁,劬勞辛苦,汗垢流離,污穢泥土,傖
> 囁穰攉,與塵爲侶,無素顏可依,無豐頤可怙。……

最後辱罵奴隸"獺須瘦面,常如死灰。曾不如犬羊之毛尾,狐狸之
毫氂",内容毫不足取,但通篇用駢體,文辭較《僮約》文雅,清麗
可喜。

　　王褒之駢體,除了頌聖之文外,便是諧謔之筆,在内容上沒有
甚麽意義,但在文體的構築和辭句的雕琢上卻有其成就,他以自己
的創作實踐,把駢文之形式向前推進了一步。

　　元帝、成帝以後,經學昌盛,文辭必博采經語,用典風靡。揚雄
是當時之大經學家,在創作上專尚摹擬,在用典,博采經書方面表
現得很突出。他擬《論語》著《法言》,遣詞造句極盡錘鍊之能事,
以至於艱澀難懂。如其《重黎》篇云:"或問子胥、種蠡孰賢? 曰,
胥也。俾吳作亂,破楚入郢……不式不能去,卒眼之。""眼"字用
法大奇,幾乎不通。又《法言序》有"蠢迪檢柙"四字句,顏師古注:
"蠢,動也;迪,道也,由也;檢柙,猶隱括也;言動由檢柙也。"其實
即"動由規矩",他則故作晦澀。這種文風對後代文學影響很大,

韓愈、柳宗元爲文都以此書爲遣詞造句之範本。但《法言》一書，卻是當時辭賦與散文融合之代表作。《法言》卷二《吾子》篇云：

> 或曰："女有色，書亦有色乎？"曰："有。女惡華丹之亂窈窕也；書惡淫辭之淈法度也。"或問："屈原智乎？"曰："如玉如瑩，爰變丹青。如其智，如其智。"或問："君子尚辭乎？"曰："君子事之爲尚。事勝辭則伉；辭勝事則賦；事辭稱則經。足言足容，德之藻矣。"或問："公孫龍詭辭數萬以爲法，法與？"曰："斷木爲棊，梡革爲鞠，亦皆有法焉。不合乎先王之法者，君子不法也。觀書者譬諸觀山及水。升東岳而知衆山之峛崺也，況介丘乎？浮滄海而知江河之惡沱也，況枯澤乎？舍舟航而濟乎瀆者，末矣；舍五經而濟乎道者，無矣。棄常珍而嗜乎異饌者，惡覩其識味也？委大聖而好乎諸子者，惡覩其識道也？山嶇之蹊，不可勝由矣；向牆之戶，不可勝入矣。"曰："惡由入？"曰："孔氏。孔氏者，戶也。"曰："子戶乎？"曰："戶哉，戶哉。吾獨有不戶者矣。"

其中主要是闡述他法先王的思想，即要以儒家學說爲楷模，以儒家經典作爲判斷是非之標準。辭賦與散文融匯無間，完全趨向駢儷化。又《法言》卷五《問神》篇云：

> 書不經，非書也；言不經，非言也；言書不經，多多贅矣。

說明言行必須以經書爲根據。

《法言》卷十二《君子》篇云：

> 或曰："聖人不師仙，厥術異也。聖人之於天下，恥一物之不知；仙人之於天下，恥一日之不生。"曰："生乎！生乎！名生而實死也。"

說明神仙方術之不可信。

《君子》篇又云：

> 有生者，必有死；有始者，必有終；自然之道也。君子忠
> 人，況己乎？小人欺己，況人乎？

說明人之生死是自然規律，不可能長生不老。這些都采用駢辭儷
句，排比整齊。其他諸篇，也大抵如此。至於揚雄擬《易》作《太
玄》，《易》多麗詞偶句，《太玄》也如此，像《太玄》卷七《玄瑩》
篇云：

> 夫作者貴其有循而體自然也。其所循也大，則其體也壯；
> 其所循也小，則其體也瘠；其所循也直，則其體也渾；其所循也
> 曲，則其體也散。故不擢所有，不強所無，譬諸身，增則贅，而
> 割則虧。故質幹在乎自然，華藻在乎人事，人事也，其可損
> 益歟？

表述天道自然的思想，以反對天人感應的觀念。連篇用偶句，對仗
工整，皆作者用心所作。

揚雄所作之更嚴整之駢體文爲《解嘲》。此其擬東方朔《答客
難》而作，内容與《答客難》基本一致，即以古今時代之不同，士之
遭遇也不同，爲自己官卑職微寬解。所不同者，揚雄抒發了"位極
者高危，自守者身全"的人生觀，表現了一種曠達的精神。全篇皆
駢偶，而且用韻較多。如其答客人之嘲謔云：

> 揚子笑而應之曰："客徒朱丹吾轂，不知一跌將赤吾之族
> 也。往昔周網解結，群鹿爭逸，離爲十二，合爲六七，四分五
> 剖，並爲戰國。士無常君，君無定臣，得士者富，失士者貧。矯
> 翼厲翮，恣意所存。……今大漢左東海，右渠搜，前番禺，後椒

塗。東南一尉，西北一侯。徽以糾墨，制以鑕鈇；散以禮、樂，風以《詩》、《書》；曠以歲月，結以倚廬。天下之士，雷動雲合，魚鱗雜襲，咸營於八區。……當塗者升青雲，失路者委溝渠；旦握權則爲卿相，夕失勢則爲匹夫。……夫上世之士，或解縛而相，或釋褐而傳；或倚夷門而笑，或橫江潭而漁；或七十說而不遇，或立談而封侯；或枉千乘於陋巷，或擁篲而先驅。是以士頗得信其舌而奮其筆，室隙蹈瑕，而無所詘也。當今縣令不請士，郡守不迎師，群卿不揖客，將相不俛眉；言奇者見疑，行殊者得辟。是以欲談者卷舌而同聲，欲步者擬足而投跡。嚮使上世之士，處乎今世，策非甲科，行非孝廉，舉非方正，獨可抗疏，時道是非，高得待詔，下觸聞罷，又安得青紫？且吾聞之，炎炎者滅，隆隆者絕；觀雷觀火，爲盈爲實；天收其聲，地藏其熱；高明之家，鬼瞰其室；攫拏者亡，默默者存……爰清爰靜，游神之庭；惟寂惟寞，守德之宅。世異事變，人道不殊；彼我易時，未知何如。今子乃以鴟梟而笑鳳皇，執蝘蜓而嘲龜龍，不亦病乎？子之笑我玄之尚白，吾亦笑子病甚，不遇俞跗與扁鵲也，悲夫！"

作者用"上世"與"當今"劃分出兩個不同時代士之不同處境，所以揚"上世"貶"當今"。文中引經據典，徵采繁密，俳諧偶對，流麗漫衍，節奏鏗鏘，聲調協暢。就藝術形式看，它上承《答客難》，而又高於《答客難》，下則開班固之《答賓戲》。

《解難》與《解嘲》之篇義不同，而是由於"客有難《玄》太深，衆人之不好也"（《漢書》卷八十七《揚雄傳》）。揚雄則以作《太玄》自負，表示自己不同流俗，認爲"聲之眇者，不可同於衆人之耳；形之美者，不可混於世俗之目；辭之衍者，不可齊於庸人之聽"，一反《解嘲》中那種"惟寂惟寞，守德之宅"的人生態度，而要與世俗抗爭了。文辭駢偶、瑰麗，乃有意爲之。《劇秦美新》是贊美王莽新朝之作，前人對此頗多微詞，認爲他喪失節操。但今天看來，王莽新朝並非無可稱頌之處，如其當災荒之年，自己獻錢百萬、田三十頃，令官吏豪富二百三十人亦獻田宅，讓大司農分配給貧民；有疫地區，讓出大房子給病人治療；又廢皇室園囿呼池苑，改設安民縣，募貧民遷居新縣，等等，都産生了很好的影響。如此，揚雄爲文稱頌之，亦未可厚非。文章之駢詞儷句極爲工整，如：

> 豈知新室委心積意，儲思垂務，旁作穆穆，明旦不寐，勤勤懇懇者，非秦之爲與？夫不勤勤，則前人不當；不懇懇，則覺德不愷。是以發祕府，覽書林，遥集乎文雅之囿，翱翔乎禮樂之場，胤殷周之失業，紹唐虞之絶風；懿律嘉量，金科玉條；神卦靈兆，古文畢發；焕炳照曜，靡不宣臻。……

作者精心地遣詞造句，其錘練之工，斧鑿之痕，歷歷可見。此乃駢文創作所講求者。

從以上的論述，我們可以明確地推斷，駢文並非産生於東漢，而是産生於西漢。《四庫全書總目提要·總集類四·四六法海》云："自李斯《諫逐客書》始點綴華詞，自鄒陽《獄中上梁王書》始疊陳故事，是駢體之漸萌也。符命之作則《封禪書》、《典引》，問對之文則《答賓戲》、《客難》，駸駸乎偶句漸多，沿及晉宋，格律遂成。"又劉熙載《藝概》卷一《文概》云："用辭賦之駢麗以爲文者，起於宋玉《對楚王問》，後此則鄒陽、枚乘、相如是也。"司馬相如之賦作，爲文賦定型，同時以文賦之散體撰文，使文章日趨駢儷化。之後，經過東方朔、王褒等人之相繼創作實踐，使辭賦與散文進一步融合，至揚雄則駢體文達到更臻成熟的階段。駢文之産生與形成，豐富了我國古代文學的形式，其重對偶，用音韻，講煉詞鑄句等對文學形式的追求,對後代文學都產生了很大影響。

## 第七節　樂府與詩

　　“樂府”與“詩”是一種文學樣式之兩個方面。《文心雕龍》卷二《樂府》云:

　　　　故知詩爲樂心,聲爲樂體。

同篇又云:

　　　　凡樂辭曰詩,詩聲曰歌。

即説明“詩”是内容,“聲”是形式,“樂府”與“詩”是内容與形式之關係。《文心雕龍》卷二《明詩》對此有同樣的論述。因爲“樂府”與“詩”是一種文學樣式之兩個方面,所以我們可以一起加以探討。

　　“樂府”一詞,有廣義與狹義之分。自狹義言之,乃指漢武帝至漢哀帝時所設置之音樂機關及其制音度曲並被之管絃的詩歌。顧炎武對此講得很正確,其《日知録》卷二十八云:“樂府是官署之名。……後人乃以樂府所采詩即名之曰樂府。”這是完全符合實際情況的。自廣義言之,後人並不止以樂府所采之詩爲樂府,而是凡能歌唱之詩,或未入樂而體制情味是摹擬樂府所采之詩者,皆稱爲樂府。

　　“詩”也有可歌與不可歌兩類。《文心雕龍》卷二《樂府》云:

　　　　昔子政品文,詩與歌别。

即説明詩有可歌與不可歌之分。《漢書》卷三十《藝文志》記載漢代歌詩二十八家,凡三百一十四篇,皆可歌之詩,而《漢書》卷七十三《韋賢傳》所載韋孟之《諷諫》、《在鄒》與《韋玄成傳》所載其《自劾責》、《戒示子孫》諸詩，卻不在其中。這是由於韋氏之作不可歌之故。所以，不能説凡漢詩都可歌。

## 一、詩

漢詩起源於哪裏？《史記·秦始皇本紀》記載始皇曾使博士作《仙真人詩》，但原詩已佚，且真僞莫辨，不可爲據。其後陳釋智匠之《古今樂録》著録若干漢詩，原詩雖不可見，然可看作是漢詩之萌芽。今天我們所能見到的早期漢詩很少，僅有以下幾種：

其一爲漢初唐山夫人所作之《房中歌》。此詩人們多認爲是最早之樂府。實則不然，高祖時尚未設置樂府機關，哪得視爲樂府詩？應當看作最早的可歌之漢詩。《漢書》卷二十二《禮樂志》云：

> 房中祠樂，高祖唐山夫人所作也。……高祖樂楚聲，故《房中樂》楚聲也。孝惠二年，使樂府令夏侯寬備其簫管，更名曰《安世樂》。

説明《房中樂》本爲楚聲，孝惠時增加簫管，絲竹合奏，音制與舊時不同，故更名爲《安世樂》。然這正如孝惠、孝文、孝景時司樂之習常演唱《三侯之章》（即《大風歌》）相同，不過是例行故事，令“禮官肄業而已”，並非真正之樂府。真正之樂府，始於武帝時期，乃衆所周知。

《房中樂》是高祖正位一統之後，祭祀祖廟之樂章。高祖樂楚聲，所以命唐山夫人作此樂章以祀祖先，並非祀高祖也。全詩十七章，主要是歌頌孝道，其首章之“大孝備矣，休德昭清”，即揭示出全篇之主旨。沈德潛云：“首云‘大孝備矣’，以下反反覆覆，屢稱孝德，漢朝數百年家法，自此開出，累代廟號首冠以孝，有以也。”

（《古詩源》卷二）確是道出了此詩之底蘊。其第三章有云：“敕身齊戒，施教申申。”謂敬謹齋戒，施教不已。其下凡五章皆本此二句，不斷地申述以皇帝之孝德施教宗室、文臣武將和黎民百姓等。如第六章教公卿侯伯，其詞云：

> 大海蕩蕩水所歸，高賢愉愉民所懷。大山崔，百卉殖。民何貴？貴有德。

此以海水興賢人。謂大海由於廣大，而衆水歸之；明君由於德美，而民人皆附；大山由於崔嵬，而百卉生殖；君王由於德高，而萬民崇敬。又第九章教黎民百姓，其詞云：

> 雷震震，電燿燿，明德鄉，治本約。治本約，澤弘大。加被寵，咸相保。德施大，世曼壽。

以王者之威取象雷電，明示德義之方，而治政必本之於約。陳本禮云：“高祖入關，與父老約法三章，即此‘約’字所本。”（《漢詩統箋》）高祖除秦苛法，吏民安堵，故云“澤宏大”。德政所加，人被寵渥，則家室老幼相保，得延年壽。全詩皆歌功頌德，沒有甚麼意義。

但此詩之價值，不在內容，而在句法之變化，其中或三言，或四言，或雜言。四言十三章，三言三章，雜言一章。四言者是沿襲《詩經》之體式，三言與雜言者是變化楚辭之句法而成之。如其三言者云：

> 豐草葽，女羅施。善何如，誰能回！大莫大，成教德；長莫長，被無極。

若在其句中增一“兮”字，如“豐草葽兮女羅施。善何如兮誰能回。……”便與楚辭《九歌》中之《國殤》句法相同。又其雜言者乃三言與七言相雜，如上文例舉之第六章，若在其兩個三言句之間增一"兮"字，如"大山崔兮百卉殖。民何貴兮貴有德"，便與楚辭《九歌》中之《山鬼》句法相同。可見這種三言與雜言之體式由楚辭演變之痕跡極爲明顯。又兩句三言之間增一"兮"字，成爲七言，這種七言句至武帝《郊祀歌》則更多地被采用了。所以《房中樂》在句法上之承襲與轉變説明漢詩在形式上之發展與進步。

其二爲高祖至景帝時韋孟之《諷諫》、《在鄒》二篇。這是不可歌之詩。《諷諫》是韋孟爲楚元王孫戊太傅時，戊荒淫無道，他諷諫王戊之作。其中有云：

> 如何我王，不思守保，不惟履冰，以繼祖考！邦事是廢，逸游是娛，犬馬縣縣，是放是驅。務彼鳥獸，忽此稼苗，烝民以匱，我王以媮。所弘非德，所親非俊，唯囿是恢，唯讒是信。瞯瞯諧夫，咢咢黄髮（老壽之人），如何我王，曾不是察！既藐下臣，追欲從逸，嫚彼顯祖，輕兹削黜。

指責王戊不敬慎其職，以繼承祖先之業績，而疏遠忠賢之輔，追情欲，從逸游。荒誤稼穡，困匱民人，反以爲樂，以致國家危殆等等。全詩歷數其荒淫無道給國家造成之危害。《在鄒》是他去職後，徙家於鄒所作。所以詩之内容已非指責王戊之過，而是流露了對王室之眷戀。如其末段云：

> 我既遷逝，心存我舊，夢我瀆上，立于王朝。其夢如何？夢爭王室。其爭如何？夢王我弼。寤其外邦，歎其喟然，念我祖考，泣涕其漣。微微老夫，咨既遷絶，洋洋仲尼，視（讀示）我遺烈。濟濟鄒魯，禮義唯恭，誦習弦歌，于異他邦。我雖鄙考，心其好而，我從侃爾，樂亦在而。

叙述其遷鄒之後，夢見在朝廷與王戊爭論王室之事，王戊違戾其言之情景。然鄒魯乃禮義之邦，其弦歌禮樂之盛，非他鄉可比，他也就樂在其中了。對這兩首詩，班固懷疑其非韋孟所作："或曰其子孫好事，述先人之志而作是詩也。"認爲可能出於韋孟子孫之手。今按這兩首詩皆不諱高祖之名"邦"字，可以證明是後人所作。通篇爲四言，句法、體式全仿《詩經》，乃《雅》、《頌》精神之遺響。

其三爲宣帝、元帝時韋玄成所作之《自劾責》、《戒示子孫》二篇，亦爲不可歌之詩。《自劾責》詩是他由於"侍祀孝惠廟，當晨入廟，天雨淖，不駕駟馬車而騎至廟下"爲有司劾奏，被削爵爲關內侯，"自傷貶黜父爵"而作。其中有云：

> 赫赫顯爵，自我隊（喪失也）之；微微附庸（指關內侯），自我招之。誰能忍媿，寄之我顔；誰將遐征，從之夷蠻。……嗟我小子，于貳其尤，隊彼令聲，申此擇辭。四方群后，我監我視，威儀車服，唯肅是履！

表述他由於被削爵而蒙受恥辱，羞愧得無地自容，無面目再見朝廷之士。慨嘆自己由於心不專一，而致此過錯。既自戒，又戒他人。《戒示子孫》詩是他於元帝時被貶黜十年之後，又爲丞相，封侯故國，因此作詩"自著復玷缺（克服缺點）之艱難"，以戒示子孫。其末段云：

> 嗟我後人，命其靡常，靖享爾位，瞻仰靡荒。慎爾會同，戒爾車服，無媿爾儀，以保爾域。爾無我視，不慎不整；我之此復，惟禄之幸。於戲後人，惟肅惟栗。無忝顯祖，以蕃漢室！

勸誡其後代謂天命無常，惟善是祐，應當恭慎其位，以保守封邑；謂我得復此爵，乃蒙天之福，爾等不得視效而怠慢爾職。這兩首詩亦爲四言體，典重爾雅，全仿《詩經》，這與其"修父業"，讀經書有密切關係。班固評云："玄成爲相七年，守正持重不及父賢，而文采過之。"所謂"文采過之"，應即指他在詩歌方面之成就。

今天所見早期之漢詩即以上幾種，都是貴族階級所作。其內容多寫貴族階級之興衰得失，其句法、體式與格調都是對《詩經》的沿襲，是《雅》、《頌》精神之流波餘韻。

## 二、樂府

漢之樂府創立於武帝時代。《漢書》卷二十二《禮樂志》記載：

> 至武帝定郊祀之禮……乃立樂府，采詩夜誦，有趙、代、秦、楚之謳。以李延年爲協律都尉，多舉司馬相如等數十人造爲詩賦，略論律呂，以合八音之調，作十九章之歌。

顏師古在"乃立樂府"句下，注云："樂府之名蓋起於此。""采詩"是仿效周代遒人徇路，采取里巷謠謳，以觀政教得失。"夜誦"之"夜"字，有三種解釋：其一，唐顏師古認爲所采詩"其言辭或秘不可宣露，故於夜中歌誦也"。其二，清錢大昭認爲"夜"同"掖"，乃"誦於宮掖之中"。其三，清周壽昌認爲"蓋夜時清靜，循誦易嫻"，因此"置官選詩合於雅樂者，夜靜誦之"。然則此三種解釋皆不可取，我們試從訓詁方面求之。按："夜"從"夕"，"夕"亦聲。"夕"者繹也，即抽繹之意。"夜"在此用爲動詞，意謂抽繹詩中之含義。"誦"，爲歌誦以合律呂。又按：司馬相如死於元狩五年（前一一八年），時代在李延年之先，此所謂"多舉司馬相如等數十人造爲詩賦"，當指收集其遺留之作品而言。

由於武帝之立樂府，樂府詩歌蓬勃地發展起來。其發展來自三個方面：一者采集民間歌謠，二者令文人作詩頌，三者音樂家自作歌詞。這三者都由音樂家爲之弦歌製譜，如此則徒歌變爲合樂之歌，詩頌變爲合樂之詩，自作歌詞變爲音樂文學了。這當然是樂府詩產生初期之情況，當時之歌詩都是入樂的。其後便有效仿之作,樂府之範圍也因之擴大,乃有入樂與不入樂之分。

關於樂府之分類,隨着樂府本身之演變與不同時代人們對樂府認識之不同而有差異。其中最爲詳備、確當之分類,當推郭茂倩之《樂府詩集》。兹録其分類如下:

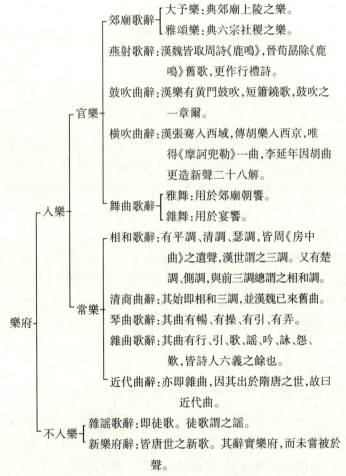

郊廟歌辭 ─ 大予樂:典郊廟上陵之樂。
　　　　　 雅頌樂:典六宗社稷之樂。

燕射歌辭:漢魏皆取周詩《鹿鳴》,晉荀勗除《鹿鳴》舊歌,更作行禮詩。

鼓吹曲辭:漢樂有黄門鼓吹,短簫鐃歌,鼓吹之一章爾。

官樂 ─ 橫吹曲辭:漢張騫入西域,傳胡樂入西京,唯得《摩訶兜勒》一曲,李延年因胡曲更造新聲二十八解。

舞曲歌辭 ─ 雅舞:用於郊廟朝饗。
　　　　　 雜舞:用於宴饗。

入樂

相和歌辭:有平調、清調、瑟調,皆周《房中曲》之遺聲,漢世謂之三調。又有楚調、側調,與前三調總謂之相和調。

清商曲辭:其始即相和三調,並漢魏已來舊曲。

常樂 ─ 琴曲歌辭:其曲有暢、有操、有引、有弄。

雜曲歌辭:其曲有行、引、歌、謡、吟、詠、怨、歎,皆詩人六義之餘也。

近代曲辭:亦即雜曲,因其出於隋唐之世,故曰近代曲。

樂府

不入樂 ─ 雜謡歌辭:即徒歌。徒歌謂之謡。
　　　　 新樂府辭:皆唐世之新歌。其辭實樂府,而未嘗被於聲。

他將樂府分爲十二類,可謂得其要領。《樂府詩集》一百卷,是研究我國古代文學和樂歌之寶貴庫藏。

漢之樂府，包含兩種不同性質之作品：一種是貴族階級之作品，即所謂廟堂文學；一種是比較接近民間之作品，即民間文學。貴族階級之代表作，即《郊祀歌》。《郊祀歌》用以祭祀天神地祇，與《安世房中歌》之用以祭祀祖考者不同。《樂府詩集》卷一《郊廟歌辭》云："郊樂者，《易》所謂先王以作樂崇德，殷薦上帝。"即説明其施用之所在。

《郊祀歌》之作，並非出於一人之手，亦非同時之制，與《安世房中歌》爲唐山夫人一人一時之作者又不同。據《史記》卷二十四《樂書》云："至今上（武帝）即位，作十九章。……又嘗得神馬渥洼水中，復次以爲《太一之歌》。……後伐大宛得千里馬，馬名蒲梢，次作以爲歌。"可見其中一部分乃出於武帝之手。《漢書》卷二十二《禮樂志》標明爲武帝作者有《天馬》、《景星》、《齊房》、《朝隴首》、《象載瑜》。題曰"鄒子樂"者，有《青陽》、《朱明》、《西顥》、《玄冥》。鄒子，或謂即鄒陽。又李延年"多舉司馬相如等數十人造爲詩賦"，疑爲司馬相如等人作者有《練時日》、《帝臨》、《惟泰元》、《天門》、《后皇》、《華燁燁》、《五神》、《赤蛟》。以上諸章皆典重奧麗，格調勻稱。惟《日出入》一章體制長短錯落有致，與衆不同，可能爲"善歌爲新變聲"（《漢書》卷九十三《李延年傳》）之李延年所作。至於寫作年代，《天馬》作於元狩三年（前一二〇年），《景星》作於元鼎五年（前一一二年），《齊房》作於元封二年（前一〇九年），《朝隴首》作於元狩元年（前一二二年），《象載瑜》作於太始三年（前九四年），亦説明十九章之歌非一時一地之作。

《郊祀歌》是當時宏大之樂章，侈陳歌舞聲樂之盛，文辭典雅古奧，艱澀難通。《史記》卷二十四《樂書》即指出："通一經之士不能獨知其辭，皆集會《五經》家，相與共講習讀之，乃能通知其意，

多爾雅之文。"因此,文學價值並不高,比較有文學意味者爲《日出入》和《天門》。《日出入》爲祭日神之樂章。其詞云:

> 日出入安窮?時世不與人同。故春非我春,夏非我夏,秋非我秋,冬非我冬。泊如四海之池,徧觀是邪謂何?吾知所樂,獨樂六龍,六龍之調,使我心若。訾黄(即乘黄)其何不徠下!

對此詩之解釋,陳本禮《漢詩統箋》云:"世長壽短,石火電光,豈可謾謂爲我之歲月耶?不若還之太空,聽其自春自夏自秋自冬而已耳。"又晉灼注云:"言人壽不能安固如四海,徧觀是,乃知命甚促。謂何,當如之何也。""吾知"以下諸句,謂武帝感於生命之短促,因欲乘六龍,升天而成仙,然而乘黄終不下來,其成仙之願望仍不能實現。此詩所詠有其現實針對性,朱乾《樂府正義》云:"武帝惑于方士之言,入海求仙,希圖不死,一時文士,揣摩世主而爲之辭。"可謂得之。《天門》爲祭天皇上帝之樂章。其詞云:

> 天門開,詄蕩蕩,穆並騁,以臨饗。光夜燭,德信著,靈寴鴻,長生豫。大朱涂廣,夷石爲堂,飾玉梢以舞歌,體招搖若永望。星留俞,塞隕光,照紫幄,珠煩黄。幡比翄回集,貳雙飛常羊。月穆穆以金波,日華燿以宣明。假清風軋忽,激長至重觴。神裵回若留放,殣冀親以肆章。函蒙祉福常若期,寂漻上天知厭時。泛泛滇滇從高斿,殷勤此路臚所求。佻正嘉吉弘以昌,休嘉砰隱溢四方。專精厲意逝九閡,紛云六幕浮大海。

陳本禮《漢詩統箋》云:"此首前半皆詠天門以内之景,中間並不鋪叙牲牢奠薦,只以'重觴'二字盡之,章法一變。末復爲民求福,而上帝竟俯允所請。佻正嘉吉以溢四方,逝九閡而浮大海,用'專精厲意'四字,更寫得奇。"篇末正寫上帝之惓惓不已,不使一人失其所,以明帝德之宏昌。《郊祀歌》之篇章比《房中歌》廣闊,其體制也比《房中歌》多變。計三言者七章,四言者八章,四七雜言者二章,四五六七雜言者一章,三四五六七雜言者一章。其中主要是三言和四言,皆摹擬《雅》、《頌》體例,五言句絶無僅有,所以劉勰説:"辭人遺翰,莫見五言。"(《文心雕龍》卷二《明詩》)

《郊祀歌》影響於後代者至大,晉宋人所作之郊祀宗廟樂章,多爲三言、四言句,皆其仿作。如謝莊所作宋明堂迎神歌詩,沈約注云:"依漢《郊祀》迎神,三言四句一轉韻。"(《宋書》卷二十《樂志》)即其例證也。

漢之民間樂府,數量較多,文學價值也較高。《漢書》卷三十《藝文志》云:"自孝武立樂府而采歌謡,於是有代、趙之謳,秦、楚之風,皆感於哀樂,緣事而發。"即説明樂府來源於代、趙、秦、楚等地之謡謳。這種民間樂府在漢代文學中之地位,猶如《風》、《雅》之在周代,皆一代文學之代表。鄭樵即曾指出:"詩者,人心之樂也。不以世之汙隆而存亡,豈三代之時,人有是心,心有是樂,三代之後,人無是心,心無是樂乎?繼三代之作者樂府也。樂府之作,宛同《風》、《雅》。"(《通志》卷四十九《樂略·樂府總序》)至於民間樂府之作,哪些屬於西漢,哪些屬於東漢,卻很難確定。但我們從《樂府詩集》之記載和詩歌內容有本事足徵者以及作品之不同風格可以予以推斷。

### (一)鼓吹曲辭

《鼓吹曲》起於何時?不可確考。劉瓛《定軍禮》云:"鼓吹,未知其始也。漢班壹雄朔野而有之矣,鳴笳以和簫聲,非八音也。"鼓吹曲樂器用笳用簫,可能受胡樂之影響,郭茂倩認爲即傳自西域的《摩訶兜勒》曲。少數民族音樂傳入中原,遠古已經開始,《周禮》中即有"四夷"之樂的記載。又蔡邕《禮樂志》云:"漢樂四品……

三曰《黄門鼓吹》,天子所以晏樂群臣。……其《短簫鐃歌》,軍樂也。"説明《短簫鐃歌》屬於《鼓吹曲》之軍樂。崔豹《古今注》卷中更明確地説:"《短簫鐃歌》,《鼓吹》之一章耳。"不過所施用不同,《黄門鼓吹》所以宴饗群臣,《短簫鐃歌》所以鼓舞士氣。然《短簫鐃歌》既爲軍樂,即非貴族不得擅用,與民間樂府何干? 我們將蔡邕之説法,與《宋書·樂志》所載之《鐃歌》十八曲相對照,即可看出除《戰城南》、《聖人出》二首爲叙戰陣者外,其他都與戰陣無關。莊述祖《漢鐃歌句解》云:"《短簫鐃歌》之爲軍樂,特其聲耳;其辭不必皆序戰陳(陣)之事。"又陳本禮《漢詩統箋》云:"按今所傳《鐃歌》十八曲,不盡軍中樂,其詩有諷有頌,有祭祀樂章。其名不見於《史記》,亦不見於《漢書》,唯《宋書·樂志》有之,似漢雜曲,歷魏、晉傳訛;《宋書》搜羅遺佚,遂統名之曰《鐃歌》耳。"他們提出很有意義的意見,即《鐃歌》本來有聲無辭,辭乃後來所補,"似漢雜曲",内容龐雜,現在看來,其内容有叙戰陣者,有記祥瑞者,有表武功者,也有抒男女戀情者。有文人制作,也有民間歌謠。《鐃歌》產生之時代,不可確考,大約當武帝至宣帝時期。其《上之回》即記述武帝巡幸回中之事,《上陵》云:"甘露初二年","甘露"即宣帝年號。皆有力之證明。

　　《鐃歌》在樂府中最難讀,所以難讀,不是由於其如《郊祀歌》文辭之古奥艱澀,而是因爲如沈約所説"聲辭相雜",如智匠所説"字多訛誤",如朱謙之所説"胡漢相混"。"聲辭相雜",是其主要原因。沈約《宋書·樂志》云:"樂人以音聲相傳,訓詁不可復解。凡古樂録,皆大字是辭,細字是聲,聲辭合寫,故致然爾。"現就比較可解之民間作品,略加疏證,次列於下:

　　《戰城南》是一篇反對戰爭之詩歌。其詞云:

　　　　戰城南,死郭北,野死不葬烏可食。爲我謂烏:"且爲客

豪！野死諒不葬，腐肉安能去子逃？"水深激激，蒲葦冥冥。梟
騎戰鬥死，駑馬徘迴鳴。梁築室，何以南，何以北？禾黍不穫
君何食？願爲忠臣安可得？思子良臣，良臣誠可思！朝行出
攻，暮不夜歸。

此詩應是針對漢武帝之窮兵黷武、輕啓邊釁，給人民造成深重的苦
難而作。對武帝窮兵黷武之政策，朝臣有反對者，亦有支持者，但
都以"忠臣"自居。《史記》卷一百二十二《酷吏列傳》如此記載：
"會渾邪等降，漢大興兵伐匈奴，山東水旱，貧民流徙，皆仰給縣官，
縣官空虛。……匈奴來請和親，群臣議上前。博士狄山曰：'和親
便。'上問其便，山曰：'兵者凶器，未易數動。高帝欲伐匈奴，大困
平城，乃遂結和親。孝惠、高后時，天下安樂。及孝文帝欲事匈奴，
北邊蕭然苦兵矣。孝景時，吳楚七國反，景帝往來兩宮間，寒心者
數月。吳楚已破，竟景帝不言兵，天下富實。今自陛下舉兵擊匈
奴，中國以空虛，邊民大困貧。由此觀之，不如和親。'上問湯，湯
曰：'此愚儒，無知。'狄山曰：'臣固愚忠，若御史大夫湯乃詐忠。'"
狄山反對對匈奴用兵，張湯則支持，但無論反對或支持，都以忠臣
自命，並互相攻擊爲"愚忠"或"詐忠"。所以此詩之"願爲忠臣安
可得"句正是當時政治領域思想興論之反映。

此詩全託士兵妻子之口吻，哀念戰死之丈夫，從而譴責戰爭之
殘酷。城南郭北，互文見義。豪，氣魄大。"且爲客豪"，即讓客之
雄姿長存！諒，誠然。去，離開。子，你，指烏。梟騎，亦作驍騎，良
馬。梁字上疑有脫文，或云脫"乘"或"架"字，架梁築室對文。此
乃設想其夫在家當做之事，如《詩經·豳風·七月》所謂"晝爾于
茅，宵爾索綯，亟其乘屋"者也。"何以南，何以北"言何以被徵而
南征北戰？"禾黍不穫"，而租稅無所出也。"君何食"，據《史記·
酷吏列傳》記載，武帝由於窮兵黷武，使田地荒蕪，農民繳納不上租

稅,最終國君之口糧也得不到保證。"願爲忠臣安可得",意爲君既無所食,那些支持武帝之窮兵黷武政策者,要做忠臣也做不成了。子與良臣爲同位詞,良臣即"願做忠臣"之忠臣。不夜,當互易,"暮不夜歸",當作"暮夜不歸"。此詩構思超脫,感情奔放,給後代詩歌創作以重要啓示,李白之《戰城南》、杜甫之《兵車行》皆吸取其創作經驗而寫成的。

《君馬黄》應當是一首文學侍臣諷諫皇帝馳騁畋獵之詩。其詞云:

> 君馬黄,臣馬蒼,二馬同逐臣馬良。易之有騩蔡有赭。美人歸以南,駕車馳馬,美人傷我心!佳人歸以北,駕車馳馬,佳人安終極?

據《漢書》賈山、司馬相如、揚雄、徐樂諸傳記載,文帝、武帝、成帝皆好馳騁畋獵,他們多次上書諫阻。如《漢書》卷六十四《徐樂傳》云:"(樂)上書曰:'間者關東五穀數不登,年歲未復,民多窮困……陛下逐走獸,射飛鳥,弘游燕之囿,淫從(縱)恣之觀,極馳騁之樂,自若。金石絲竹之聲不絕於耳,帷幄之私,俳優朱儒之笑不乏於前,而天下無宿憂?'"徐樂是武帝時人,此詩不一定是他作的,但大概作於武帝時代,或不會有誤。徐樂是正面諫諍,此詩則是委婉諷諭。君馬、臣馬,指畋獵所乘之馬。"君馬黄,臣馬蒼,二馬同逐臣馬良",規諷國君謂君臣同獵,萬一君之競技不如臣,則何以爲天下主?易,古燕地,在今河北雄縣西北十五里。蔡,古蔡地,在今河南新蔡縣。騩,馬淺黑色,即駿馬。赭,馬之赤白雜毛者,即赭白馬。此言全國各地皆產名馬,其才能超過大厩(御馬監)者,乃勢有必然,君與臣同獵,未必能操勝算。美人、佳人,皆以喻君,指武帝。謂武帝南北馳騁,實在令人擔憂。此詩之藝術特點是婉而多諷，開後世諷諭詩之先河。

《有所思》是一個青年女子被遺棄後抒發怨憤之作。其詞云：

> 有所思，乃在大海南。何用問遺君？雙珠瑇瑁簪，用玉紹繚之。聞君有他心，拉雜摧燒之；摧燒之，當風揚其灰。從今以往，勿復相思！相思與君絕！雞鳴狗吠，兄嫂當知之。妃呼豨！秋風肅肅晨風颸，東方須臾高知之。

據《左傳·僖公四年》記載：“楚子使與師言曰：‘君處北海，寡人處南海，唯是風馬牛不相及也。’”服虔注：“風，放也。牝牡相誘謂之風。”則古代南海、北海乃戀歌習用之隱語，所以表示離絕。意謂我對你懷念之殷切，並不因爲居處距離遙遠而稍有淡薄。何用，即何以。漢詩凡用何以處，多改用何用。如《陌上桑》：“何用識夫壻”等。問遺，漢代習用聯語。如《漢書》卷四十三《婁敬傳》：“數問遺。”此是女子自問自答。瑇瑁簪，《後漢書》卷四十《輿服志下》：“簪以瑇瑁爲擿，長一尺，端爲華勝，⋯⋯下有白珠。”紹繚，應作了了，《唐書》卷八十三《公主傳》有形容公主樓高之詩云：“借問誰氏樓，了了樹頭懸。”了了應作了了，扣子也。意謂用玉扣連起來。此乃以物表心，瑇瑁簪已極珍貴，又綴之以雙珠，猶感不足，更以無數之美玉鑲嵌之。物珍貴，但總是有限的，而人之深情則是無限的。“拉雜摧燒之”，即把將用以問遺所思之雙珠瑇瑁簪折碎燒毀。雞鳴犬吠，《易林》卷五《隨之既濟》：“當年（意即丁年，指鰥夫）早寡（寡婦），獨立孤居；雞鳴犬吠，無敢問諸。”《易林》多采用漢代俗諺，可與此詩互證。又《詩經·召南·野有死麕》：“無使尨也吠。”《毛傳》云：“尨，狗也。非禮相陵，則狗吠。”此皆以雞鳴狗吠寫男女幽會。意謂從前熱戀幽會時，曾招惹得雞鳴狗吠，令兄嫂備知隱情，今後我當如何自處呢？妃呼豨，泛聲，猶伊何那。肅肅，即颸飃，風聲。飃，涼風。由秋風到晨風，點明通宵未眠。高，當讀作皓，白亮意。意謂待天明後，我將如何，大家會知道。這個女子性格熾烈，對男子之負心，發出強勁的控訴。她堅決、果斷，絕不藕斷絲連。口吻逼肖，聲情並作，極爲傳神。

《上邪》是一個青年女子對其情人之誓詞，其詞云：

> 上邪！我欲與君相知，長命無絕衰。山無陵，江水爲竭，冬雷震震夏雨雪，天地合，乃敢與君絕！

莊述祖《漢鐃歌句解》認爲"《上邪》與《有所思》當爲一篇……皆叙男女相謂之言"。然則此兩篇取譬不同，歸趣亦異，不應視爲一篇，而是兩篇獨立的作品，上邪，猶言天呀！命，即令，命、令古字不分。陵，山岡。此女子以五個不可能出現之自然現象爲條件向男子發誓，表示其對男子愛情之堅貞和生死不渝。這類誓詞，爲漢代所習用。如《史記》卷十八《高祖功臣侯者年表》記載劉邦封功臣爲諸侯，對他們發誓説："使河如帶，泰山若厲。國以永寧，爰及苗裔。"此詩將其擴展之，成爲樂府中之一絕，氣勢剛毅，筆力千鈞，沈德潛云："山無陵以下共五事，重疊言之，而不見其排，何筆力之橫也！"（《古詩源》卷三）

綜上所述，可以看出《鐃歌》之某些特點，即多用虛字，句法長短自由，聲情悲壯激烈，乃後代文學豪放派之源。

### （二）相和歌辭

《相和歌》是漢代最流行之歌謠。《宋書》卷二十一《樂志三》云："相和漢舊歌也。絲竹更相和，執節者歌。"言《相和歌》采樂奏、按節雙重之意。其來源，《晉書》卷二十三《樂志下》云："凡樂章古辭，今之存者，並漢世街陌謠謳，《江南可采蓮》、《烏生十五子》、《白頭吟》之屬。其後漸被於絃管，即相和諸曲是也。"言《相和歌》源於民間謠謳,本爲徒歌,後來漸被采用,配以絲竹樂器。樂器絲與竹相和,歌辭多對唱和輪唱,"相和"之名蓋得於此。其内容有抒情者、説理者、叙事者之分。然以叙事一類爲最多,其所叙述又以人情故事和地方風俗爲主,這是漢樂府中最有價值之部分。

《江南》是一首采蓮女子所唱之情歌。其詞云:

> 江南可采蓮,蓮葉何田田! 魚戲蓮葉間。魚戲蓮葉東,魚戲蓮葉西,魚戲蓮葉南,魚戲蓮葉北。

此詩最早記載於《宋書・樂志》,《通志・樂略・相和歌》也首列《江南曲》,以爲正聲。這可能是今天所見極早之五言樂府,當爲武帝時代所采之吳、楚歌詩。蓮,憐之雙關語;其藕,又爲偶之雙關語;故情歌經常采用。田田,蓮葉團團而圓之形。"魚戲蓮葉間",以魚自比,魚生之時,尾隨而相逐,借喻男女相誘。前三句當是采蓮女獨唱,後四句是和詞,由不同方位之四人輪唱,不押韻。黃節《漢魏樂府風箋》卷一謂"西北相叶",乃其杜撰,不可信。《樂府詩集》卷二十六《相和歌辭》引《樂府解題》云:"《江南》古辭,蓋美芳辰麗景,嬉游得時。"可謂得之。

《東光》是一篇士兵厭戰之作,其詞云:

> 東光乎? 倉梧何不乎? 倉梧多腐粟,無益諸軍糧。諸軍游蕩子,早行多悲傷。

此詩所寫當爲武帝元鼎五年路博德、楊僕等征南粵之事。當時所徵集之士兵多爲罪犯,行軍所經皆南方瘴癘之地,故云東方已亮,蒼梧爲何仍未放亮? 意者晨光爲瘴霧所蔽。游蕩子,漢詩中有游子、蕩子、游蕩子、遨游蕩子等,往往指役卒。當時各路軍馬分別取道江西、湖南、貴州,目的地是番禺。路途遥遠,糧食不能順利運達,軍士既被瘴癘之苦,又無糧充飢,故有"早行多悲傷"之嘆! 卒章顯志,把軍士之反戰情緒委婉地表現出來。

《薤露》、《蒿里》皆挽死人之喪歌。《薤露》云:

　　薤上露,何易晞! 露晞明朝更復落,人死一去何時歸!

按《文選》卷四十五《宋玉對楚王問》云:"其爲《陽阿》、《薤露》,國中屬而和者數百人。"此《薤露》見於最早之文獻記錄。崔豹《古今注》卷中云:"《薤露》、《蒿里》,並喪歌也。出田橫門人,橫自殺,門人傷之,爲之悲歌,言人命如薤上之露易晞滅也。亦謂人死魂魄歸乎蒿里。……至武帝時,李延年乃分爲二曲,《薤露》送王公貴人,《蒿里》送士大夫庶人,使挽柩者歌之,世呼爲挽歌。"可以證明此二詩皆作於漢代初年。但將其與田橫事聯繫起來,未免牽强附會,然謂其所挽者不同,則是正確的。薤,類似韭菜之植物。晞,乾。謂人之生命猶如朝露,時間極其短促,然朝露可以再降,生命卻永無回還之期。流露了一種人生無常之感慨。《蒿里》云:

　　蒿里誰家地? 聚斂魂魄無賢愚。鬼伯一何相催促! 人命不得少踟躕。

蒿里,《漢書》卷六《武帝紀》云:"太初元年……十二月禘高里。"注引伏儼曰:"山名,在泰山下。"師古曰:"此高字自作高下之高,而死人之里謂之蒿里,或呼爲下里者也。字則爲蓬蒿之蒿。或者既見泰山神靈之府,高里山又在其旁,即誤以高里爲蒿里。"顏説極是。蒿里既爲士庶人之墓地,不屬於或人所專有,便可以隨便埋葬,故首句云"蒿里誰家地"。鬼伯,勾人魂魄之鬼卒。謂鬼卒追逼人之生命刻不容緩,不論賢愚,皆爲其斂攝。前一首是比體,悽惋欲絕;此一首是賦體,慘刻盡致。

《雞鳴》是一首警誡蕩子亂名干法,將貽累兄弟之詩。其詞云:

雞鳴高樹巔，狗吠深宮中。蕩子何所之？天下方太平。
刑法非有貸，柔協正亂名。黃金爲君門，璧玉爲軒堂。上有雙
樽酒，作使邯鄲倡。劉王碧青甓，後出郭門王。舍後有方池，
池中雙鴛鴦。鴛鴦七十二，羅列自成行。鳴聲何啾啾？聞我
殿東廂。兄弟四五人，皆爲侍中郎。五日一時來，觀者滿路
傍。黃金絡馬頭，頩頩何煌煌！桃生露井上，李樹生桃傍。蟲
來齧桃根，李樹代桃殭。樹木身相代，兄弟還相忘！

歷來人們對此詩之解釋求之過深，認爲必有所刺，並具體地説明是
諷刺漢代外戚之驕奢僭上。我們認爲關鍵是"刑法非有貸，柔協正
亂名"兩句，謂刑法不寬免爲非作歹、破壞名分之人，所以勸誡蕩
子。至於説"黃金爲君門"以下十八句是對"君門"有微詞，也是不
確切的。從上下文意看，這不是譴責，而是在誇飾。這還可以從
《清調曲·相逢行》中之描寫得到佐證。《相逢行》中同樣有此十
八句，皆爲對"君家"嘆羨之詞，此詩之十八句乃是從《相逢行》中
移植過來，因此其在《相逢行》中之意向，亦可以用以證明其在此
詩中之意向，即對"君門"富貴生活之炫燿。作者之意圖在借此勸
阻蕩子不要出走。"李樹代桃殭"，以桃李喻兄弟，言桃李猶能共
患難，弟兄卻不能共甘苦。意謂應當共享富貴，不要去幹那些違法
亂紀的勾當，以免貽累弟兄。此詩章法嚴密，首六句是規勸對方，
末六句是哀憐自己，首尾呼應。中間十八句，每六句爲一意，意各
有重心，皆爲對富貴生活之鋪陳與宣揚。陳祚明《采菽堂古詩選》
卷二評云："'雞鳴'二句，太平景象如覯；'黃金'以下，繁華之狀寫
得曲象；'桃生'以下，比興之旨，屈折入情。"其辭古雅，其情淋漓！
　　《烏生》是一首寓言性之詩歌。其詞云：

　　　烏生七八子，端坐秦氏桂樹間。唶我！秦氏家有游遨蕩

子,工用睢陽彊,蘇合彈。左手持彊彈兩丸,出入烏東西。唶我！一丸即發中烏身,烏死魂魄飛揚上天。阿母生烏子時,乃在南山巖石間。唶我！人民安知烏子處？蹊徑窈窕安從通？白鹿乃在上林西苑中,射工尚復得白鹿脯。唶我！黃鵠摩天極高飛,後宮尚復得烹煮之。鯉魚乃在洛水深淵中,釣鈎尚得鯉魚口。唶我！人民生各各有壽命,死生何須復道前後。

詩中言及上林苑,上林苑當景帝、武帝之時,證明此詩當作於西漢。《烏生》篇名,令人聯想到《詩·小雅·正月》之"瞻烏爰止,于誰之屋"句,意謂看那烏鴉將停留在誰氏之屋上？以喻人之無處棲止。與本篇內容基本一致。秦氏,烏自謂。唶,烏嗟嘆聲。我,語尾助詞。睢陽,春秋時宋國地。彊,古弓字,意爲硬弓。蘇合彈,用西域蘇合香製成之彈丸。作者以烏自喻,寫自己端坐無虞,沒想到蕩子以强弓蘇合彈將自己射死。"阿母生烏"以下數句,乃烏追怨其不知避患。轉念禍福難測,連善於藏身之白鹿、黃鵠、鯉魚也慘遭殺害,禍患豈可避免？這種生命無常之思想,具有當時社會政治之投影。《漢書》卷九十《酷吏尹賞傳》云:"永始、元延間,上(成帝)怠於政。……長安中奸猾浸多,閭里少年,群輩殺吏,受賕報讎,相與探丸爲彈:得赤丸者斫武吏,得黑者斫文吏,白者主治喪。城中薄暮塵起,剽劫行者,死傷橫道,枹鼓不絶。"《烏生》所寫並非即此史事,但這類史事對社會之影響是很深的,《烏生》應即產生於這種影響之下。在黑暗、嚴峻的政治環境中,人們生命得不到保障,失去了求生之希望,因此發出無可奈何之感嘆:"唶我！人民生各各有壽命,死生何須復道前後！"死生由命,死在所不免,何必計較遲早呢？從這種悲觀失望中也可以透視到當時社會之陰影。

《平陵東》是一篇控訴歹徒壓榨人民之作。其詞云:

平陵東，松柏桐，不知何人劫義公！劫義公，在高堂下，交
錢百萬兩走馬。兩走馬，亦誠難，顧見追吏心中惻。心中惻，
血出漉，歸告我家賣黃犢。

對此詩之解釋，人們多附會爲王莽時翟義之事，實際上翟義事與詩
之內容並不切合。按《漢書》卷七十六《趙廣漢傳》云：“富人蘇回
爲郎，二人劫之。有頃，廣漢將吏到家，自立庭下，使長安丞龔奢叩
堂户曉賊曰：‘京兆尹趙君謝兩卿，無得殺質，此宿衛臣也。釋質束
手，得善相遇。幸逢赦令，或時解脱。’”顏師古注“二人劫之”云：
“劫取其身爲質，令家將財物贖之。”此詩所叙事實，與此基本相
同。平陵，昭帝之陵，乃漢五陵之一，在長安西北七十里。漢徙豪
家大族於五陵，以實關中，故五陵多豪富。義公，漢時稱年長者爲
公，年少者爲郎，此云“義公”，《孔雀東南飛》有“義郎”，長幼相對。
“交錢百萬兩走馬”，爲勒索之贖價。出漉，即出流。賣黃犢，可能
爲贖人，也可能爲報仇。作報仇解，據《漢書》卷八十九《龔遂傳》
記載：“(遂)爲勃海太守……民有帶持刀劍者，使賣劍買牛，賣刀
買犢。曰‘何爲帶牛佩犢？’”此反用其語，意謂賣牛犢以買刀劍。
五陵惡少壓榨、勒索人民，人民奮起反抗。

　　綜觀西漢之樂府，兼有三言四言五言等，雜糅成篇，其句法不
拘一格，參差錯落，變化無方，加以結體自由，常無韻腳，多附虛聲，
以存音奏，雖無格律可尋，且久不被絲管，然於辭句長短疾徐之間，
似仍含有音節在，可謂極其縱橫抑揚頓挫之致。

## 三、漢詩辨僞

　　漢代之詩，不可信者很多。其中不少篇章已爲學術界公認爲
僞作，勿庸甄取。然有些篇章之真僞，仍爲後人所爭論，如李陵、蘇
武贈答詩，班婕妤《怨歌行》和漢武帝《柏梁臺聯句》等，這些詩之

真偽問題，關乎五言、七言體之起源，因此有進一步稽考之必要。

### （一）關於李陵、蘇武贈答詩

李陵之詩《文選》卷二十九録其《與蘇武》三首，《古文苑》卷八録其《録別詩》八首。又《古文苑》載其殘闕之作二首，《文選》李善注引其散句若干條，這些都無從窺見其全貌。今天保存的完整之詩歌共十一首。然這十一首詩之内容極爲麗雜，多與李陵之身世、經歷不合，因此引起歷代人們之懷疑，認爲是僞作。如《太平御覽》卷五百八十六引顔延之《庭誥》云：

　　逮李陵衆作，總雜不類，元是假託，非盡陵制，至其善篇，有足悲者。

又《文心雕龍》卷二《明詩》篇亦云：

　　李陵、班婕妤見疑於後代也。

他們的意見，絶非無稽之談，而是有事實根據的。翁方綱即對此做過具体的分析。如梁章鉅《文選旁證》引翁方綱云：

　　今即以此三詩論之，皆與蘇、李當時情事不切。史載陵與武別，陵起舞作“徑萬里兮”五句，此當日真詩也，何嘗有“攜手上河梁”之事。即以河梁一首言之，其曰“安知非日月，弦望自有時”，此謂離別之後，或可冀會合耳。不思武既南歸，即無再北之理，而陵云“丈夫不能再辱”，亦自知決無還漢之期，此則“日月弦望”爲虛詞矣。又云“嘉會難再遇，三載爲千秋”，蘇、李二子之留匈奴，皆在天漢初年，其相別則在始元五年，是二子同居者十八九年之久矣，安得僅云“三載嘉會”乎？就此三首，其題明爲《與蘇武》者，而語意尚不合如此，況蘇四詩之全不與李相涉者乎？

翁氏條分縷析，言之鑿鑿，足證此類詩歌絶非出於李陵之手。應當補充者，我們可以把《漢書》所記李陵詩與此諸詩作比較，從風格之不同，判斷其真僞。《漢書》卷五十四《蘇武傳》載李陵詩云：

> 徑萬里兮度沙幕，爲君將兮奮匈奴。路窮絶兮矢刃摧，士衆滅兮名已隤。老母已死，雖欲報恩將安歸？

悲歌慷慨，這是李陵送别蘇武時之真感情，而此諸詩之風格婉轉悱惻，與李陵當時之情感相悖。《漢書》是正史，其所記爲可信，以《漢書》所記爲準，則此諸首爲僞作可以無疑義了。

蘇武之詩《文選》卷二十九選録四首，《古文苑》卷八録其《答李陵》一首、《别李陵》一首。然鍾嶸《詩品》品評古今作家二百二十餘人，可稱周備，卻不曾評及蘇武，足見蘇武詩之更令人生疑了。徵之宋、齊時代，有李陵詩之見稱於世並被模擬，而不及蘇武詩。這類現象也説明蘇武詩之尤不可信。而且蘇武詩中與蘇、李情事不符之處也不少，蘇軾《答劉沔都曹書》（見《蘇文忠公全集》卷四十九）即指出：

> 李陵、蘇武贈别長安，而詩有"江漢"之語。及陵與武書，詞句儇淺，正齊、梁小兒所擬作，決非西漢文。

檢《漢書》蘇、李傳，其生平未曾至江南，何云江漢？他不但指出蘇武詩中之問題，而且認爲李陵《答蘇武書》也是後人所僞託。對這種僞作、假託現象之出現，翁方綱曾做過分析。《文選旁證》引翁氏之言云：

> 藝林相傳蘇、李河梁之别，蓋因李詩有"携手上河梁"之句，可爲言情叙别之故實，猶之《許彦周詩話》云"燕燕于飛"

一篇,爲千古送行詩之祖也。而蘇、李遠在異域,尤動文人感
激之懷,故魏、晉以後,遂有擬作《蘇武答李陵》者。若准本傳
歲月證之,皆有所不合。詞場口熟,亦不必一一細繩之矣。

其言極切情理。我們從蘇、李詩之風格看,與魏晉時之作品很相
似。《文選》卷四十一所載《李少卿答蘇武書》,據前人考證爲魏晉
人之僞作,那麼李陵《與蘇武》詩,亦必出於魏晉人之手,而蘇武之
《答李陵》、《別李陵》也當僞託於這期間了。這部分詩歌所詠,或
臨歧送別,或游子自傷,或夫妻離散,内容不同,情物各異,其非一
人一時一地之作,則是很明顯的。

### (二)關於班婕妤《怨歌行》

班婕妤是漢班況之女,班彪之姑。成帝時被選入宫爲婕妤。
後爲趙飛燕所譖,失寵,退處東宫,作賦自傷。事見《漢書》卷九十
七《外戚傳》。《怨歌行》始見録於《文選》卷二十七,題爲班婕妤
作。又《玉臺新詠》卷一亦選録,作班婕妤《怨詩》,并序云:

　　　昔漢成帝班婕妤失寵,供養於長信宫,乃作賦自傷,并爲
《怨詩》。

除此之外,劉勰《文心雕龍》、鍾嶸《詩品》、江淹《雜體詩》皆曾論及
之。可見齊、梁以來,班姬此詩流傳之盛。其詩云:

　　　新裂齊紈素,皎潔如霜雪。裁爲合歡扇,團團似明月。出
入君懷袖,動揺微風發。常恐秋節至,涼風奪炎熱。棄捐篋笥
中,恩情中道絶。

辭旨清捷,怨深而文綺。然當其盛傳之時,已被懷疑爲僞作,劉勰
即云:“見疑於後代。”嚴羽進而認爲是顏延年之作云:“班婕妤《怨
歌行》,《文選》直作班姬之名,《樂府》以爲顏延年作。”(《滄浪詩話》

"考證"條）近人徐中舒論證其説，並發揮之（見《東方雜誌》第二十四卷第十八號《五言詩發生時期的討論》）。然檢郭茂倩《樂府詩集》卷四十二《怨歌行》，實作班婕妤，不作顏延年。可見嚴羽説之不可信。要之，此詩非班姬所作，乃毫無疑義。按《漢書·外戚傳》記載班姬於失寵後，作《自悼賦》，並録其賦之全文，卻無隻言片語言及其詩，更不用説載録《怨歌行》詩章了。班婕妤是班固之先人，如果有詩，焉能不知？若知，又焉能不録？既未言及，又未著録，即説明《怨歌行》非班姬所作，乃後人僞託。此詩對合歡圓扇之吟詠，見棄懷怨之託喻，乃東漢魏晉文人詩賦常用之題材，流傳既久，後人遂目爲班氏自己所作，猶如後人把唐人之《胡笳十八拍》説成是蔡琰所作之道理一樣。

### （三）關於漢武帝《柏梁臺聯句》

據《古文苑》卷八記載："漢武帝元封三年，作柏梁臺，詔群臣二千石，有能爲七言詩，乃得上座。"此爲漢武帝和群臣所作之聯句游戲。全篇共二十六句，云：

> 日月星辰和四時（皇帝），驂駕駟馬從梁來（梁孝王武），郡國士馬羽林材（大司馬），總領天下誠難治（丞相石慶），和撫四夷不易哉（大將軍衛青），刀筆之吏臣執之（御史大夫兒寬），撞鐘伐鼓聲中詩（太常周建德），宗室廣大日益滋（宗正劉安國），周衛交戟禁不時（衛尉路博德），總領從官柏梁臺（光禄勳徐自爲），平理請讞決嫌疑（廷尉杜周），修飭輿馬待駕來（太僕公孫賀），郡國吏功差次之（大鴻臚壺充國），乘輿御物主治之（少府王温舒），陳粟萬石揚以箕（大司農張成），徼道宫下隨討治（執金吾中尉豹），三輔盜賊天下危（左馮翊盛宣），盜阻南山爲民災（右扶風李成信），外家公主不可治（京兆尹），椒房率更領其材（詹事陳掌），蠻夷朝賀常舍其（典

屬國），柱枅薄櫨相枝持（大匠），枇杷橘栗桃李梅（太官令），
走狗逐兔張罘罳（上林令），齧妃女脣甘如飴（郭舍人），迫窘
詰屈幾窮哉（東方朔）。

這篇聯句首以武帝一句領起全篇，繼而群臣各以其職詠一句，最後
以東方朔戲弄群臣一句收尾。雖結構完整，然無甚理致。參稽
《史》、《漢》，其中所列之官職年代多與史實相左。顧炎武對此曾
做過翔實考證，其《日知錄》卷二十一《柏梁臺詩》條云：

　　　漢武《柏梁臺詩》本出《三秦記》，云是元封三年作。而考
之於史，則多不符。按《史記》及《漢書·孝景紀》，中六年夏
四月梁王薨。《諸侯王表》梁孝王武立三十五年薨。孝景後
元年共王買嗣，七年薨。建元五年平王襄嗣，四十年薨，《文王
三傳》同。又按《孝武紀》元鼎二年春，起柏梁臺，是爲梁平王
之二十二年，而孝王之薨，至此已二十九年，又七年始爲元封
三年。又按平王襄元朔中以與太母爭樽，公卿請廢爲庶人。
天子曰：「梁王襄無良師傅，故陷不義。」乃削梁八城，梁餘尚
有十城（原注：《漢書》言削五縣，僅有八城）。又按平王襄之
十年爲元朔二年來朝，其三十六年爲太初四年來朝，皆不當元
封時。又按《百官公卿表》，郎中令，武帝太初元年更名光祿
勳。典客，景帝中六年更名大行令，武帝太初元年更名大鴻
臚。治粟內史，景帝後元年，更名大農令，武帝太初元年更名
大司農。中尉，武帝太初元年更名執金吾。內史，景帝二年分
置左內史、右內史，武帝太初元年更名京兆尹，左內史更名左
馮翊。主爵中尉，景帝中六年更名都尉，武帝太初元年更名右
扶風。凡此六官，皆太初以後之名，不應預書於元封之時。又
按《孝武紀》，太初元年冬十一月乙酉，柏梁臺災。夏五月正

歷,以正月爲歲首,定官名。則是柏梁既災之後,又半歲而始改官名,而大司馬大將軍青則薨於元封之五年,距此已二年矣。反復考證,無一合者。蓋是後人擬作,剟取武帝以來官名及《梁孝王世家》乘輿駟馬之事以合之,而不悟時代之乖舛也。

　　按《世家》梁孝王二十九年(原注:《表》孝景前七年)十月入朝,景帝使使持節乘輿駟馬迎梁王於闕下。臣瓚曰:"天子副車駕駟馬。"此一時異數,平王安得有此?

其辨證極其精當、細密。要之,梁孝王在造柏梁臺前二十九年已死,此外,元封三年並無其他梁王來朝。又武帝太初元年改郎中令爲光禄勲,改大行令爲大鴻臚,改大農令爲大司農,改中尉爲執金吾,改右内史爲京兆尹,改左内史爲左馮翊,改都尉爲右扶風。元封三年還無此類官名,因此此詩當爲後人擬作。言之確鑿,殆爲定論。

　　考稽文學作品之真僞,是分析論述問題之首要條件,真僞既明,我們便可以進而探討五言、七言詩之起源了。

## 四、五言、七言詩之起源

　　詩體之起源與産生,與作爲詩之媒介的語言有極密切關係。語言之發達助長了思維之發展,而思維意識又爲社會環境所決定。社會越向前發展,思維意識也越複雜,作爲交流思想工具之語言,也就越簡練、有概括性,前人用兩句話所表達的意思,後人用一句就可以概括出來。詩歌之四言、五言、七言形式之變化即由此而來。劉熙載《藝概》卷二《詩概》云:

　　　　五言上二字下三字,足當四言兩句,如"終日不成章"之

　　　　於"終日七襄,不成報章"是也。七言上四字下三字,足當五
　　　　言兩句,如"明月皎皎照我牀"之於"明月何皎皎,照我羅牀
　　　　幃"是也。是則五言乃四言之約,七言乃五言之約矣。

他不但論述了詩歌形式發展日益簡約之趨向,而且也一般地説明
了四言、五言和七言詩產生之先後。

　　關於五言詩之起源,摯虞《文章流別論》(《藝文類聚》卷五十六
引)有以下論述:

　　　　古之詩,有三言、四言、五言、六言、七言、九言。古詩率以
　　　四言爲體,而時有一句兩句雜在四言之間,後世演之,遂以爲
　　　篇。古詩之三言者,"振振鷺,鷺于飛"之屬是也,漢郊廟歌多
　　　用之。五言者,"誰謂雀無角,何以穿我屋"之屬是也,於俳諧
　　　倡樂多用之。六言者,"我姑酌彼金罍"之屬是也,樂府亦用
　　　之。七言者,"交交黃鳥止于桑"之屬是也,於俳諧倡樂世用
　　　之。九言者,"泂酌彼行潦挹彼注兹"之屬是也,不入歌謠之
　　　章,故世希爲之。

摯虞認爲不僅五言詩源於《詩經》,其他各體詩莫不源於《詩經》。
又《文心雕龍》卷七《章句》云:

　　　　五言見於周代,《行露》之章是也。

劉勰也認爲五言詩源於《詩經》。我們認爲,《詩經》中之五言句,
對五言詩之產生、形成,具有很大影響,但不能説五言詩即源於《詩
經》,因爲《詩經》中僅有五言句,而並非通篇五言。

　　我們考察五言詩之起源,應當考慮五言詩所具有的兩個基本
條件,其一爲通篇五言,其二必須押韻。以此爲標準,則五言詩當
起源於武帝以來之歌謠、樂府。兹依時代之先後叙述如下:

《漢書》卷七十二《貢禹傳》引武帝時俗語云：

> 何以孝悌爲？財多而光榮。何以禮義爲？史書而仕宦。
> 何以謹愼爲？勇猛而臨官。

此雖爲俗語，然句法、格調與歌謠相同。通篇爲五言，雖"榮"、
"宦"、"官"不協韻，但辭句抑揚之間頗有韻致。這應是五言詩始
胚胎時之自然現象。

《漢書》卷二十七中之上《五行志》記載成帝時《黃爵謠》云：

> 邪徑敗良田，讒口亂善人。桂樹華不實，黃爵巢其顛。故
> 爲人所羨，今爲人所憐。

《漢書》卷九十《尹賞傳》記載成帝時《長安歌》云：

> 安所求子死，桓東少年場。生時諒不謹，枯骨後何葬？

此兩首歌謠皆五言，而且協韻，與後代之五言古詩很相似。

應當説明者是人們經常引用《水經·河水注》所引楊泉《物理
論》記載秦築長城之民謠"生男愼勿舉，生女哺用餔，不見長城下，
尸骸相支拄"作爲五言詩之先例。然陳琳《飲馬長城窟行》中有此
四句，後二句作"君獨不見長城下，死人骸骨相撐拄"並非五言。
這可能是沿襲秦時歌謠之原作，楊泉所録，當有删改，不得視爲五
言詩。

以上是西漢時五言體孕育、産生之情況。

迨至東漢，五言詩日趨完善。《後漢書》卷一百零七《樊曄傳》
記載光武帝時有涼州《爲樊曄歌》云：

> 游子常苦貧，力子天所富。寧見乳虎穴，不入冀府寺。大
> 笑期必死，忿怒或見置。嗟我樊府君，安可再遭值！

此歌謠八句四韻，則是更進一步了。

《廣博物志》卷十七《職官二》引《後漢書》逸文，記載安帝時汲縣長老《爲崔瑗歌》云：

> 上天降神明，錫我仁慈父。臨民布德澤，恩惠施以序。穿溝廣溉灌，決渠作甘雨。

此歌詩句法、韻調已十分和諧了。此外，東漢時期還有見於《華陽國志·巴志》所載之《爲陳紀山歌》、《爲吳資歌》、《刺巴郡守李盛歌》等，但皆不見於正史，真僞莫辨，故從略。

從民俗歌謠看，五言詩胚胎於武帝時期，而産生於西漢成帝至東漢安帝時期。

摯虞《文章流別論》認爲五言"於俳諧倡樂多用之"。這説明五言詩是依附於樂府而産生、發展起來的。那麼最早之五言樂府歌辭是甚麼呢？《宋書》卷十九《樂志一》云：

> 凡樂章古詞，今之存者，並漢世街陌謠謳，《江南可采蓮》、《烏生十五子》、《白頭吟》之屬是也。

按《江南可采蓮》始載於《宋書·樂志》，題爲《江南》。全詩見前文所引。此詩是今存最早之五言樂府，文辭樸稚，當爲武帝始立樂府時所采集之吳、楚歌詩。《烏生十五子》非通篇五言，不得視爲五言詩。《白頭吟》始載於《玉臺新詠》卷一，郭茂倩《樂府詩集》卷四十一收入《相和歌辭》，標爲"本辭"。既爲"本辭"，其産生之時代亦當較早。原詩云：

> 皚如山上雪，皎若雲間月。聞君有兩意，故來相決絶。今日斗酒會，明旦溝水頭。躞蹀御溝上，溝水東西流。悽悽復悽悽，嫁娶不須啼。願得一心人，白頭不相離。竹竿何嫋嫋，魚

尾何篠篠？男兒重意氣，何用錢刀爲？

詞意深永，音韻優美，是相當成熟的作品。這類作品不可能產生於西漢，應當是東漢之作。

又《樂府詩集》卷五十三引《古今樂錄》云：

> 《鞞舞》……漢曲五篇：一曰《關東有賢女》，二曰《章和二年中》，三曰《樂久長》，四曰《四方皇》，五曰《殿前生桂樹》。並章帝造。

此五曲早已失傳，究竟爲何詩體，不可確知。然其中之三篇以五言爲題，依樂府慣例，大都以首句命題，則此三篇應爲五言。爲了證明這一推斷之準確，我們可以從曹植之擬作中得到參證，曹植《鞞舞歌序》云：

> 漢靈帝西園鼓吹，有李堅者，能《鞞舞》，遭亂，西隨段熲。先帝聞其舊有技，召之。堅既中廢，兼古曲多謬誤。故改作新歌五篇。

曹植以《聖皇篇》當《章和二年中》，以《靈芝篇》當《殿前生桂樹》，以《精微篇》當《關東有賢女》，凡此所擬，皆通篇五言。其他所擬二篇，全非五言。當注意者，其所擬《關東有賢女》篇中，有"關東有賢女，自字蘇來卿"之句，顯係承用章帝之舊辭，可見曹植是準舊歌之體裁而"改作新歌"的。那麼章帝原作三篇爲五言，便毫無疑義了。如此則五言詩在武帝時僅見於樂府，到東漢章帝時竟躍入黃門之正曲，其地位發生了明顯的變化。

自章帝《鞞舞》作歌之前後，至獻帝建安時期，五言詩尚有《長歌行》、《豫章行》、《相逢行》、《長安有狹斜行》、《隴西行》、《步出夏門行》、《艷歌何嘗行》、《艷歌行》、《上留田行》、《陌上桑》等古辭,皆所遺存之漢代舊曲。這説明五言施之於樂府,又依憑樂府而發展,其間未嘗間斷過。

從樂府歌詩看,五言詩源於武帝之設立樂府,産生於兩漢之交,發展於東漢。

當東漢五言詩盛行之際,引起上層文人士子之重視,他們學習、玩味並準其體而創作起來。這種創作始於班固之《詠史》:

> 三王德彌薄,惟後用肉刑。太倉令有罪,就逮長安城。自恨身無子,困急獨煢煢。小女痛父言,死者不可生。上書詣闕下,思古歌《雞鳴》。憂心摧折裂,晨風揚激聲。聖漢孝文帝,惻然感至情。百男何憒憒,不如一緹縈。

鍾嶸《詩品》評此詩"質木無文",但在五言詩之發展上卻有着重要地位,由於它的産生,給當時上層文壇以積極影響,著名之文人學子相繼創作,如張衡《同聲歌》、秦嘉《贈婦詩》、徐淑《答秦嘉詩》、趙壹《疾邪詩》、蔡琰《悲憤詩》等,皆五言新體。他們的創作,推動了五言詩之發展。黄侃《文心雕龍講疏》卷二《明詩》云:

> 蓋秦、漢歌謡,多作五言,飾以雅詞,傳之六義,斯其風流日盛,疆畫愈遠。自建安以來,文人競作五言,篇章日富,然閭里歌謡,猶遠同漢風。試觀樂府所載《清商曲辭》,五言居其什九,託意造句,皆與漢世樂府共其波瀾。以此知五言之體肇於歌謡也。

其説甚是,可謂道出五言詩之源流與軌跡。

關於七言詩之起源,顧炎武《日知録》卷二十一"七言之始"條云:

> 余考七言之興,自漢以前固多有之,如《靈樞經・刺節真

邪》篇:"凡刺小邪日以大,補其不足乃無害,視其所在迎之
界。凡刺寒邪日以温,徐往徐來致其神;門户已閉氣不分,虚
實得調其氣存。"宋玉《神女賦》:"羅紈綺績盛文章,極服妙采
照萬方。"此皆七言之祖。

又沈德潛《説詩晬語》卷上云:

> 《三百篇》中,四言自是正體。……至"父曰嗟予子行
> 役"、"以燕樂嘉賓之心",則爲七言。

他們論述七言詩之産生,都着眼於七言句之出現,認爲七言單句之
出現,即七言詩之起源,從而認爲七言詩起源於《三百篇》、《神女
賦》、《靈樞經》等。我們認爲七言單句之出現,對七言詩之産生有
很大影響,但並非七言詩之起源,因爲它只是隻言單句,而非通篇
七言。作爲一種詩體,我們考察它之起源,必須以通篇七言爲準。
這,我們可以從三方面加以探討。

其一,鏡銘。漢人習慣於佩帶鏡子,於鏡子背面鏤刻有祝禱吉
祥之銘文,這種銘文,多七言體,皆製作鏡子之工匠所作。據《金石
索》及《小校經閣金文拓本》記載,如:

尚方鏡:

> 尚方作竟真大好,上有仙人不知老,渴飲玉泉飢食棗。浮
> 游天下敖四海,徘徊名山采芝草,壽如金石爲國保。

八子九孫鏡:

> 漢有善銅出丹陽,和以銀錫清且明,左龍右虎主四彭,朱
> 爵元武順陰陽,八子九孫治中央。

青羊鏡:

青羊作竟四夷服，多賀國家民人息，胡虜殄滅天下復，風雨時節五穀孰，傳告後世得天福。

新銀鏡：

新銀治竟子孫具，多賀君家受大福，位至公卿修禄食，幸得時年獲嘉德，傳至後世樂無極。

涷冶銅華鏡：

涷冶銅華清而明，以之爲竟宜文章，延年益壽去不羊，與天毋極如日光，千秋萬歲樂未央。

來言鏡：

來言之始自有紀，涷冶銅錫去其宰，辟除不羊宜古市，長保二親利孫子。

來言之紀從竟始，涷冶同華去惠宰，長保二親利孫子。

這些鏡銘皆通篇爲七言，且句句用韻，與六朝以後之隔句用韻者不同。其寫作年代雖然不易確定，但從其首言"尚方"、"漢"、"新"等看，無疑爲漢代之作。鏡銘自稱七言"從竟始"，這雖然是冶工之意，但不可忽視。這應當是七言詩淵源之一。

其二，字書。所謂字書，即學僮識字之課本，爲了便於記憶，多用七言韻語。如司馬相如《凡將篇》云：

淮南宋蔡舞嗃喻，黄潤纖美宜禪制，鐘磬竽笙筑坎侯。

《凡將篇》闕而不全，今僅存其殘句。史游《急就篇》則很完整，足爲例證。此書凡三十四章，末二章王靜安先生疑爲鍾繇所續，非史游作。其餘三十二章，其中自第八至三十一共二十二章，皆七言，兹舉其第十九章爲例：

稻黍秫稷粟麻秔，餅餌麥飯甘豆羹，葵韭葱薤蓼蘇薑，蕪
荑鹽豉醯酢醬，芸蒜薺芥茱萸香，老菁囊荷冬日藏，梨柿奈桃
待露霜，棗杏瓜棣饊飴餳，園菜果蓏助米糧。

據《漢書》卷三十《藝文志·六藝略·小學類》著録《急就》一篇，班
固自注："元帝時，黃門令史游作。"可以確定《急就篇》是元帝時的
產物。這類七言句式，毫無文學意味，只是一種歌訣而已，但卻
通俗易懂，便於學僮之閱讀與記憶。史游寫作之目的，重在對學
僮之教育，但卻促進了七言詩之產生。這是七言詩淵源之二。

　　其三，口號。此所謂口號，類乎今天之綽號，是稱贊人的謠
諺。這種稱贊人的謠諺，在漢代很盛行，俱是下層人民所作，皆
七言句。如《漢書》卷五十一《路溫舒傳》記載路溫舒上宣帝書
引俗諺云：

　　畫地爲獄議不入，刻木爲吏期不對。

《漢書》卷八十一《張禹傳》記載諸儒云：

　　欲不爲論念張文。

《漢書》卷九十二《樓護傳》記載閭里歌云：

　　五侯治喪樓君卿。

此三條謠諺，是我們今天所僅見的西漢之作。其特點在一句之中
自爲韻，即第四字與第七字相叶，與純正之七言詩隔句用韻者不
同。這種韻法之七言句，到東漢仍大量存在，同時東漢也出現一些
近乎純正七言詩之謠諺。如：
《後漢書》卷九十七《黨錮傳序》引歌謠云：

　　汝南太守范孟博，南陽宗資主畫諾。南陽太守岑公孝，弘

農成瑨但坐嘯。

《後漢書》卷一百零六《仇覽傳》引鄉邑之謠云：

　　父母何在在我庭，化我鳴梟哺所生。

《後漢書》卷九十六《陳蕃傳》附《朱震傳》引諺云：

　　車如雞棲馬如狗，疾惡如風朱伯厚。

《顏氏家訓》卷六《書證》引《三輔決録》云：

　　前隊大夫范仲公，鹽豉蒜果共一筩。

以上諸條贊人之七言口號，皆東漢末年之作。這類近乎純正七言詩之口號，其韻法已非一句之中自爲韻，而是句句押韻，表現了早期七言詩之特色。這類口號或諺語雖然產生的時代較晚，但由於其數量多，風行廣，必然給七言詩之形成、完善以很大影響，這是七言詩淵源之三。

　　七言鏡銘、字書、口號之作者，較之五言詩之作者多爲下層人民和下級知識分子，則是最下層的人民，如工匠、鄉邑百姓等，因此形式更通俗、淺顯。這類詩歌在嚴格意義上還不能稱爲文學，但在形式上卻是新穎的，從而引起文人學子之注意，學習它進行創作，加工、提高其文學素質，使其成爲嚴格意義的文學。如《漢書》卷六十五《東方朔傳》記載：“朔之文辭……有八言七言上下。”晉灼注：

　　八言七言詩各有上下篇。

其詩雖不曾見録於《漢書·藝文志·詩賦略》，然晉灼之言，絕非無稽之談，當確鑿有據。又《文選》卷二張平子《西京賦》云：“雅好博古，學乎舊史氏，是以多識前代之載。”李善注：

劉向七言曰:"博學多識與凡殊。"

又《文選》卷十三謝惠連《雪賦》云:"歲將暮,時既昏。"李善注:

劉向七言曰:"時將昏暮白日午。"

又《文選》卷十五張平子《思玄賦》云:"迴志朅來從玄謀。"李善注:

劉向七言曰:"朅來歸耕永自疏。"

劉向之七言詩今存者僅隻言單句,難以窺見其全貌。但可以確認他是有意作過七言詩的。

以上這些事例,都說明西漢時期文人士大夫已經學習創作七言詩,並且兼有下層人民創作之通俗、淺顯的文風。

到了東漢,作七言詩之文人士大夫逐漸增多,據《後漢書》東平王蒼、杜篤、崔瑗、崔琦、崔寔諸傳中,記載他們都有七言之作,今俱亡佚,不可詳考。這一時期有代表性的作品爲張衡《四愁詩》,茲據《文選》卷二十九錄其第一章爲例:

我所思兮在泰山,欲往從之梁父艱,側身東望涕霑翰! 美人贈我金錯刀,何以報之英瓊瑤,路遠莫致倚逍遥,何爲懷憂心煩勞?

《四愁詩》共四章,每章七句,前三句爲一韻,後四句爲一韻,情感纏綿,是成功的七言之作。又《後漢書》卷八十九《張衡傳》記載其《思玄賦》篇末《系》曰:

天長地久歲不留,俟河之清祇懷憂。願得遠度以自娱,上下無常窮六區。超踰騰躍絶世俗,飄飄神舉逞所欲。天不可階仙夫希,柏舟悄悄吝不飛。松、喬高跱孰能離? 結精遠游使心攜。迴志朅來從玄謀,獲我所求夫何思。

與張衡同時的馬融有相同之作,《文選》卷十八載録馬融《長笛賦》,篇末《辭》曰:

近世雙笛從羌起,羌人伐竹未及已,龍鳴水中又見己,截竹吹之聲相似。剡其上孔通洞之,裁以當簻便易持,易京君明識音律,故本四孔加以一,君明所加孔後出,是謂商聲五音畢。

《思玄》之《系》,《長笛》之《辭》,皆篇末之結音,相當於《楚辭》之《亂》,全爲七言,而且每句用韻,比張衡、馬融時代稍後的王逸,也作有七言詩一首,據《古詩紀》漢卷三所載其《琴思楚歌》云:

盛陰修夜何難曉,思念糾戾腸摧繞,時節晚莫年齒老。冬夏更運去若頹,寒來暑往難逐追,形容減少顔色虧。時忽晻晻若鶩馳,意中私喜施用爲,内無所恃失本義。志願不得心肝沸,憂懷感結重歎噫。歲月已盡去奄忽,亡官失禄去家室。思想君命幸復位,久處無成卒放棄。

此詩前半部分三句一换韻,後半部分一韻到底,是一篇成熟的七言之作。當然,最成熟的作品,莫過於建安時代曹丕的《燕歌行》了。據《樂府詩集》卷三十二《相和歌辭·平調曲》載其《燕歌行》云:

秋風蕭瑟天氣凉,草木摇落露爲霜。群燕辭歸鵠南翔,念君客游多思腸。慊慊思歸戀故鄉,君爲淹留寄他方?賤妾煢煢守空房,憂來思君不敢忘,不覺淚下霑衣裳。援瑟鳴弦發清商,短歌微吟不能長。明月皎皎照我牀,星漢西流夜未央。牽牛織女遥相望,爾獨何辜限河梁。

情致委婉,音節美妙,是十分成熟的七言詩。

從以上的論述中,我們可以得到以下的認識,即七言詩萌生於西漢,形成於東漢。它産生於社會下層人民之中,後來爲文人學子所采取,並加工創作,使之更臻於完善,爲我國詩歌形式增加了新的血液。

綜觀漢代詩歌之狀況,封建貴族階級慣用的四言詩已經停滯、僵固,失去其生命力了。而下層人民和小知識分子階層所創作之五言詩應運産生,由於其作者接近生活現實,所以這類詩歌的内容豐富多彩,並成爲這一時期主要詩歌形式,其進一步發展,到六朝達到登峰造極的地步,以後便逐漸衰落。繼五言詩之踵跡而興起的是最下層人民創作的七言詩,這類詩歌形式通俗、淺顯,易誦易讀、經文人學士之創作、加工,提高了詩之素質,其向前發展,到了唐代達到最高境界,唐以後也逐漸走下坡路。文學形式的發展有其新陳代謝的過程,隨着時代的要求和各種因素之促成而興衰、存亡,這是一種自然之勢,詩歌形式之演變亦復如此。

# 第八章　東漢之文學

漢光武帝劉秀竊取了農民戰爭的果實,建立起漢朝新的統治,定都洛陽,史家稱之爲東漢。

東漢政權是西漢政權的繼續,劉秀是南陽的大豪强,他所依賴者是以南陽豪强爲基幹之豪强集團。以劉秀爲首的這個豪强集團維持着東漢王朝將近二百年的統治,在政治、經濟、文化思想領域都有不同程度的發展。

## 第一節　東漢之社會狀況

### 一、經濟之恢復與發展

東漢建國之初,爲了恢復經濟,發展生産,首先着手解決土地問題。東漢的大地主都擁有衆多的奴婢,這些奴婢既用於家庭中之賤役,亦用於農業生産。據《後漢書》卷一《光武紀》記載,自建武二年(公元二十六年)至十四年(公元三十八年)之間,朝廷凡六次下詔書,釋放官私奴婢。這些政令打擊了奴隸制之殘餘,解放了被壟斷的生産力。

爲了解決土地問題,建武十五年(公元三十九年)下詔清丈天下田地與户口實數。其目的是爲了檢查有田而不納税之大地主,以覈實田賦之徵收,同時企圖從大地主手中没收部分土地,分配給退伍士兵和貧苦農民。但在實施之過程中,遭到大地主的反抗,並未達到預期之目的。其後，爲了安定民心，朝廷下令把皇家的公田和濱渠之下田租給無地的貧民。這些措施，對緩和社會矛盾，調整封建生產關係，起了積極作用。

由於奴隸和土地問題之部分解決，社會生產得到恢復和發展。農業、手工業在西漢之基礎上都有提高，特別是手工業的發展，尤爲顯著。

東漢之農業技術比西漢有很大發展。西漢後期，黃河流域已普遍使用牛耕，東漢時期牛耕進一步發展。據《後漢書》卷三《章帝紀》記載，當時曾發生一次大牛疫，建初元年詔曰：

> 比年牛多疾疫，墾田減少，穀價頗貴，人以流亡。

又元和元年詔曰：

> 自牛疫已來，穀食連少。

章帝詔書說明，因牛疫田地之墾殖減少了，從而糧食歉收，糧價昂貴，足見牛在農業生產中之重要性。又《後漢書》卷一百零六《王景傳》記載，章帝時王景爲廬江太守，教百姓以牛耕之法，於是“墾闢倍多，境內豐給”。同書同卷《任延傳》記載，任延爲九真太守，令人民鑄作田器，學習牛耕，因此“田疇歲歲開廣，百姓充給”。這些事例說明，牛耕之法，東漢時已逐漸由黃河流域推廣到長江流域乃至珠江流域了。

關於水利工程之修築，東漢時也很重視。《後漢書》卷一百十二《許楊傳》記載，汝南太守鄧晨任用都水掾許楊修復被毀壞之鴻郤陂的事：

> 楊因高下形勢，起塘四百餘里，數年乃立，百姓得其便，累歲大稔。

《後漢書》卷四十五《鄧晨傳》具體記述此次修築工程給農業生產帶來的效益："鴻郤陂數千頃田，汝土以殷，魚稻之饒，流衍它郡。"後來之太守鮑昱，繼續修治，使此項工程進一步完善。《後漢書》卷五十九《鮑永傳》記載其子鮑昱爲汝南太守之事：

> 郡多陂池，歲歲決壞，年費常三千餘萬。昱乃上作方梁石
> 洫，水常饒足，溉田倍多，人以殷富。

鮑昱之修治鴻郤陂與一般不同者，在加造"方梁石洫"，即用石頭建造水門，攔水泄水，能保持充足之水量，灌溉更多的田地。興築陂池，由儲備水量到管制水量，是人工灌溉技術之大進步。此外，廬江之芍陂，下邳之蒲陽陂，會稽之鏡湖，廣陵之陂湖，都是有名之陂塘。當時最大之水利工程是對黃河之治理，水利工程家王景，發民卒數十萬修築長堤，使河、汴分流，防止了水旱災害，確保了農田灌溉。

　　隨着農業生產之發展，手工業生產也有新的創造。特別是鐵制農具之需求，推動了冶鐵技術之進步。光武帝時，南陽太守杜詩即發明水力鼓風爐，據《後漢書》卷六十一《杜詩傳》記載：

> 建武七年，遷南陽太守……善於計略，省愛民役，造作水
> 排，鑄爲農器，用力少，見功多，百姓便之。

這種"水排"，是用水力鼓動排橐（風箱），將空氣送入冶鐵爐内，鑄造農器。這種廉價優質農器之出現，對提高農業生產有重要意義。考古發現證明，當時鐵制兵器已經完全取代銅制之刀、劍。家庭生活用具，也多用鐵制作，如鐵釘、鐵鍋、鐵剪等都相繼出現。以鐵代銅制作家庭日用器皿，是手工業之進步。

　　造紙是東漢手工業一項重大創造。漢代經學發達，文人士子錄寫經傳師説，縑帛貴，竹簡重，因此需要一種簡便的代用品，紙便

應運産生了。和帝時尚方令（掌製造御用器物）蔡倫正是紙之發明者。《後漢書》卷一百零八《蔡倫傳》云：

> 自古書契多編以竹簡，其用縑帛者，謂之爲紙，縑貴而簡重，並不便於人。倫乃造意，用樹膚、麻頭及敝布、魚網爲紙。元興元年，奏上之，帝善其能。自是莫不從用焉，故天下咸稱蔡侯紙。

文中謂蔡倫以前縑帛稱爲紙，意在推崇蔡倫的創造。蔡倫以前造紙用絮，成本比縑帛低，蔡倫改用樹皮、麻頭、破布、破魚網造紙，成本更低，因此易於推廣，普遍爲天下所采用。紙之發明對人類文化之傳播有重要意義。

東漢之紡織業也有發展，當時已經可以織造各種麻織品和絲織品，並可以加上染色。《後漢書》卷三《章帝記》記載：

> （建初）二年……四月……詔齊相省冰紈、方空縠、吹綸絮。

對此三種絲織品，唐李賢注云：“紈，素也。冰，言色鮮潔如冰。《釋名》曰：‘縠，紗也。’方空者，紗薄如空也。或曰：空，孔也，即今之方目紗也。綸似絮而細，吹者，言吹噓可成，亦紗也。”可見此皆當時精美之手工織品，其工藝已達到極精致之程度。又蜀錦、越布也都是當時有名之紡織物。

東漢之漆器工藝也很發達，從蜀郡、廣漢郡出土之工官制造的漆器銘文上，可以看到制造一件漆器要經過很多工序。如《漢代紀年銘漆器圖説》云：

> 建武三十一年，廣漢郡工官造乘輿髤洎木夾紵杯，二升二合，素工伯，髤工魚，上工廣，洎工合，造工隆，護工卒史凡，長

匡,丞頤,椽惆,令史郎主。

制作一個漆杯,需要經過素工、髤工、上工、泊工、造工等許多工人之手。其分工之細,即證明工藝技術水平之高。

由於農業、手工業之恢復與發展,社會生産力之提高,創造了大量的物質財富,這些財富不曾用於改善生産者本人之生活,而是被皇帝、貴族、商人地主掠奪了去。而這些皇帝、貴族、商人地主都集聚洛陽、長安、南陽等大都市之中。洛陽居天下之中,那裏聳立着許多高大之建築物,如宮觀殿臺等;有龐大恢宏之游獵場所,如苑囿池沼等;有雕畫刻桷之房屋,如貴族官僚、商人地主之邸第,皆窮極技巧,富麗堂皇。這是廣大勞動人民所創造財富之集中,而班固、張衡創造之京都大賦,即是在此基礎上産生的,漢樂府如《相逢行》、《城中謠》等描寫豪門貴族生活之作,也是在此基礎上産生的。勞動人民的物質創造,玉成了這一時代之精神産品——文學。

## 二、社會矛盾之加深

東漢之政治,由於經濟之恢復與生産之發展,到和帝時達到全盛時代。但好景不常,和帝死,安帝即位,社會矛盾便開始加深了。安帝之後,歷順、冲、質以至桓、靈之際,各種矛盾日趨激化,這個政權即逐漸崩潰了。開國以來未曾解決的土地問題,到和帝時隨着貴族、官僚、豪强地主之壓榨、剥削,表現得更加嚴重。貴族、官僚、豪强地主橫徵暴斂,巧奪豪取,占有大量的財富,過着驕奢淫逸的生活,廣大農民則失去土地,或變成流民,或變成地主的徒附(半農奴身份)。據《後漢書》卷一百零八《吕强傳》記載當時外戚宦官之豪華侈靡生活狀況云:

今外戚四姓貴倖之家,及中官公族無功德者,造起館舍,

　　凡有萬數,樓閣相接,丹青素堊,雕刻之飾,不可單言。喪葬踰
制,奢麗過禮,競相放效,莫肯矯拂。

他們建造之樓臺館舍數以萬計,雕刻裝飾之精巧,難以言表,喪葬
之奢麗,超出了封建之禮制,競相比擬、追求,無有限度,窮奢極欲
到極點了。又仲長統《昌言·理亂》(見《後漢書》卷七十九《仲長統傳》
引)記載當時豪强地主的生活狀況云:

　　豪人之室,連棟數百,膏田滿野,奴婢千群,徒附萬計。船
車賈販,周於四方;廢居積貯,滿於都城。琦賂寶貨,巨室不能
容;馬牛羊豕,山谷不能受。妖童美妾,填乎綺室;倡謳妓樂,
列乎深堂。賓客待見而不敢去,車騎交錯而不敢進。三牲之
肉,臭而不可食。清醇之酎,敗而不可飲。

此種情況不僅京師如此,全國各地豪强地主之生活莫不如此。《昌
言·損益》(亦見《後漢書·仲長統傳》引)記載云:

　　豪人貨殖,館舍布於州郡,田畝連於方國。身無半通青綸
之命,而竊三辰龍章之服;不爲編户一伍之長,而有千室名邑
之役。榮樂過於封君,勢力侔於守令。財賂自營,犯法不坐,
刺客死士,爲之投命。

豪强們住着連接數百棟之宅院,據有漫山遍野之良田,車船運轉四
方,販賣貨物,商店布滿州城,牟取暴利。他們連做伍長的資格都
沒有,卻擁有千群之奴婢,萬計之徒附,享樂過於封君,勢力同於守
令,同時還畜養着刺客和敢死之士,爲他們效命,壓迫、殺害人民。
這種窮奢極侈之生活方式,反映到文學上,便形成了語辭虛浮、文
采華麗之文風。王符《潛夫論》卷一《務本》即指出:

　　今工好造彫琢之器,巧僞飾之,以欺民取賄……今商競鬻

> 無用之貨,淫極侈之弊,以惑民取産……今學問之士好語虛無
> 之事,爭著彫麗之文,以求見異於世……今賦頌之徒,苟爲饒辯
> 屈塞之辭,競陳誣罔無然之事,以索見怪於世。

可見當時文學形式上之虛浮、華麗,擬經典舊式,内容上之專務揄
揚粉飾,不敢抒發新見,與豪强地主淫靡生活之深刻聯繫。

與貴族、官僚、豪强地主荒淫侈奢之生活相反,則是廣大人民
之啼飢號寒,餓死溝壑。崔實《政論》(見《通典》卷一《食貨》一)叙述
徒附之生活狀況説:

> 故下户踦嶇,無所踦足,乃父子低首,奴事富人,躬帥妻
> 孥,爲之服役。故富者席餘而日織,貧者躡短而歲踧,歷代爲
> 虜,猶不贍于衣食,生有終身之勤,死有暴骨之憂,歲小不登,
> 流離溝壑,嫁妻賣子。

貧苦人民無地可耕,不得不向富豪低頭,父子妻女如奴婢般地爲地
主服役,一代一代終身勞苦,生時缺衣少食,死後無處埋葬,年景稍
微欠收,便得餓死或出賣妻子兒女。這種悲慘景況,崔實也爲之感
嘆云:"所以傷心腐藏,失生人之樂者,蓋不可勝陳!"又仲長統《昌
言·損益》説:

> 至使弱力少智之子,被穿帷敗,寄死不斂,冤枉窮困,不敢
> 自理。

貧苦人民被盤剥得家中僅有破被爛帳,負屈含冤,也不敢到官府申
訴,死後暴尸草野。又《後漢書·吕强傳》説:

> 比穀雖賤而户有飢色,案法當貴而今更賤者,由賦發繁
> 數,以解縣官,寒不敢衣,飢不敢食,民有斯戹而莫之邮。

貧苦人民在繁重的賦税聚斂之下,處於飢寒交迫死亡之邊緣。這

種情況之進一步發展，即演成人吃人之慘劇。《後漢書》卷八《靈帝紀》即有如下記載：

> 建寧三年……河內人，婦食夫；河南人，夫食婦。

可見當時人民苦難之深重和社會現實之嚴酷，在這種人民苦難深重和嚴酷現實的基礎上，產生了反映民間疾苦之漢樂府，也產生了批評時政，力圖挽救社會危機之王符《潛夫論》、仲長統《昌言》等政論散文。

## 三、學術思想之發展與學術、文學分途

東漢社會政治、經濟之恢復與發展，促成了人們現實生活之演變，作爲這一時代上層建築之哲學、文化思想，猶影之隨形，也都跟着發生了變化。

西漢末哀帝、平帝之際，儒家學派內部爆發了經今古文之爭，緊接着出現了讖緯之學，到東漢初年王充之《論衡》產生，這是西漢末到東漢時學術思想發展的一個簡單的過程。從經今古文派之爭到讖緯學之出現，是儒家學説從分派發展到迷信之階段，王充《論衡》之產生，則是儒家學説發展到極端迷信程度時，所引起文化思想之回應。

劉歆在整理皇家圖書館秘室之藏書時，發現了《春秋左氏傳》、《毛詩》、《逸禮》和《古文尚書》，建議立爲學官，遭到經今文博士之堅決反對，後來王莽執政時，雖然一度立古文經博士，到東漢建立後，又廢除了。終東漢王朝，經今古文派之爭都激烈地進行着。光武帝曾大會朝臣，辯論可否立古文經博士，最後雖然決定立左氏《春秋》博士，但在輿論之壓力下，不久又停止了。章帝時又曾召集博士、儒生在白虎觀講論五經同異，寫成《白虎通義》一書，

用皇帝的名義制成定論。這是今文經學之提要，是當時封建統治
階級之一部法典。古文經學則成爲私學之主流，盛傳於民間，有的
學者設立"精舍"，先後收錄學生一萬餘人。古文經學大師賈逵之
弟子許慎，收集小篆、古文（戰國時文字）、籀文（西周時文字）共九
千餘字之形體、聲音、訓詁，編成《説文解字》一書。這部書是對不
懂文字形義之今文經學的一項有力的反駁。東漢末年，出現了兩
位經學大師，即何休和鄭玄。何休是今文經學之集大成者，他精研
今文諸經，作《春秋公羊解詁》，廢除章句之俗學，使公羊《春秋》成
爲一種有條理的經學。鄭玄是古文經學之集大成者，他在古文經
學之基礎上，吸收今文經學，兼通古今，博采衆家之説，徧注諸經約
一百餘萬字，號稱鄭學，爲"天下所宗"。經今古文學儘管有講解
章句與通訓詁、舉大義之區別，但他們的共同目的都爲做官食禄，
因此誘導儒生們專心鑽研經術，以至白首難窮。這種學術風氣必
然影響文學創作。當時之經學家往往也是文學家，他們多使自己
的創作符合經義，以漢賦爲例，張衡《南都賦》即説：

　　　縉紳之倫，經綸訓典，賦納以言，是以朝無闕政，風烈昭
　宣也。

説明他是融匯經義進行創作，以補時政之失的。又《漢書》卷三十
《藝文志》叙述六藝之功用時，其中關於《詩》之功用説：

　　　《詩》以正言，義之用也。

賦是"古詩之流"，其功用亦必在"正言"，所謂"正言"，即上宣下導，對
時政起宣導作用。班固《兩都賦序》叙述他作賦之意圖説：

　　　或以抒下情而通諷諭，或以宣上德而盡忠孝，雍容揄揚，
　著於後嗣，抑亦雅頌之亞也。

他的賦作即具體地體現了這種創作精神。這都是經學家的"通經致用"思想觀念之直接貫徹。在這種學術思想影響下，文學創作趨向思想迂淺、形式僵化之途徑。

西漢末年，讖緯之學產生了，並滲入到學術思想領域之中。"緯"是對"經"而言，漢代各經皆有緯，是儒生編集起來用以附會經典之作。"讖"是一種謎語式預言，是巫師、方士的製作，其中包括天文、曆法、神話、傳説、地理知識、解説文字和推演經義等，充滿了神學迷信觀念。這種學説東漢時很盛行，被稱為内學，政治地位高於經書。原因並不在於其中説經之支離蔓衍，而在於製造神話怪説，隨時添加妖妄之言辭，以迎合封建統治者之需要，從而造成當時政治、思想界更加迂腐、黑暗。《後漢書》卷一百十二上《方術傳》云：

> 及光武尤信讖言，士之赴趣時宜者，皆馳騁穿鑿爭談之也。

所謂"馳騁穿鑿"，正是對當時思想界混亂情況之描述。其對文學創作之影響，即出現了慕古賤今之文風，王充《論衡》卷十八《齊世》云：

> 述事者好高古而下今，貴所聞而賤所見。辨士則談其久者，文人則著其遠者，近有奇而辨不稱，今有異而筆不記。

由於文人學士慕古賤今，造成文學創作之淤滯現象，没有新的發展。

在這種神學迷信觀念籠罩下，古文經學家桓譚著《新論》二十九篇，集中揭露其虛妄、偽飾之言論。並上書直諫，極言讖緯荒謬，宜加禁絕。光武帝大怒，認為他"非聖無法"，幾乎判他死刑。又王充跳出古文經學派系之範疇，著《論衡》八十五篇，從理論上系統地批判了讖緯迷信和世俗禁忌，並對儒家經典表示懷疑，在《問孔》、《刺孟》諸篇中，揭露了孔孟學説之自我矛盾處。與這種哲學思想相一致，在文學上主張寫文章要"疾虛妄"（《論衡》卷二十《佚文》），不應當作空文，他説："天文人文，豈徒調墨弄筆爲美麗之觀哉！"認爲寫文章應當有益於社會，他説："爲世用者，百篇無害；不爲用者，一章無補。"（《論衡》卷三十《自紀》）他反對文章之摹擬，認爲"文必有與合，然後稱善，是則代匠斲不傷手，然後稱工巧也"。反對駢體文，認爲駢體文是"調墨弄筆"之作，主張用語體文寫作。《論衡·自紀篇》説：

> 夫文由語也，或淺露分別，或深迂優雅，孰爲辯者。故口言以明志，言恐滅遺，故著之文字。文字與言同趨，何爲猶當隱閉指意！

這是對當時浮華文風之批駁與反抗。這三種學術思想迂迴反復地遞進，其影響文化領域至深，形成不同的文風。

從西漢至東漢，學術思想之發展，促成文人學士各有專長，他們或專"儒"，或專"道"，或專"法"，或專"陰陽"。在專"儒"者之中，如上所述，又有今古文經學之分。西漢自武帝、特別是元帝、成帝之後，隨着社會生產分工之加細，文學與學術也始出現分工之端倪。如《漢書》卷五十八《公孫弘傳贊》云："儒雅則公孫弘、董仲舒、兒寬……文章則司馬遷、相如。""蕭望之、梁丘賀、夏侯勝、韋玄成……以儒術進，劉向、王褒以文章顯。"儒生們苦於經書之訓詁煩瑣，皓首難窮，智力不逮，勢之所迫，不得不"經"、"文"分治。《後漢書》之《文苑》、《儒林》分傳，即"經"、"文"分治之正式形成。谷永、杜欽等輩便專攻文章，不治經學。文學既成專業，則鑽研者必精，因此產生了文體繁興，篇數衆多之新局面。西漢學者爲文，每

人不過數篇。而東漢文人爲文動輒數十篇,多者上百篇,茲舉若干
著作家爲例:

　桓譚著:賦、誄、書、奏,凡二十六篇,此外有《新論》。

　馮衍著:賦、誄、書記、銘、說、問交、德誥、慎情、自序、官錄說、
　　　　策,凡五十篇。(以上是東漢初期之作)

　班固著:詩、賦、論誄、書、銘、典引、賓戲、應譏、頌、文記、議、
　　　　六言,凡四十一篇。

　崔瑗著:賦、銘、官志、草書勢、頌、悔祈、嘆辭、移社文、碑、箴、
　　　　七蘇,凡五十七篇。(以上是東漢中期之作)

　蔡邕著:詩、賦、論誄、書、記、章、表、銘、釋誨、篆勢、叙樂、女
　　　　訓、祝文、議、連珠、勸學、碑、贊、箴、弔,凡一百零四
　　　　篇。(以上是東漢末年之作)

可見東漢文章篇數之衆多,種類之齊全,是西漢不能比擬的。東漢
文人以畢生精力,創作出如此紛繁之作品,推動了東漢文學之
發展。

# 第二節　賦之流變

　東漢賦是西漢賦之末流,當時騷賦漸就衰微,文賦皆摹擬西漢
體制,陳陳相因,無新特點。據《後漢書》記載,其時文士莫不作
賦,然而流傳到今天者卻極少,蓋多爲時代淘汰故也。事物之發
展,總是由量變到質變,東漢既大興作賦之風,必然引起賦之質的
變化,這種變化即另闢新境。此新境之開闢,主要從三條途徑,即
賦京都、賦紀行、賦情理。以下即分三個方面加以論述。

## 一、杜篤、班固、張衡之京都賦

東漢比較有特色之賦作,是那些以描寫京都爲題材之巨製,如杜篤之《論都賦》、班固之《兩都賦》、張衡之《二京賦》、《南都賦》等。然這些長篇巨製,都是摹擬西漢司馬相如《子虛》、《上林》、揚雄《甘泉》、《羽獵》之作,皆源於西漢之苑獵大賦。至堪注意者,它卻能從寫苑囿、田獵之樂,轉而寫京都之形勝壯麗和帝王之豪華奢侈,爲此類賦開闢新的境界。

此類新境之開闢,並非出於作者之憑空想象,而是有現實基礎的,有其政治意義。光武帝劉秀取得政權後,由於長安戰後殘破,便遷都洛陽。但是新都、舊都之巨室功臣利害不同,遂引起一場爭論。作爲封建正統文學之賦,即成爲這一爭論之工具,主張遷新都與主張建舊都之辭賦名家便應時而作。首先代舊都故家富室發言者是杜篤,他作《論都賦》論遷都洛陽之不當。

杜篤(?——公元七八年)《後漢書》卷一百一十上有傳,他字季雅,京兆杜陵(今陝西西安市東南)人。少博學,不修小節。居美陽,光武帝建武二十年,因得罪美陽令,被捕送京師,下獄。適值光武功臣吳漢死,杜篤在獄中作誄,文辭壯美,爲光武帝所賞識,得賜帛免刑,後仕郡文學掾。以目疾,二十餘年不闚京師。章帝建初三年,車騎將軍馬防擊西羌,請篤爲從事中郎,戰死於射姑山。所著賦、誄、弔、書、贊、七言、女誡及雜文凡十八篇,又著《明世論》十五篇。今存《論都賦》、《首陽山賦》、《大司馬吳漢誄》、《弔比干文》等十餘篇,皆載《後漢書》本傳及《藝文類聚》,其中惟《論都賦》完好,其他皆殘缺不全。

《論都賦》作於光武帝建武十九年(公元四三年),其主旨在反對建新都洛陽,主張復舊都長安。杜篤"以關中表裏山河,先帝舊

京,不宜改營洛邑,乃上奏《論都賦》"。在奏章中明言:

> 昔盤庚去奢行儉於亳,成周之隆乃即中洛。遭時制都,不常厥邑。賢聖之慮,蓋有優劣;霸王之姿,明知相絕。守國之勢同歸異術:或棄去阻阨,務處平易;或擄山帶河,并吞六國;或富貴思歸,不顧見襲;或掩空擊虛,自蜀漢出;即日車駕,策由一卒;或知而不從,久都境角。臣不敢有所據,見司馬相如、揚子雲作辭賦以諷主上,臣誠慕之,伏作書一篇,名曰《論都》。

他歷舉周公、秦皇、項羽、高祖、光武等建都之情況作比較,表示對光武都洛之不滿。高祖聽戎卒婁敬之言,即日車駕西都長安,乃因"洛陽田地薄,四面受敵"之故。今光武明知其如此,而仍"久都境角",不效法先王之決定,是有違祖訓。其寫長安之形勝云:

> 夫雍州本帝皇所以育業,霸王所以衍功,戰士角難之場地。《禹貢》所載,厥田惟上,沃野千里,原隰彌望,保殖五穀,桑麻條暢。濱據南山,帶以涇渭,號曰陸海,蠢生萬類。楩柟檀柘,蔬果成實。畎瀆潤淤,水泉灌溉。漸澤成川,秔稻陶遂。厥土之膏,畝價一金。田田相如,鐇鑼株林。火耕流種,功淺得深。既有蓄積,阸塞四臨。西被隴蜀,南通漢中。北據谷口,東阻嶄巖。關函守嶢,山東道窮;置列汧隴,廱隔西戎。拒守褒斜,嶺南不通;杜口絕津,朔方無從。鴻渭之流,徑入於河,大船萬艘,轉漕相過。東綜滄海,西網流沙,朔南暨聲,諸夏是和。城池百尺,阸塞要害,關梁之險,多所矜帶。一卒舉礧,千夫沈滯,一人奮戟,三軍沮敗。地勢便利,介冑剽悍,可與守近,利以攻遠。士卒易保,人不肉袒。肇十有二,是為贍

腴。用霸則兼併，先據則功殊。修文則財衍，行武則士要。爲政則化上，篡逆則難誅。進攻則百尅，退守則有餘。斯固帝王之淵囿，而守國之利器也。

陳述長安地勢之險要，物產之豐富，可以修文，便於行武，利以遠攻，易於近守，具備都城一切有利的條件。篇終結論云："國家亦不忘乎西都，何必去洛邑之淳瀿與?"表明寫作動機，即其慕司馬相如、揚雄作賦以諷主上之意。此賦不但在內容上與馬、揚所寫苑獵之境界不同，而且在寫法上皆本之事實，不像馬、揚之作侈言誇大，汗漫流移，語言上多用駢偶，也不同於馬、揚之主要用散句，開闢了駢儷之文風。

班固（公元三二年——九二年）是東漢時最重要之賦家，其生平思想，見散文一節的敍述。其賦今存者有《兩都》（見《後漢書》卷七十本傳）、《幽通》（見《文選》卷十四）、《終南山》、《竹扇》（見《古文苑》卷五）四篇，以及《覽海賦》、《耿恭守疏勒城賦》等殘文。此外，其《典引》、《奕旨》、《竇將軍北征頌》、《答賓戲》亦皆爲賦體。然最著名、最有影響者則爲《兩都賦》。

《兩都賦》之寫作年代，據《後漢書》本傳，是寫於明帝時班固爲郎之後，而《文選》題下李善注謂"班固恐帝去洛陽，故上此詞以諫，和帝大悅也"。按和帝永元初（和帝即位於公元八九年），大將軍竇憲征匈奴，以固爲中護軍，竇憲敗，固受牽連下獄死。其時他不曾爲郎，李善注顯係有誤。證之篇末的五首詩，其中之《寶鼎詩》詠永平六年（公元六三年）廬江太守獻寶鼎之事，《白雉詩》以白雉見於永平十一年（公元六八年）爲皇德之頌，則此賦當作於明帝永平中，與本傳所載其時爲郎正相合。自杜篤光武建武十九年（公元四三年）作《論都賦》，到此時，歷經二十餘年，建都之爭論仍未罷休，亦見此問題之重要與涉及方面之深廣。不過班固是反對

返都長安,擁護遷都洛陽的。他在《兩都賦序》中説:

> 臣竊見海內清平,朝廷無事,京師修宮室,浚城隍,起苑囿,以備制度。西土耆老咸懷怨思,冀上之眷顧,而盛稱長安舊制,有陋雒邑之議。故臣作《兩都賦》,以極衆人之所眩曜,折以今之法度。

説明他作賦之目的,是要極西土耆老等對長安舊制之所炫耀,而折以東漢光武和明帝之法度,即從法典、制度着眼表述應遷都洛陽。

此賦本爲一篇,《文選》著録始釐爲二。其對兩都之寫法絶然不同,對西都極盡炫耀之能事,暗寓譏諷之意,所謂"歷十二之延祚,故窮泰而極侈"者也。對東都重在寫光武帝之平定天下和明帝時之制度、典禮,全是贊頌之辭。如其寫西都未央宮之壯麗奢侈:

> 其宮室也,體象乎天地,經緯乎陰陽。據坤靈之正位,倣太紫之圓方。樹中天之華闕,豐冠山之朱堂。因瓌材而究奇,抗應龍之虹梁。列棼橑以布翼,荷棟桴而高驤。雕玉瑱以居楹,裁金璧以飾璫。發五色之渥彩,光爛朗以景彰。於是左城右平,重軒三階。閨房周通,門闥洞開。列鍾虡於中庭,立金人於端闈。仍增崖而衡閾,臨峻路而啓扉。徇以離宮別寢,承以崇臺閒館,煥若列宿,紫宮是環。清凉、宣温,神仙、長年,金華、玉堂,白虎、麒麟,區宇若兹,不可殫論。增盤崔嵬,登降炤爛,殊形詭制,每各異觀。乘茵步輦,惟所息宴。後宮則有披庭、椒房,后妃之室。合歡、增城,安處、常寧,茝若、椒風,披香、發越,蘭林、蕙草,鴛鸞、飛翔之列。昭陽特盛,隆乎孝成。屋不呈材,牆不露形。裛以藻繡,絡以綸連。隨侯明月,錯落其間。金釭銜璧,是爲列錢。翡翠火齊,流耀含英。縣黎垂棘,夜光在焉。於是玄墀釦砌,玉階彤庭,硟碱綵緻,琳珉青

熒,珊瑚碧樹,周阿而生。紅羅颭纚,綺組繽紛。精曜華燭,俯
仰如神。後宮之號,十有四位。窈窕繁華,更盛迭貴。處乎斯
列者,蓋以百數。

其中寫到未央宮之正殿、別殿以及後宮,鋪張揚厲,極其豪華奢侈,
而貶斥之意在焉。對東都則是另種寫法,如其寫光武帝之平定
天下:

> 昔在王莽作逆,漢祚中缺。天人致誅,六合相滅。于時之
> 亂,生人幾亡,鬼神泯絶。墟無完柩,郭無遺室。原野厭人之
> 肉,川谷流人之血。秦項之災猶不克半,書契以來未之或紀。
> 故下人號而上訴,上帝懷而降監,乃致命乎聖皇。於是聖皇乃
> 握乾符,闡坤珍,披皇圖,稽帝文。赫然發憤,應若興雲。霆擊
> 昆陽,憑怒雷震。遂超大河,跨北嶽。立號高邑,建都河洛。
> 紹百王之荒屯,因造化之蕩滌。體元立制,繼天而作。系唐
> 統,接漢緒。茂育群生,恢復疆宇。勳兼乎在昔,事勤乎三五。
> 豈特方軌並跡,紛綸后辟,治近古之所務,蹈一聖之險易云
> 爾哉?

寫光武帝應天命而作,撥亂反正,中興漢朝。接着寫其功勳遠可比
五帝、配三王,近可方列祖、擬列宗。然後寫到明帝之隆盛:

> 至乎永平之際,重熙而累洽。盛三雍之上儀,脩衮龍之法
> 服。鋪鴻藻,信景鑠,揚世廟,正雅樂。人神之和允洽,群臣之
> 序既肅。乃動大輅,遵皇衢,省方巡狩,躬覽萬國之有無,考聲
> 教之所被,散皇明以燭幽。然後增周舊,脩洛邑,扇巍巍,顯翼
> 翼。光漢京於諸夏,總八方而爲之極。於是皇城之內,宮室光
> 明,闕庭神麗,奢不可踰,儉不能侈。

當時一切措施、典儀，"必臨之以《王制》，考之以《風》、《雅》"。其寫宮殿，僅寫"覲明堂，臨辟雍，揚緝熙，宣皇風，登靈臺，考休徵"，亦取法於《詩·大雅》，是"奢不可踰，儉不能侈"，與西都之"窮泰而極侈"者不同。《兩都賦》主要是貶抑西漢帝王之奢侈豪華，以爲東漢明帝之鑑戒。

《兩都賦》在組織結構上與司馬相如之《子虛》、《上林》完全相同，可以説是脱胎於《子虛》、《上林》。不同者是其所描寫誇飾之成分減少了，而更加注重事實，班固即自稱其賦"義正乎揚雄，事實乎相如"，散文句式減少了，更多地運用駢偶句式，鋪排之中筆力遒勁。在風格上不像司馬相如之以宏肆取勝，也不像揚雄之以奇譎見長，而以典雅華麗爲特徵。當然，最大之不同是内容上一反《子虛》、《上林》之寫苑獵而爲寫京都了。

張衡（公元七八年——一三九年）《後漢書》卷八十九有傳。他字平子，南陽西鄂（今河南南陽市南）人。少善屬文，後入京師，觀太學，遂通五經，貫六藝。和帝永元中，"時天下承平日久，自王侯以下，莫不踰侈，衡乃擬班固《兩都》，作《二京賦》，因以諷諫"。安帝時徵拜郎中，再遷太史令，作渾天儀。渾天儀者，謂天體如彈丸，地居其中，天包於外。張衡妙盡璇璣之正，作渾天儀，推測星辰出没移動，皆甚準確。順帝初，復爲太史令，陽嘉元年，造地動儀，測驗地動，無不應驗。與他之科學思想相聯繫，在朝時曾上疏要求禁止當時流行之讖緯迷信。後遷侍中，遭宦官讒毀，乃作《思玄賦》以宣寄情志。永和初，出爲河間相，"時國王驕奢，不遵典憲。又多豪右，共爲不軌"，他視事三年，打擊豪強，使"上下肅然"（以上引文皆見《後漢書》本傳）。後上書乞骸骨，又徵拜尚書。永和四年卒，年六十二。所著詩、賦、銘、《七言》、《靈憲》、《應間》、《七辯》、《巡誥》、《懸圖》凡三十二篇。張衡精於天文曆算，是我國古代傑出的科學家,同時也善屬文,尤以辭賦著稱,又是東漢傑出的文學家。他的賦今存者有《二京賦》、《南都賦》(皆見《文選》卷二、卷三、卷四)、《歸田賦》(見《文選》卷十五)、《思玄賦》、《應間》(皆見《後漢書》本傳)、《髑髏賦》、《冢賦》(皆見《古文苑》卷五)以及《溫泉賦》、《定情賦》、《觀舞賦》、《羽獵賦》、《扇賦》、《七辯》、《鴻賦》之殘文。

《二京賦》是他於和帝時,"精思傅會,十年乃成"。時當公元一世紀之末。自光武建武十九年杜篤作《論都賦》,到此將近六十年,可見遷都爭論持續之長。《二京賦》完全是摹擬班固之《兩都賦》,據説張衡見班固《兩都賦》,"薄而陋之",因此作《二京賦》。《二京賦》與《兩都賦》相比,其描寫之範圍更廣泛,描寫之對象更具體、詳細。《兩都賦》所寫止於京都之形勝、臺館、宮苑、物産以及西漢帝王之腐朽生活,《二京賦》則除此之外,還兼及城郭第宅、五都貨殖、郊祀之儀、朝會之禮、游俠、求仙、百戲、大儺等,凡足以顯示京都之豪華、巨麗景象者,莫不形諸筆墨,然絶非徒作誇飾,以爲虛辭濫説,而是當時現實之寫照。如其在極寫西京壯麗之同時,也寫到帝王之游觀愉悦:

> 大駕幸乎平樂,張甲乙而襲翠被。攢珍寶之玩好,紛瑰麗以奓靡。臨迴望之廣場,程角觚之妙戲。烏獲扛鼎,都盧尋橦。衝狹鷰濯,胸突銛鋒。跳丸劍之徽霍,走索上而相逢。華嶽峨峨,岡巒參差。神木靈草,朱實離離。總會僊倡,戲豹舞熊。白虎鼓瑟,蒼龍吹篪。女娥坐而長歌,聲清暢而蜲蛇。洪涯立而指麾,被毛羽之襳襹。度曲未終,雲起雪飛。初若飄飄,後遂霏霏。複陸重閣,轉石成雷。礔礰激而增響,磅礚象乎天威。巨獸百尋,是爲曼延。神山崔巍,欻從背見。熊虎升而拏攫,猨狖超而高援。怪獸陸梁,大雀踆踆。白象行孕,垂鼻轔囷。海鱗變而成龍,狀蜿蜿以蝹蝹。含利颺颺,化爲仙

車。驪駕四鹿,芝蓋九葩。蟾蜍與龜,水人弄蛇。奇幻儵忽,
易貌分形。吞刀吐火,雲霧杳冥。畫地成川,流渭通涇。東海
黃公,赤刀粵祝。冀厭白虎,卒不能救。挾邪作蠱,於是不售。
伈僮程材,上下翩翻。突倒投而跟絓,譬隕絶而復聯。百馬同
轡,聘足並馳。橦末之伎,態不可彌。彎弓射乎西羌,又顧發
乎鮮卑。

此寫帝王所觀賞,但卻記述了漢代百戲繁盛之景。百戲在廣場上
表演,有各種名目,如角力、競技、假面戲、化粧歌舞、鬥獸、魔術等。
其中“都盧尋橦”之“都盧”爲南洋國名,“水人弄蛇”爲東南亞人之
游戲,可見這種百戲也有東南亞人參加。緊接着寫帝王之微行
淫樂:

於是衆變盡,心醒醉。盤樂極,悵懷萃。陰戒期門,微行
要屈。降尊就卑,懷璽藏綬。便旋閭閻,周觀郊遂。若神龍之
變化,章后皇之爲貴。然後歷掖庭,適驪館,捐衰色,從嬿婉。
促中堂之陿坐,羽觴行而無筭。秘舞更奏,妙材騁伎。妖蠱艶
夫夏姬,美聲暢於虞氏。始徐進而贏形,似不任乎羅綺。嚼清
商而卻轉,增嬋娟以此豸。紛縱體而迅赴,若驚鶴之群罷。振
朱屣於盤樽,奮長袖之颯纚。要紹修態,麗服颺菁。眇薎流
眄,一顧傾城。展季桑門,誰能不謷。列爵十四,競媚取榮。
盛衰無常,唯愛所丁。衛后興於鬒髮,飛燕寵於體輕。爾乃逞
志究欲,窮身極娛。鑒戒唐《詩》,他人是媮。自君作故,何禮
之拘。增昭儀於婕妤,賢既公而又侯。許趙氏以無上,思致董
於有虞。王閎爭於坐側,漢載安而不渝。

把封建帝王荒淫奢侈之生活具體、細緻地描繪出來,字裏行間流露
出激切的譏諷。與班固《兩都賦》之寫作意旨相同,此賦之諷西

京,亦以規切目前,即針對當時現實而發。

《南都賦》乃寫南陽之勝景。南陽是光武帝之舊里,因以爲別都,謂之南都。或謂其時議欲廢之,張衡作此賦盛稱其爲光武所起處,又有上代宗廟,借以諷之。賦之體制全擬揚雄《蜀都賦》,寫南都之地形、山川、陂澤、原野園囿、物產飲食、祠祭燕饗等,最後作頌辭。辭繁而意淺,不若《二京》之有譏諷意義。

總之,張衡之京都賦皆爲擬作,內容多因襲,少創造,文辭典雅縝密,而氣勢不壯,追慕前人,卻筆力不逮,只是步其後塵而已。其後,相繼而作者,有左思《三都賦》,其序云:"余既思摹《二京》而作《三都》。"說明他是擬《二京》而作的。又郭璞《江賦》也是變相之京都賦,敘述川瀆之美,以安定流寓人心。

賦之爲體,到了東漢確是進入衰微期,然從整個文學歷史發展看,此類京都大賦又有其高於前代之處,特別是在寫作技巧方面。葛洪《抱朴子・外篇・鈞世》即說:

> 《毛詩》者,華彩之辭也。然不及《上林》、《羽獵》、《二京》、《三都》之汪濊博富也。……若夫俱論宮室,而奚斯路寢之頌,何如王生之賦靈光乎? 同說游獵,而《叔畋》《盧鈴》之詩,何如相如之言《上林》乎? 並美祭祀,而《清廟》、《靈漢》之辭,何如郭氏《南郊》之艷乎? ……

葛洪是從發展的觀點看問題,批判貴古賤今之說,認爲今勝於古,他把漢之京都大賦與《詩經》中同樣題材的作品相比,說明漢京都大賦之寫作技巧、語言鑄造是高於《詩經》的,這完全正確。但是從內容看,漢京都大賦頌聖之成分遠遠多於對社會歷史之實際描寫,這方面又遠不如《詩經》之多描寫歷史事實。

## 二、班彪、班昭、蔡邕之紀行賦

東漢賦所闢之另一新境爲紀行,即紀述於旅途所見發爲感慨之作,如班彪之《北征賦》、班昭之《東征賦》和蔡邕之《述行賦》等。這類題材源於劉歆之《遂初賦》。其所寫既爲旅途中之感慨,因此與那些京都大賦之鋪張揚厲者不同,而重在抒情,開後代記游文學之先聲。

班彪(公元三年——五四年)《後漢書》卷七十上有傳。他字叔皮,扶風安陵(今陝西咸陽東)人。年二十餘遭王莽失敗之亂。時隗囂擁衆割據天水,他避難往依之,著《王命論》,欲感諭隗囂復興漢室,囂不從。後往河西,依河西大將軍竇融,融以爲從事,深敬待之。建武十二年,竇融還京,光武帝雅聞彪之才能,乃舉爲茂才,授徐令,以病免。他潛心著述,采前史遺事,傍貫異聞,作《史記後記》數十篇,爲班固作《漢書》奠定了基礎。後爲司徒玉況府屬官,終望都長。建武三十年卒,年五十二。其賦今存者,有《北征賦》(見《文選》卷九)、《覽海賦》(見《藝文類聚》卷八)、《冀州賦》(見《藝文類聚》卷六)。其中惟《北征賦》完整,其他兩篇皆殘文。

《北征賦》是班彪於王莽已亡,淮陽王劉玄失敗之際,避難從長安到天水,途經安定郡城(今寧夏固原縣)時所作。賦之體制頗擬劉歆《遂初賦》,就途中所見之史績以寄慨,興感應當如何防邊的問題。他忿怨義渠戎王與秦宣太后之淫亂,嘉賞秦昭王之殺義渠戎王。責難秦將蒙恬修築長城以禦匈奴,終被賜死而不悟,以爲築長城絶地脈所致。贊揚漢文帝治邊與秦之以武力不同,而是以道德懷邊綏遠,乃大收治效。兹錄其後半篇爲例:

> 紛吾去此舊都兮,騑遲遲以歷兹。遂舒節以遠逝兮,指安定以爲期。涉長路之縣縣兮,遠紆回以樛流。過泥陽而太息

兮,悲祖廟之不修。釋余馬於彭陽兮,且弭節而自思。日晻晻
其將暮兮,覯牛羊之下來。寤曠怨之傷情兮,哀詩人之嘆時。
越安定以容與兮,遵長城之漫漫。劇蒙公之疲民兮,爲强秦乎
築怨。舍高亥之切憂兮,事蠻狄之遠患。不耀德以綏遠兮,顧
厚固而善藩。首身份而不寤兮,猶數功而辭響。何夫子之妄
説兮,孰云地脈而生殘?

　　登鄣隧而遥望兮,聊須臾以婆娑。閔獯鬻之猾夏兮,弔尉
邛於朝那。從聖文之克讓兮,不勞師而幣加;惠父兄於南越
兮,黜帝號於尉他;降几杖於藩國兮,折吴濞之逆邪。惟太宗
之蕩蕩兮,豈囊秦之所圖?隮高平而周覽,望山谷之嵯峨。野
蕭條以莽蕩,迴千里而無家。風猋發以漂遥兮,谷水灌以揚
波。飛雲霧之杳杳,涉積雪之皚皚。雁邕邕以群翔兮,鵾雞鳴
以嚌嚌。游子悲其故鄉,心愴恨以傷懷。撫長劍而慨息,泣漣
落而霑衣。攬余涕以於邑兮,哀民生之多故。夫河陰曀之不
陽兮,嗟久失其平度?諒時運之所爲兮,永伊鬱其誰訴?

　　亂曰:夫子固窮,游藝文兮;樂以忘憂,惟聖賢兮;達人從
事,有儀則兮;行止屈申,與時息兮。君子履信,無不居兮;雖
之蠻貊,何憂懼兮!

其所抒發之主要思想是主張以德化邊,反對以武禦邊。以德化邊
者,遠方徠服;以武禦邊者,邊患無窮。面對莽莽邊塞,作者對時遭
"陰曀之不陽"的人民寄以深切的同情:"劇蒙公之疲民兮,爲强秦
乎築怨。""攬余涕以於邑兮,哀民生之多故。"他爲動亂時代人民
的苦難而悲傷流涕,然而滿腔鬱憤對誰傾訴呢?感慨之深,溢於言
表。此賦之結構四句一轉,曲盡其意,文辭典雅,頗具情韻。後來
仿作者亦多。

　　班昭(公元四九年?——一二○年?)《後漢書》卷一百十四有

傳。她字惠班,一名姬,班彪之女,班固之妹,年十四嫁曹世叔,叔早卒,而寡居。昭博學多才,兄固著《漢書》,其"八表"及《天文志》未竟而卒,和帝命其續成之。又和帝數召其入宮,令皇后及諸貴人師事之,號稱大家。每有異物進貢,她輒受詔作賦頌。年七十餘卒,所作賦、頌、銘、誄等凡十六篇,今存者有《東征賦》(見《文選》卷九)一篇、《女誡》(見《後漢書》本傳)及《大雀賦》(見《藝文類聚》卷九十二)、《蟬賦》(見《藝文類聚》卷九十七)、《鍼縷賦》(見《藝文類聚》卷六十五、《古文苑》卷三)之殘文。

《東征賦》是班昭隨其子曹穀到陳留爲官時所作。其"亂辭"云:"先君行止,則有作兮,雖其不敏,敢不法兮。"説明她是效法《北征賦》而創作的,紀述自洛陽至陳留之經歷,其中一段描寫所見所感云:

　　歷七邑而觀覽兮,遭鞏縣之多艱。望河洛之交流兮,看成皋之旋門。既免脱於峻嶮兮,歷滎陽而過卷。食原武之息足兮,宿陽武之桑間。涉封丘而踐路兮,慕京師而竊歎。小人性之懷土兮,自書傳而有焉。遂進道而少前兮,得平丘之北邊。入匡郭而追遠兮,念夫子之厄勤。彼衰亂之無道兮,乃困畏乎聖人。悵容與而久駐兮,忘日夕而將昏。到長垣之境界兮,察農野之居民。睹蒲城之丘墟兮,生荆棘之榛榛。惕覺寤而顧問兮,想子路之威神。衛人嘉其勇義兮,訖于今而稱云。蘧氏在城之東南兮,民亦尚其丘墳。唯令德爲不朽兮,身既没而名存。惟經典之所美兮,貴道德與仁賢。吳札稱多君子兮,其言信而有徵。後衰微而遭患兮,遂陵遲而不興。知性命之在天,由力行而近仁。勉仰高而蹈景兮,盡忠恕而與人。好正直而不回兮,精誠通於明神。庶靈祇之鑒照兮,祐貞良而輔信。

皆據身所經歷發爲感嘆。她過匡，有感於遭逢亂世，孔子謬被困厄；經蒲，念及子路之有勇力，至今爲衛人所稱道；到蘧，見到蘧伯玉之賢能，迄今民人仰慕不已。因此得出結論：“唯令德爲不朽兮，身既没而名存。”由衛國多君子而無患，失君子而衰微之過程，得出結論：“知性命之在天，由力行而近仁。”即天之所輔乃在力行仁智者。這些雖非獨特之思想見解，卻有古淡之文風，是紀行賦中之重要篇章。

蔡邕（公元一三三年——一九二年）據《後漢書》卷九十下本傳記載，他字伯喈，陳留圉（今河南杞縣南）人。少博學，好辭章、數術、天文，妙操音律。桓帝延熹二年，中常侍徐璜、左悺等五侯擅恣，聞邕善鼓琴，遂應桓帝之嗜好，令陳留太守督促發遣來京。行至偃師，稱疾而歸。靈帝建寧四年，辟司徒橋玄府，出任河平長，召拜郎中，校書東觀，遷議郎。熹平四年，與五官中郎將堂谿典等奏求正定“六經”文字，他躬自寫經文於碑上，使工匠鐫刻，立於太學門外，世稱“熹平石經”。後因上書論朝政闕失，遭誣陷，罪髡鉗徙朔方。次年遇赦還本郡，途經五原時怠慢了中常侍王甫之弟王智，爲王智所怨恨，因而亡命江海十餘年。靈帝死後，董卓爲司空，召署祭酒，甚見敬重。初平元年，拜左中郎將，從獻帝遷都長安，封高陽鄉侯。董卓被誅，他哀惋嘆息，被王允收付廷尉，死於獄中，年六十一。他欲續寫漢史，未竟。所著詩、賦、碑、誄、銘、贊等凡一百零四篇，今多散佚。後人輯有《蔡中郎集》，其中收録賦十五篇，大都爲殘文，惟《述行賦》、《短人賦》、《青衣賦》及《釋誨》四篇，完好無損。而以《述行賦》最有意義。

《述行賦》乃取法於劉歆《遂初》和班彪《北征》之作，是抒寫被發遣自陳留到京師洛陽沿途之見聞與感慨。其序云：

延熹二年秋，霖雨逾月，是時梁冀新誅，而徐璜、左悺五侯擅貴,於其處又起顯明苑于城西,人徒凍餓,不得其命者甚衆。白馬令李雲,以直言死。鴻臚陳君以救雲抵罪。璜以余能鼓琴,自朝廷勑陳留太守遣余,到偃師,病不前,得歸。心憤此事,遂託所過,述而成賦。

可見他所憤者不僅是自己被遣到京師爲桓帝鼓琴,還在於那逼迫民不堪命的宦官之淫威。賦之前半篇爲弔古,後半篇爲傷今,情辭激切,感慨沉痛,辭云:

> 命僕夫其就駕兮,吾將往乎京邑。皇家赫而天居兮,萬方徂而並集。貴寵扇以彌熾兮,僉守利而不戢,前車覆而未遠兮,後桀驅而競入。窮變巧於臺榭兮,民露處而寢濕。清嘉穀于禽獸兮,下糠粃而無粒。弘寬裕以便辟兮,糺忠諫其侵急。懷伊、呂而黜逐兮,道無因而獲人。唐虞眇其既遠兮,常俗生於積習。周道鞠爲茂草兮,哀正路之日澀。觀風化之得失兮,猶紛掌其多違。無亮采以匡世兮,亦何爲乎此畿? 甘衡門以寧神兮,詠都人而思歸。爰結蹤而迴軌兮,復邦族以自綏。

其中揭露了朝政之腐敗,統治階級之窮奢極侈和人民之悲慘痛苦,如"窮變巧於臺榭兮,民露處而寢濕。清嘉穀于禽獸兮,下糠粃而無粒"。他看到了社會之尖銳矛盾,同情人民的苦難,並對人民的命運極爲關切。此足以説明蔡邕並非迂腐之經學家,而是有頭腦有思想之文學家。

其後,沿襲這一題材而創作者,有崔琰《述初賦》、陸機《行思賦》、潘岳《西征賦》、郭璞《流寓賦》、張載《叙行賦》、袁宏《東征賦》等。這類賦大都有韻,然逐漸演變,便成爲後來如酈道元《水經注》一類無韻之游記文了。

### 三、班固、張衡、趙壹之情理賦

情理賦是東漢賦所闢之又一新境。此類賦主要是作者在社會動亂、宦海升沉中用以宣寄情志之作。漢初，賈誼《鵩鳥賦》已開其端緒，然正式形成則在東漢。如班固《幽通賦》、張衡《思玄賦》、《歸田賦》和趙壹《刺世疾邪賦》等，皆此類之重要作品。

班固之《幽通賦》，據《漢書》卷一百上《叙傳》記載："固弱冠而孤，作《幽通》之賦，以致命遂志。"説明是他年二十所作，意在叙性命，表志向。如其中之一段云：

> 道混成而自然兮，術同原而分流。神先心以定命兮，命隨行以消息。斡流遷其不濟兮，故遭罹而羸縮。三欒同於一體兮，雖移易而不忒。洞參差其紛錯兮，斯衆兆之所惑。周賈盪而貢憤兮，齊生死與禍福。抗爽言以矯情兮，信畏犧而忌鵩。所貴聖人之至論兮，順天性而斷誼。物有欲而不居兮，亦有惡而不避。守孔約而不貳兮，乃輴德而無累。三仁殊於一致兮，夷惠舛而齊聲。木偃息以蕃魏兮，申重繭以存荆。紀焚躬以衞上兮，皓頤志而弗傾。侯草木之區別兮，苟能實其必榮。要没世而不朽兮，乃先民之所程。觀天網之紘覆兮，實棐諶而相訓。謨先聖之大猷兮，亦鄰德而助信。虞韶美而儀鳳兮，孔忘味於千載。素文信而底麟兮，漢賓祚于異代。精通靈而感物兮，神動氣而入微。養流睇而猨號兮，李虎發而石開。非精誠其焉通兮，苟無實而孰信。操末技猶必然兮，矧耽躬於道真。登孔昊而上下兮，緯群龍之所經。朝貞觀而夕化兮，猶諠己而遺形。若胤彭而諧老兮，訴來哲而通情。

文中多援引歷史故實，説明修道以俟命。其體制全擬賈誼《鵩鳥賦》,皆論性命,然思想傾向不同,《鵬鳥賦》崇道,如云:"大人不曲,意變齊同。……不以生故自寶兮,養空而浮。德人無累,知命不憂。"主張齊生死,等榮辱,反對求名逐利。此賦則尊儒,如云:"天造草昧,立性命兮,復心弘道,唯聖賢兮。渾元運物,流不處兮,保身遺名,民之表兮。舍生取誼,以道用兮,憂傷夭物,忝莫痛兮。"與道家相反,而是標榜聖賢,注重保身遺名。良由所處時代不同,所受教養不同,因而取舍各異。其文辭詰屈聱牙,極盡雕蟲篆刻之能事。

張衡之《思玄賦》,據《後漢書》本傳記載:"後遷侍中,帝(順帝)引在帷幄,諷議左右,嘗問衡天下所疾惡者。宦官懼其毀己,皆共目之。衡乃詭對而出。閹豎恐終爲其患,遂共讒之。衡常思圖身之事,以爲吉凶倚伏,幽微難明。乃作《思玄賦》,以宣寄情志。"説明此賦是他在順帝時爲侍中憂讒畏譏尋求解脱之作。如其叙述身處溷濁之世,堅持節操,砥礪德行之一段云:

> 何孤行之煢煢兮,孑不群而介立。感鸞鷖之特棲兮,悲淑人之希合。彼無合而何傷兮,患衆僞之冒真。旦獲讟于群弟兮,啓金縢而後信。覽蒸民之多僻兮,畏立辟以危身。增煩毒以迷惑兮,羌孰可爲言己。私湛憂而深懷兮,思繽紛而不理。願竭力以守誼兮,雖貧窮而不改。執彫虎而試象兮,阽焦原而跟趾。庶斯奉以周旋兮,惡既死而後已。俗遷渝而事化兮,泯規矩之員方。寶蕭艾於重笥兮,謂蕙茞之不香。斥西施而弗御兮,鱉腰褭以服箱。行頗僻而獲志兮,循法度而離殃。惟天地之無窮兮,何遭遇之無常。不抑操而苟容兮,譬臨河而無航。欲巧笑以干媚兮,非余心之所嘗。襲温恭之黻衣兮,被禮義之繡裳。辮貞亮以爲鞶兮,雜伎藝以爲珩。昭綵藻與珚瑤兮,璜聲遠而彌長。淹棲遲以恣欲兮,耀靈忽其西藏。恃己知

而華予兮,鵑鳩鳴而不芳。冀一年之三秀兮,遒白露之爲霜。
時亹亹而代序兮,疇可與乎比伉。咨姎嬬之難並兮,想依韓以
流亡。恐漸冉而無成兮,留則蔽而不彰。心猶豫而狐疑兮,即
岐阯而臚情。

感嘆自己焭獨不群,遭逢不偶,然而並不由此而悲傷,因爲此正君
子淑人之德。所患者世人以假亂真,顛倒是非,小人得志,賢者遭
殃。自己豈能苟合取容?寧"願竭力以守誼兮,雖貧窮而不改",
自矢貧困而不變節。最後是仿效仙人韓衆之高舉遠逝,超脱塵世。
在寫法上繼承了《楚辭·遠游》,摹寫游仙。不同者,《遠游》所寫
之神仙真人乃有所寄託,此賦所寫是作者在現實中有感於政治之
危迫,幻想以仙游作解脱。李善注云:"欲游六合之外,勢既不能,
義又不可,但思其玄遠之道而賦之,以申其志耳。"可謂得此作之底
蘊。其繫辭云:"迴志朅來從玄謀,獲我所求夫何思!"亦自明是以
玄理自慰。

其《歸田賦》與此賦之思想傾向基本一致,也是寫仕途艱難,
自外榮辱,隱居田園的述志之作。其辭云:

　　游都邑以永久,無明略以佐時。徒臨川以羨魚,俟河清乎
未期。感蔡子之慷慨,從唐生以決疑。諒天道之微昧,追漁父
以同嬉。超埃塵以遐逝,與世事乎長辭。於是仲春令月,時和
氣清,原隰鬱茂,百草滋榮。王睢鼓翼,鶬鶊哀鳴。交頸頡頏,
關關嚶嚶。於焉逍遥,聊以娛情。爾乃龍吟方澤,虎嘯山丘。
仰飛纖繳,俯釣長流。觸矢而斃,貪餌吞鉤。落雲間之逸禽,
懸淵沈之鯋鰡。于時曜靈俄景,係以望舒。極般游之至樂,雖
日夕而忘劬。感老氏之遺誡,將迴駕乎蓬廬。彈五絃之妙指,
詠周孔之圖書。揮翰墨以奮藻,陳三皇之軌模。苟縱心於物

外,安知榮辱之所如。

他寓居洛陽幾十年,對宦官專權之政治現實已經絶望,因而發出
"無明略以佐時"之嗟嘆,他爲蔡澤之游説不遇而感慨,爲司馬遷
悲士不遇産生了"天道微昧"之悲傷。無奈何只能如屈原那樣與
漁父同游,遠離濁世,隱居起來,在風和氣清,草木滋茂,百鳥爭鳴
的環境中,或長吟於方澤,或舒嘯於山丘,或仰射飛鳥,或俯釣長
流,日暮遲歸,樂而忘憂。然而念及老子"馳騁田獵,令人心發狂"
(《道德經》十二章)之論,又回歸草廬,彈琴讀書,從事著述,令心志
超脱,自外榮辱。這些描寫皆所以彌補精神上之苦悶,非真以隱逸
爲歸宿。應當注意者,其寫田園情趣之樂,實開後代田園詩之先
河。通篇采用駢儷句式,排偶整齊,對仗工穩,劉勰所謂"麗句與深
采并流,偶意共逸韻俱發"(《文心雕龍》卷七《麗辭》),是一篇成熟的
駢賦,又是魏晉以降駢賦之祖。

　　《髑髏賦》是張衡又一篇追求精神解脱之作。取材於《莊子·
至樂》篇,而滲透着張衡自己的思想、感情。其主旨是贊美死,認爲
生不如死,如髑髏叙述死後之樂云:"死爲休息,生爲勞役。冬冰之
凝,何如春水之消?榮位在身,不亦輕於塵毛?巢許所耻,伯成所
逃。況我已化,與道逍遥。離朱不能見,子野不能聽,堯舜不能賞,
桀紂不能刑,虎豹不能害,劍戟不能傷,與陰陽同其流,與元氣合其
朴。"髑髏之言,正是張衡精神極端痛苦之反映,把死看作可以擺脱
一切政治厄運與煩惱,達到至樂的境界。然而,最後當其掩埋髑髏
之時,卻"爲之流涕,酹於路濱",又流露出他之真情!可見表面的
達觀,並不能掩飾他内心之隱痛。

　　以上是情理賦之主要作品,此類作品至魏正始以後即演變爲
玄言詩、賦。

　　在此類賦作中别具特色者是趙壹之《刺世疾邪賦》。它體制

短小，詞旨清明，少用典故，抒情寫志皆極顯豁。在所闢新境中又有革新。趙壹生卒年不詳，據《後漢書》卷一百一十下本傳記載，他字元叔，漢陽西縣（今甘肅天水）人，恃才倨傲，爲鄉黨所擯斥，屢得罪，幾至死，友人救之，乃得免。壹貽書謝恩，並爲《窮鳥賦》以自喻，又作《刺世疾邪賦》以舒其憤。靈帝光和元年，被舉爲郡上計吏入京。當時司徒袁逢主受計事，逢奇之，與河南尹羊陟共稱薦之，名動京師。後西歸，州郡爭致禮命，公府累次辟召，皆不就，終於家。著賦、頌、箴、誄、書及雜文十六篇。《窮鳥賦》、《刺世疾邪賦》皆載本傳。

《刺世疾邪賦》是一篇憤世疾俗之作。其辭云：

> 伊五帝之不同禮，三王亦又不同樂；數極自然變化，非是故相反駮。德政不能救世溷亂，賞罰豈足懲時清濁？春秋時禍敗之始，戰國愈復增其荼毒。秦漢無以相踰越，乃更加其怨酷。寧計生民之命，唯利己而自足。于茲迄今，情僞萬方；佞諂日熾，剛克消亡；舐痔結駟，正色徒行；嫗嫗名勢，撫拍豪強；偃蹇反俗，立致咎殃；捷懾逐物，日富月昌；渾然同惑，孰溫孰涼？邪夫顯進，直士幽藏。原斯瘼之攸興，實執政之匪賢。女謁掩其視聽兮，近習秉其威權。所好則鑽皮出其毛羽，所惡則洗垢求其瘢痕。雖欲竭誠而盡忠，路絕嶮而靡緣。九重既不可啓，又群吠之狺狺。安危亡於日夕，肆嗜慾於目前。奚異涉海之失柁，積薪而待燃。榮納由於閃榆，孰知辨其蚩妍？故法禁屈撓於勢族，恩澤不逮於單門。寧飢寒於堯舜之荒歲兮，不飽暖於當今之豐年。乘理雖死而非亡，違義雖生而匪存。

> 有秦客者，乃爲詩曰："河清不可俟，人命不可延。順風激靡草，富貴者稱賢。文籍雖滿腹，不如一囊錢。伊優北堂上，抗髒倚門邊。"

　　　　魯生聞此辭,繫而作歌曰:"勢家多所宜,咳唾自成珠。被褐懷金玉,蘭蕙化爲芻。賢者雖獨悟,所困在群愚。且各守爾分,勿復空馳驅。哀哉復哀哉,此是命矣夫!"

作者對東漢末年,外戚、宦官專權所造成的政治腐敗、社會黑暗以及種種邪惡風氣,給予尖銳的揭露與批判。他揭示了社會上黑白顛倒、是非混淆諸現象產生之根源,皆在於"執政之匪賢",筆鋒直接指向封建統治者,並斥責封建統治者一味貪圖享樂,不恤民命,在女寵與宦官的挾持下,恣意妄爲,不顧國家之危亡。他自己則態度鮮明,即不向邪惡勢力屈服,堅持操守,宣稱"乘理雖死而非亡,違義雖生而匪存",表現了高尚的思想品格。此賦在體制上活潑自由,不循常規。語言上剛勁樸素,不像其他大賦那樣典重板滯。最後假託秦客、魯生之五言詩作結,亦清新可喜,獨具一格。此類體制短小之抒情賦,後代續作之者,還有王粲《登樓賦》、禰衡《鸚鵡賦》、曹植《洛神賦》等,皆情致深遠,文境清高,爲賦創制了新體。

　　綜觀東漢之賦,大都模擬西漢體制。但也有新創造、新特點,即一些京都大賦描寫的範圍更廣泛,描寫的對象更具體,而且重事實,少虛構。一些紀行、情理賦,則從作者之現實政治感受出發,多抒情言志,感慨不遇,貶斥時政。在語言方面,則講求句法工整,音節和諧,駢辭儷句,使文賦逐漸演變爲俳賦。其影響於散文者,使散文逐漸演變爲駢體文。

　　因此,我們說,不研究漢賦,就不可能認識楚辭、荀卿賦以及戰國末年縱橫家散文之發展趨向;不研究漢賦,就不可能瞭解魏、晉、六朝、唐、宋諸賦之真正來源,從而也就不可能瞭解中國古代文學之發展過程及其歷史演變。漢賦之歷史地位,可以概見。

## 第三節　駢　文

駢文正式形成於西漢。然作爲一種文體，並非於其形成之後，全部制作都是嚴整、完美的，它不可能成就於一朝一夕，而是在相當長之時間內仍在不斷地演進與完善。東漢之駢文，即在西漢之作的基礎上不斷地演進與完善着，並受此期抒情賦日趨駢儷化之影響，使其體制更臻成熟，出現了一些以寫駢體文聞名的作家。

朱浮（約公元五年——六六年），據《後漢書》卷六十三本傳記載，他字叔元，沛國蕭（今江蘇蕭縣西北）人。初從光武爲大司馬主簿，遷偏將軍，後拜大將軍幽州牧，封舞陽侯。與漁陽太守彭寵有積怨，寵舉兵攻浮，浮以書質責之。寵益怒，攻之轉急。浮敗走。後代竇融爲大司空，坐賣弄國恩，免官。明帝時，因事被告，賜死。浮富於才學，矜夸自信，文詞鋒銳。書、疏、奏、議多載《後漢書》本傳，其《與彭寵書》並著録於《文選》、《駢體文鈔》，可見此文影響之大，具有代表性。書云：

> 蓋聞智者順時而謀，愚者逆理而動。常竊悲京城太叔以不知足而無賢輔，卒自棄於鄭也。伯通以名字典郡，有佐命之功，臨民親職，愛惜倉庫，而浮秉征伐之任，欲權時救急。二者皆爲國耳。即疑浮相譖，何不詣闕自陳，而爲滅族之計乎？
>
> 朝廷之於伯通，恩亦厚矣，委以大郡，任以威武，事有柱石之寄，情同子孫之親。匹夫媵母，尚能致命一餐，豈有身帶三綬，職典大邦，而不顧恩義，生心外叛者乎？伯通與吏民語，何以爲顏？行步拜起，何以爲容？坐卧念之，何以爲心？引鏡窺影，何施眉目？舉措建功，何以爲人？惜乎，棄休令之嘉名，造梟鴟之逆謀，捐傳葉之慶祚，招破敗之重災。高論堯舜之道，

不忍桀紂之性；生爲世笑，死爲愚鬼，不亦哀乎？

伯通與耿俠游，俱起佐命，同被國恩。俠游謙讓，屢有降挹之言；而伯通自伐，以爲功高天下。往時遼東有豕，生子白頭，異而獻之。行至河東，見群豕皆白，懷慚而還。若以子之功高，論於朝廷，則爲遼東豕也。今乃愚妄，自比六國。六國之時，其勢各勝，廓土數千里，勝兵將百萬，故能據國相持，多歷年所。今天下幾里？列郡幾城？奈何以區區之漁陽，而結怨天子？此猶河濱之民，捧土以塞孟津，多見其不知量也！

方今天下適定，海內願安。士無賢不肖，皆樂立名於世。而伯通獨中風狂走，自捐盛時；內聽嬌婦之失計，外信讒邪之諛言；長爲群后惡法，永爲功臣鑒戒，豈不誤哉！定海內者無私仇。勿以前事自疑，願留意顧老母少弟。凡舉事無爲親厚者所痛，而爲見仇者所快！

“伯通”者，彭寵之字。文中反復稱道伯通，筆鋒銳利、辛辣，直接指斥其“不顧恩義，生心外叛”，“棄休令之嘉名，造梟鴟之逆謀”，直是無臉面、無容顏、無眉目、無心肝，以至於不成其爲人了。言辭之狠厲，語調之尖刻，恰是對政敵之口吻。最後歸結爲“凡舉事無爲親厚者所痛，而爲見仇者所快”，點出本文之主旨，即期望變敵爲友，化干戈爲玉帛，然事實適得其反，彭寵得書後益怒。書簡未能達到預期之目的，而作爲文章卻經久流傳，長期不衰。文章之特點是有一種鬱勃之氣勢，浩蕩莫能御之，句法雖非通篇對偶，但基本上是駢儷體，此正是東漢初年駢文演進之跡。

衛宏，生卒年不詳，《後漢書》卷一百零九下有傳。傳載他字敬仲，東海（今山東郯城縣西南）人，少與河南鄭興俱好古學。初，九江謝曼卿善《毛詩》，乃爲其訓。宏從曼卿受學，因作《毛詩序》，善得《風》、《雅》之旨，於今傳於世。他是當時著名之經學家。光武以爲議郞。作《漢舊儀》四篇，又著賦、頌、誄七首，皆已佚。其《毛詩序》影響很大，爲歷代傳毛詩者所依據。然《毛詩序》之作者，古時即有不同説法，除衛宏外，或謂卜商（子夏），或謂毛公（毛萇），或謂卜商作，意有未盡，而毛萇足成之。竊以爲《後漢書·儒林傳》所載當更可信，因屬之衛宏名下。此文亦爲《文選》所著録，通篇是駢體。辭云：

　　《關雎》，后妃之德也，風之始也，所以風天下而正夫婦也。故用之鄉人焉，用之邦國焉。風，風也，教也；風以動之，教以化之。

　　詩者，志之所之也；在心爲志，發言爲詩。情動於中，而形於言；言之不足，故嗟嘆之；嗟嘆之不足，故永歌之；永歌之不足，不知手之舞之，足之蹈之也。

　　情發於聲，聲成文謂之音。治世之音安以樂，其政和；亂世之音怨以怒，其政乖；亡國之音哀以思，其民困。故正得失，動天地，感鬼神，莫近於詩。先王以是經夫婦，成孝敬，厚人倫，美教化，移風俗。

　　故詩有六義焉：一曰風，二曰賦，三曰比，四曰興，五曰雅，六曰頌。上以風化下，下以風刺上，主文而譎諫，言之者無罪，聞之者足戒，故曰風。至于王道衰，禮義廢，政教失，國異政，家殊俗，而變風、變雅作矣。國史明乎得失之跡，傷人倫之廢，哀刑政之苛，吟詠情性以風其上，達於事變，而懷其舊俗者也。故變風發乎情，止乎禮義。發乎情，民之性也；止乎禮義，先王之澤也。是故一國之事，繫一人之本，謂之風；言天下之事，形四方之風，謂之雅。雅者，正也，言王政所由廢興也。政有小大，故有小雅焉，有大雅焉。頌者，美盛德之形容，以其成功告於神明者也。是謂四始，詩之至也。

　　然則《關雎》、《麟趾》之化，王者之風，故繫之周公。南，言化自北而南也。《鵲巢》、《騶虞》之德，諸侯之風也，先王之所以教，故繫之召公。《周南》、《召南》，正始之道，王化之基。是以《關雎》樂得淑女以配君子，憂在進賢，不淫其色；哀窈窕，思賢才，而無傷善之心焉。是《關雎》之義也。

此"序"是繼承了東漢以前傳《詩》之經生對《詩》之系統看法和觀點，是對周、秦以來儒家詩論之總結。它全面地論述了《詩》之特徵、體裁、表現方法、社會作用及其與時代之關係等，尤其提出《詩》之美刺功能，成爲後代詩歌創作所遵循之準則。對如此廣泛的問題，作者以整齊之駢偶句式，簡潔明快地概括出來，他似在有意識地講求工巧、對仗，使韻調和諧，成爲完美之駢儷文。比朱浮之作，又前進了一步。

　　班彪，生平事蹟見"賦之流變"一節，其文章盡變西漢之風，而爲東漢之體，皆贍麗入駢。名篇《王命論》是他欲感諭擁衆割據的隗囂復興漢室之作，是變西漢文風爲東漢文體之代表作。其文云：

　　夫餓饉流隸，飢寒道路，思有短褐之襲，儋石之蓄，所願不過一金，然終於轉死溝壑。何則？貧窮亦有命也。況乎天子之貴，四海之富，神明之祚，可得而妄處哉？故雖遭罹阨會，竊其權柄，勇如信、布，强如梁、籍，成如王莽，然卒潤鑊伏鑕，烹醢分裂，又況么麼，尚不及數子，而欲闇干天位者也！是故駑蹇之乘，不騁千里之塗；燕雀之疇，不奮六翮之用；楶棁之材，不荷棟梁之任；斗筲之子，不秉帝王之重。《易》曰："鼎折足，覆公餗。"不勝其任也。

此段文字以天命觀點論述劉氏王朝正統地位之不可動搖。駢辭儷語，連綴成篇。其最後一段，全爲駢儷體，原文將於"班固之散文"

一節徵引，此不復録。要之，其文章明顯地體現了由西漢到東漢駢儷化文風之轉變。

班固承其父之遺響，更加駢儷化，頌、贊、銘、序、符命、史論、設辭、雜文大都四六排比，對偶工整。如其《竇將軍北征頌》云：

> 車騎將軍應昭明之上德，該文武之妙姿，蹈佐歷，握輔榮，翼肱聖上，作主光輝，資天心，謨神明，規卓遠，圖幽冥，親率戎士，巡撫疆城。勒邊御之永設，奮轓櫓之遠徑；閔遐黎之騷狄，念荒服之不庭。乃總三選，簡虎校，勒部隊，明誓號。援謀夫於未言，蔡武毅於俎豆；取可杖於品象，拔所用於仄陋。料資器使，采用先務；民儀響慕，群英影附。羌戎相率，東胡爭騖，不召而集，未令而諭。於是雷震九原，電曜高闕；金光鏡野，武旗冒日；雲黯長霓，鹿走黃磧；輕選四縱，所從莫敵。馳飆疾，踵蹊跡，探梗莽，采嶰阺，斷溫禺，分尸逐。電激私渠，星流霰落；名王交手，稽顙請服。乃收其鋒鏑，干鹵甲冑。積象如邱阜，陳閱滿廣野；載載連百兩，散數累萬億。放獲驅孚，揣城拔邑，擒馘之倡，九谷謠譟，響聒東夷，埃塵戎域。然而唱呼鬱憤，未逞厥願。甘平原之酣戰，矜訊捷之累算。何則？上將崇至仁，行凱易，宏濃恩，降溫澤。同庖厨之珍饌，分列室之纖帛。勞不御輿，塞不施襗，行無偏勤，止無兼役。惟蒙識而愎戾順，貳者異而懦夫奮。……

文章較長，不便盡録。班固於和帝永元初，隨大將軍竇憲北征匈奴，此文即頌揚竇憲破匈奴之功績。通篇自首至尾率多駢儷句式，作者精雕細琢，不僅文辭奧美，而且韻調和諧，堪稱佳構。又如《漢書·公孫弘傳贊》云：

> 公孫弘、卜式、倪寬皆以鴻漸之翼，困於燕雀，遠跡羊豕之

間,非遇其時,焉能致此位乎?是時,漢興六十餘載,海内乂
安,府庫充實。而四夷未賓,制度多闕。上方欲用文武,求之
如弗及。始以蒲輪迎枚生,見主父而歎息。群士慕嚮,異人並
出:卜式拔於芻牧,弘羊擢於賈豎,衛青奮於奴僕,日磾出於降
虜,斯亦曩時版築飯牛之朋己。漢之得人,於兹爲盛,儒雅則
公孫弘、董仲舒、倪寬,篤行則石建、石慶,質直則汲黯、卜式,
推賢則韓安國、鄭當時,定令則趙禹、張湯,文章則司馬遷、相
如,滑稽則東方朔、枚皋,應對則嚴助、朱買臣,曆數則唐都、落
下閎,協律則李延年,運籌則桑弘羊,奉使則張騫、蘇武,將帥
則衛青、霍去病,受遺則霍光、金日磾,其餘不可勝紀。是以興
造功業,制度遺文,後世莫及。孝宣承統,纂修洪業,亦講論六
藝,招選茂異,而蕭望之、梁丘賀、夏侯勝、韋玄成、嚴彭祖、尹
更始以儒術進,劉向、王褒以文章顯,將相則張安世、趙充國、
魏相、邴吉、于定國、杜延年,治民則黃霸、王成、龔遂、鄭弘、召
信臣、韓延壽、尹翁歸、趙廣漢、嚴延年、張敞之屬,皆有功跡見
述於後世。參其名臣,亦其次也。

《漢書》之文章,文贍而事詳,裁密而思靡,故多儷辭偶句,各篇之
叙傳、贊頌尤其如此,班固匠心獨運,一般都以工巧整齊之駢語結
撰而成,與司馬遷文之疏蕩有奇氣者迥異,直是東漢氣格。

蔡邕是漢代最重要之駢體文家,他所作之表、奏、頌、銘等,莫
不采用駢體,尤以碑文爲工,以善碑文名世。清李兆洛《駢體文
鈔》卷二十四云:"表墓之文,中郎爲正宗。"因此選録其碑文十四
篇,並總其要説:"碑誌之文,本與史殊體,中郎之作,質其有文,可
爲後法,故録之尤備焉。"《文選》録其特佳者三篇,其一《郭有道
碑》云:

先生諱泰，字林宗，太原界休人也。其先出自周王季之穆，有虢叔者，實有懿德，文王咨焉。建國命氏，或謂之郭，即其後也。

先生誕膺天衷，聰睿明哲，孝友溫恭，仁篤慈惠。夫其器量弘深，姿度廣大，浩浩焉，汪汪焉，奧乎不可測已。若乃砥節厲行，直道正辭，貞固足以幹事，隱括足以矯時。遂考覽六經，探綜圖緯；周流華夏，隨集帝學；收文武之將墜，拯微言之未絕。于時緌綏之徒，紳佩之士，望形表而影附，聆嘉聲而響和者，猶百川之歸巨海，鱗介之宗龜龍也。

爾乃潛隱衡門，收朋勤誨，童蒙賴焉，用祛其蔽。州郡聞德，虛己備禮，莫之能致。群公休之，遂辟司徒掾，又舉有道，皆以疾辭。將蹈鴻涯之遐跡，紹巢、許之絕軌；翔區外以舒翼，超天衢以高峙。

稟命不融，享年四十有二，以建寧二年正月乙亥卒。凡我四方同好之人，永懷哀悼，靡所寘念，乃相與推先生之德，以謀不朽之事。僉以爲先民既沒，而德音猶存者，亦賴之於見述也。今其如何而闕斯禮？於是樹碑表墓，昭銘景行，俾芳烈奮于百世，令聞顯於無窮。其辭曰：

於休先生，明德通玄，純懿淑靈，受之自天。崇壯幽浚，如山如淵。《禮》、《樂》是悅，《詩》、《書》是敦；匪惟摭華，乃尋厥根。宮牆重仞，允得其門；懿乎其純，確乎其操。洋洋搢紳，言觀其高。棲遲泌丘，善誘能教。赫赫三事，幾行其招，委辭召貢，保此清妙。降年不永，民斯悲悼，爰勒茲銘，摛其光耀。嗟爾來世，是則是效。

郭泰是東漢之名士，有很高的聲望。《後漢書》卷九十八《郭泰傳》記載，他博通墳典，居家教授，弟子多至數千人。嘗游於洛陽，與河

南尹李膺相友善,於是名震京師。後歸鄉里,諸儒送者車數千乘,
泰惟與李膺同舟而濟,衆賓望之,以爲神仙。嘗遇雨,巾一角折,時
人乃故折巾一角爭效之,其見慕如此。嘗舉有道不就。善品題海
内人士,然不爲危言覈論。建寧二年卒於家,四方之士千餘人,皆
來會葬。蔡邕所誌,皆本之事實,他嘗謂涿郡盧植曰:"吾爲碑銘多
矣,皆有慚德,唯郭有道無愧色耳。"歷代碑文之撰寫,率多諛辭,蔡
邕亦不能免俗,惟《郭有道碑》與其人品相稱,故特足稱道。又《陳
太丘碑》亦同此類,如:

> 先生諱寔,字仲弓,潁川許人也。含元精之和,應期運之
> 數,兼資九德,總修百行。於鄉黨則恂恂焉,彬彬焉,善誘善
> 導,仁而愛人,使夫少長咸安懷之。其爲道也,用行舍藏,進退
> 可度;不徼訐以干時,不遷貳以臨下。四爲郡功曹,五辟豫州,
> 六辟三府,再辟大將軍,宰聞喜半歲,太丘一年。德務中庸,教
> 敦不肅,政以禮成,化行有謐。曾遭黨事,禁固二十年,樂天知
> 命,澹然自逸。交不諂上,愛不瀆下;見機而作,不俟終
> 日。……

陳寔傳見《後漢書》卷九十二,傳載他少爲縣吏,有志好學,縣令鄧
邵奇之,聽受業太學。司空黄瓊辟選其爲聞喜長,再除太丘長。修
德清靜,百姓以安,等等。碑文所記與生平事跡相合。劉勰對蔡邕
之碑文極口稱贊説:"自後漢以來,碑碣雲起,才鋒所斷,莫高蔡邕:
觀楊賜之碑,骨鯁訓典;陳郭二文,詞無擇言;周胡衆碑,莫非清允。
其叙事也該而要,其綴采也雅而澤;清詞轉而不窮,巧義出而卓立;
察其爲才,自然而至。"(《文心雕龍》卷三《誄碑》)其中所謂"陳郭二
文,詞無擇言",即指陳寔、郭泰碑文之無敗筆。按《郭有道碑》稱
郭泰"孝友溫恭,仁篤慈惠","器量弘深,姿度廣大","砥節厲行,

直道正辭”等,《陳太丘碑》稱陳寔“善誘善導,仁而愛人”,“德務中庸,教敦不肅,政以禮成,化行有謐”等,這些稱美與當時人們對該二人之評價是一致的,毫無虚美。而後人對此常持異議,王應麟即批評説:“自云‘爲《郭有道碑》,獨無愧辭’,則其他可知矣。其頌胡廣、黄瓊,幾於老、韓同傳。若繼成漢史,豈有南、董之筆?”(見《困學紀聞》卷十三《考史》條)指責其史德不高。然此類文章之價值,不在其所紀述,而在其紀述時所揮灑之文。其叙事簡練而扼要,典雅而豐潤,用駢偶語句順達自然,恰到好處,亦駢體之上乘。

碑文之外,其他各體亦皆用駢,如《京兆樊惠渠頌》:

> 《洪範》八政,一曰食;《周禮》九職,一曰農。有生之本,於是乎出;貨殖財用,於是乎在。九土上沃爲大田多稔,然而地有埆堉,川有墊下,溉灌之便,形趨不至。明哲君子,創業農事,因高卑之宜,驅自行之勢,以盡水利,而富國饒人,自古有焉。若夫西門起鄴,鄭國行秦;李冰在蜀,信臣治穰;皆此道也。陽陵縣東,厥地衍隩:土氣辛螫,嘉穀不植;草萊焦枯,而涇水長流;溉灌維首。編户齊氓,庸力不供;牧人之吏,謀不暇給。蓋常興役,猶不克成。光和五年,京兆尹樊君諱陵字德雲,勤恤民隱,悉心政事,苟有可以惠斯人者,無聞而不行焉。遂諮之郡吏,申於政府。僉以爲因其所利之事者,不可已者也。乃命方略大吏麴遂令伍瓊揣度計慮,揆程經用,以事上聞,副在三府。司農遂取財於豪富,借力於黎元;樹柱累石,委薪積土;基跂功堅,體勢强壯。折湍流,款曠陂,會之於新渠;疏水門,通窬瀆,灑之於畎畝。清流浸潤,泥潦浮游,曩之鹵田,化爲甘壤。粳黍稼穡之所入,不可勝筭。農民熙怡,悦豫且康,相與謳談疆畔,斐然成章,謂之樊惠渠云爾。其歌曰:……

此是歌頌京兆尹樊陵興修水利，發展生産，以利民生之作，内容有積極意義。語辭多四字排偶，以整齊之句法紀事、抒情，炳耀光華，文采斐然。用騈文紀事、抒情，固非易事，在蔡邕筆下卻自成佳構，用騈文發議論更難，蔡邕則遣辭造句運用自如。如其《篆勢》(見《晉書》卷三十六《衛恒傳》、《藝文類聚》卷七十四)之論書法即然。辭云：

> 字畫之始，因於鳥跡，蒼頡循聖，作則制文。體有六篆，要妙入神；或象龜文，或比龍鱗。紓體放尾，長翅短身，頹若黍稷之垂穎，蘊若蟲蛇之梦縕。揚波振激，鷹跱鳥震；延頸脅翼，勢似凌雲。或輕舉内投，微本濃末，若絶若連，似露緣絲，凝垂下端。從者如懸，衡者如編；杳杪邪趣，不方不圓；若行若飛，跋跋翾翾。遠而望之，若鴻鵠群游，絡繹遷延；迫而視之，湍漈不可得見，指撝不可勝原。研、桑不能數其詰屈，離婁不能覩其隙間；般、倕揖讓而辭巧，籀誦拱手而韜翰。處篇籍之首目，粲粲彬彬其可觀，摛華艷于紈素，爲學藝之範閑。嘉文德之弘蘊，懿作者之莫刊；思字體之俯仰，舉大略而論旃。

此外，還有《隸勢》一篇，與本篇内容相同。這兩篇文章完全是仿效書法家崔瑗之《草書勢》而作。全文四字句排比，偶爾雜以六字句，通篇用韻，並以鳥、獸、動植物爲喻，把有形而無象之書體形象地描繪出來。雖爲仿作，但貴在於筆墨之間能傳神。騈儷文而能傳神，無疑是對此一文體寫作之一大貢獻！

　　西漢之騈體文以四言爲主，東漢則衍爲以四言、六言爲主，但不相間錯。發展到六朝、唐，便形成四六言間錯排偶之體制，稱爲"四六"文。其演變之跡可徵也。

## 第四節　語體散文之興起

　　事物之發展總是相反相成，文學也不例外。隨着社會上雕琢藻飾文風之風靡和駢體文在文壇上之占據重要地位，語體散文就產生了；隨着讖緯迷信學説之成爲統治階級的統治思想和慕古賤今觀念之盛行，反對虛妄僞飾之言，倡導厚今薄古之主張也就相應地出現了；這種與時尚相反的代表人物即王充。以王充爲代表的文學體裁和哲學觀點與駢體文和當時占統治地位的學術思想是處於完全對立的地位，是當時文壇上的一支新旅，爲當時之文學注入了新的血液。這派文學，由桓譚《新論》開其端緒，王充《論衡》擴展其成就，崔寔《政論》、王符《潛夫論》和仲長統《昌言》等承其勛業而發揮之。他們皆憤世之士，以其著述切抒己見，擯斥浮華！

### 一、桓譚

　　桓譚（公元前四〇？——公元三二？），《後漢書》卷五十八有傳。他字君山，沛國相（今安徽宿縣西北）人。其父成帝時爲太樂令，他以父任爲郎，“因好音律，善鼓琴，博學多通，徧習五經，皆訓詁大義，不爲章句。能文章，尤好古學，數從劉歆、揚雄辨析疑異”。他簡易不修威儀，而喜非毀俗儒，由是多見排抵。哀帝、平帝時，位不過郎，殊不得意。新莽之際，儒者莫不稱引符命以求容媚，譚獨自守，默然無言。光武當政後，官拜議郎給事中，上書陳時政所宜，書奏，不省。時光武方信奉圖讖，多以決斷嫌疑。譚復上書，極言讖之非經，激怒光武，幾乎被問罪處死。出爲六安郡丞，意忽忽不樂，病卒道中，時年七十餘。著《新論》二十九篇，已佚，今可見者皆在嚴可均所輯《全後漢文》中。另著賦、誄、書、奏凡二十六篇，今僅存《仙賦》（見《藝文類聚》卷七十八《靈異部》）和《陳時政疏》、《抑讖重賞疏》（見《後漢書》本傳）。《新論》雖佚，但《後漢書·桓譚傳》李賢注還記錄了其全部篇目："《新論》一曰《本造》，二《王霸》，三《求輔》，四《言體》，五《見徵》，六《譴非》，七《啓寤》，八《袪蔽》，九《正經》，十《識通》，十一《離事》，十二《道賦》，十三《辨惑》，十四《述策》，十五《閔友》，十六《琴道》。《本造》、《閔友》、《琴道》各一篇，餘並有上下。《東觀記》曰：'光武讀之，敕言卷大，令皆別爲上下，凡二十九篇。'"從此篇目中，我們也可以窺見全書之輪廓。

　　桓譚是東漢著名的思想家和文學家，他的文章都是針對當時烏烟瘴氣之學術思想而發，而且行文通俗淺顯，不多作雕飾。王充《論衡》卷十三《超奇》即指出："（君山）作《新論》，論世間事，辨照然否，虛妄之言，僞飾之辭，莫不證定。"又卷二十七《定賢》指出："世間爲文者衆矣，是非不分，然否不定，桓君山論之，可謂得實矣。"説明他的文章辨然否、證虛妄之精神。如劉子駿之侄伯玉認爲"天生殺人藥，必有生人藥也"，他則詰辯説："鈎吻不與人相宜，故食則死，非爲殺人生也。譬若巴豆毒魚，礜石賊鼠，桂害獺，杏核殺狗，天非故爲作也。"（見《太平御覽》卷九百九十《藥部》）説明萬物自生，非上天所故生，反對神學迷信觀念。又劉子駿信方士之言，他則分辯説："彼樹無情，然猶朽蠹，人雖欲愛養，何能使之不衰？"（見《藝文類聚》卷八十八《木部》）説明人之不可能長生不老，猶樹之不可能不朽，反駁了神仙方士之怪論。他還以燭火爲喻，説明形與神之關係："精神居形體，猶火之然燭矣。如善扶持，隨火而側之，可毋滅而竟燭，燭無火，亦不能獨行於虛空。"（見《全後漢文》卷十四）認爲精神依形體而存在，批判了精神決定形體之唯心主義觀點。從他殘存之部分文章中，可以大體了解其所辨之虛妄、僞飾的內容。

桓譚之文章，今存者能反映其政治思想和散文風格者，當推《陳時政疏》和《抑讖重賞疏》。《陳時政疏》是他在光武朝官給事中時所上之奏書，比較全面地披露了他之政治觀點。疏云：

臣聞國之廢興，在於政事；政事得失，由乎輔佐。輔佐賢明，則俊士充朝，而理合世務；輔佐不明，則論失時宜，而舉多過事。夫有國之君，俱欲興化建善，然而政道未理者，其所謂賢者異也。……蓋善政者，視俗而施教，察失而立防，威德更興，文武迭用，然後政調於時，而躁人可定。昔董仲舒言理國譬若琴瑟，其不調者則解而更張。夫更張難行，而拂眾者亡。是故賈誼以才逐，而鼂錯以智死；世雖有殊能，而終莫敢談者，懼於前事也。且設法禁者，非能盡塞天下之姦，皆合眾人之所欲也；大抵取便國利事多者則可矣。

夫張官置吏以理萬人，縣賞設罰以別善惡，惡人誅傷則善人蒙福矣。今人相殺傷，雖已伏法，而私結怨仇，子孫相報，後忿深前，至於滅戶殄業，而俗稱豪健，故雖有怯弱，猶勉而行之；此為聽人自理，而無復法禁者也。今宜申明舊令：若已伏官誅而私相傷殺者，雖一身逃亡，皆徙家屬於邊，其相傷者，加常二等，不得雇山贖罪。如此，則仇怨自解，盜賊息矣。

夫理國之道，舉本業而抑末利。是以先帝（指漢高祖）禁人二業，錮商賈不得宦為吏；此所以抑併兼，長廉恥也。今富商大賈，多放錢貨，中家子弟為之保役，趨走與臣僕等勤，收稅與封君比入；是以眾人慕效，不耕而食，至乃多通侈靡，以淫耳目。今可令諸商賈自相糾告，若非身力所得，皆以臧異告者。如此，則專役一己，不敢以貨與人，事寡力弱，必歸功田畝，田畝修，則穀入多而地力盡矣。……

他認爲治理國家,首先在政治上應當選賢任能,是否選賢任能關乎國家興亡;在刑法上應當"縣賞設罰以別善惡",只有賞罰分明,社會才能安定;在經濟上應當重農抑商,重視農業生産,才能"穀入多而地力盡",增加社會財富。他所論述之問題,都有其現實針對性。光武朝"世雖有殊能,而終莫敢談者",且"人相殺傷,雖已伏法,而私結怨仇……無復法禁者也"。又富商大賈放高利貸,役使傭保,"是以衆人慕效,不耕而食,乃至多通侈靡,以淫耳目"。這些嚴重之現實問題,是他提出自己政治主張之出發點,反過來他也是以自己的政治主張譴責、抨擊當時的社會。

《抑讖重賞疏》是他針對光武帝迷信圖讖而上的奏疏,批判了當時朝野圖讖伎數之士,即所謂其"意非毀俗儒"者也。疏云:

> 臣前獻瞽言,未蒙詔報,不勝憤懣,冒死復陳。愚夫策謀,有益於政道者,以合人心而得事理也。凡人情忽於見事而貴於異聞,觀先王之所記述,咸以仁義正道爲本,非有奇怪虛誕之事。蓋天道性命,聖人所難言也。自子貢以下,不得而聞,況後世淺儒,能通之乎?今巧慧小才伎數之人,增益圖書,矯稱讖記,以欺惑貪邪,詿誤人主,焉可不抑遠之哉?臣譚伏聞:陛下窮折方士黃白之術,甚爲明矣;而乃欲聽納讖記,又何誤也!其事雖有時合,譬猶卜數隻偶之類。陛下宜垂明聽,發聖意,屏群小之曲說,述"五經"之正義,略雷同之俗語,詳通人之雅謀。
>
> 又臣聞安平則尊道術之士,有難則貴介冑之臣。今聖朝興復祖統,爲人臣主,而四方盗賊未盡歸伏者,此權謀未得也。臣譚伏觀陛下用兵,諸所降下,既無重賞以相恩誘,或至虜掠奪其財物,是以兵長渠率,各生狐疑,黨輩連結,歲月不解。古人有言曰:"天下皆知取之爲取,而莫知與之爲取。"陛下誠能

輕爵重賞，與士共之，則何招而不至，何説而不釋，何向而不
開，何征而不克！如此，則能以狹爲廣，以遲爲速，亡者復存，
失者復得矣。

他首先揭露圖讖所言，皆"奇怪虚誕之事"，不足信，乃是一些俗儒
伎數之士矯稱孔子爲讖記以誤人君，應當擯棄。其次指責光武不
善用兵，既無重賞，又掠奪其財物，使"兵長渠率，各生狐疑，黨輩連
結，歲月不解"，這自然導致光武之更加不悦，兼之俗儒當塗，"多
見排抵"，宜乎桓譚在《陳時政疏》中有"是故賈誼以才逐，而鼂錯
以智死"的話，他似乎預感到自己之悲劇命運。前賢如此，自己何
能幸免！

桓譚"能文章，尤好古學"，其文章與當時繁縟麗密之文風不
同，而是簡潔樸實，不加雕飾，言事惟盡，説理務明。王充曾極口稱
譽説："(董)仲舒之言道德、政治，可嘉美也；質定世事，論説世疑，
桓君山莫上也。故仲舒之文可及，而君山之論難追也。"(《論衡》卷
二十九《案書》)認爲桓譚之文章，比諸董仲舒猶有過之。又以其精
博辨察，比諸韓非之《四難》、桓寬之《鹽鐵》，甚至比諸"孔子不王，
素王之業，在於《春秋》。然則桓君山素丞相之跡，存於《新論》者
也"(《論衡》卷二十七《定賢》)，認爲"《新論》之義，與《春秋》會一
也"，可謂推崇備至。由王充對桓譚文章評價之高，亦可想見其對
王充散文影響之大，王充散文無論在思想上和形式上都吸收並發
展了桓譚之進步觀點和淺顯明快之文風。至於其對東漢散文之影
響，就更其深遠了。

## 二、王充

王充(公元二七年——公元九六年?)，其生平事跡俱見於《論
衡》卷三十《自紀》和《後漢書》卷七十九本傳。他字仲仁，會稽上

虞(今浙江上虞縣)人，其先本魏郡元城之農民，由於從軍有功，封
會稽陽亭，一歲倉卒國絕，遂家焉，"以農桑爲業"。其世祖勇勢任
氣，橫道殺人，結怨衆多，爲避怨仇，祖父汎舉家擔載，徙錢塘縣，
"以賈販爲事"。汎生二子，長曰蒙，少曰誦，誦即充父。兄弟二人
爲仇家所迫，再徙上虞。王充少年好學，後到洛陽，受業太學，師事
班彪，好博覽，不守章句。家貧無書，常游洛陽市肆，閱所賣書，遂
博通衆流百家之言。他出身"細族孤門"，加之喜好"諫爭"，因而
不合時宜，一生只做過郡功曹、揚州治中等小官。後罷職居家，教
授生徒，專心著述。他"得官不欣，失位不恨，處逸樂而欲不放，居
貧苦而志不倦，淫讀古文，甘聞異言，世書俗說，多所不安，幽處獨
居，考論實虛"(《自紀》)。因"志俗人之寡恩"，作《譏俗節義》；"閔
人君之政，徒欲治人，不得其宜，不曉其務"，作《政務》；"仕路隔
絕，志窮無知。事有否然，身有利害"，作《養性》；"以爲俗儒守文，
多失其真"，作《論衡》。可見其著作皆有針對性，都是針對現實問
題而發。可惜前三書已佚，今僅存《論衡》三十卷，凡八十五篇，其
中《招致》一篇，有目無文，實存八十四篇。又《自紀》篇云："吾書
才出百，而云泰多。"《佚文》篇亦云："《論衡》篇以百數。"是《論
衡》原書當在百篇以上，今存者已非全書。《論衡》之寫作，始於明
帝永平二年(充三十三歲)，章帝元和二年(充五十九歲)仍修定舊
稿，和帝永元元年續成《講瑞》篇，到永元二年(充六十四歲)完成
《自紀》篇(見黃暉《王充年譜》)，前後歷時三十餘年，是其一生精力、
心血之結晶。

　　《論衡》之寫作思想，直接承受自桓譚和班彪。這可以從王充
對桓譚文章之極口稱贊和他與班彪之師承關係方面得到説明。王
充稱桓譚《新論》爲辨照虛妄之言，證定僞飾之辭。他所稱頌者，
應即他所傾慕學習者，如他自叙作《論衡》之意圖説："所以銓輕重

之言,立真僞之平,非苟調文飾辭爲奇偉之觀也。"(《對作》)又説:
"《論衡》……亦一言也,曰'疾虛妄'。"(《佚文》)其思想與桓譚如
出一轍,即力主文章應辨僞存真。又班彪是歷史家,史家主張爲文
要記事傳人,勸善懲惡,王充則説:"天文人文,豈徒調墨弄筆爲美
麗之觀哉! 載人之行,傳人之名也。善人願載,思勉爲善;邪人惡
載,力自禁裁。然則文人之筆,勸善懲惡也。"(《佚文》)亦班彪思想
之承傳,即力主爲文應"定善惡之實"。王充綜合文筆與史筆撰述
《論衡》一書,被時俗稱爲"詭異"、"妖變"之作,實質上他是以辨僞
存真、勸善懲惡來批判當朝之政治、思想、文化等各方面的腐敗
現象。

王充處在天命觀極其猖獗之時代,當時之統治者假"天"之符
瑞以裝飾自己之統治威勢,幻想由"天"之譴告導致政治盛世之到
來。王充則指出"天"是與"地"相類皆有形體之自然,它不能對人
之生死、禍福產生任何作用,這就切斷了天人之間感應的關係。如
《自然》篇説:

> 天地合氣,萬物自生,猶夫婦合氣,子自生矣。萬物之生,
> 含血之類,知飢知寒,見五穀可食,取而食之;見絲麻可衣,取
> 而衣之。或説以天生五穀以食人,生絲麻以衣人。此謂天爲
> 人作農夫桑女之徒也。不合自然,故其義疑,未可從也。試依
> 道家論之。

> 天者,普施氣萬物之中,穀愈飢而絲麻救寒,故人食穀衣
> 絲麻也。夫天之不故生五穀絲麻以衣食人,由其有災變不欲
> 以譴告人也。物自生而人衣食之,氣自變而人畏懼之。以若
> 説論之,厭於人心矣。如天瑞爲故,自然焉在? 無爲何居? 何
> 以知天之自然也? 以天無口目也。案有爲者,口目之類也。
> 口欲食而目欲視,有嗜欲於內,發之於外,口目求之,得以爲利

欲之爲也。今無口目之欲，於物無所求索，夫何爲乎？何以知天無口目也，以地知之。地以土爲體，土本無口目。天地，夫婦也，地體無口目，亦知天無口目也。使天體乎？宜與地同。使天氣乎？氣若雲烟。雲烟之屬，安得口目？

　　或曰："凡動行之類，皆本有爲。有欲故動，動則有爲。今天動行與人相似，安得無爲？"曰："天之動行也，施氣也。體動，氣乃出，物乃生矣。由人動氣也，體動，氣乃出，子亦生也。夫人之施氣也，非欲以生子，氣施而子自生矣。天動不欲以生物，而物自生，此則自然也。施氣不欲爲物，而物自爲，此則無爲也。謂天自然無爲者何？氣也。恬淡、無欲、無爲、無事者也。老聃得以壽矣。老聃禀之於天，使無此氣，老聃安所禀受此性？師無其説，而弟子獨言者，未之有也。或復於桓公，公曰：'以告仲父。'左右曰：'一則仲父，二則仲父，爲君乃易乎？'桓公曰：'吾未得仲父，故難；已得仲父，何爲不易！'夫桓公得仲父，任之以事，委之以政，不復與知。皇天以至優之德與王政，而譴告人，則天德不若桓公，而霸君之操過上帝也。"

　　或曰："桓公知管仲賢，故委任之。如非管仲，亦將譴告之矣。使天遭堯、舜，必無譴告之變。"曰："天能譴告人君，則亦能故命聖君。擇才若堯、舜，受以王命，委以王事，勿復與知。今則不然，生庸庸之君，失道廢德，隨譴告之，何天不憚勞也？曹參爲漢相，縱酒歌樂，不聽政治，其子諫之，笞之二百。當時天下無擾亂之變。淮陽鑄僞錢，吏不能禁。汲黯爲太守，不壞一鑪，不刑一人，高枕安臥，而淮陽政清。夫曹參爲相，若不爲相；汲黯爲太守，若郡無人。然而漢朝無事，淮陽刑錯者，參德優而黯威重也。計天之威德，孰與曹參、汲黯？而謂天與王政，隨而譴告之，是謂天德不若曹參厚，而威不

　　若汲黯重也。蘧伯玉治衞,子貢使人問之:'何以治衞?'對
　　曰:'以不治治之。'夫不治之治,無爲之道也。……"

　　王充認爲天是"自然無爲"之實體,並無耳目口鼻等感覺器官,因
而也就無任何知覺,無意識,它不能生五穀絲麻供人衣食,而是五
穀絲麻自然生長,人自衣食。它也不能降災害或異常現象以譴告
人,而是"氣"自然出現異常現象令人畏懼。這就有力地批判了讖
緯迷信觀念。他進而揭露天降災異以譴告人君之不合理,謂天既
能譴告人君,也就能任命賢明之君,選擇像堯、舜那樣人才,授予王
位,然而事實並非如此,今之人君則平庸無能,失道廢德,從而譴告
之,"天"豈不怕煩擾? 通過這種矛盾現象論證"天"乃無知無識,
不能對人間産生任何作用。最後以曹參爲相,"若不爲相";汲黯
爲太守,"若郡無人"爲例,贊揚了"無爲"之治。這種對循天道自
然無爲之治的贊揚,其筆鋒所向則在當朝所行之"有爲",文章明
確申斥漢代統治者之"有爲"爲"失道廢德",是"庸庸之君",其意
向十分清楚。由此也可以推斷其寫《政務》之動機,既爲"閔人君
之政,徒欲治人,不得其宜,不曉其務",則該書之要旨當亦依"自
然無爲"之天道觀指摘當朝之專制統治。此外,王充在其《書虛》、
《變虛》、《異虛》、《感虛》、《龍虛》、《雷虛》、《道虛》、《譴告》、《變
動》諸篇中對天人感應、讖緯迷信之批判,都表現了與此相同的思
想傾向。

　　王充不僅揭露了讖緯之虛妄,而且作《問孔》、《刺孟》以批判
儒家所尊崇之聖經賢傳,給拘執師法,死守章句之經今文學派以沉
重打擊。如《問孔》篇云:

　　　　世儒學者,好信師而是古,以賢聖所言皆無非,專精講習,
　　　　不知難問。夫賢聖下筆造文,用意詳審,尚未可謂盡得實,況

倉卒吐言,安能皆是? 不能皆是,時人不知難;或是意沉難見,時人不知問。案賢聖之言,上下多相違,其文前後多相伐者,世之學者,不能知也。

論者皆云:孔門之徒,七十子之才,勝今之儒。此言妄也。彼見孔子爲師,聖人傳道必授異才,故謂之殊。夫古人之才,今人之才也。今謂之英傑,古以爲聖神,故謂七十子歷世希有。使當今有孔子之師,則斯世學者,皆顏、閔之徒也;使無孔子,則七十子之徒,今之儒生也。何以驗之? 以學於孔子不能極問也。聖人之言,不能盡解,説道陳義,不能輒形。不能輒形,宜問以發之;不能盡解,宜難以極之。皋陶陳道帝舜之前,淺略未極,禹問難之,淺言復深,略指復分。蓋起問難,此説激而深切,觸而著明也。

孔子笑子游之弦歌,子游引前言以距孔子。自今案《論語》之文,孔子之言多若笑弦歌之辭,弟子寡若子游之難,故孔子之言遂結不解。以七十子不能難,世之儒生不能實道是非也。凡學問之法,不畏無才,難於距師,核道實義,證定是非也。問難之道,非必對聖人及生時也,世之解説説人者,非必須聖人教告乃敢言也。苟有不曉解之問,追難孔子,何傷於義? 誠有傳聖業之知,伐孔子之説,何逆於理? 謂問孔子之言,難其不解之文,世間弘才大知,能答問解難之人,必將賢吾世間難問之言。

原文很長,不便全引。此是開篇之一部分,是全文之綱。文章開宗明義地指出當世儒者尊孔復古之傾向,"好信師而是古",認爲聖賢之言皆無錯誤,惟有"專精講習,不知問難",而實際上孔子之言論"上下多相違,其文前後多相伐者",因此旗幟鮮明地提出"追難孔子,何傷於義","伐孔子之説,何逆於理"。對孔子之學説進行問難誅伐,其方式是列舉許多例證,揭露孔子言論自相矛盾之處,以説明聖人之言"安能皆是"。如此,則戳穿了儒家學説神聖之面紗,使當時爲儒學禁錮的思想界受到一次劇烈的衝擊。《刺孟》篇之内容和論述方法與此相同,也是一篇聲討儒學的檄文。此外,《書虚》、《儒增》、《藝增》等,皆批判儒學之力作。

與批判儒學同時,王充還批判了一切封建迷信觀念。如在《驗符》、《指瑞》、《講瑞》諸篇中批判了符瑞有徵,在《命禄》、《骨相》諸篇中批判了富貴有命,在《福虚》、《禍虚》諸篇中批判了禍福自天,在《論死》、《辨祟》、《訂鬼》諸篇中批判了人死爲鬼,在《卜筮》、《詰術》、《譏日》諸篇中批判了卜筮有驗,等等。筆鋒所向,皆在天命、鬼神,認爲彼都虚妄,故痛恨而忿疾之。

王充"疾虚妄",而最重視實際。他最重視之實際,即人民之生計,亦即人民之生存問題,如他在《治期》篇中説:

> 夫世之所以爲亂者,不以賊盜衆多,兵革並起,民棄禮義,負畔其上乎? 若此者,由穀食乏絶,不能忍飢寒。夫飢寒並至,而能無爲非者寡;然則温飽並至,而能不爲善者希。傳曰:"倉廩實,民知禮節;衣食足,民知榮辱。"讓生於有餘,爭起於不足。穀足食多,禮義之心生,禮豐義重,平安之基立矣。故饑歲之春,不食親戚;穰歲之秋,召及四鄰。不食親戚,惡行也;召及四鄰,善義也;爲善惡之行,不在人質性,在於歲之饑穰。由此言之,禮義之行,在穀足也。

他認爲社會之動亂,源於飢寒。人無所果腹,即爲盜賊。盜賊並非上天生成,乃爲飢寒所迫。所以人君不應假借天命、符瑞之手段,維護其統治,而應當多生産糧食,糧食豐足,人們"温飽並至",才講禮義,社會才能安定。其中表現了王充對人民貧苦生活之同情和關心,希望統治者能從解民於倒懸入手,穩定社會秩序。王充這種對人民的同情心,與他出身微賤有密切關係,他"貧無一畝庇身","賤無斗石之秩",對人民的貧困遭際自然有深切體味。所以,他對自然災害十分關心,如《明雩》篇云:"建初孟年,北州連旱。"又如《宣漢》篇云:"歲遭運氣,穀頗不登。"因爲自然災害關乎人民之生存,《對作》篇即具體地説:

> 建初孟年,中州頗歉,潁川汝南民流四散,聖主憂懷,詔書數至。《論衡》之人,奏記郡守,宜禁奢侈,以備困乏。言不納用,退題記草,名曰《備乏》。酒靡五穀,生起盜賊,沉湎飲酒,盜賊不絶,奏記郡守,禁民酒,退題記草,名曰《禁酒》。

可見農民四散流亡之痛苦,引起王充内心何等大的震動!其《備乏》、《禁酒》之作,皆以節約糧食、儲備糧食爲出發點,亦説明在他看來人類之生存、社會之安定,有賴於物質,而非有賴於幻想,物質是"實",幻想是"虛",即所謂"考論虛實"也。

王充是東漢時期農民階級之思想家,這不僅由於他出身於農民,而主要是由於他的思想反映了農民階級的觀點、願望和要求。農民是最重實際的,慣於從事實出發分析問題、認識問題,事實是其分析問題、認識問題之根據,這是一種唯物主義的態度。王充則主張"引物事以驗其言行",即用實際存在之事物考論其言行之虛實,並將其提到理論之高度,因此便成爲唯物主義思想家。這在經今文學妖妄思想籠罩之當時,被目爲文化思想之叛逆,是離經叛道之異端。然而王充思想之真正價值,即在於其對神學正統之叛逆和異端,在於其反讖緯、反天命、反鬼神以及一切符瑞迷信等,並在此基礎上建立了比較近於科學的理論。

當然,王充之思想也有弱點,即他既反對天命,但當他對現實

生活中一些現象解釋不通時,又相信天命,回歸到命運決定一切之
理念中去。如《逢遇》篇説:

> 才高行潔,不可保以必尊貴;能薄操濁,不可保以必卑賤。
> 或高才潔行,不遇退在下流;薄能濁操,遇在衆上。

他認爲人之地位高低、貴賤,不決定於才能、操行之優劣、清濁,而
決定於遇與不遇。這是一種憤世疾俗之言,其中應含有他自己的
身世之感。這種身世之感在《幸偶》篇中流露得更明顯,如:

> 物善惡同,遭爲人用,其不幸偶,猶可傷痛,況含精氣之
> 徒乎?

物之爲用,其不幸不偶,猶令人悲痛,何況人之不偶不遇呢? 這不
是他自己感情的傾訴嗎?

　　王充與歷史上許多進步的思想家和文學家相同,儘管他對當
時占統治地位的統治思想的批判極其堅決、激烈,但最終並不能與
這些統治思想絶緣,甚至把自己批判之辭,表白爲歌頌之作,説甚
麼"《論衡》實事疾妄,齊世宣漢,恢國驗符,盛褒須頌之言,無誹謗
之辭,造作如此,可以免於罪矣"(《對作》篇)。在當時嚴峻的政治
形勢下,他深懷戒懼之心,有説不出的苦衷,不得已作如此表示。
這是他個人的悲劇,也是歷史的悲劇!

　　王充之散文有鮮明的特點,這些特點與其文學觀點有密切關
係,是其文學觀點之具體實踐。《自紀》篇説:"口則務在明言,筆
則務在露文。高士之文雅,言無不可曉,指無不可睹。觀讀之者,
曉然若盲之開目,聆然若聾之通耳。"他主張爲文不應當故作艱深
晦澀,而要文字與語言一致,力求通俗易懂,讓一般人都能領會其
旨意。他的文章之所以寫得好,就在於人人都能讀懂,讀後猶如盲
人目明,聾者耳聰,視聽之境界大開。如其在《論死》篇中即用通

俗之語言、淺顯之道理論證人死不爲鬼，亦不能有知害人，直是發
人聾瞶：

> 世謂人死爲鬼，有知，能害人。試以物類驗之，人死不爲
> 鬼，無知，不能害人。何以驗之？驗之以物。人，物也；物，亦
> 物也。物死不爲鬼，人死何故獨能爲鬼？世能別人物不能爲
> 鬼，則爲鬼不能爲鬼尚難分明；如不能別，則亦無以知其能爲
> 鬼也。人之所以生者，精氣也，死而精氣滅。能爲精氣者，血
> 脈也。人死血脈竭，竭而精氣滅，滅而形體朽，朽而成灰土，何
> 用爲鬼？人無耳目則無所知，故聾盲之人比於草木。夫精氣
> 去人，豈徒與無耳目同哉！朽則消亡，荒忽不見，故謂之鬼神。
> 人見鬼神之形，故非死人之精也，何則？鬼神，荒忽不見之名
> 也。人死精神升天，骸骨歸土，故謂之鬼。鬼者，歸也；神者，
> 荒忽無形者也。或説：鬼神，陰陽之名也。陰氣逆物而歸，故
> 謂之鬼；陽氣導物而生，故謂之神。神者，申也。申復無已，終
> 而復始。人用神氣生，其死復歸神氣。陰陽稱鬼神，人死亦稱
> 鬼神。氣之生人，猶水之爲冰也，水凝爲冰，氣凝爲人。冰釋
> 爲水，人死復神。其名爲神也，猶冰釋更名水也。人見名異，
> 則謂有知，能爲形而害人，無據以論之也。

他條分縷析地駁斥人死爲鬼之論。認爲人之所以生，在於有精氣，
人死則精氣消亡。精氣之所存，在血脈，人死則血脈枯竭。由於血
脈枯竭而精氣消亡，精氣消亡而形體腐朽，形體腐朽而變成灰土，
何以能變成鬼呢？進而同樣用清晰有條理的論述方法，駁斥人死
有知能害人之説，説明精神從屬於物質這一唯物主義原理。這種
論述方法，猶如他自己所説"言奸辭簡，指趨妙遠"（《自紀》篇）也。

《自紀》篇説："其文盛，其辯爭，浮華虛僞之語，莫不澄定。没

華虛之文,存敦龐之朴;撥流失之風,反宓戲之俗。"這是他對《實論》一書文風之概括,同時也可以作爲對《論衡》寫作意圖和方法之評語。即擯斥華虛,崇尚淳朴,爲文應有氣勢和雄辯力。如《知實》篇批判"生而知之"的天賦觀念説:

> 凡論事者,違實不引效驗,則雖甘義繁説,衆不見信。論:聖人不能神而先知,先知之間,不能獨見,非徒空説虛言,直以才智准況之工也。事有證驗,以效實然。何以明之?
>
> 孔子問公叔文子於公明賈,曰:"信乎,夫子不言、不笑、不取,有諸?"對曰:"以告者過也。夫子時然後言,人不厭其言;樂然後笑,人不厭其笑;義然後取,人不厭其取。"孔子曰:"豈其然乎?豈其然乎?"天下之人,有如伯夷之廉,不取一芥於人,未有不言、不笑者也。孔子既不能如心揣度,以決然否,心怪不信,又不能達觀遥見,以審其實,問公明賈,乃知其情。孔子不能先知,一也。

全文以十六個例證,論述"聖人不能神而先知",須待事以效實。這裏所舉僅其一例。接着又排比了十五個例證,從不同角度、不同側面進行論述,既有雄辯之力,又有咄咄逼人之勢。《實知》篇更明確地提出"知物由學"的觀點,即知識源於後天之學習。如:

> 以今論之,故夫可知之事者,思慮所能見也;不可知之事,不學不問,不能知也。不學自知,不問自曉,古今行事,未之有也。夫可知之事,惟精思之,雖大無難;不可知之事,屬心學問,雖小無易。故智能之士,不學不成,不問不知。……人才有高下,知物由學,學之乃知,不問不識。……孔子曰:"吾嘗終日不食、終夜不寢以思,無益,不如學也。"

他從"可知之事"和"不可知之事"兩方面來論證,結論是"不學不成",儘管人之才能有高下之別,對事物之認識卻皆源於學習,"學之乃知"進一步強調了這一結論。最後引用孔子之言論以申足文意,邏輯性極強,並有説服力。上篇反駁"生而知之",下篇論證"學之乃知",上下結合,給予天賦論以致命之打擊。

《自紀》篇説:"文士之務,各有所從,或調辭以巧文,或辯僞以實事。……美色不同面,皆佳於目;悲音不共聲,皆快於耳。……謂文當與前合,是謂舜眉當復八采,禹目當復重瞳。"這自然是在批判復古、摹擬之文風,同時也是在強調文章應有個性,不應千部一腔,千人一面。王充之文在漢代確是有鮮明之個性,它不同於那些"飾貌以强類者"、"調辭以務似者"之時尚,也不同於那些"言事增其實"、"辭出溢其真"之世俗,而是強調文章之真與實,他説:"實誠在胸臆,文墨著竹帛。……意奮而筆縱,故文見而實露也。"(《超奇》篇)文章之作用在抒發胸臆,人之胸臆不同,故其爲文也各異。能抒發胸臆之文,即爲真實之文。整部《論衡》可以説是王充胸臆之傾瀉了,此亦即其文章個性之鮮明體現。

《論衡》之文學成就受到歷代人們的推許和贊揚,宋楊文昌稱"其文取譬連類,雄辯宏博,豈止爲談助才進而已哉!信乃士君子之先覺者也"(《論衡》題序),指出其文章連類譬喻,宏博雄辯,思想則開天下之先。章炳麟評云:"《論衡》趣以正虛妄,審鄉背,懷疑之論,分析百端,有所發摘,不避上聖,漢得一人焉,足以振耻,至於今亦少有能逮者也。"(《檢論·學變》)同樣既道出其文章之卓異,也道出其思想、人格之高尚,爲當時污濁的思想文化界增添了新鮮的血液。

## 三、崔寔

崔寔(？──公元一七〇年?)，字子真，一名臺，字元始，涿郡安平(今河北安平縣)人。他是崔駰之孫，崔瑗之子，生長於具有經史百家傳統之家，"少沈靜，好典籍"。桓帝初，舉至孝獨行之士，除爲郎，轉遷大將軍梁冀司馬，與邊韶、延篤等著作於東觀。出任五原太守，又因病徵召回京，拜議郎，復與諸博士雜定五經。梁冀被誅，他以冀故吏而免官，禁錮數年，由黄瓊舉薦，任遼東太守。又召拜尚書，因世方阻亂，託病不理事，數月免歸。建寧中病卒。范曄《後漢書》將其與祖父駰、父瑗合傳，記述其家世淵源關係。其父爲汲縣令，"爲人開稻田數百頃，視事七年，百姓歌之"，而自己則"無擔石儲，當世清之"。又寔爲五原太守，"五原土宜麻枲，而俗不知織績，民冬月無衣，積細草而卧其中，見吏則衣草而出。寔至官，斥賣儲峙，爲作紡績絍練之具以教之。民得以免寒苦"，其自己亦"及仕宦，歷位邊郡，而愈貧薄"。所以范曄在"傳論"中稱贊説："崔氏世有美才，兼以沈淪典籍，遂爲儒家文林。駰、瑗雖先盡心於貴戚，而能終之以居正，則其歸旨異夫進趣者乎!"即説明他們之旨趣異乎苟取富貴之俗途，而表現出廉潔簡淨之獨立人格。其所著碑、論、箋、銘、答、七言、祠文、表記、書凡十五篇，皆佚。然最重要者爲其"明於政體，吏才有餘，論當世便事數十條"之《政論》，所以"指切時要，言辯而確"，而爲當世稱頌。仲長統即説："凡爲人主，宜寫一通，置之坐側。"可見時人對其評價之高。同時説明仲長統之作與《政論》同一旨歸，皆被時俗目爲異端。可惜《政論》全書已佚，今僅存片斷於《後漢書》本傳及《群書治要》中。兹摘録一節，以見其政治思想與文章風格：

> 自漢興以來，三百五十餘歲矣。政令垢翫，上下怠懈，風

俗彫敝，人庶巧僞，百姓囂然，咸復思中興之救矣。且濟時拯世之術，豈必體堯蹈舜，然後乃治哉？期于補綻決壞，枝柱邪傾，隨形裁割，取時君之所能行，要措斯世于安甯之域而已。故聖人執權，遭時定制，步驟之差，各有云施，不强人以不能，背所急而慕所聞也。昔孝武皇帝策書曰：三代不同法，所由殊路，而建德一也。蓋孔子對葉公以來遠，哀公以臨民，景公以節禮，非其不同，所急異務也。是以受命之君，每輒創制；中興之主，亦匡時失。昔盤庚愍殷，遷都易民；周穆有闕，甫侯正刑。俗人拘文牽古，不達權制，奇偉所聞，簡忽所見，策不見珍，計不見信。夫人既不知善之爲善，又將不知不善之爲不善，烏可與論國家之大事哉！故每有言事，頗合聖聽者，或下群臣，令集議之，雖有可采，輒見掎奪。何者？其頑士闇於時權，安習所見，殆不知樂成，況可與慮始乎？心閔意舛，不知所云，則苟云率由舊章而已。其達者或矜名嫉能，恥善策不從己出，則舞筆奮辭，以破其義，寡不勝衆，遂見擯棄。雖稷、契復存，猶將困焉。斯賈生之所以排於絳、灌，弔屈子以攄其幽憤者也。夫以文帝之明，賈生之賢，絳、灌之忠，而有此患，況其餘哉！……夫淳淑之士，固不曲道以媚時，不詭行以邀名，恥鄉原之譽，絕比周之黨。……而世主凡君，明不能別異量之士，而適足受譖潤之愬……常患賢佞難別，是非倒紛。始相去如毫釐，而禍福差以千里，故聖君明主其猶慎之。（見《群書治要》）

文章批判當時那種貴古賤今，奇所聞忽所見，率由舊章，而不注重當務之急的政治風氣，主張因時制宜，根據不同情況采取不同措施；又批判由於黨錮之禍，造成"賢佞難別，是非倒紛"之現象，以使善者、賢者困頓，而惡者、佞者得勢。其淳淑之士，"不曲道以媚時,不詭行以邀名",耻鄉原,絕比周等,則是崔寔在那腐朽齷齪政治環境中所標榜者,也是他自己卓異人格之顯現。崔寔不侈談三代,而取法文、宣,以文、宣爲模式來批判當世。又其抨擊當時貴族、豪强、富商之窮奢極欲,造成人民之貧困,成爲社會之三患云:

> 今使列肆賣侈功,商賈鬻僭服,百工作淫器,民見可欲,不能不買,賈人之列,户蹈僭侈矣。故王政一傾,普天率土,莫不奢僭者,非家至人告,乃時勢驅之使然,此則天下之患一也。且世奢服僭,則無用之器貴,本務之業賤矣。農桑勤而利薄,工商逸而入厚,故農夫輟耒而彫鏤,工女投杼而刺綉,躬耕者少,末作者衆,生土雖皆墾乂,而地功不致,苟無力稽,焉得有年? 財鬱蓄而不盡出,百姓窮匱而爲姦寇,是以食廩空而囹圄實,一穀不登,則飢餒流死,上下相匱,無以相濟,國以民爲根,民以穀爲命,命盡則根拔,根拔則本顛,此最國家之毒憂,可爲熱心者也。斯則天下之患二也。法度既墮,輿服無限,婢妾皆戴瑱搖之飾,而被織文之衣,乃送終之家,亦大無法度。至用轜梓黄腸,多藏寶貨,饗牛作倡,高墳大寢……今豪民之墳,已千坊矣。欲民不匱,誠亦難矣。是以天戚戚,人汲汲,外溺奢風,内憂窮竭。故在位者則犯王法以聚斂,愚民則冒罪戮以爲健。俗之敗壞,乃至於斯! 此天下之患三也。承三患之弊,繼荒頓之緒,而徒欲修舊修故,而無匡改,雖唐虞復存,無益於治亂也。

崔寔還提出一些拯救社會危機之辦法,如"遭時定制","参以霸政","重賞深罰以御之,明著法術以檢之"等,然而我們今天看來,重要者不在於他開立之治國藥方,而在於他對當時社會剖析之深刻,揭露了這些矛盾之不可調和,客觀上顯示出社會危機之不可挽救,必將一敗塗地,不可收拾,而這正是當時之歷史真實。其論政疾俗與王充相近,其文章之質樸無華,少用典故,多據事實,富有雄辯力,亦承王充之遺風歟? 范曄在其"傳論"中評云:"寔之《政論》,言世理亂,雖鼂錯之徒,不能過也。"或謂言之過當,余以爲其所以與鼂錯爲比者,蓋由於其思想和政治主張與鼂錯極其相似,鼂錯是儒家兼名家,他則王霸雜之,鼂錯主張重農抑商,他則貴本而賤末,前後相襲,如出一轍。然其對社會治亂之分析,所謂"言世理亂",或有超過鼂錯之處。范曄之論不爲無據。

## 四、王符

　　王符,范曄《後漢書》卷七十九以其與仲長統合傳,次於王充之後。他字節信,安定臨涇(今甘肅鎮原縣)人,生卒年不可確考,約生於和、安之際,卒於桓、靈之間。他少好學,有志操,與馬融、張衡等友善,出身寒微,爲鄉人所賤。傳云:"自和、安之後,世務游宦,當塗者更相薦引,而符獨耿介,不同於俗,以此遂不得升進。……不欲章顯其名,故號曰《潛夫論》。其指訐時短,討謫物情,足以觀當時風政。"可見其氣質品格、思想風貌、著述態度之一斑。王符之《潛夫論》與王充之《論衡》皆係私家著述,不屬於石渠閣或白虎觀之經院學術,它們在思想上前後相承,如在反對讖緯迷信,懷疑天命,批判時政之黑暗、封建統治者之腐敗、官吏之貪婪、社會風氣之浮侈奢靡,主張君主應尊賢任能、信忠納諫、改革吏治、崇本抑末、鞏固邊防等方面,王符莫不受王充之影響。《四庫全書總目提要》卷九十一云:"洞悉政體似《昌言》,而明切過之;辨別是非似《論衡》,而醇正過之。"即指出《潛夫論》與《論衡》、《昌言》前後之承襲關係及其特點。

　　王符的著述比王充更前進一步,他不僅對宗教迷信進行批判,
更轉而注重對現實政治、道德之批判。他主張察虛實,辨真僞,以
批判封建統治階級用"虛義","託之經義,迷罔百姓,欺誣天地"
(《忠貴》),以致形成當時社會之不良風尚,如《務本》有云:

> 夫教訓者,所以遂道術,而崇德義也。今學問之士,好語
> 虛無之事,爭著彫麗之文,以求見異於世,品人鮮識,從而高
> 之,此傷道德之"實",而惑曛夫之大者也。詩賦者所以頌善
> 醜之德,洩哀樂之情也,故温雅以廣文,興喻以盡意。今賦頌
> 之徒,苟爲饒辯屈塞之辭,競陳誣罔無然之事,以索見怪於世,
> 愚夫戀士,從而奇之,此悖孩童之思,而長不誠之言者也。内
> 孝悌於父母,正操行於閨門,所以烈士也。今多務交游,以結
> 黨助,偷世竊名,以取濟渡,夸末之徒,從而尚之,此逼貞士之
> 節,而衒世俗之心者也。養生順志,所以爲孝也。今多違志,
> 傲養約生以待終,終没之後,乃崇餝喪紀以言孝,盛饗賓旅以
> 求名,誣善之徒,從而稱之,此亂孝悌之真行,而誤後生之痛者
> 也。忠正以事君,信法以理下,所以居官也。今多姦諛以取
> 媚,撓法以便佞,苟得之徒,從而賢之,此滅真良之行,開亂危
> 之原也。五者外雖有振賢才之虛譽,内有傷道德之至實,凡此
> 八者皆衰世之務,而闇君之所固也,雖未即於篡弑,然亦亂道
> 之漸來也。

這段文字,理以正反對照,事以繁類並舉,重疊反復,以揭露當時社
會名實不符,是非顛倒,政治腐敗之現象,有力地説明此皆衰世之
特徵并社會動亂之根源也。又《考績》有云:

> 群僚舉士者,或以頑魯應茂才,以桀逆應至孝,以貪饕應
> 廉吏,以狡猾應方正,以諛諂應直言,以輕薄應敦厚,以空虛應

有道,以嚚闇應明經,以殘酷應寬博,以怯弱應武猛,以愚頑應
治劇:名實不相副,求貢不相稱,富者乘其材力,貴者阻其勢
要,以錢多爲賢,以剛强爲上。凡在位所以多非其人,而官聽
所以數亂荒也。

這記述的是漢代選舉之流蔽,其所立之選舉條目,與其所選之人才
恰巧相反,説明這種制度之自欺欺人,所選之人才真僞莫辨,是造
成官場腐敗黑暗之根源。王符深有感慨地説:"吾傷世之不察真僞
之情也,故設虛義以喻其心。"(《賢難》)

王符性格耿介,不同流俗,以賢者自居,傲視奸邪社會,他對
"賢"與"愚"有超乎世俗之見解,即認爲富貴者未必賢,貧賤者未
必愚。這種看法應包含着他自己的身世之感在。如《論榮》首
段云:

所謂賢人君子者,非必高位厚禄,富貴榮華之謂也,此則
君子之所宜有,而非其所以爲君子者也。所謂小人者,非必貧
賤凍餒困辱阨窮之謂也,此則小人之所宜處,而非其所以爲小
人者也。奚以明之哉? 夫桀、紂者,夏、殷之君王也,崇侯、惡
來天子之三公也,而猶不免於小人者,以其心行惡也。伯夷、
叔齊餓夫也,傅説胥靡而井白處虜也,然世猶以爲君子者,以
爲志節美也。故論士,苟定於志行,勿以遭命,則雖有天下,不
足以爲重,無所用,不可以爲輕,處隸圉不足以爲恥,撫四海不
足以爲榮,況乎其未能相縣若此者哉! 故君子未必富貴,小人
未必貧賤。或潛龍未用,或亢龍在天,從古以然。今觀俗士之
論也,以族舉德,以位命賢,兹可謂論之一體矣,而未獲至論之
淑貞也。

其觀點、看法之意義,在於打破封建社會富貴與貧賤之階級隸屬關

係,認爲衡量賢與愚之標準在人之志行,而不在利祿之高低、身份之尊卑。表面看,這是一種平等思想,本質地看,則是在表彰下層人民如餓夫、奴隸等,認爲他們的志行遠遠高於那般撫四海、臨天下之君王,堪稱爲賢者,而那般心行險惡之統治者,才是真正的小人。在《本政》篇,他進一步論證説:

> 是故賢愚在心,不在貴賤,信欺在性,不在親疎。二世所以共亡天下者,丞相御史也,高祖所以共取天下者,繒肆狗屠也,驪山之徒,鉅野之盜,皆爲名將。由此觀之,苟得其人,不患貧賤,苟得其材,不嫌名跡。……衰世群臣誠少賢也。其官益大者罪益重,位益高者罪益深爾。故曰治世之德,衰世之惡,常與爵位自相副也。

王符於此不僅申述了賢愚不在貴賤,賤者之志行比貴者更高尚之觀點,而且進而指出爵祿越高罪惡越重、官職越尊罪孽越深,官職爵祿之高低與其罪惡之深重成正比例。要之,爵祿即罪惡,一語破的,戳穿了封建官僚食祿之本質在吸取人民之膏血。

王符指出漢代之選賢貢士,並非真正賢者,而是一伙利祿之徒。他們一旦富貴,便背親棄恩,貪婪刻薄,顯示出剝削階級之本性來。如《忠貴》篇有云:

> 夫竊位之人,天奪其鑒,神惑其心。是故貧賤之時,雖有鑒明之資,仁義之志,一旦富貴,則背親捐舊,喪其本心,皆疎骨肉,而親便辟;薄知友,而厚狗馬。財貨滿於僕妾,祿賜盡於猾奴。寧見朽貫千萬,而不忍賜人一錢;寧積粟腐倉,而不忍貸人一斗。人多驕肆,負債不償。骨肉怨望於家,細民謗讟於道,前人以敗,後爭襲之,誠可傷也。歷觀前世,貴人之用心也,與嬰兒等,嬰兒有常病,貴臣有常禍,父母有常失,人君有

常過。嬰兒常病,傷飽也;貴臣常禍,傷寵也;父母常失,在不
能已於媚子;人君常過,在不能已於驕臣。哺乳太多,則必掣
縱而生癇,貴富太盛,則必驕佚而生過。

文章以排比之句式揭露當時官吏之貪殘專恣,驕肆淫佚,根源於人
君之驕寵,筆力千鈞,鏗鏘有力。《愛日》篇更具體、深入地描繪封
建吏制對人民的迫害和壓榨:

　　　國之所以爲國者,以有民也;民之所以爲民者,以有穀也;
穀之所以豐殖者,以有民功也;功之所以能建者,以日力也。
化國之日舒以長,故其民閒暇而力有餘;亂國之日促以短,故
其民困務而力不足。舒長者,非謂羲和安行,乃君明民靜而力
有餘。促短者,非謂分度損減,乃上闇下亂力不足也。孔子
稱"既庶則富之,既富乃教之"。是故禮義生於富足,盜竊起
於貧窮;富足生於寬暇,貧窮起於無日。聖人深知,力者民之
本,國之基也。故務省徭役,使之愛日。是以堯勑羲和"欽若
昊天,敬授民時"。明帝時,公車以反支日不受章奏,帝聞而怪
曰:"民廢農桑,遠來詣闕,而復拘以禁忌,豈爲政之意乎?"於
是遂蠲其制。今冤民仰希申訴,而令長以神自畜。百姓廢農
桑而趨府廷者,相續道路,非朝餔不得通,非意氣不得見。或
連日累月,更相瞻視;或轉請鄰里,饋糧應對。歲功既虧,天下
豈無受其飢者乎? 孔子曰:"聽訟吾猶人也。"從此言之,中才
以上,足議曲直。鄉亭部吏,亦有任決斷者,而類多枉曲,蓋有
故焉。夫理直則恃正而不橈,事曲則諂意以行賕。不橈故無
恩於吏,行賕故見私於法。若事有反覆,吏應坐之,吏以應坐
之故,不得不枉於廷。以羸民之少黨,而與豪吏對訟,其勢得
無屈乎? 縣承吏言,故與之同。若事有反覆,縣亦應坐之,縣

以應坐之故，而排之於郡。以一民之輕，而與一縣爲訟，其理豈得申乎？事有反覆，郡亦坐之，郡以共坐之故，而排之於州，以一民之輕，與一郡爲訟，其事豈獲勝乎？既不肯理，故乃遠詣公府。公府復不能察，而當延以日月。貧弱者無以曠旬，強富者可盈千日。理訟若此，何枉之能理乎？正士懷怨結而不見信，猾吏崇姦軌而不被坐，此小民所以易侵苦，而天下所以多困窮也。

這些官吏皆利祿之徒，他們朋比爲奸，貪贓枉法，欺壓人民，羸弱之民豈能與之對訟？結果是"正士懷怨結而不見信，猾吏崇姦軌而不被坐"，作者之同情在被迫害人民方面，爲苦難的人民鳴冤。文中反復申訴"其勢得無屈乎"、"其理豈得申乎"、"其事豈獲勝乎"、"何枉之能理乎"，爲在嚴酷、腐敗的吏制壓迫下人民有冤難申鳴不平！

王符身世寒微，爲人所賤，不得升進。其《交際》篇集中論述世俗之交，一方面揭露了世俗勢利之人的醜惡靈魂，一方面抒發了自己切膚之痛。如其中之一段云：

夫與富貴交者，上有稱譽之用，下有財貨之益；與貧賤交者，大有賑貸之費，小有假借之損。今使官人雖兼桀、蹠之惡，苟結駟而過士，士猶以榮而歸焉，況實有益者乎？使處子雖苞、顏、閔之賢，苟被褐而造門，人猶以爲辱而恐其復來，況其實有損者乎？故富貴易得宜，貧賤難得適。好服謂之奢僭，惡衣謂之困厄；徐行謂之飢餒，疾行謂之逃責；不候謂之倨慢，數來謂之求食；空造以爲無意，奉贄以爲欲貸；恭謙以爲不肖，抗揚以爲不得。此處子之羇薄，貧賤之苦酷也。……

夫交利相親，交害相疎。是故長拭誓而廢，必無用者也；

　　　　交漸而親，必有益者也。俗人之相於也，有利生親，積親生愛，
　　　　積愛生是，積是生賢；情苟賢之，則不自覺心之親之，口之譽之
　　　　也。無利生疏，積疏生憎，積憎生非，積非生惡；情苟惡之，則
　　　　不自覺心之外之，口之毀之也。是則富貴雖新，其勢日親；貧
　　　　賤雖舊，其勢日除，此處子所以不能與官人競也。……

這些人在利害相關時，“苟相對也，恩情相向，推極其意，精誠相射，
貫心達髓，愛樂之隆，輕相爲死”；“苟相背也，心情乖乎，推極其
意，分背奔馳，窮東極西，心尚未決”。其描寫、刻畫人們世俗
勢力之交的心態，極其深入、細緻，戳穿了世俗之人的醜惡、卑
鄙靈魂。因其觀察之細，才揭露深，因其憎惡之極，才痛恨切。全
文很長，然結構謹嚴，語言精審，着力處，往往用韻，體類辭賦。

　　王符憎惡這種賢愚倒置、是非混淆、俗人俗士占統治地位的腐
朽、黑暗社會，自己之耿介性格不爲這種社會所容，因此幻想像鸞
鳳那樣遠舉高飛，遨游太空，如“鸞鳳翱翔黃歷之上，徘徊太清之
中，隨景風而飄飄，時抑揚以從容，意猶未得，嗜嗜然長鳴”，以此求
得精神上的解脫。然這種境界卻蘊孕着玄理之風，這種玄理之風
到仲長統《昌言》表現更明顯，以至魏晉時代成爲玄理文學。

　　綜觀王符《潛夫論》之文章，皆樸實無華，筆鋒犀利，長於鋪
叙，善於論辯，與王充《論衡》和仲長統《昌言》多相似之處，然仍有
各自不同的特點，劉熙載《藝概》卷一即指出：“王充、王符、仲長統
三家文，皆東京之矯矯者。分按之：大抵《論衡》奇創，略近《淮南
子》；《潛夫論》醇厚，略近董廣川；《昌言》俊發，略近賈長沙。……
各自成家。”

## 五、仲長統

　　仲長統，據《後漢書》本傳記載：“獻帝遜位之歲統卒，時年四

十一。"按獻帝遜位於建安二十五年（公元二二〇年），爲統卒年，上推四十一年乃靈帝光和三年（公元一八〇年），爲統生年。他字公理，山陽高平（今山東金鄉縣西北）人，少好學，博涉書記，贍於文辭。年二十餘，游學青、徐、并、冀之間，與交友者多異之。性倜儻，敢直言，不矜小節，默語無常，時人或謂之狂生。州郡徵召，皆稱疾不就。獻帝時尚書令荀彧奇其才，舉爲尚書郎。後參丞相曹操軍事，"每論説古今，及時俗行事，恒發憤嘆息，因著論，名曰《昌言》，凡三十四篇，十餘萬言"。今其書已佚，僅《後漢書》本傳"簡撮其書有益政者略載之"三篇，即《理亂篇》、《損益篇》、《法誡篇》。又《群書治要》節錄九段文字，《齊民要術》有若干引文，皆斷簡殘篇，不完整，論評文章，應以《後漢書》所載之三篇爲主。

　　仲長統之思想與王充、王符基本一致，即反對天道，懷疑天命，批判黑暗腐朽政治。可以説在這幾方面，他是對漢代的統治思想作了最後清算。《理亂篇》集中地體現了他的思想，是他的代表作。文章通過對歷史治亂之分析，揭露了天命不過是豪傑奪取天下自欺欺人之借口而已。全文可分五個部分，首先叙述歷代開國之君，皆以角才智、程勇力取勝，與天命無關：

　　　　豪傑之當天命者，未始有天下之分者也，無天下之分，故戰爭者競起焉。于斯之時，并僞假天威，矯據方國，擁甲兵與我角才智，程勇力與我競雌雄，不知去就，疑誤天下，蓋可數也；角智者皆窮，角力者皆負，形不堪復伉，勢不足復校，乃始羈首係頸就我之衡絏耳。夫或曾爲我之尊長矣，或曾與我爲等儕矣，或曾臣虜我矣，或曾執囚我矣，彼之蔚蔚皆匈（胸）膂腹詛，幸我之不成，而以奮其前志，詎肯用此爲終死之分邪？

他認爲取天下決定於才智、勇力，優勝劣敗，"形"與"勢"爲我掌

握,有誰敢與我伉校? 哪裏有甚麼"天命"? 所謂"天命",不過是
"僞假天威"罷了。其次叙述建國之初暫時取得安定:

> 及繼體之時,民心定矣,普天之下,賴我而得生育,由我而
> 得富貴,安居樂業,長養子孫,天下晏然,皆歸心於我矣。豪傑
> 之心既絶,士民之志已定,貴有常家,尊在一人。當此之時,雖
> 下愚之才居之,猶能使恩同天地,威侔鬼神。暴風疾霆,不足
> 以方其怒,陽春時雨,不足以喻其澤,周、孔數千,無所復角其
> 聖,賁育百萬,無所復奮其勇矣。

天下安定之後,政權皆歸於我,所謂"貴有常家,尊在一人",周、孔
之徒、賁育之輩,無所角智力,皆爲我所用。統治者雖爲下愚,然其
威可比鬼神,其怒可方雷霆,天命豈能加以約束? 其三叙述治世不
長,由於統治者貪圖安逸,不理朝政,一味地追求奢侈、靡爛的生活
享受,造成社會的嚴重危機:

> 彼後嗣之愚主,見天下莫敢與之違,自謂若天地之不可亡
> 也,乃奔其私嗜,騁其邪欲,君臣宣淫,上下同惡,目極角觗之
> 觀,耳窮鄭、衛之聲,入則耽於婦人而不反,出則馳於田獵而不
> 還,荒廢庶政,棄亡人物,澶漫彌流,無所底極。信任親愛者,
> 盡佞諂容説之人也,寵貴隆豐者,盡后妃姬妾之家也。使餓狼
> 守庖厨,飢虎牧牢豚,遂至熬天下之脂膏,斲生人之骨髓,怨毒
> 無聊,禍亂并起,中國擾攘,四夷侵叛,土崩瓦解,一朝而去。
> 昔之爲我哺乳之子孫者,今盡是我飲血之寇仇也。至於運徙
> 勢去,猶不覺悟者,豈非富貴生不仁,沉溺致愚疾邪? 存亡以
> 之迭代,政亂以此周復,天道常然之大數也。又政之爲理者,
> 取一切而已,非能斟酌賢愚之分,以開盛衰之數也。日不如
> 古,彌以遠甚,豈不然邪?

封建統治階級殘酷地壓迫、剥削人民，其凶相如"使餓狼守庖厨，飢虎牧牢豚，遂至熬天下之脂膏，斬生人之骨髓"，形成之結局爲"怨毒無聊，禍亂并起"，揭示出社會動亂之根源在統治階級之倒行逆施，並非天降災禍。其四叙述漢代之歷史，是文章之中心：

> 漢興以來，相與同爲編户齊民，而以財力相君長者世無數焉。而清潔之士，徒自苦于茨棘之間，無所益損於風俗也。豪人之室，連棟數百，膏田滿野，奴婢千群，徒附萬計。船車賈販，周於四方，廢居積貯，滿於都城，琦賂寶貨，巨室不能容，馬牛羊豕，山谷不能受，妖童美妾，填乎綺室，倡謳妓樂，列乎深堂，賓客待見而不敢去，車騎交錯而不敢進，三牲之肉臭而不可食，清醇之酎敗而不可飲，睇盼則人從其目之所視，喜怒則人隨其心之所慮，此皆公侯之廣樂，君長之厚實也。苟運智詐者，則得之焉；苟能得之者，人不以爲罪焉。源發而横流，路開而四通矣。求士之舍榮樂而居窮苦，棄放逸而赴束縛，夫誰肯爲之者邪！

> 夫亂世長而化世短。亂世則小人貴寵，君子困賤。當君子困賤之時，蹈高天，蹐厚地，猶恐有鎮厭之禍也。逮至清世，則復入於矯枉過正之檢，老者耄矣，不能及寬饒之俗，少者方壯，將復困於衰亂之時，是使姦人擅無窮之福利，而善士挂不赦之罪辜，苟目能辨色，耳能辨聲，口能辨味，體能辨寒温者，將皆以修絜爲諱惡，設智巧以避之焉，況肯有安而樂之者邪？斯下世人主一切之愆也。

這雖然不是講的全部漢代歷史，但卻掌握了漢代社會之基本情況，即漢之君長政權是以財力爲基礎的，文中自"豪人之室，連棟數百"至"此皆公侯之廣樂，君長之厚實也"，便是對這種政權財力基礎之具體描述；又漢代社會動亂之根源，在豪强地主運智詐之剥削，以致"源發而横流，路開而四通矣"。又作者提出"亂世長而化世短"的觀點，漢代自屬亂世。在亂世之專制統治下，是非不分，賢愚莫辨，"小人貴寵，君子困賤"，君子猶恐遭"鎮厭之禍"，其他人民的悲慘命運更可想而知了。然而這一切"斯下世人主一切之愆也"，都是末世君主之罪惡。文氣一振，筆鋒直接指向封建最高統治者。

篇末叙述自周末至東漢獻帝之亂世演變史：

> 昔春秋之時，周氏之亂世也。逮乎戰國，則又甚矣。秦政乘并兼之勢，放虎狼之心，屠裂天下，吞食生人，暴虐不已，以招楚、漢用兵之苦，甚於戰國之時也。漢二百年而遭王莽之亂，計其殘夷滅亡之數，又復倍乎秦、項矣。以及今日，名都空而不居，百里絶而無民者，不可勝數，此則又甚於亡新之時也，悲夫！不及五百年大難三起，中間之亂，尚不數焉。變而彌猜，下而加酷，推此以往，可及於盡矣！嗟夫，不知來世聖人救此之道將何用也，又不知天若窮此之數欲何至邪？

他認爲"亂世長而化世短"，實際上化世是相對而言，並非絶對之化，其本質仍然是亂。事實是自周代以來，歷史愈演愈亂，即"變而彌猜，下而加酷"，到了東漢末年更亂得不可收拾了。文章篇名《理亂》，實際上所論述者都是亂世，而無化世。在作者看來，我國之歷史即是一部動亂史。他感到猶疑：究竟歷史動亂到何時才能終了？有何辦法拯救？他看不到前途，因此悲觀失望。他也曾提出一些半變革半復古的救世之方，但是重要者不在於他開列某些關於解決現實問題的藥方，而在於他對歷史形勢之分析，比前人更尖鋭、深刻，富於邏輯性。全篇以周密的邏輯説理、記事，文辭暢達,條理分明,成爲此類文字中之優秀篇章。

《損益篇》是抒發作者損益歷史、裁成天地的抱負之作。其中提出了一些以德爲主,以廉潔治國之主張,但其價值與上篇相同,並不在於此,而在於其對當時社會矛盾之分析與剖露,這種分析與剖露之卓異處,在探討這些矛盾產生之源流及因果關係。如其中揭露同姓諸王之恣意妄爲、倒行逆施:

> 漢之初興,分王子弟,委之以士民之命,假之以殺生之權,於是驕逸自恣,志意無厭,魚肉百姓,以盈其欲,報蒸骨血,以快其情,上有篡叛不軌之姦,下有暴亂殘賊之害,雖藉親屬之恩,蓋源流形勢使之然也。降爵削土,稍稍割奪,卒至於坐食奉禄而已;然其洿穢之行,淫昏之罪,猶尚多焉。故淺其根本,輕其恩義,猶尚假一日之尊,收士民之用,況專之於國,擅之於嗣,豈可鞭笞叱咤,而使唯我所爲者乎! 時政彫敝,風俗移易,純樸已去,智慧已來,出於禮制之防,放於嗜欲之域,久矣。

説明社會危機之根源在漢初之分封制度,分封制度促成同姓王之特權,他們或殘賊人民,或篡叛不軌,因果相生,積弊既久,遂形成政治之腐朽、黑暗,即所謂"源流形勢使之然也"。這些同姓王"專之於國,擅之於嗣",其形勢豈是鞭笞所能挽救? 意者應削減其政權。又如其揭露豪族地主勢力之膨脹及僭制越禮:

> 井田之變,豪人貨殖,館舍布於州郡,田畝連於方國,身無半通青綸之命,而竊三辰龍章之服,不爲編户一伍之長,而有千室名邑之役,榮樂過於封君,勢力侔於守令,財賂自營,犯法不坐,刺客死士,爲之投命,使弱力少智之子,被穿帷敗,寄死不斂,冤枉窮困,不敢自理:雖亦由網禁疎闊,蓋分田無限使之然也。

説明在土地所有制形式下，豪强横奪，分田無限，其權勢已經威脅着封建朝廷之中央專制主義政權了。仲長統以一支鋭利的筆，揭示出當時政治形勢所面臨的重要問題，這些重要問題關乎國家之存亡、社會之治亂。其描述目的在探尋源流因果，以爲鑑戒。不僅本篇，其他各篇之寫作，莫不如此！

仲長統之《昌言》是一部憤世疾俗之作，他痛斥貴族王侯，鞭笞庸官俗吏，自己則獨立特行，被稱爲“狂生”。面對腐朽黑暗的社會，他無可奈何，終於超凡脱俗了，《後漢書》本傳記述他“常以爲凡游帝王者，欲以立身揚名耳，而名不常存，人生易滅，優游偃仰，可以自娱，欲卜居清曠，以樂其志”。這種人生情調，給後世竹林七賢之生活旨趣以很大影響。至於他的文章，本傳記述其“友人東海繆襲常稱統才章足繼西京董（仲舒）、賈（誼）、劉（向）、揚（雄）”，就其文風之俊發暢達言之，確與前四家有相近處，並非過譽。

其餘之此類散文，有延篤之《仁孝論》、劉梁之《辯和同論》、蔡邕之《正交論》，實開魏晉名理文之先路。

## 第五節　班固及其他史家之散文

歷史發展到漢代，出現了一種無獨有偶的現象：西漢鼎盛之武帝時代，司馬遷著《史記》，東漢强大之明帝、章帝二代，班固著《漢書》。與司馬遷同時，出現了大思想家董仲舒，其言論、學説有助於我們對《史記》成書之社會環境的認識；與班固並世，出現了大思想家王充，其所著《論衡》可以加强我們對《漢書》撰述之思想背景的理解。《史記》之成書，是談、遷父子心血之結晶，《漢書》之撰述，則是班氏一家精力之凝聚。《史記》在前，《漢書》在後，史、漢又有明顯的因革關係。

## 一、班固之家世、生平與思想

班固(公元三二——九二)，字孟堅，扶風安陵(今陝西咸陽市)人。其家世及生平事跡，皆見《漢書》卷一百《叙傳》及《後漢書》卷七十《班彪傳》所附之《班固傳》。據《漢書·叙傳》記載："班氏之先，與楚同姓，令尹子文之後也。"其得姓班氏，始於"秦之滅楚，遷晉、代之間，因氏焉"。班固之七世祖班壹、六世祖班孺，於秦、漢之際皆"以財雄邊，出入弋獵，旌旗鼓吹……州郡歌之"，成爲邊地之豪强。自五世祖班長始，班氏乃進入仕途，"長官至上谷守"，長子回"以茂材爲長子令"，即由豪强而成爲官吏。自曾祖班況始，班氏益趨富貴，"況舉孝廉爲郎，積功勞，至上河農都尉，大司農奏課連最，入爲左曹越騎校尉。成帝之初，女爲倢伃，致仕就第，貲累千金，徙昌陵。昌陵後罷，大臣名家皆占數於長安"，從邊郡豪强、地方官吏又進入了廟堂。自祖父班穉始，班氏家族人才輩出，家世顯赫。班況有三子，即伯、斿、穉。伯、斿皆班固之伯祖，穉乃班固之祖父。班固之大伯祖班伯少受《詩》於師丹。大將軍王鳳薦伯宜勸勉於學，成帝招見於宴昵殿。班伯"容貌甚麗，誦説有法，拜爲中常侍"。又詔其受《尚書》、《論語》於鄭寬中、張禹，"既通大義，又講異同於許商，遷奉車都尉"。"家本北邊，志節忼慨"。河平中，"定襄大姓石、李群輩報怨，殺追捕吏"，班伯上書，自請願爲定襄太守期月，得就任。班伯召問耆老父祖故人，以酒宴相待。所宴諸名豪有感於班伯之禮遇，"共諫伯宜頗攝録盜賊，具言本謀亡匿處"。班伯"乃召屬縣長吏，選精進掾史，分部收捕，及它隱伏，旬日盡得"，郡中震栗，皆稱其神明。後遷水衡都尉，秩中二千石。"每朝東宮，常從；及有大政，俱使諭指於公卿。"

　　班固之二伯祖班斿，"博學有俊材，左將軍史丹舉賢良方正，以
對策爲議郎，遷諫大夫、右曹中郎將，與劉向校秘書"。班斿每奏校
書之事，以選受詔，於成帝前讀書，"上器其能，賜以秘書之副"。

　　班固之祖班穉，成帝時"爲黄門郎中常侍，方直自守"。哀帝
即位，"出穉爲西河屬國都尉，遷廣平相"。平帝即位，太后臨朝，
王莽秉政，方欲以文教致太平。穉無所上，琅邪太守公孫閎言災害
於公府，大司空甄豐"劾閎空造不祥，穉絶嘉應，嫉害聖政，皆不
道"。班穉懼，上書陳恩謝罪，願歸相印，入補延陵園郎，太后許焉。
食故禄終身。

　　其時，班氏家世之顯赫，谷永嘗言云："建始、河平之際，許、班
之貴，傾動前朝，熏灼四方，賞賜無量，空虛内臧，女寵至極，不可
尚矣！"

　　班固之伯父嗣、父彪俱以博學聞名。"嗣顯名當世"，"彪字叔
皮，幼與從兄共游學，家有賜書，内足於財，好古之士自遠方至，父
黨揚子雲以下莫不造門"，"彪既才高而好述作，遂專心史籍之
間"。但他們之哲學思想卻完全不同。班嗣雖修儒學，然貴老莊之
術。如桓譚欲借其書，他答云：

　　　若夫嚴（莊）子者，絶聖棄智，修生保真，清虛澹泊，歸之
　　自然，獨師友造化，而不爲世俗所役者也。漁釣於一壑，則萬
　　物不奸其志；栖遲於一丘，則天下不易其樂。不絓聖人之罔，
　　不麑驕君之餌，蕩然肆志，談者不得而名焉，故可貴也。今吾
　　子已貫仁誼之羈絆，繫名聲之韁鎖，伏周、孔之軌躅，馳顏、閔
　　之極摯，既繫攣於世教矣，何用大道爲自眩曜？昔有學步於邯
　　鄲者，曾未得其髣髴，又復失其故步，遂匍匐而歸耳！恐似此
　　類，故不進。

他認爲桓譚"既繫孿於世教"，又欲借老、莊以自我炫耀，因此不借書給他。言語之間，貶斥儒學、推崇老莊之精神極爲明顯。班彪則不然，他"唯聖人之道然後盡心焉"。所謂"聖人之道"，即天人感應學説。如王莽失敗之後，天下大亂，群雄逐鹿，他著《王命論》，力圖以符瑞迷信的觀點論述劉氏之正統地位不可動搖。他説：

> 蓋在高祖，其興也五：一曰帝堯之苗裔，二曰體貌多奇異，三曰神武有徵應，四曰寬明而仁恕，五曰知人善任使。……若乃靈瑞符應，又可略聞矣。初劉媪任高祖而夢與神遇，震電晦冥，有龍蛇之怪。及其長而多靈，有異於衆，是以王、武感物而折券，呂公睹形而進女；秦皇東游以厭其氣，呂后望雲而知所處；始受命則白蛇分，西入關則五星聚。故淮陰、留侯謂之天授，非人力也。歷古今之得失，驗行事之成敗，稽帝王之世運，考五者之所謂，取舍不厭斯位，符瑞不同斯度，而苟昧於權利，越次妄據，外不量力，内不知命，則必喪保家之主，失天年之壽，遇折足之凶，伏鈇鉞之誅。英雄誠知覺寤，畏若禍戒，超然遠覽，淵然深識，收陵、嬰之明分，絶信、布之覬覦，距逐鹿之瞽説，審神器之有授，毋貪不可幾，爲二母之所笑，則福祚流於子孫，天禄其永終矣。

《王命論》是他所要盡心於聖人之道的集中表現，即以天命符瑞維護劉氏的正統地位。這種思想與其前之董仲舒一脈相承。

從以上的論述中，我們可以了解，班氏世代具有正統之家學淵源，具有正統之哲學思想傳統，具有正統之史學家傳，也具有工整典雅之文學傳承。班固便生活在如此環境之中，他的思想，他的博學，他的文章風格，莫不與其家世環境密切聯繫着。

據《後漢書·班固傳》記載，班固"年九歲，能屬文誦詩賦，及長,遂博貫載籍,九流百家之言,無不窮究。所學無常師,不爲章句,舉大義而已”。秉性寬和能容衆,不以才高凌人,因此爲諸儒所仰慕。光武帝建武三十年(公元五四),父彪卒,班固歸鄉里,以其父所撰《後傳》不詳,“乃潛精研思,欲就其業”。既而有人上書明帝,“告固私改作國史者”,有詔下郡,“收固繫京兆獄,盡取其家書”。固弟班超詣闕上書,“具言固所著述意”。明帝見其書,甚奇之,“召詣校書郎,除蘭臺令史”,又“遷爲郎,典校秘書”,並“復使終成前所著書”。班固“自永平中始受詔,潛精積思二十餘年,至建初中乃成。當世甚重其書,學者莫不諷誦焉”。章帝雅好文章,固愈得幸,數入禁中讀書,或連日繼夜。後遷玄武司馬。建初四年(公元七九),章帝召集諸儒於白虎觀講論五經同異,“令固撰集其事”,作《白虎通德論》(簡稱《白虎通》)。時單于遣使貢獻,欲求和親。群臣意欲絕之。班固主張明忠信,申禮義,通友好,因作《典引》篇,述漢德以續《堯典》。和帝永元元年(公元八九),大將軍竇憲出征匈奴,“以固爲中護軍,與參議”,竇憲以大敗匈奴有功,而炙手可熱,固家奴亦有仗勢欺人者,“洛陽令种兢嘗行,固奴干其車騎,吏椎呼之,奴醉罵,兢大怒,畏憲不敢發,心銜之”。及竇憲失勢被迫自殺,种兢因此捕繫固,固死於獄中,年六十一。

　　綜觀班固一生之行跡,都是對其家風之承傳,如其“諸子多不遵法度,吏人苦之”,源於班壹之“以財雄邊”和班伯之“家本北邊,志節慷慨”;其著《白虎通德論》源於班伯在宴昵殿誦説儒教有法和班彪之《王命論》;其修《漢書》源於班斿與劉向同校秘書,“以選受詔進讀群書”及“賜以秘書之副”,至於班彪“繼采前史遺事,旁貫異聞,作《後傳》數十篇”與《後傳略論》對司馬遷史學之批評。班固是其家風之完備的繼承者。廓清這些方面,我們才能進一步了解班固的思想。

　　班固的思想,我們從《漢書·五行志》和《白虎通義》看,他是繼承了董仲舒天變災異之説法,並進一步擴大,即借助經義以附會出一套迷信的隱語,來爲漢代政權之確立找理論根據。這是當時統治者所需要的。如其可以作爲《白虎通義》序言之《典引》,便突出地表現這種思想。其最後一段云:

　　　　夫圖書(《河圖》、《洛書》)亮章,天哲(天授於天子)也;孔猷先命,聖孚(孔子之圖書專給合格的漢家皇帝)也;體行德本,正性也;逢吉丁辰,景命也。順命(符瑞)以創制,定性以和神,答三靈(神)之繁祉,展放(效)唐之明文(言漢爲堯後)……是時聖上(章帝)固已垂精游神,包舉藝文,屢訪群儒,諭咨故老,與之乎斟酌道德之淵源,肴覈仁義之林藪,以望元(天)符(瑞)之臻焉。既成群后之讜辭,又悉經五(指五年卜徵)繇(兆辭)之碩(大)慮矣。……汪汪乎丕天之大律(語出《尚書·泰誓》,“律”即法典),其疇(誰)能亘(竟)之哉?唐哉皇哉! 皇哉唐哉!

“唐”指堯,“皇”指漢,謂唯堯唯漢,永垂世則。班固根據圖讖緯書説明歷史的變化,歌頌章帝之歷史功績。認爲章帝所以能“汪汪乎丕天之大律”,制定法典,是因爲他能應天之符瑞,而“垂精游神,包舉藝文”,將“道德之淵源,仁義之林藪”以及禮法制度之所以然作出裁斷,使西漢宣帝“石渠閣”欽定之經義更加發揚。可見班固是利用經義爲漢朝制法,完全是封建正統思想。

　　但是,班固的思想不僅有信天命之一面,也有重人事之一面。一部《漢書》在歷史史實方面多取自《史記》,而在思想體系方面則源於劉歆。有名之《漢書》十志,即多本自劉歆。《漢書》卷二十七《五行志補注》引齊召南云:“案:班書十志,半取衷於劉歆,惟五行志時糾劉歆之失。"其見解是有根據的。《五行》下志雖有糾正劉歆之處,也僅爲細節,其基本體系仍屬劉歆。儘管《漢書》十志多本自劉歆,然其剪裁取舍之間,亦可顯現班固之思想。如《藝文志》收録了當時存在的各種文獻典籍,卻未收讖緯之書,即顯示出班固人文主義觀點。又《藝文志》詳細記述了古代各家學派的特點及得失,辨章其學術,考鏡其源流,其學術演變純屬人事以内,而與陰陽災異無關。其闡述對天文、歷譜、五行、蓍龜、雜占、刑法諸類學術的見解,表示了對陰陽雜占、星象卜蓍等學說的不足信。如"五行"類云:

> 五行者,五常之刑氣也。《書》云:"初一曰五行,次二曰羞用五事。"言進用五事以順五行也。貌、言、視、聽、思心失,而五行之序亂,五星之變作,皆出於律歷之數而分爲一者也。其法亦起五德終始,推其極則無不至。而小數家因此以爲吉凶,而行於世,寖以相亂。

其將五行説之起源、演變及弊端講得十分清楚,從人文主義角度,揭示出五行災異説之本相。又如"陰陽"類云:"及拘者爲之,則牽於禁忌,泥於小數,舍人事而任鬼神。"批評那些固執不知變通者一味迷信鬼神之靈驗,而看不到人的作用。又"雜占"類云:"妖由人興也,人失常則妖興;人無釁焉,妖不自作。故曰'德勝不祥,義厭不惠'。"説明人之行爲決定天的意向。同類又云:"然惑者不稽諸躬,而忌妖之見,是以《詩》刺'召彼故老,訊之占夢',傷其舍本而憂末。"意謂不能修德以禳災,但問元老以占夢之吉凶,乃舍本而憂末。同樣《郊祀志》記載"(殷)高宗有雉登鼎耳而雊,武丁懼,祖己曰'修德'。武丁從之,位以永寧",認爲只要修德,即可改變天意,使國家長治久安。如此等等,都強調了在歷史事件中起決定作用者是人而不是天命鬼神。這些是班固思想中最有價值的部分。

那麼，我們可以說，班固既有天變災異的封建正統思想，也有人文主義思想。這是兩種互相排斥、對立的思想，然卻並存於班固一身。其原因是兩漢之際社會危機加深，董仲舒所倡導之天人感應神學系統已不能夠徹底解決問題，因此出現了劉向、劉歆父子神學與人事並重之現象，到了班固時代，桓譚、王充之異端體系開始形成，影響所及，也動搖了班固正統的封建思想，使其承襲並發展了人文主義傳統。他的《漢書》便是在這種思想基礎上完成的。

## 二、《漢書》之編撰及其在體例上對《史記》之因革

《漢書》是我國第一部紀傳體斷代史。班固之所以斷代爲史，並非偶然，乃是時代之要求。班固生活於東漢國勢鼎盛時期，現實政治需要"宣揚漢德"，需要總結前朝之歷史經驗，以鞏固當代之政權。這是當時歷史提出的重要課題。與班固並時之思想家王充即云："大漢之德不劣於唐、虞也。""方今聖朝，承光武，襲孝明，有浸鄲溢美之化，無細小毫髮之虧，上何以不巡舜、禹，下何以不若成、康？"(《論衡》卷十八《齊世》)王充反對"尊古卑今"，而主張今勝於古，認爲漢代社會比三代進步得多，理應贊美。俗儒將古今尊卑之序顛倒了，因爲他們所讀之書皆頌揚三代者，而没有記載漢代事功之書可讀。如云："唐虞夏殷同載在二尺四寸，儒者推讀朝夕講習，不見漢書，謂漢劣不若。"所以識古不識今。《論衡》卷十九《宣漢篇》明確提出：

> 使漢有弘文之人，經傳記事，則《尚書》、《春秋》也。儒者宗之，學者習之，將襲舊六爲七，今上、上王至高祖皆爲聖帝矣。

他認爲如果有博學通材，能編撰一部記載漢代事功之"漢書"，其意有如《尚書》、《春秋》，令讀書人宗之、讀之，則舊時之"六經"便可增爲"七"了。王充之意見反映了時代對記載漢代功業書籍之要求。

再者，司馬遷著《史記》止於武帝，其後缺而不錄。當時之學者如褚少孫、劉向、劉歆、馮商、衛衡、揚雄、史岑、梁審、肆仁、晉馮、段(一作殷)肅、金丹、馮衍、韋融、蕭奮、劉恂等都曾綴輯時事，補續《史記》。至建武中，班彪以爲諸所撰述不能踵繼前史，且揚雄、劉歆等又褒美王莽新朝，任其流傳，必將惑衆，因此慎覈其事，旁貫異聞，作《後傳》數十篇(按：《論衡‧超奇篇》謂"班叔皮續太史公書百篇以上"。《史通‧古今正史篇》謂"作《後傳》六十五篇"。茲據《後漢書‧班彪傳》作數十篇)。但此類著作乃《史記》之續編，而非完整之漢史。待至班固，"漢承堯運"、"協於火德"之觀念在最高統治者階層中已經樹立，要宣揚漢德，必須重修漢史。《漢書》卷一百下《叙傳》云：

> 固以爲唐虞三代，《詩》、《書》所及，世有典籍，故雖堯舜之盛，必有典謨之篇，然後揚名於後世，冠德於百王，故曰"巍巍乎其有成功，煥乎其有文章也"。漢紹堯運，以建帝業，至於六世，史臣乃追述功德，私作本紀，編於百王之末，厠於秦、項之列。太初以後，闕而不錄，故探纂前記，綴輯所聞，以述《漢書》。

這是班固撰述《漢書》之意旨。他不滿於司馬遷《史記》將漢代"編於百王之末，厠於秦、項之列"，認爲"大漢當可獨立一史"(見《太平御覽》卷六百零三《史傳》上引佚名《後漢書》)。這種擺脱舊傳統，開創新體制的要求，促使班固之《漢書》應運而產生了。

　　以上事實説明,班固編撰《漢書》是歷史發展之必然,是適應了統治階級之要求,而非偶然、孤立的現象。我們只有分析了《漢書》産生的歷史環境,才能認識班固撰述《漢書》之意義。

　　班固撰述《漢書》,是占有了豐富的史料,並對這些史料進行認真的審查,作了一番辨僞存真的功夫,才完成的。他重視采用史料之真實性,如卷四十八《賈誼傳》云:

　　　　凡所著述五十八篇,掇其切於世事者著於傳云。

説明《賈誼傳》是根據其五十八篇著作寫成的。又卷四十九《鼂錯傳》云:

　　　　錯雖不終,世哀其忠,故論其施行之語著於篇。

説明用鼂錯自己之言行論述其人品。

　　他認真辨別史料之真僞,如卷六十五《東方朔傳》云:

　　　　而後世好事者因取奇言怪語附著之朔,故詳録焉。

由於後人將奇言怪語附會於東方朔,真假難辨,所以詳録其文辭和著作目録,並下斷語云:

　　　　凡劉向所録(指《别録》)朔書具是矣。世所傳他事,皆
　　非也。

正見其論斷有據。又卷二十一上《律歷志》云:

　　　　使義和劉歆等典領條奏,言之最詳。故删其僞辭,取正
　　義,著於篇。

説明其作《律歷志》删去僞辭,而采取劉歆之義。亦見其辨僞存真之精神。

　　他不妄下判斷,證據不足,寧肯闕疑。如卷五十九《張湯

傳》云：

> 馮商稱張湯之先，與留侯同祖，而司馬遷不言，故闕焉。

亦見其對待史料之審慎態度。

班固重視掌握豐富的資料，認真地審查史料之精神，促成了《漢書》著述內容之真實性。

班固著《漢書》是建立在前人著述基礎之上而有所創造和發展的。如其武帝以前之史事，多采自《史記》，然絕非鈔襲原文，而是經過整理和加工，做了許多補充。凡是《漢書》取材於《史記》之篇章，沒有一篇與《史記》完全相同的。其以新資料補充《史記》之缺遺者，如對淮南王安、韓信、楚元王、衛青、公孫弘等傳之增補。尤其在帝紀中增補了許多重要之詔令，在賈誼、鼂錯、鄒陽、韓安國等傳中增補了不少關於政治、經濟、軍事之奏議。這些都是珍貴之文獻資料。在補充中即滲透了自己的思想和觀點，從而也就有其發展和創造。

《漢書》於武帝以後之史事，則是以班彪之《後傳》爲根據，綜合各家對《史記》之補續，綴集所聞而成。其中只有元、成二帝紀和韋賢、翟方進、元后三傳全采《後傳》原文（按：《元帝紀贊》稱"臣外祖兄弟爲元帝侍中"，《成帝紀贊》稱"臣之姑充後宮爲婕妤"。"臣"，乃班彪自稱，外祖即金敞，婕妤即班婕妤。應劭注："元、成帝紀皆班固父彪所作，臣則彪自說也。"韋賢、翟方進、元后三傳贊，皆稱"司徒掾班彪曰"，顯係《後傳》文字），其他紀傳，都是經過班固加工撰寫而成。《後漢書·班彪傳》謂"固以彪所續前史未詳，乃潛精研思，欲就其業"，即說明他力求《漢書》詳備而耗盡心思。

班固積二十餘年之心血與精力完成了這部由紀、表、志、傳四部分構成的記載由高帝元年（前二○六）至王莽地皇四年（公元二三) 二百三十年歷史的巨著, 成爲後世斷代史之典範。

《漢書》在體例上沿用《史記》而又有所變更。它進一步明確了紀、表、志、傳之功能, 建立了整齊劃一的紀傳體格局。章學誠《文史通義》內篇一《書教》下評史漢之體例特點云:

> 蓋遷書體圓用神, 多得《尚書》之遺; 班氏體方用智, 多得官禮之意也。

"體圓" 謂不拘一格, 富於變化; "神" 謂精神; "體圓用神", 即生動地描繪歷史面貌。"體方" 謂有規矩、法度; "智" 謂知識; "體方用智", 即能容納更多的歷史事實。它們獨具特點, 又各盡其致。但從總體上講, 班固是統一了史書之體例, 使《漢書》成爲嚴整有法之紀傳體斷代史。

"本紀" 是紀傳體史書之綱, 其作用在綱領全書。《史記》對五帝、夏、商、周、秦、項羽諸本紀以不同之寫法提挈各代之史事,《漢書》則將本紀改爲以帝王爲中心之編年大事記, 確立了一帝一紀之基本模式。《史記》不爲惠帝立紀, 將惠帝朝之大事記載於《呂后本紀》中, 而仍用惠帝紀年, 未免左右失據,《漢書》則在《高后紀》之前特爲惠帝立紀, 俾史事歸屬清楚。如此,《漢書》自漢高帝到漢平帝共立十二本紀, 以此十二本紀統攝全部漢史, 確立了劉知幾所謂 "紀之爲體, 猶《春秋》之經, 繫日月以成歲時, 書君上以顯國統"(《史通》卷二《本紀篇》) 之義例。

"表" 是紀傳體史書之重要部分, 它以簡明直觀之方式表現歷史之變遷。《史記》十表, 其中《三代世表》、《十二諸侯年表》、《六國年表》並非記漢事, 爲《漢書》所不取, 其餘七表皆爲《漢書》所采用, 並加以調整。如將《史記》之《漢興以來諸侯王年表》分列爲《異姓諸侯王表》、《諸侯王表》, 又增立《百官公卿表》和《古今人表》，再加上其他四表，凡八表。前六表分別譜列王侯世系，《百官公卿表》記録秦漢官制之沿革和漢代公卿大臣之遷免，《古今人表》按九等羅列自傳説時代至秦的幾乎所有知名人物，是對漢代以前歷史人物之評價。《漢書》以八表反映了漢代之盛衰大勢，記述了西漢時期錯綜複雜之歷史現象。

"志"是記載不同歷史時期典章制度的。《史記》八書，《漢書》改書爲志，並將《史記》之《禮書》、《樂書》合併爲《禮樂志》，將《律書》、《歷書》合并爲《律歷志》，同時增設了《刑法志》、《五行志》、《地理志》、《藝文志》。又改變了部分書志之名，如改《天官書》爲《天文志》，改《平準書》爲《食貨志》，改《封禪書》爲《郊祀志》，改《河渠書》爲《溝洫志》，凡十志。此十志取法於《史記》八書，但規模宏大，內容豐富，特別是對漢代史事記載更爲完備。《律歷志》記述了歷法和度量衡，《天文志》記述了天文知識，此兩志保存了古代自然科學之寶貴資料。《禮樂志》講行禮，《郊祀志》講祭天、祭祖先，《刑法志》講刑法，此三志記載了封建中央集權之政治法律制度。《食貨志》講男耕女織之個體經濟，是西漢經濟制度之重要文獻。《五行志》用封建迷信解釋自然現象，但其中大量關於自然災害、地震和日月蝕之記録是珍貴的科學史料。《地理志》記載了《禹貢》以來至西漢之地理沿革及各地區之經濟文化、風俗習慣等。《溝洫志》系統地記述了秦漢水利建設和根治黃河等情況，其中賈讓之《治河三策》尤當珍視。《藝文志》論述古代學術思想之源流派別及得失，是一部古代學術文化史。從《史記》八書到《漢書》十志，形成我國史學著作中之書志體，後世正史之志，皆據《漢書》有所增減，但基本體式不變。

"傳"是紀傳體史書中分量最大之部分。《漢書》對《史記》之一項重大改變，即取消了世家，將世家之內容併入列傳，同時對列傳之編排次序作了調整。《史記》中之專傳、合傳、類傳次序間雜，或以時代之先後，或因事跡之相關，不拘泥於體例。如將《刺客列傳》編於專傳《呂不韋列傳》和《李斯列傳》之間，將《汲鄭列傳》編於類傳《循吏列傳》和《儒林列傳》之間，將《匈奴列傳》編於《衛將軍驃騎列傳》之前，《大宛列傳》編於《游俠列傳》之後，等等。《漢書》改變了這種不拘體例之做法，而以時代順序爲主，專傳、合傳在先，類傳次之，邊疆各族傳更在其次，最後綴以《王莽傳》，開後代叛逆、貳臣傳之先例。又《史記》中列傳之篇名，混雜不一致，或標以姓，或標以名，或標以字，或標以官，或標以爵，《漢書》則除諸王傳外，基本上以姓或名標題，在體例上取得統一。

　　章學誠《文史通義》內篇一《書教》下評史漢體例云："遷史不可爲定法，固書因遷之體而爲一成之義例，遂爲後世不祧之宗焉。"班固《漢書》在體例上之整齊劃一，更體現了以帝王爲中心的特點，適應封建統治階級的需要，成爲後世正史沿襲不變的編纂方式。

## 三、《漢書》之"實錄"精神及其重"時"、"勢"之觀點

　　《漢書》是一部封建正統之史書，其中宣揚了不少五德循環論和君權神授、天人感應等讖緯迷信的說教，但不能因此認爲其撰述原則、歷史觀點與《史記》完全相反，實際上在不少方面如其在體例上對《史記》之因革相同，既有繼承，也有發展，與《史記》一脈相承，並非兩種不同的傳統。不過，由於時代和家世之影響，《漢書》之封建正統思想更濃厚些而已。《漢書》與《史記》之繼承關係，從班固對於司馬遷的評語中可以得到啓示。《漢書》卷六十二《司馬遷傳》贊云：

　　　　亦其涉獵者廣博，貫穿經傳，馳騁古今，上下數千年間，斯

以勤矣。又其是非頗繆於聖人，論大道則先黃老而後六經，序游俠則退處士而進姦雄，述貨殖則崇勢力而羞賤貧，此其所蔽也。然自劉向、揚雄博極群書，皆稱遷有良史之材，服其善序事理，辨而不華，質而不俚，其文直，其事核，不虛美，不隱惡，故謂之實錄。

班固這段話是采自班彪《略論》（見《後漢書》卷七十上《班彪傳》）而有所變通，代表班氏父子對司馬遷及其著作的共同看法。他們對司馬遷有批評，也有贊揚。其批評者，可以説明《漢書》之作與《史記》之不同處；其贊揚者，亦其所服膺、標榜者，説明是其在著史過程中孜孜以求的。班固最不滿於司馬遷"是非頗繆於聖人，論大道則先黃老而後六經"，儘管司馬遷並未貶低孔子和儒學，但在"獨尊儒術"之後，將儒學神聖化的正統派班固看來，司馬遷對孔子和儒學之尊崇還是不够的，他要以聖人之"是非"爲是非，尊六經爲大道之先。班固最傾心折服於司馬遷者，是其文直、事核，"不虛美，不隱惡"的"實錄"精神，並以這種精神作爲自己著史所遵循之準則。

"實錄"精神是《漢書》中最有價值的內容，它不但全面地、直筆無隱地記述了西漢時代錯綜複雜的歷史變遷之前因後果，而且顯示了班固著史之才華和品格，他能不爲漢諱，正是他的膽識和文德之表現。如他對漢代最高統治者的記述，即是很突出的例證。作爲封建正統之史書，它是宣揚漢德的。班固在書中對文景之治衷心地贊揚，認爲漢興以來，實行無爲而治之政策，使物質生産得到很大的發展，人民生活有了很大有改善，道德情操向善，社會秩序安定，是一個理想的時代，而文、景二帝是體現這一理想時代的聖君。同時他又毫不留情地揭露出在這種盛世光環掩飾下之蔽政，揭露出盛世之君的驕奢、淫逸。如《賈山傳》記載賈山以《至言》諫文帝云：

> 今功業方就，名聞方昭，四方鄉風。今從豪俊之臣，方正
> 之士，直與之日日獵射，擊兔伐狐，以傷大業，絕天下之望。

即揭露文帝荒於政事，而耽於逸樂之行徑。又《佞幸傳》記載文帝
寵愛鄧通之事云：

> 於是文帝賞賜通鉅萬以十數，官至上大夫。文帝時間如
> 通家游戲，然通無他技能，不能有所薦達，獨自謹身以媚上而
> 已。上使善相人相通，曰："當貧餓死。"上曰："能富通者在
> 我，何説貧？"於是賜通蜀嚴道銅山，得自鑄錢。鄧氏錢布天
> 下，其富如此！

他爲了滿足自己荒淫無恥的生活，使其男寵成爲天下之首富。這
就揭露了《文帝紀》贊謂其爲惜百金而罷築露臺，"身衣弋綈，所幸
慎夫人衣不曳地，帷帳無文繡，以示敦樸，爲天下先"之行爲的虛僞
性。對武帝既贊揚其"雄材大略"、"號令文章，焕然可述"（《武帝
紀》贊），又揭露其政策所造成之社會危機，如《西域傳》贊云：

> 及賂遺贈送，萬里相奉，師旅之費，不可勝計。至於用度
> 不足，乃榷酒酤，筦鹽鐵，鑄白金，造皮幣，算至車船，租及六
> 畜，民力屈，財用竭，因之以凶年，寇盜並起。

由於其連年對外用兵，令國庫枯竭，人民苦難深重，從而群起反抗。
對宣帝的吏治之修明極其贊揚，同時《路溫舒傳》又記載路溫舒上
書宣帝揭露其時冤獄之普遍存在：

> 今治獄吏則不然，上下相敺，以刻爲明；深者獲公名，平者
> 多後患。故治獄之吏皆欲人死，非憎人也，自安之道在人之
> 死。是以死人之血流離於市，被刑之徒比肩而立，大辟之計歲

以萬數。

由於獄吏以刻察爲明，並以其爲自安之道，所以冤死者很多。又對王莽覬覦帝位先僞造符命，次清除政敵，再輔佐平帝，最後登基之政治權術，以辛辣之嘲諷揭露了其假象，同時又把他寫成一個有抱負有魄力之大政治家，尤其對他攝政時之政績，贊不絶口，如《平帝紀》贊云：

> 孝平之世，政自莽出，襃善顯功，以自尊盛。觀其文辭，方外百蠻，亡思不服；休徵嘉應，頌聲並作。

不僅此也，在《王莽傳》中對王莽之政績不惜筆墨做了詳盡地記述，正見其意向所在。這些都説明班固著《漢書》，有襃有貶，不偏執一端。要之，皆在“實録”。

其次，對諸侯王及外戚之奢侈縱欲、恣意妄爲，也作了如實的記録，並予以揭發和批判。如《景十三王傳》記載廣川王劉去之行跡云：

> 燔燒亨（烹）煮，生割剥人，距師之諫，殺其父子。凡殺無辜十六人，至一家母子三人，逆節絶理。

又記載江都王劉建之行跡云：

> 建游章臺宫，令四女子乘小舩，建以足蹈覆其舩，四人皆溺，二人死。後游雷波，天大風，建使郎二人乘小舩入波中。舩覆，兩郎溺，攀舩，乍見乍没。建臨觀大笑，令皆死。宫人姬八子有過者，輒令赢立擊鼓，或置樹上、久者三十日乃得衣；或髡鉗以鈆杵舂，不中程，輒掠；或縱狼令齧殺之，建觀而大笑，或閉不食，令餓死。凡殺不辜三十五人。

這些人皆衣冠禽獸，凶狠殘忍，殺人如麻，惡貫滿盈。《景十三王傳》贊云："漢興，至於孝平，諸侯王以百數，率多驕淫失道。何則？沈溺放恣之中，居勢使然也。"這是對諸侯王罪惡行徑之總概括。《外戚傳》記載外戚之間利用裙帶關係竊踞高位，驕縱放恣，凶狠殘暴，后妃之中、外戚之間，爭寵爭權，而置對方於死地。贊云：

> 夫女寵之興，由至微而體至尊，窮富貴不以功，此固道家所畏，禍福之宗也。

亦揭示出其爲漢代政治動亂之根源。班固明確指出這些諸侯王及外戚之一切倒行逆施都是"居勢使然"、"窮富貴不以功"，無所顧及、奮筆直書其與帝王貴族之親緣關係。

其三，對那些爲求禄而阿諛逢迎之儒學大師也予以批判。《匡張孔馬傳》贊云：

> 自孝武興學，公孫弘以儒相，其後蔡義、韋賢、玄成、匡衡、張禹、翟方進、孔光、平當、馬宮及當子晏，咸以儒宗居宰相位，服儒衣冠，傳先王語，其醞藉可也。然皆持禄保位，被阿諛之譏。

即指出當時那些以儒學進身之人，皆巧於自飾，諂媚阿諛之徒。其中如公孫弘，對武帝專事諛媚，對同僚則"外寬内深"，施行詭計，"諸常與弘有隙，無近遠，雖陽與善，後竟報其過，殺主父偃，徙董仲舒膠西，皆弘力也"（《公孫弘傳》）。匡衡則自私貪婪，假報所封臨淮郡地界，侵占田地四百頃，"郡即復以四百頃付樂安國。衡遣從史之僮，收取所還田租穀千餘石入衡家"。張禹不但貪婪，而且奢淫無度，他"内殖貨財，家以田爲業，及富貴，多買田至四百頃，皆涇、渭溉灌，極膏腴上賈。它財物稱是。……内奢淫，身居大第，後堂理絲竹筦弦"（以上皆見《匡張孔馬傳》）。尤其是陳萬年病重時以平生所秉持教其子咸，《陳萬年傳》云：

萬年嘗病,命咸教戒於床下,語至夜半,咸睡,頭觸屏風。萬年大怒,欲杖之,曰:“乃公教戒汝,汝反睡,不聽吾言,何也?”咸叩頭謝曰:“具曉所言,大要教咸‘諂’也。”萬年乃不復言。

辛辣地揭示出這位御史大夫一生做官之訣竅是個“諂”字。《儒林傳》贊云:

自五帝立五經博士,開弟子員,設科射策,勸以官禄,訖於元始,百有餘年,傳業者寖盛,支葉蕃滋,一經説至百餘萬言,大師衆至千餘人,蓋禄利之路然也。

總括説明那些儒學大師不過是一伙利蠹禄鬼。這些都是班固繼承司馬遷在寫作上“不虚美,不隱惡”精神的表現。

班固還繼承了司馬遷用“時”、“勢”或“天時”變異説明歷史發展不可逆轉的觀點。他提出著史要“究其終始强弱之變”(《漢書》卷十四《諸侯王表》序),“列其行事,以傳世變”(《漢書》卷九十一《貨殖傳》),“以通古今,備温故知新之義”(《漢書》卷十九上《百官公卿表》序)的主張。這些進步的觀點,對《漢書》撰述之成功,産生積極的影響。如他在《異姓諸侯王表》序中闡釋漢高祖何以能“無土而王”時,歷述虞、夏之興,“積德累功”數十年;殷、周之王,“修仁行義”十餘世;秦起襄公,歷文公、繆公、獻公、孝公、昭襄王、莊襄王“稍蠶食六國,百有餘載”,至始皇乃併天下。總之,他們都經過一個長期的創業過程。“以德若彼,用力如此其艱難也”,而高祖之得天下何其易也!“此書傳所記,未嘗有焉”。那麽高祖爲何能“亡尺土之階,由一劍之任,五載而成帝業”呢? 他認爲這是由於秦始皇施行之政策所致。秦始皇本意要以取消分封制、銷毀兵器、焚書坑儒、大事征伐等,來鞏固其政權,即“用壹威權,爲萬世安”,

而效果卻適得其反,激起了全國人民的反抗,"十餘年間猛敵橫發乎不虞,適成强於五伯,閭閻偪於戎狄,嚮應瘭於謗議,奮臂威於甲兵。鄉秦之禁,適所以資豪傑而速自斃也"。秦始皇自掘墳墓,爲高祖之迅速興起準備了條件。因此他得出結論説:

> 古世相革,皆承聖王之烈,今漢獨收孤秦之弊,鑴金石者難爲功,摧枯朽者易爲力,其勢然也。

認爲高祖"由一劍之任",猝然王天下,乃時勢使然,並批評賈誼、司馬遷認爲"向使嬰有庸主之才,僅得中佐,山東雖亂,秦之地可全而有,宗廟之祀未當絶也"是"不通時變者也",不知"秦之積衰,天下土崩瓦解,雖有周旦之材,無所復陳其巧"(《史記》卷六《秦始皇本紀》附錄)。對王莽篡漢,他是有非議的,並隨處揭露其篡漢之陰謀手段,但認爲其成功乃歷史發展之大勢所趨。如《王莽傳》贊云:

> 莽既不仁,而有佞邪之材,又乘四父歷世之權,遭漢中微,國統三絶,而太后壽考爲之宗主,故得肆其姦慝,以成篡盜之禍。推是言之,亦天時,非人力之致矣。

對桑弘羊所推行之鹽鐵官營等經濟政策,他並不贊成,但認爲其針對武、昭時期之社會情況,是行之有效的。《公孫劉車王楊蔡陳鄭傳》贊云:

> 桑大夫據當世,合時變。

他認爲歷史上能够建立功業的人物,都是由於其作爲順應了歷史形勢,否則便失敗。如《公孫弘卜式兒寬傳》贊云:

> 公孫弘、卜式、兒寬皆以鴻漸之翼,困於燕爵,遠跡羊豕之間,非遇其時,焉能致此位乎?

此三人皆出身微賤,或放猪,或放牛,或爲伙頭,到武帝時期分別官至丞相、御史大夫,皆由於"遇其時"。又《樊酈滕灌傅靳周傳》贊說明同樣的問題:

　　　語曰:"雖有兹基,不如逢時。"信矣! 樊噲、夏侯嬰、灌嬰之徒,方其鼓刀僕御販繒之時,豈自知附驥尾,勒功帝籍,慶流子孫哉?

認爲歷史人物之成功,關鍵在"逢時",如能"逢時",雖出身微賤也能成就大業。《公孫弘卜式兒寬傳》贊云:

　　　漢之得人,於兹爲盛,儒雅則公孫弘、董仲舒、兒寬,……運籌則桑弘羊,奉使則張騫、蘇武,將率則衛青、霍去病,受遺則霍光、金日磾,其餘則不可勝紀。是以興造功業,制度遺文,後世莫及。

這都説明歷史人物順應形勢而創造出不朽的功業,相反,如果逆時勢而動,則必將失敗。《竇田灌韓傳》贊即云:

　　　然嬰不知時變,夫亡術而不遜,蚡負貴而驕溢。凶德參會,待時而發,藉福區區其間,惡能救斯敗哉!

班固這種用"時"、"勢"論述歷史人物成功與失敗的觀點,具有樸素的唯物主義思想因素。儘管這種觀點承傳自司馬遷,但在具體的運用上又有所發展,表現了他非凡的史識。這不但有歷史價值和文學價值,而且有思想價值。

## 四、《漢書》之長於叙事、善於傳人、工於屬辭

　　《漢書》是史書,但文學性也很高,爲歷代文人學士所稱道,將其與《史記》並列,認爲是史書中文學成就最高的兩部著作。當

然,這兩部著作之文學風格並不相同,而是各有其特點。茅坤《茅鹿門集》卷一《刻漢書評林序》即指出:"太史公與班掾之材,固各天授,然《史記》以風神勝,而《漢書》以矩矱勝。唯其以風神勝,故其遒逸疏宕如餐霞,如嚙雪,往往自眉睫之所及,而指次心思之所不及,令人讀之,解頤不已;唯其以矩矱勝,故其規劃布置,如繩引,如斧劓,亦往往於其複亂龐雜之間,而有以極其首尾節奏之密,令人讀之,鮮不濯筋而洞髓者。"對《史》、《漢》二書之不同特點,作了簡括而具體的說明。要之,《史記》跌宕飄逸,《漢書》嚴整規矩,兩書之文,各具千秋。

范曄在《後漢書》卷七十下《班固傳》論中不但指出《史》、《漢》二書之不同,而且着重指出《漢書》在叙事方面之優長:"遷文直而事覈,固文贍而事詳。若固之序事,不激詭,不抑抗,贍而不穢,詳而有體,使讀之者亹亹而不厭,信哉其能成名也。"班固之叙事,確是有條不紊,錯落有致,極具章法。如其對地理空間之描寫,書中之《匈奴傳》、《西南夷傳》、《南粵王傳》、《閩粵王傳》、《朝鮮傳》以及《西域傳》等都是很好之例證。如《西域傳》記述西域之地理位置和山川形勢云:

> 西域以孝武時始通,本三十六國,其後稍分至五十餘,皆在匈奴之西,烏孫之南。南北有大山,中央有河,東西六千餘里,南北千餘里。東則接漢,阨以玉門、陽關,西則限以葱嶺。其南山,東出金城,與漢南山屬焉。其河有兩原:一出葱嶺山,一出于闐。于闐在南山下,其河北流,與葱嶺河合,東注蒲昌海。蒲昌海,一名鹽澤者也,去玉門、陽關三百餘里,廣袤三百里。其水亭居,冬夏不增減,皆以爲潛行地下,南出於積石,爲中國河云。……

這段記述,把西域之地理環境、疆域面積、山川走向以及彼此之距離等,都簡截清晰地描繪出來,宛如一篇西域圖籍,閱覽之後,令人瞭然在目。其對歷史時間之描寫,書中各《志》、《表》之序也都是這方面成功之例子。如《藝文志》序記叙古代學術演變之過程云:

> 昔仲尼没而微言絶,七十子喪而大義乖。故《春秋》分爲五,《詩》分爲四,《易》有數家之傳。戰國縱横,真僞分争,諸子之言紛然殽亂。至秦患之,乃燔滅文章,以愚黔首。漢興,改秦之敗,大收篇籍,廣開獻書之路。迄孝武世,書缺簡脱,禮壞樂崩,聖上喟然而稱曰:“朕甚閔焉!”於是建藏書之策,置寫書之官,下及諸子傳説,皆充秘府。至成帝時,以書頗散亡,使謁者陳農求遺書於天下,詔光禄大夫劉向校經傳、諸子、詩賦,步兵校尉任宏校兵書,太史令尹咸校數術,侍醫李柱國校方技。每一書已,向輒條其篇目,撮其指意,録而奏之。會向卒,哀帝復使向子侍中奉車都尉歆卒父業。歆於是總群書而奏其《七略》,故有《輯略》,有《六藝略》,有《諸子略》,有《詩賦略》,有《兵書略》,有《術數略》,有《方技略》。今删其要以備篇籍。

把古代至西漢之學術流派及重要典籍之流傳、散佚,又其搜集整理和主要類别,用簡潔、洗練之文字叙述得極其詳盡、清楚,概括了此《志》之總體,是頗具章法之文筆。不僅如此,對《七略》中每類典籍,也都記述了其源流與功用,如叙《詩》云:

> 《書》曰:“詩言志,歌詠言”。故哀樂之心感,而歌詠之聲發。誦其言謂之詩,詠其聲謂之歌。故古有采詩之官,王者所以觀風俗,知得失,自考正也。孔子純取周詩,上采殷,下取魯,凡三百五篇,遭秦而全者,以其諷誦,不獨在竹帛故也。漢

興,魯申公爲《詩》訓故,而齊轅固、燕韓生皆爲之傳。或取《春秋》,采雜説,咸非其本義。與不得已,魯最爲近之。三家皆列於學官。又有毛公之學,自謂子夏所傳,而河間獻王好之,未得立。

對《詩》之起源、功用及其從古至漢之發展變化之叙述,如指諸掌,嚴整有度。這種對歷史發展勢態之描述,脈絡清楚,首尾可稽,無紊亂紛雜之失。其對具體歷史史事之記述亦復如是。如《霍光傳》寫霍光受武帝遺詔託孤、輔佐昭帝,昭帝死後,霍光立昌邑王賀爲帝,昌邑王賀恣意淫亂,霍光又廢昌邑王賀,另立武帝曾孫劉詢爲帝,是爲宣帝。這段史事頭緒紛繁,但叙述井然有序,剪裁得法。其寫霍光權傾朝野,宣帝也爲之虛己斂容云:

> 自昭帝時,光子禹及兄孫雲皆中郎將,雲弟山奉車都尉侍中,領胡、越兵。光兩女壻爲東西宮衛尉,昆弟諸壻外孫皆奉朝請,爲諸曹大夫,騎都尉,給事中。黨親連體,根據於朝廷。光自後元秉持萬機,及上即位,乃歸政。上謙讓不受,諸事皆先關白光,然後奏御天子。光每朝見,上虛己斂容,禮下之已甚。

霍光死後,"其子孫用事,昆弟益驕恣",終遭滅族之禍。作者描寫了霍氏家族被禍之劇烈鬥爭過程,其後則以閒淡之筆記載徐福上書及或爲徐福上書,爲霍氏敗亡作鋪陳,增强了文章之波瀾:

> 初,霍氏奢侈,茂陵徐生……乃上疏言"霍氏泰盛,陛下即愛厚之,宜以時抑制,無使至亡"。書三上,輒報聞。其後霍氏誅滅,而告霍氏者皆封。人爲徐生上書曰:"臣聞客有過主人者,見其竈直突,傍有積薪,客謂主人,更爲曲突,遠徙其薪,不者且有火患。主人嘿然不應。俄而家果失火,鄰里共救之,幸

而得息。於是殺牛置酒,謝其鄰人,灼爛者在於上行,餘各以功次坐,而不録言曲突者。……今茂陵徐福數上書言霍氏且有變,宜防絶之。鄉使福説得行,則國亡裂土出爵之費,臣亡逆亂誅滅之敗。往事既已,而福獨不蒙其功,唯陛下察之,貴徙薪曲突之策,使居焦髮灼爛之右。"上乃賜福帛十疋,後以爲郎。

徐福三次上疏,預告霍氏之即將敗亡,霍氏既誅滅,獨徐福不受封。人或爲徐福鳴不平,上疏言徐福應當論功受賞。在全文波瀾壯闊之描寫中,這裏筆調似閒而嚴,極盡跌宕起伏之妙。傳末結云:

> 宣帝始立,謁見高廟,大將軍光從驂乘,上内嚴憚之,若有芒刺在背。後車騎將軍張安世代光驂乘,天子從容肆體,甚安近焉。及光身死而宗族竟誅,故俗傳之曰:"威震主者不畜,霍氏之禍萌於驂乘。"

揭露了霍氏滅族之原因,可謂畫龍點睛,提頓全文,表現了卓越的叙事技巧。

《漢書》還通過收録文章以叙事。《漢書》中收録文章之多,是其他史書所罕見的,其中如書信、辭賦、對策、疏奏、詔令等各類文體畢集,可謂漢代文獻之淵藪。這些文章之收録,使《漢書》之叙事更富贍詳實,立論更文理豐實。諸如《食貨志》收録賈誼之《論積貯疏》和鼂錯之《論貴粟疏》,《賈誼傳》收録其《治安策》,《鼂錯傳》收録其《教太子疏》、《言兵事疏》、《募民徙塞下疏》,《賈山傳》收録其《至言》,《鄒陽傳》、《枚乘傳》各收録其《諫吳王書》,《公孫弘傳》收録其《賢良策》,《韓安國傳》收録其與王恢辯論對匈奴策略之言論等。作者在記叙史事時,一般不自己下斷語和評語,而是通過收録之文章予以説明。班固以文記事,以文議政,發揮着文約事賾之作用。劉知幾《史通》卷六《叙事》云："夫史之稱美者,以叙事爲先。至若書功過,記善惡,文而不麗,質而非野,使人味其滋旨,懷其德音,三復忘疲,百遍無斁,自非作者曰聖,其孰能與此乎。"班固之作,足以當之。

　　班固善於傳人。《漢書》中之歷史人物,從王侯將相至庶民百姓,在班固筆下大都栩栩如生,猶若多幅之人物丹青,反映了廣闊的社會生活場景。其中最動人、最激發人心者是《蘇武傳》中對蘇武之描寫,班固傾注全部心血於對蘇武這一人物描寫之中,表現了蘇武那種威武不能屈、禄利不能移的精神和寧死不降的高尚民族氣節,使其成爲一千多年來激勵我們民族勇敢堅貞的精神力量。其中最壯觀、傳神者是衛律與單于施展各種伎倆,迫使蘇武歸降,蘇武歷盡多種艱辛,誓死不屈一節:

　　　　單于使使曉武。會論虞常,欲因此時降武。劍斬虞常已,律曰:"漢使張勝謀單于近臣,當死,單于募降者赦罪。"舉劍欲擊之,勝請降。律謂武曰:"副有罪,當相坐。"武曰:"本無謀,又非親屬,何謂相坐?"復舉劍擬之,武不動。律曰:"蘇君,律前負漢歸匈奴,幸蒙大恩,賜號稱王,擁衆數萬,馬畜彌山,富貴如此。蘇君今日降,明日復然。空以身膏草野,誰復知之!"武不應。律曰:"君因我降,與君爲兄弟,今不聽吾計,後雖欲復見我,尚可得乎?"武罵律曰:"女爲人臣子,不顧恩義,畔主背親,爲降虜於蠻夷,何以女爲見?且單于信女,使決人死生,不平心持正,反欲鬥兩主,觀禍敗。南越殺漢使者,屠爲九郡;宛主殺漢使者,頭懸北闕;朝鮮殺漢使者,即時誅滅。獨匈奴未耳。若知我不降明,欲令兩國相攻,匈奴之禍從我始矣。"

　　　　律知武終不可脅,白單于。單于愈益欲降之,乃幽武大窖中,絕不飲食。天雨雪,武臥齧雪與旃毛并咽之,數日不死,匈奴以爲神,乃徙武北海上無人處,使牧羝,羝乳乃得歸。別其官屬常惠等,各置他所。

　　武既至海上,廩食不至,掘野鼠去草實而食之。杖漢節牧羊,臥起操持,節旄盡落。積五六年,單于弟於靬王弋射海上。武能網紡繳,檠弓弩,於靬王愛之,給其衣食。三歲餘,王病,賜武馬畜服匿穹廬。王死後,人衆徙去。其冬,丁令盜武牛羊,武復窮厄。……

這是一節最能表現蘇武大節之文字,慷慨激昂,淋灘酣暢,顯示了蘇武大義凛然、英勇果敢之精神。這之後,單于又令蘇武之故交李陵去勸蘇武歸降,李陵諭之以情,誘之以利,然蘇武皆不爲所動,並示以寧死不屈:"自分已死久矣!王必欲降武,請畢今日之驩,效死於前!"李陵無可奈何,喟然長嘆:"嗟乎,義士!陵與衛律之罪上通於天。"在蘇武之浩然正氣面前,李陵自慚形穢,羞愧得無地自容。昭帝即位,與匈奴和親,尋求蘇武歸漢。蘇武困留在匈奴十九年,終於如願以償。臨別時李陵送行,行色悲壯:

　　　於是李陵置酒賀武曰:"今足下還歸,揚名於匈奴,功顯於漢室,雖古竹帛所載,丹青所畫,何以過子卿!陵雖駑怯,令漢且貰陵罪,全其老母,使得奮大辱之積志,庶幾乎曹柯之盟,此陵宿昔之所不忘也。收族陵家,爲世大戮,陵尚復何顧乎?已矣!令子卿知吾心耳。異域之人,壹別長絕!"陵起舞,歌曰:"徑萬里兮度沙幕,爲君將兮奮匈奴。路窮絕兮矢刃摧,士衆滅兮名已隤。老母已死,雖欲報恩將安歸!"陵泣下數行,因與武決。

這是李陵向蘇武表白心跡,即欲如曹劌劫持齊桓公於柯邑之盟那

樣劫持單于。意謂自己雖然歸降匈奴，但終不忘報效漢室。慷慨
悲歌，聲淚俱下。這是寫李陵，亦所以影諭蘇武之高風亮節。趙翼
《廿二史劄記》卷二"《漢書》增傳"條評《蘇武傳》云："叙次精采，
千載下猶有生氣，合之《李陵傳》慷慨悲凉，使遷爲之，恐亦不能過
也。"班固對蘇武之描寫，并非依據前史舊文，完全是自己之獨創，
這更足以表現其寫人之技巧了。又《楊胡朱梅雲傳》對朱雲之描
寫，亦生動感人。朱雲"兼資文武，忠正有智略"，以"好偶儻大節"
爲當時人所敬重。他不把百官皆畏憚之五鹿充宗及中書令石顯放
在眼裏，而敢與之抗衡，並屢次上疏彈劾丞相韋玄成、張禹。他是
一個有忠肝義膽之諍臣。如他上書成帝，要求斬張禹之首以示衆
一段描寫，最能傳朱雲之精神。原文云：

> 至成帝時，丞相故安昌侯張禹以帝師位特進，甚尊重。雲
> 上書求見，公卿在前。雲曰："今朝廷大臣上不能匡主，下亡以
> 益民，皆尸位素餐，孔子所謂'鄙夫不可與事君'，'苟患失之，
> 亡所不至'者也。臣願賜尚方斬馬劍，斬佞臣一人以厲其
> 餘。"上問："誰也?"對曰："安昌侯張禹。"上大怒，曰："小臣居
> 下訕上，廷辱師傅，罪死不赦。"御史將雲下，雲攀殿檻，檻折，
> 雲呼曰："臣得下從龍逢、比干游於地下，足矣! 未知聖朝何如
> 耳!"御史遂將雲去。

朱雲慷慨陳辭，揭露佞臣奸相皆"尸位素餐"，"容身保位，亡能往
來"之本相，主張斬張禹之首以謝天下。當成帝論定其死罪不赦
時，他毫不畏懼，置生死於度外，猶呼"未知聖朝何如耳"，仍爲漢
室擔憂。其堅貞、剛毅之節操，可歌可泣、視死如歸之精神躍然
紙上。

《漢書》不但成功地描寫了一些具有高風亮節之賢臣和剛直

不阿之官吏,而且刻畫了一些善於鑽營取巧之官僚和慣於運用計謀之亂臣賊子。在這類人物中,班固最精心描摹、雕繪者是《王莽傳》中之王莽。他對王莽所用筆墨之多,遠遠超過了其他人物傳記。王莽稱帝十幾年,本應列入本紀,班固將其置於列傳,說明班固對他之貶斥。在班固筆下,他是一個莫測高深的陰謀家,是一個大奸巨滑。當其篡位之前,待人是謙恭、卑躬,因此給人們以好感。如大將軍王鳳生病,"莽侍疾,親嘗藥,亂首垢面,不解衣帶連月",博得王鳳之喜愛,王鳳臨死時,"以託太后及帝,拜爲黃門郎"。地位雖然提高了,但恭儉之操不變,且"爵位益尊,節操愈謙"。當他官至大司馬時,"愈爲儉約。母病,公卿列侯遣夫人問疾,莽妻迎之,衣不曳地,布蔽膝。見之者以爲僮使,問知其夫人,皆驚"。爵位尊貴如彼,恭儉作風如此,出乎一般人之意想。他身居高位,但表現得並不貪圖富貴,哀帝即位,他曾多次"上疏乞骸骨",要求辭官。此等行爲極其虛僞、矯飾之能事。他便是依憑此等僞飾,騙取公卿、列侯、官吏、庶民之稱頌,並取得高官厚祿的,爲他篡漢製造了興論。不僅如此,在君權神授思想統治之漢代,王莽還借助圖讖符命來實現自己之陰謀。哀帝死後,平帝年幼,太后臨朝稱制,委政於莽。他仿照周公輔成王之事例,輔佐平帝。傳說周公攝政時,曾有越裳氏獻白雉之瑞,他也遣人示意益州檄外蠻夷獻白雉,以爲"千載同符",從而取得了安漢公之賜號。平帝夭亡之後,即有人"浚井得白石,上圓下方,有丹書著石,文曰:'告安漢公爲皇帝。'"他又以此讖符爲根據攝政,做了假皇帝。之後,王莽"自謂威德日盛,獲天人助,遂謀即真之事矣"。適有梓潼之下流文人名哀章者,做了兩個銅匱,其一署曰"天帝行璽金匱圖",其二署曰"赤帝行璽某傳予皇帝金策書","某者,高皇帝名也。書言王莽本爲真天子,皇太后如天命"。這完全順應了王莽之心意,他因此便至高祖神廟受赤帝禪讓,承天命,"御王冠,即天子位"。蓄謀已久之篡權企圖終於得逞了。班固洞察了王莽之心靈,洞察了他的隱私,毫無修飾地把他的潛意識活動及其正面的言行、作爲都寫出來,不自作评论,而王莽之阴谋本相畢現,表現了極其高超的寫作手法。

班固不但詳細地描寫了王莽之篡位陰謀,而且還記述了他篡位前後所推行之復古改制措施。王莽企圖用先王之道來挽救漢代之社會危機,他對當時社會制度之改革,諸如地方區劃、土地、貨幣、職官等,都是按照《周禮》之記載擬定的。但推行之結果,使經濟秩序混亂,社會危機加劇,鷄犬不寧,民怨沸騰,終於徹底失敗。以貨幣改革爲例,王莽廢止通用數百年之五銖錢,更制金、銀、龜、貝、錢、布之品凡二十八種,令人們以金錢兑換龜、貝,以致"每一易錢,民用破業",如若拒絕新幣,又犯刑戮。因此,人民仍私用五銖錢,從而盜鑄錢者仍然很多。"是時百姓便安漢五銖錢,以莽錢大小兩行難知,又數變改不信,皆私以五銖錢市買。訛言大錢當罷,莫肯挾。莽患之,復下書:'諸挾五銖錢,言大錢當罷者,比非井田制,投四裔。'於是農商失業,食貨俱廢,民人至涕泣於市道。及坐賣買田宅奴婢,鑄錢,自諸侯卿大夫至於庶民,抵罪者不可勝數。"班固具體地描述了其改制之失敗,描述了改制加速了他之滅亡。班固借用區博的話,對王莽改制作了評判:"井田雖聖王法,其廢久矣。周道既衰,而民不從。秦知順民之心,可以獲大利也,故滅廬井而置阡陌,遂王諸夏,訖今海内未厭其敝。今欲違民心,追復千載絕跡,雖堯舜復起,而無百年之漸,弗能行也。"這雖然講的是井田制,但也可以看作是對王莽全部復古改制工作之批評,说明復古是没有出路的。班固以諷刺之筆法描寫了王莽臨近滅亡時之情景。當時新朝内外交困,分崩離析,他一籌莫展。崔發向他進言:"《周禮》及《春秋左氏》,國有大災,則哭以厭之。故《易》稱'先號

咷而後笑’。宜呼嗟告天以求救。"他聽信崔發之言,遵從古制:

> 乃率群臣至南郊,陳其符命本末……因搏心大哭,氣盡,
> 伏而叩頭。……諸生小民會旦夕哭,爲設飧粥,其悲哀及能誦
> 策文者除以爲郎,至五千餘人。

他於垂亡之際,仍抱持着古制不放,仍相信圖讖符命,其泥古不化
到了極點,迷信符命到了愚妄程度。他企圖祈求這兩個"神靈"來
挽救自己的命運,終於徒勞。這裏所顯示的王莽之神態、意念,真
是可卑、可笑! 對此,方望溪在《書王莽傳後》中説:"此傳尤班史
所用心,其鈎抉幽隱,雕繪衆形,信可肩隨子長。"(《方望溪先生全
集》卷二)但班固不僅是雕繪形象,更重要的是這一形象所顯示之意
義。即班固通過對王莽稱帝始末之描寫,通過對王莽這一悲劇人
物之描寫,説明復古倒退之必然失敗,圖讖符命不過是封建統治者
所利用之工具,是不可信的。又《匡張孔馬傳》中之張禹,也是班
固用心描寫的人物。傳記開端即用張禹兒時喜觀卜相之術,"頗曉
其別蓍布卦意",爲卜者稱贊之故事,概括張禹一生之行跡。張禹
官至宰相,享盡榮華富貴,即以其卜相之術讀經、鑽營、投機而取得
的。爲了固寵保位,他處處揣摩人心,見機行事。如他與大將軍王
鳳並領尚書,"内不自安",因此數稱病上書,乞骸骨,"欲退避鳳"。
成帝不但未答應,而且使"侍醫視疾,使者臨問",加賜黃金百斤。
反而增强了成帝對他的寵愛。垂老之年,小兒子仍無官職,當成帝
去看望他時,他"數視其小子",成帝心領神會,"即禹牀下,拜黃門
郎,給事中"。他受成帝之寵愛甚於國舅王根,導致王根之嫉恨,曾
"數毀惡之",與王根發生了尖鋭的矛盾。但永始、元延間日蝕、地
震,吏民們上書,言災異之出現,應在王氏專權。他"自見年老,子
孫弱,又與曲陽侯不平,恐爲所怨",從自身之利害出發,以經術論

證災異與王氏無關，博得王根及諸王子弟之歡心，"遂親就禹"，從而解除了後顧之憂。這些文字把一個一無所能，專事媚上，極端自私的庸俗官僚形象展現在人們面前。

班固對其贊揚的人物，傾注着全副感情，筆歌墨舞地加以描寫，而且重在表現其大節，不拘泥於生活瑣事。對其所批判的人物，則是客觀、具體地描述，在具體描述中寓貶斥之意。他所寫的人物傳記大抵如此，列舉以上之最鮮明、突出者以概其餘。

班固工於屬辭。他之文章的語言古樸典雅，規範整飭，與司馬遷之疏疏落落、飄逸流宕不同。劉熙載《藝概》卷一《文概》云："班孟堅文，宗仰在董生、匡、劉諸家，雖氣味已是東京，然爾雅深厚，其所長也。蘇子由稱太史公'疎蕩有奇氣'，劉彥和稱班孟堅'裁密而思靡'。'疏'、'密'二字，其用不可勝窮。"用"疏"、"密"二字概括司馬遷與班固之文學語言特點是十分確切的。又劉知幾《史通》卷四《論贊》評《漢書》之贊云："辭惟温雅，理多愜當，其尤美者，有典誥之風，翩翩奕奕，良可詠也。"《漢書》典雅綿密之語言，在其論贊中表現得最爲突出。如《東方朔傳》贊云：

> 劉向言少時數問長老賢人通於事及朔時者，皆曰朔口諧倡辯，不能持論，喜爲庸人誦説，故令後世多傳聞者。而揚雄亦以爲朔言不純師，行不純德，其流風遺書莫如也。然朔名過實者，以其詼達多端，不名一行，應諧似優，不窮似智，正諫似直，穢德似隱。非夷齊而是柳下惠，戒其子以上容："首陽爲拙，柱下爲工；鮑食安步，以仕易農；依隱玩世，詭時不逢。"其滑稽之雄乎！朔之詼諧，逢占射覆，其事浮淺，行於衆庶，童兒牧豎莫不眩燿。而後世好事者因取奇言怪語附著之朔，故詳録焉。

這段文字對偶、排比疊用,典雅而整飭,規矩法度見於筆端。其他如《食貨志》贊、《景十三王傳》贊、《公孫弘卜式兒寬傳》贊、《霍光金日磾傳》贊及《匈奴傳》贊、《西域傳》贊等,也皆具此特色。這種語言特色,增加了《漢書》之文采。

　　班固極其重視錘煉文辭,遣詞造句十分準確,做到如劉知幾所謂"省字約文,事溢於句外"(《史通》卷六《叙事》)之地步,提高了文字表達力。如《嚴朱吾丘主父徐嚴終王賈傳》中對朱買臣拜官前後人們對他的不同態度的描寫,其遣詞造句另是一番境界:

　　　　初,買臣免,待詔,常從會稽守邸者寄居飯食。拜爲太守,
　　買臣衣故衣,懷其印綬,步歸郡邸。直上計時,會稽吏方相與
　　群飲,不視買臣。買臣入室中,守邸與共食,食且飽,少見其
　　綬。守邸怪之,前引其綬,視其印,會稽太守章也。守邸驚,出
　　語上計掾吏。皆醉,大呼曰:"妄誕耳!"守邸曰:"試來視之。"
　　其故人素輕買臣者入内視之,還走,疾呼:"實然!"坐中驚駭,
　　白守丞,相推排陳列中庭拜謁。買臣徐出户。……

文字儉約,意境空靈,寥寥數語,窮盡當時之人情世態。可謂"一言而巨細咸賅,片語而洪纖靡漏"(《史通》卷六《叙事》)。又如《公孫劉田王楊蔡陳鄭傳》中之《田千秋傳》末云:"桑弘羊爲御史大夫八年,自以爲國家興榷筦之利,伐其功,欲爲子弟得官,怨望霍光,與上官桀等謀反,遂誅滅。"用四十餘字即概括了桑弘羊一生之行跡,言簡而意賅,可抵得一篇桑弘羊傳略。《五行志》記載武帝"師出三十餘年,天下户口減半",《刑法志》記載宣帝時"獄刑號爲平矣",《翟方進傳》記載其"號爲通明相",《元后傳》記載王鳳臨終時薦從弟王音代己之事云:"音敬鳳,卑恭如子,故薦之。"隻言片語,而貶斥之意自現。這種駕馭文字之功力,實在令人嘆服。

　　班固還采用了不少謠諺,以豐富其文學語言。這些謠諺都是
群衆中流行之成語,簡截而精粹,具有極强的表現力。如《王莽
傳》中收錄兩首民謠,其一是王莽攝政時,劉崇與張紹聯合擁兵反
對,兵敗後,張紹之從弟張竦怕受株連,乃與劉崇族父劉嘉詣闕請
罪,被赦免。張竦又爲劉嘉上書,頌揚王莽之功勛,結果二人皆被
封侯。長安民謠曰:"欲求封,過張伯松(竦之字),力戰鬬,不如巧
爲奏。"諷刺了張竦、劉嘉諂諛無耻之行徑。其二是王莽改制造成
社會大動亂,農民起義風起雲涌,民謠云:"寧逢赤眉,不逢太師,太
師尚可,更始殺我。"表現了對起義軍之歡迎和對王莽軍之憎惡。
《外戚世家》收錄一首童謠,是詠趙飛燕姐妹恃寵,妒殺皇子,並終
於敗亡之事:"燕燕尾涎涎,張公子(指張放。成帝每微行常與張
放俱),時相見。木門倉琅根(宮門銅環也),燕飛來,啄皇孫,皇孫
死,燕啄矢。"詛咒殺人者必自被其禍。《趙尹韓張兩王傳》收錄一
首民謠云:"前有趙張,後有三王。"贊揚漢代京兆地區之五位賢明
官吏趙廣漢、張敞、王尊、王章、王駿。這類民謠皆文字簡潔,意蘊
豐富,它既表現了漢代人民的好惡與愛憎,也包含着班固自己深邃
之思想。

　　《漢書》之成就,劉知幾《史通》卷一《六家》評云:"如《漢書》
者,究西都之首末,窮劉氏之廢興,包舉一代,撰成一書,言皆精練,
事甚該密,故學者尋討,易爲其功,自遘迄今,無改斯道。"他高度評
價了《漢書》在内容和形式方面的貢獻,成爲後代寫作之楷模,肯
定了其在史學和文學上的歷史地位。

## 五、其他史家之散文

　　班固之後,以寫歷史名世並有文學價值之著作爲荀悦之《漢
紀》和趙曄之《吳越春秋》。這兩部書在東漢末年史學與文學之發

展方面都各有其作用。

## (一)荀悦之《漢紀》

荀悦,據《後漢書》卷九十二本傳記載,他"年六十二,建安十四年卒"。按獻帝建安十四年(公元二〇九年)爲其卒年,上推六十二年爲桓帝建和二年(公元一四八年)爲其生年。他是荀淑之孫,字仲豫,穎川穎陰(今河南許昌市)人。"年十二,能説《春秋》,家貧無書,每之人間,所見篇牘,一覽多能誦記。性沈靜,美姿容,尤好著述。靈帝時閹官用權,士多退身窮處,悦乃託疾隱居,時人莫之識,從弟或特稱敬焉。"初辟鎮東曹操府,後遷黄門侍郎。獻帝頗好文學,荀悦與或及少府孔融侍講禁中,旦夕談論,累遷秘書監、侍中。時政移曹氏,荀悦志在獻替,而謀無所用,乃作《申鑒》五篇奏之。獻帝以班固《漢書》文繁難省,復令荀悦依《左氏傳》體,撰《漢紀》三十篇,荀悦將《漢書》省約改編爲西漢一朝之編年史,較《漢書》令人醒目,文章簡樸易讀,並且增寫了許多精辟的評論。從文章角度看,其成就主要不在對《漢書》文字之省約、删潤,而在他自己之史評,這最能體現他的思想和文章特色。如卷八記述文帝時馮唐終老爲郎,不被重用之史事,所作之評論云:

> 以孝文之明也,本朝之治,百寮之賢,而賈誼見逐,張釋之十年不見省用,馮唐白首屈於郎署,豈不惜哉!夫以絳侯之忠,功存社稷,而猶見疑,不亦痛乎!夫知賢之難,用人不易忠臣,自古之難也。雖在明世,且猶若兹,況亂君闇主者乎!然則屈原赴湘水,子胥鴟夷於江,安足恨哉!周勃質樸忠誠,高祖以爲安劉氏者,必勃也。既定漢室,建立明主,眷眷之心,豈有異哉!狼狼失據,塊然囚執,俛首撫襟,屈於獄吏,豈不愍哉!夫忠臣之於其主,猶孝子之於其親,盡心焉,盡力焉,進而喜,非貪位,退而憂,非懷寵,結志於心,慕戀不已,進得及時樂

行其道。故仲尼去魯,日遲遲而行;孟軻去齊,三宿而後出境;彼誠仁聖之心。夫賈誼過湘水,弔屈原,惻愴惻懷,豈徒忿怨而已哉!與夫苟患失之者異類殊意矣。及其傅梁王,梁王薨,哭泣而從死,豈可謂不忠乎?然人主不察,豈不哀哉!及釋之屈而思歸,馮唐困而後達,有可悼也。此忠臣所以泣血,賢俊所以傷心也。

賈誼、周勃、張釋之、馮唐皆處聖主明君之時,尚且被逐、見疑、不見省用、白首郎署,何況當亂君闇主之世,忠臣賢士之屈辱遭遇,更可想而知了。原因何在?"人主之不察,豈不哀哉!"畫龍點睛,明確指出乃人君之昏闇所致,豈不令人痛心疾首?荀悅對此無限感慨,其中應包含着靈帝時閹官專權,賢士失職之嘆。文章反覆辨達,明白曉暢,氣勢凌厲,直刺時政。又卷二十九記叙其對哀帝建平四年鄭崇因數諫得罪下獄死事之評論云:

　　夫臣之所以難言者,何也?其故多矣。言出於口,則咎悔及身;舉過揚非,則有干忤之禍;勸勵教誨,則有刺上之譏。下言而當,則以爲勝己;不當,賤其鄙愚。先己而明,則惡其奪己之明;後己而明,則以爲順從。違下從上,則以爲諂諛;違上從下,則以爲雷同。與衆共言,則以爲專美。言而淺露,則簡而薄之;深妙弘遠,則不知而非之。特見獨知,則衆以爲蓋己,雖是而不見稱;與衆同之,則以爲附隨,雖得之不以爲功。據事不盡理,則以爲專;必謙讓不爭,則以爲易。窮言不盡,則以爲懷隱;盡説竭情,則以爲不知量。言而不效,則受其怨責;言而事效,則以爲固當。或利於上,不利於下;或便於左,不便於右;或合於前,而忤於後。或應事當理,決疑定功,超然獨見,值所欲聞,不害上下,無妨左右,言立策成,終無咎悔,若此之事,百不一遇。其知之所見,萬不及一也。且犯言致罪,下之所難言也;怫旨忤情,上之所難聞也。以難言之臣,于難聞之主,以萬不及一之時,求百不一遇之知,此下情所以不上通,非但君臣,而凡言百姓亦如之。是乃仲尼所以憤歎"予欲無言也"。

他歷叙爲人臣者進言之難,一言出口,便咎悔及身,真正言而當理,又不忤聖情者,百不一遇,其能不被災遭禍者幾人?此荀悦所以痛心傷悼者也。荀悦所編寫者雖爲漢史,但其着眼點卻是漢以前之整個歷史,他所總結者乃漢以前之整個歷史現象和教訓。文章取法於韓非《說難》,但比《說難》更帶情感,直是一種憤懑情感之傾訴。而且大都用對偶排比句式,又增强了其傾訴之文氣!

荀悦之文,王銍《兩漢紀後序》評云:"荀、袁二紀,於朝廷紀綱,禮樂刑政,治亂成敗,忠邪是非之際,指陳論著,每致意焉。故其詞縱橫放肆,反復辯達,明白條暢,既啓告當代,而垂訓無窮,其爲書卓矣。"(《後漢紀》卷三十)王銍兼論袁宏之《後漢紀》,指出此二書在內容與文章方面之共同性。至於論者稱《漢紀》爲"辭約事詳,論辨多美"(《後漢書》本傳),又道着了荀作之特色。

## (二)趙曄之《吳越春秋》

趙曄,生卒年不可考,傳在《後漢書》卷一百零九《儒林傳》中。他字長君,會稽山陰(今浙江紹興市)人,少時曾爲縣吏,奉命迎督郵,以爲恥,遂棄車馬去。至犍爲資中,從杜撫學《韓詩》。積二十年無音訊,家人以爲已死,發喪。後歸,州召補從事,不就,又舉有道。卒於家,著《吳越春秋》、《詩細》、《歷神淵》等書。今僅存《吳越春秋》十卷,餘者皆佚,亦不知其爲何書。傳云:"蔡邕至會稽,讀《詩細》而歎息,以爲長於《論衡》。"是《詩細》當爲《論衡》一類評論時政之作。《吳越春秋》是一部記述春秋末年吳越爭霸之歷史。

它以歷史事實爲綱,廣采與此一段歷史有關之民間傳說,輔之以趙曄的虛構與想象,完成了故事生動之逸史。如《王僚使公子光傳第三》中關於伍子胥要爲父兄報仇,亡楚奔吳之故事:

伍員與勝奔吳,到昭關,關吏欲執之。伍員因詐曰:"上所以索我者,美珠也。今我已亡矣,將去取之。"關吏因舍之,與勝行去,追者在後,幾不得脫。至江,江中有漁父,乘船從下方沂水而上,子胥呼之,謂曰:"漁父渡我。"如是者再。漁父欲渡之,適會旁有人窺之,因而歌曰:"日月昭昭乎侵已馳,與子期乎蘆之漪。"子胥即上蘆之漪。漁父又歌曰:"日已夕兮予心憂悲,月已馳兮何不渡爲? 事寖急兮當奈何?"子胥入船,漁父知其意也,乃渡之千潯之津。

子胥既渡,漁父乃視之其有飢色,乃謂曰:"子俟我此樹下,爲子取餉。"漁父去後,子胥疑之,乃潛身於深葦之中。有頃父來,持麥飯鮑魚羹盎漿,求之樹下,不見,因歌而呼之曰:"蘆中人,蘆中人,豈非窮士乎?"如是至再,子胥乃出蘆中而應。漁父曰:"吾見子有飢色,爲子取餉,子何嫌哉?"子胥曰:"性命屬天,今屬丈人,豈敢有嫌哉?"

二人飲食畢,欲去,胥乃解百金之劍以與漁者:"此吾前君之劍,中有七星,價值百金,以此相答。"漁父曰:"吾聞楚之法令,得伍胥者賜粟五萬石,爵執圭,豈圖取百金之劍乎?"遂辭不受。謂子胥曰:"子急去勿留,且爲楚所得。"子胥曰:"請丈人姓字。"漁父曰:"今日凶凶,兩賊相逢,吾所謂渡楚賊也。兩賊相得,得形於默,何用姓字爲? 子爲蘆中人,吾爲漁丈人,富貴莫相忘也。"子胥曰:"諾。"既去,誡漁父曰:"掩子之盎漿,無令其露。"漁父諾。子胥行數步,顧見漁者,已覆舟自沉於江水之中矣。

其後，伍子胥又遇到一女子擊綿於瀨水之上，子胥向其乞食，得賞賜，飽餐而去。女也投瀨水而死，以示不泄密。關於此段史事，《史記》卷六十六《伍子胥列傳》僅有以下一條記載："伍胥懼，乃與勝俱奔吳。到昭關，昭關欲執之。但胥遂與勝獨身步走，幾不得脱。追者在後。至江，江上有一漁父乘船，知伍胥之急，乃渡伍胥。伍胥既渡，解其劍曰：'此劍直百金，以與父。'父曰：'楚國之法，得伍胥者賜粟五萬石，爵執珪，豈徒百金劍邪！'不受。伍胥未至吳而疾，止中道，乞食。"不過寥寥數語，而趙曄卻將其推演成情節曲折、場面緊張之大段歷史故事。特別是對"伍胥未至吳而疾，止中道，乞食"。一句簡括之記述，增寫了擊綿女子賜食之具體情節。這些描寫之成就，不僅在於文筆之流暢通達、敘事之迤邐委婉，還在於其生動地勾勒人物，通過漁父、擊綿女子對伍子胥之救助，並投江以絶伍子胥之疑慮，表現了作者對伍子胥之同情與支持，這種鮮明之思想傾向是與史書客觀之記述大不同處，是十分可貴的。此只是一例，全部《吳越春秋》中這種敘事、描寫，隨事可見。明錢福在《吳越春秋序》中説："《吳越春秋》乃作於東漢趙曄，後世補亡之書耳。大抵本《國語》、《史記》而附以所傳聞者爲之。元徐天祐謂'其去古未遠，又越人，宜知越之故，視他書所記二國事爲詳'，得之矣。天祐之所考注亦精當，第謂其不類漢文者，其字句間或似小説。"謂記事詳，字句似小説，確屬本書之特點，然謂其"不類漢文"，則未免拘泥於傳統之見了。

　　《漢紀》、《吳越春秋》對後代史學與文學的發展有很大影響。《漢紀》之編年體制，經過北宋司馬光之擴展，成爲通史體之《資治通鑑》，其駢儷文風，促進了當時駢體文之形成；《吳越春秋》之專記本地典故，實開後來方志之先例，其委婉曲折之敘事方法，爲後代之文學描寫提供了有益的經驗。

# 第六節　樂　府

　　現存之民間樂府,雖然具體寫作時間很難確定,但一般地認爲多數爲東漢之作,則是符合實際的。東漢是否恢復采詩制度,史無明文,我們可以從歷史之其他記載中,窺見一些影跡和輪廓。如《後漢書》卷一百零六《循吏列傳叙》云:“初,光武長於民間,頗達情僞……廣求民瘼,觀納風謡,故能内外匪懈,百姓寬息。”又《後漢書》卷一百十二《李郃傳》云:“和帝即位,分遣使者,皆微服單行,各至州縣,觀采風謡。”和帝劉肇更遣使采風,《雁門太守行》開篇云:“孝和帝在時,洛陽令王君。”即其所采入樂之詩。又《後漢書》卷八十七《劉陶傳》云:“光和(靈帝)五年,詔公卿以謡言舉刺史二千石爲民蠱害者。”(注:“謡言,謂聽百姓風謡善惡,而黜陟之也。”)靈帝劉宏則以風謡作爲衡量官吏優劣之標準。這些事例,皆可以證明東漢也有樂府采詩之舉,然西漢采詩乃爲音樂之要求,東漢則全爲政治之需要,此其所異也。兹按類分別叙述如下:

## 一、相和歌辭

　　相和歌辭是漢民間樂府中文學成就最高之部分,可以推斷爲東漢之作者也較多,如:

　　《陌上桑》(相和曲)是漢樂府中膾炙人口之作。據崔豹《古今注》云:“《陌上桑》者,出秦氏女子。秦氏邯鄲人,有女名羅敷,爲邑人千乘王仁妻。王仁後爲趙王家令,羅敷出采桑於陌上,趙王登臺見而悦之,因置酒欲奪焉。羅敷巧彈箏,乃作《陌上桑》之歌以自明,趙王乃止。”又朱熹《語類》以爲即《列女傳》中秋胡子戲妻事,其所言與《古今注》不同。蓋民間故事,同一母題,在流傳過程中人物情節往往參差乖異，乃正常現象。其詞云：

> 日出東南隅，照我秦氏樓。秦氏有好女，自名爲羅敷。羅
> 敷善蠶桑，采桑城南隅。青絲爲籠係，桂枝爲籠鉤。頭上倭墮
> 髻，耳中明月珠。緗綺爲下裙，紫綺爲上襦。行者見羅敷，下
> 擔捋髭鬚。少年見羅敷，脱帽著帩頭。耕者忘其犁，鋤者忘其
> 鋤。來歸相怒怨，但坐觀羅敷。（一解）

> 使君從南來，五馬立踟躕。使君遣吏往，問是誰家姝。
> "秦氏有好女，自名爲羅敷。""羅敷年幾何？""二十尚不足，十
> 五頗有餘。"使君謝羅敷："寧可共載不？"羅敷前置辭："使君
> 一何愚！使君自有婦，羅敷自有夫。"（二解）

> 東方千餘騎，夫壻居上頭。何用識夫壻？白馬從驪駒。
> 青絲繫馬尾，黃金絡馬頭。腰中鹿盧劍，可直千萬餘。十五府
> 小吏，二十朝大夫，三十侍中郎，四十專城居。爲人潔白皙，鬑
> 鬑頗有鬚，盈盈公府步，冉冉府中趨。坐中數千人，皆言夫壻
> 殊。（三解）

詩中之"使君"，乃東漢時對太守或刺史之稱謂。《後漢書》卷三十
一《郭伋傳》云："伋前在并州，素結恩德，及後入界，所到縣邑，老
幼相攜，逢迎道路。……始至，行部到西河美稷，有兒童數百，各騎
竹馬，於道次，迎拜。伋問：'兒曹何自遠來？'對曰：'聞使君到，
喜，故來奉迎。'伋辭謝之。及事訖，諸兒復送至郭外，問：'使君何
日當還？'伋謂別駕從事，計日當告之。"郭伋曾爲并州牧，故以使
君稱之。可證此詩乃東漢所作無疑。秦氏，爲樂府中習用之名，例
如"烏生七八子，端坐秦氏桂樹間"。自名，即其名，以第一人稱爲
第三人稱，在古書中常見，如"彼己之子"或曰"彼其之子"。羅敷，
亦漢代女子習用名。如《漢書》卷六十三《武五子昌邑哀王髆傳》

云："執金吾嚴延年,字長孫,女羅紨。"顏師古注："紨,音敷。"倭墮
髻,或即墮馬髻,《後漢書》卷六十四《梁統傳》云："冀妻孫壽……
色美,而善爲妖態,作愁眉,啼妝,墮馬髻,折腰步,齲齒笑,以爲媚
惑。"明月珠,一種大珠,或即大秦珠。古稱羅馬爲秦,大秦珠即羅
馬所産之珠。《釋名》卷四《釋首飾》："穿耳施珠曰璫,此本出于蠻
夷所爲也。……今中國人倣之耳。"帩頭,即包頭。來歸,即來回,
亦即互相。坐,因也。五馬,古代諸侯駕車用五馬,漢之郡守與分
封之諸侯相等,故亦用五馬。姝,語根是殊,絶也,意爲絶色。謝,
請也。上頭,即前頭。鹿盧劍,《漢書》卷七十一《雋不疑傳》："不
疑……帶櫑具劍。"晉灼注："古長劍首以玉作井鹿盧形。"因稱鹿
盧劍。府小吏,太守府中之吏。侍中郎,入侍天子稱侍中。專城,
謂太守與州牧。盈盈、冉冉,並遲緩之意。二句一意,重言以成章。
此詩首寫羅敷之美貌,次寫使君之無禮,末寫羅敷誇夫拒婚。其寫
羅敷之美,全從旁觀者眼中盡情描繪。寫羅敷拒婚,僅從羅敷誇夫
之角度立說,而羅敷之不可凌犯,使君之窘迫尷尬,神態畢現。一
方爲采桑女,一方爲使君,形成兩個形象之對立,通過矛盾對立,贊
揚了羅敷之堅貞聰慧,嘲笑了使君之卑鄙齷齪,構成俚趣橫生之畫
面。此詩之題材對後代詩歌創作有深遠影響,取同一母題寫作者
很多,如張正見之《采桑》,盧思道之《羅敷行》等,皆其明顯事例。

　　《長歌行》(平調曲)是一首感物興懷、臨水嘆逝之作。其
詞云:

　　　　青青園中葵,朝露待日晞。陽春布德澤,萬物生光輝。常
　　恐秋節至,焜黄華葉衰。百川東到海,何日復西歸?少壯不努
　　力,老大徒傷悲!

按《禮記》卷十二《樂記》云:"故歌之爲言也……言之不足,故長言

之。"春天陽光充足,雨露滋潤,萬物生長;秋天天氣肅殺,物華凋謝。時光流逝,一去無回。此詩前八句感物興懷,反復吟詠,皆爲表現末二句題旨:時不我待,應及早努力。謂之"長歌行",其言何其長也!

《猛虎行》(平調曲),郭茂倩《樂府詩集》不作正文著録,而附在卷三十一魏文帝《猛虎行》題解中,稱爲古辭。其詞云:

> 飢不從猛虎食,暮不從野雀棲。野雀安無巢? 游子爲誰驕?

朱嘉徵《樂府廣序》謂:"《猛虎行》歌猛虎,謹于立身也。"但細審詩文並非如此,而是寫一個在和平安靜環境中生活慣了的游子勸誡爲飢寒所迫的人們不要苟求棲食,飢寒之人則反脣相譏,嘲笑他是在唱高調。安,豈是,意即哪裏? 誰,義爲何。爲誰,即爲何。前兩句是游子之唱辭,爲後兩句作鋪墊;後兩句是衆人之和辭,是主題所在。意謂不要把人比作猛虎,猛虎並未餓死,也不要把人比作野雀,野雀難道無巢可居? 對無家可歸之游子,你還是不要唱那高尚其志之調頭吧!"野雀安無巢"一句,實際含有"猛虎安無食"之意,因爲承上而省略了。通篇用比興,是一首地道的民歌。

《相逢行》始載於《玉臺新詠》,郭茂倩《樂府詩集》卷三十四收入《相和歌辭·清調曲》中。《樂府解題》稱爲"古詞,文意與《雞鳴》曲同"。其詞云:

> 相逢狹路間,道隘不容車。不知何年少,夾轂問君家,君家誠易知,易知復難忘。黃金爲君門,白玉爲君堂。堂上置樽酒,作使邯鄲倡。中庭生桂樹,華燈何煌煌! 兄弟兩三人,中子爲侍郎。五日一來歸,道上自生光。黃金絡馬頭,觀者盈道傍。入門時左顧,但見雙鴛鴦。鴛鴦七十二,羅列自成行。音

聲何嘈嘈,鶴鳴東西厢。大婦織綺羅,中婦織流黄。小婦無所
爲,挾瑟上高堂。"丈人且安坐,調絲方未央。"

此詩是爲娱樂貴族豪門之作,描寫漢代京城長安貴族豪門奢侈糜
爛之生活。可能産生於西漢中葉,而寫定於東漢初年。詩中所寫
是以歷史事實爲根據的。如王符《潛夫論》卷三《浮侈》篇記載:
"今京師貴戚,衣服飲食,車輿文飾廬舍,皆過王制,僭上甚矣。從
奴僕妾,皆服葛子升越,筩中女布,細緻綺縠,冰紈錦繡,犀象珠玉,
琥珀瑇瑁,石山隱飾,金銀錯鏤,麞麂履舄,文組采褋,驕奢僭主,轉
相誇詫,箕子所晞,今在僕妾。富貴嫁娶,車軿各十,騎奴侍童,夾
轂節引。富者競欲相過,貧者耻不逮及。是故一饗之所費,破終身
之本業。"詩中之"不知何年少,夾轂問君家",年少,應即《浮侈》篇
之"騎奴侍童"的"侍童";夾轂,即同篇"夾轂節引"之"夾轂"。侍
童是貴族豪門之家奴,貴族豪門外出,他們充當侍從,夾車相問。
"黄金爲君門,白玉爲君堂"之金門、玉堂,皆漢代朝廷或皇宫王室
之妝飾。如揚雄《解嘲》云"歷金門,上玉堂",即上朝拜見君王。
《浮侈》篇中之"今京師貴戚,衣服飲食,車輿文飾廬舍,皆過王
制",説明當時貴族豪門生活之"驕奢僭主"。"兄弟兩三人"之"兩
三",是複詞偏義,這裏偏用"三",下文言大婦、中婦、小婦是證。
三婦是君家三兄弟之妻。"丈人且安坐,調絲方未央"之"丈人",
是婦對舅姑之稱謂。方未央,漢代習用語,意謂尚未停當,請您且
安坐片刻。詩歌對貴族豪門奢侈糜爛生活之描寫,極盡鋪陳之
能事。雖無貶責之意,但卻反映了漢代統治階級生活之一個側
面,這我們從《漢書·元后傳》和《張禹傳》等記載也可以得到説
明。長安經過二百年劉氏王朝之統治,社會上層極端奢侈腐敗,積
重難返,從而促成光武帝劉秀爲了擺脱這一惡劣環境而遷都洛陽。
此詩之意義,即在爲這歷史轉變時期留下一個投影。

《隴西行》（瑟調曲），郭茂倩《樂府詩集》卷三十七《相和歌辭‧隴西行》題解引《樂府解題》云："古辭云'天上何所有，歷歷種白榆'，始言婦有容色，能應門承賓；次言善於主饋，終言送迎有禮。此篇出諸集，不入《樂志》。"所言極是。此詩即對能主持門戶之健婦的讚美。其詞云：

> 天上何所有？歷歷種白榆。桂樹夾道生，青龍對道隅。鳳凰鳴啾啾，一母將九雛。顧視世間人，爲樂甚獨殊。好婦出迎客，顏色正敷愉。伸腰再拜跪，問客平安不？請客北堂上，坐客氈氍毹。清白各異樽，酒上正華疏。酌酒持與客，客言主人持。卻略再拜跪，然後持一杯。談笑未及竟，左顧敕中厨，促令辦粗飯，慎莫使稽留。廢禮送客出，盈盈府中趨，送客亦不遠，足不過門樞。取婦得如此，齊姜亦不如。健婦持門户，亦勝一丈夫。

《漢書》卷三十《藝文志》有"燕、代謳，雁門、雲中、隴西歌詩九篇"之目，此詩當即所采之隴西歌詩。隴西爲漢代通往西域之要衝，沿途除正式之旅舍外，一般民户也多習慣留宿旅客。此詩當即旅客過隴西入民户留宿時所見，有感而詠之。首六句之白榆、桂樹、青龍、鳳凰皆天空星宿名。衆星歷歷，足證是夜間寄旅。"顧視世間人，爲樂甚獨殊"以下爲正文，叙述人間與天上絕然不同。天上凡材白榆與佳木桂樹雜陳，女歧無夫而生九子，混亂不堪；人間則待人以禮，趨翔有節，安樂無窮。"好婦出迎客，顏色正敷愉"，客，詩人自謂。敷愉，黃節《漢魏樂府風箋》卷四云："敷愉，猶忋愉，《方言》：'忋愉，悦也。'"即喜悦，不當作"美麗"解，否則上文"正"字便無着落。"清白各異樽，酒上正華疏"，清白，指清酒、白酒。黃節《漢魏樂府風箋》卷四云："華疏，猶敷疏，盛貌。"按：敷疏，同扶疏。此處用以狀酒之熱氣上騰。舊注作瓜果、蔬菜解，誤。"左顧粅中厨"，粅，吩咐。中厨，別於内厨之外厨房。"齊姜亦不如"，齊國姜姓之女，《詩·陳風·衡門》："豈其取妻，必齊之姜。"後世用作高貴美好女子之代稱。"齊姜"者乃深受《詩》教的人士所想往，説明這位旅客必來自中原，在隴西見到這位女子，對她持家應客之才幹，深感敬佩，故有齊姜之比。詩歌對女主人之描寫，都是從客人眼所見着筆，寫客人處處以奇異之眼光注視着女主人每一個細微的舉動，迤邐委婉，毫不費力，而姿態橫生。

《步出夏門行》（瑟調曲）是一篇寫求仙之作。其詞云：

> 邪徑過空廬，好人常獨居。卒得神仙道，上與天相扶。過謁王父母，乃在太山隅。離天四五里，道逢赤松俱，攬轡爲我御，將我上天游。天上何所有？歷歷種白榆，桂樹夾道生，青龍對伏趺。

按：《洛陽伽藍記序》云："洛陽北面有二門，西頭曰大夏門，漢曰夏門，魏晉曰大夏門，嘗造三層樓，去地十丈。洛陽城門樓皆兩重，去地百尺，唯大夏門甍棟干雲。"此詩步出夏門者，即步出洛陽城門。可證爲東都古辭。首二句"邪徑過空廬，好人常獨居"，與《隴西行》所寫女主人之獨居生活基本一致。又最後四句與《隴西行》之開頭四句完全相同。亦見這兩首詩之密切關係。或者此詩在配樂時，截取《隴西行》首四句而成。神仙道，神仙所走之路。天相扶，與天相沿。王父母，即東王公、西王母。赤松，仙人赤松子。謂此人獨居空廬，得神仙之路，登太山拜東王公、西王母，在逼近上天之處，遇到了赤松子，御送他去遨游天界。要之，這是寫一個幽居獨處之人及其游仙之經歷，反映了漢時一部分出家學道者之思想與生活。這類題材之作品，在漢樂府中占一定的比重，此其一例。

《西門行》(瑟調曲)是一篇抒發死生之感的作品。其詞云：

　　出西門，步念之：今日不作樂，當待何時？逮爲樂！逮爲
樂！當及時。何能愁怫鬱，當復待來茲？釀美酒，炙肥牛。請
呼心所懽，可用解憂愁。人生不滿百，常懷千歲憂。晝短苦夜
長，何不秉燭游？游行去去如雲除，弊車羸馬爲自儲。

此詩爲漢"本辭"，晉樂所奏對本辭有所增加，這是由於漢、晉樂律
不同使之然也。步念之，言步步念之。所念者何？爲人生短促，當
及時行樂。游行，游，當爲衍文；行，將也。去，指離開人世。末二
句意謂人生如白駒過隙，雖弊車瘦馬也儲備着以待爲游樂之一助。
這種人生無常之思想，是當時社會消極面之反映。

　　《東門行》(瑟調曲)與《西門行》相反，是寫因窮困而走向反抗
道路之作。其詞云：

　　出東門，不顧歸。來入門，悵欲悲！盎中無斗米儲，還視
架上無懸衣。拔劍東門去，舍中兒母牽衣啼："他家但願富貴，
賤妾與君共餔糜。上用倉浪天故，下當用此黃口兒。今非。"
"咄！行！吾去爲遲。白髮時下難久居！"

此詩亦爲漢"本辭"，晉樂所奏在本辭"下當用此黃口兒"之下，增
補了"今時清廉，難犯教言，君復自愛莫爲非"，篇末又以"平慎行，
望君歸"。改換了本辭之"咄！行！吾去爲遲。白髮時下難久
居"，如此，則變原詩之反抗爲順從，削弱了原詩之思想意義。

　　這首詩是寫一位白髮老人爲飢寒所迫，拒絕妻子之勸阻，不得
已鋌而走險。作者並未交代其具體作爲，但我們可以從上下文意
中領會其意圖。按《漢書》卷八十九《龔遂傳》記載："宣帝即位久
之，渤海左右郡歲飢，盜賊並起，二千石不能禽制。上選能治者，丞
相、御史舉遂可用。上以爲渤海太守……謂遂曰：'渤海廢亂，朕甚

憂之，君欲何以息其盜賊，以稱朕意？'遂對曰：'海瀕遐遠，不霑聖化，其民困於飢寒而吏不恤，故使陛下赤子盜弄陛下之兵於潢池中耳。……'至渤海界……民有帶持刀劍者，使賣劍買牛，賣刀買犢。"其中所記之帶持刀劍者，皆爲飢寒切身，舉家待斃，起而反抗之百姓。此詩所寫正是以這種現實爲根據的。盎，盆。倉浪天，即蒼天、青天。今非，句斷，謂今非行險反抗之時。這是妻子勸誡丈夫的話。詩人在描寫這位白髮老人出走時，揭示了他心靈深處之矛盾。開始他硬着心腸走出家門，走不多遠，又回來了。還視家中既無米又無衣，這才堅決果斷地奮起反抗。這種矛盾心情，正反映了一個善良、安分守己的百姓走向反抗之過程，反映了人民的反抗完全是出於不得已。

《飲馬長城窟行》（瑟調曲）是一篇思婦懷念其遠戍丈夫之作。其詞云：

> 青青河畔草，綿綿思遠道。遠道不可思，宿昔夢見之。夢見在我傍，忽覺在他鄉。他鄉各異縣，展轉不相見。枯桑知天風，海水知天寒。入門各自媚，誰肯相爲言！客從遠方來，遺我雙鯉魚。呼兒烹鯉魚，中有尺素書。長跪讀素書，書中竟何如？上言加餐飯，下言長相憶。

此詩始載於《文選》，題爲"樂府"、"古辭"。李善注："言古詩，不知作者姓名，他皆類此。"其意謂蕭統以此詩爲無名氏所作，故題爲"古辭"。依樂府之通例，詩題多采用詩之首句，而此詩之首句與詩題"飲馬長城窟行"不符，可見其非最早之民歌。徐陵《玉臺新詠》卷一收錄此詩，題爲蔡邕作，雖然不確切，但必有所本。枯桑二句，舊注謂枯桑無枝，尚知天風；海水廣大，尚知天寒；君子行役，豈不罹風寒之患乎？其説不可取。按枯桑所以比棄婦，《詩·衛風·

氓》:"桑之落矣,其黄而隕。"即其所本。海水知寒,乃連類及之。"入門"二句,謂人們各愛其所歡,誰肯代爲問訊遠方之人? 雙鯉魚,魚是古代男女調情之譬語,如《詩·檜風·匪風》:"誰能亨魚? 溉之釜鬵。誰將西歸? 懷之好音。"素,即絹。從詩之首句到"海水知天寒"每兩句換一韻,一韻一個意思,韻調圓轉自如。通篇以叙事抒情,情理渾合,逸趣横生。又以"枯桑知天風,海水知天寒"寄興,振起全篇。"長跪讀素書",見鄭重之至,想望之深。書中有何佳音?"上言加餐飯,下言長相憶",未曾道及相會之期,但寬慰之詞而已,乃大失所望。詩人不直説,而用曲筆表明相見之無望。韻味無窮。

《上留田行》(瑟調曲)是一首寫父母死後,兄長不撫養幼弟,激起鄰人義憤之詩。其詞云:

> 里中有啼兒,似類親父子。回事問啼兒,慷慨不可止!

此詩郭茂倩《樂府詩集》不作正文著録,而附在卷三十八《上留田行》題解之中。親父子,猶同父之子,即同父兄弟。如《古詩爲焦仲卿妻作》:"我有親父兄。"鄰人回車問啼兒,乃知果然爲親父兄。同父兄弟,相待如此,情何以堪! 故不勝慷慨。其中省略了啼兒答語,文意蕴藉含蓄。

《婦病行》(瑟調曲)是寫一個貧苦婦女在久病垂死之時刻,囑託丈夫善養子女之作。《樂府詩集》卷三十八題爲"古辭"。其詞云:

> 婦病連年累歲,傳呼丈人前一言。當言未及得言,不知淚下一何翩翩!"屬累君兩三孤子,莫我兒飢且寒,有過慎莫笪笞,行當折摇,思復念之!"
> 亂曰:抱時無衣,襦復無裹。閉門塞牖,舍孤兒到市。道

逢親交，泣坐不能起。從乞求與孤買餌；對交啼泣，淚不可止。
"我欲不傷悲不能已。"探懷中錢持授。交入門，見孤兒啼索
其母抱。徘徊空舍中，行復爾耳，棄置勿復道！

"當言"二句道出病婦悽楚、辛酸之心境。折搖，即折夭。謂孤兒
爲飢寒所迫，即將夭折。"道逢親交"以下四句，謂向親友行乞，乞
求其贈給爲孤兒買食物之錢。親交，即親友。"探懷中"句，謂親
友送錢給丈人去買食物。"行復爾耳"猶聊復爾耳。病婦在彌留
之際，哀訴着對子女懷戀之情，具體細微地叮囑其丈夫應當做的一
切，從衣著到飲食，從安全到保育，可謂考慮周備，然不飲不食之孤
兒"啼索其母抱"，身爲人父，面對此情此景，除了在空室中徘徊之
外，又有甚麼辦法呢？窮困人家爲其遺留之子女提出極爲微薄之
救生要求，然而這種微薄之要求在當時也不能實現，並最終將迫使
孤兒夭亡。這便是漢代之社會現實。

《孤兒行》（瑟調曲）是一篇孤兒控訴其兄嫂虐待行爲之作。
內容與《上留田行》相似，但《上留田行》文字簡短，不如此詩所寫
之具體詳盡、悲切動人。如：

　　孤兒生，孤兒遇，生命獨當苦！父母在時，乘堅車駕駟馬，
父母已去，兄嫂令我行賈。南到九江，東到齊與魯。臘月來
歸，不敢自言苦。頭多蟣虱，面目多塵土。大兄言辦飯，大嫂
言視馬。上高堂，行取殿下堂，孤兒淚下如雨。使我朝行汲，
暮得水來歸；手爲錯，足下無菲。愴愴履霜，中多蒺藜；拔斷蒺
藜腸月中，愴欲悲！淚下渫渫，清涕累累；冬無複襦，夏無單
衣。居生不樂，不如早去，下從地下黃泉。
　　春氣動，草萌芽，三月蠶桑，六月收瓜。將是瓜車，來到還
家。瓜車反覆，助我者少，啗瓜者多。願還我蒂，兄與嫂嚴，獨

且急歸,當興校計!

　　亂曰:里中一何譊譊!願欲寄尺書,將與地下父母,兄嫂
難與久居!

此詩《樂府詩集》卷三十八題爲"古辭"。朱秬堂《樂府正義》云:
"宋玉《笛賦》曰:'歌伐檀,號孤子。'則此曲來已久矣。"從詩中之
"南到九江,東到齊與魯"看,可以確定其爲秦地歌謠。行取,即行
趣,亦即行趨。錯,讀爲敵,皴也。菲,屝之假借字,即草履。腸月,
即腸肉,乃腳脛之後腹。譊譊,人言嘈雜聲。此詩反映了在宗法制
之家庭中兄嫂奴婢般地役使弟弟的事實,也可以看作是對當時奴
婢生活之寫照。如《初學記》卷十九所載王褒《僮約》云:"資中男
子王子泉(王褒字),從成都安志里女子楊惠買亡夫時户下髯奴便
了,決賣萬五千。奴從百役使,不得有二言。……糞除常潔,餧食
馬牛。鼓四起坐,夜半益芻。二月春分,……種瓜作瓬;别茄披
蔥,……雞鳴起春,調治馬驢,……舍後有樹,當裁作船,下至江州
上到煎,主爲府掾求用錢,推訪惡敗樅索,綿亭買席,往來都洛。當
爲婦女求脂澤,販於小市。歸都擔枲,轉出旁蹉,牽犬販鵝。武陽
買茶楊氏池中,擔荷往來市聚。……四月當披,五月當穫,十月收
豆,多取蒲芋,益作繩索。雨墮無所爲,當編蔣織箔。植種桃李,梨
柿柘桑,三丈一樹,八尺爲行,果類相從,縱橫相當。果熟收斂,不
得吮嘗!"將"便了"賣身契中之這段文字與孤兒受兄嫂所役使者
相對照,情節何其相似!不同的是王褒站在奴役者的立場上,維護
奴隸主的權益,本篇則是被奴役者對奴役者的血淚控訴,内容比
《僮約》深刻、豐富得多。此詩情思委婉、意念曲折,如"下從地下
黄泉"句後,頓時間以"春氣動,草萌芽"之時令,使情景豁然開朗,
隨之而出現者,是臘月歸來之後,三月蠶桑,六月收瓜,蓋終年不得
閒暇矣。瓜車翻覆,乞求啗瓜者"願還我蒂",將以瓜蒂向兄嫂申

说,但兄嫂"當興校計",則瓜蒂亦不足以自白。如此,便没有活路了。結語告訴地下父母"兄嫂難與久居"乃自然之結局。可謂回翔曲折,句句血淚,蕩人心腸。

《雁門太守行》(瑟調曲)是一篇歌頌洛陽令王涣政績之作。其詞云:

> 孝和帝在時,洛陽令王君,本自益州廣漢蜀民,少行宦,學通"五經"、"論"。(一解)

> 明知法令,歷世衣冠。從温補洛陽令,治行致賢。擁護百姓,子養萬民。(二解)

> 外行猛政,内懷慈仁,文武備具,料民富貧。移惡子姓,篇著里端。(三解)

> 傷殺人,比伍同罪對門。禁鏊矛八尺,捕輕薄少年,加笞決罪,詣馬市論。(四解)

> 無妄發賦,念在理冤。敕吏正獄,不得苛煩。財用錢三十,買繩禮竿。(五解)

> 賢哉賢哉,我縣王君。臣吏衣冠,奉事皇帝。功曹主簿,皆得其人。(六解)

> 臨部居職,不敢行恩。清身苦體,夙夜勞勤。治有能名,遠近所聞。(七解)

> 天年不遂,早就奄昏。爲君作祠,安陽亭西。欲令後世,莫不稱傳。(八解)

按古辭詠雁門太守者不傳,此以樂府舊題"雁門太守行"詠洛陽令。王涣於和帝永元十五年(公元一〇三年)爲洛陽令,元興元年(公元一〇五年)病卒。此詩爲祭奠時所用之歌辭,當作於殤帝、安帝時期。王涣爲洛陽令時"治行致賢",即政績至賢。"料民富貧”,即依民之貧富計算賦稅。“移惡”二句,移,猶傳告;惡子,謂違法亂紀者;篇著,榜示;里端,鄉里顯要之處。意謂榜示壞人於里中顯要處,以示警戒。“傷殺人”二句,比,亦伍,意同。謂凡傷殺人者,比伍與對門之鄰居連坐。“財用”二句,財與才通;禮與理通,治也。謂借與貧民公田,才用三十錢,便可買繩理竹以治其地。據《後漢書》卷一百零六《王渙傳》云:“王渙字稚子,廣漢郪人也。父順,安定太守。渙少好俠,尚氣力……晚而改節,敦儒學,習《尚書》,讀律令,略舉大義。……州舉茂才,除溫令。縣多奸猾,積爲人患。渙以方略討擊,悉誅之。……其有放牛者,輒云以屬稚子,終無侵犯。在溫三年,遷兗州刺史,繩正部郡,風威大行。後坐考妖言不實論。歲餘,徵拜侍御史。永元十五年,從駕南巡,還爲洛陽令。以平正居身,得寬猛之宜。其冤嫌久訟,歷政所不斷,法理所難平者,莫不曲盡情詐,壓塞群疑。又能以譎數發摘姦伏。京師稱歎,以爲渙有神算。元興元年,病卒。百姓市道莫不咨嗟。男女老壯皆相與賦斂,致奠醊以千數。……民思其德,爲立祠安陽亭西,每食輒弦歌而薦之。”此詩所詠王渙之政績,與本傳所記基本相合。詩中敘述了王渙之身世與經歷,贊揚了他任洛陽令時外猛內慈,善於任人和不專在“行恩”之行政措施。通篇基本用四言句,文字質直無華,樸實自然,這在四言詩發展到典雅富麗的當時,是難能可貴的。詩歌雖然是詠人,實際則是側重於寫民情世俗,政教得失。這正體現了漢樂府之特點。

　　《艷歌何嘗行》(瑟調曲)是一篇寫夫妻離別之作,始載於《宋書》卷二十一《樂志三》,題爲“古辭”。其詞云:

　　　　飛來雙白鵠,乃從西北來。十十五五,羅列成行。(一解)

　　　　妻卒被病,行不能相隨。五里一返顧,六里一徘徊。(二

解）

　　"吾欲銜汝去，口噤不能開。吾欲負汝去，毛羽何摧頹。"
（三解）

　　"樂哉新相知，憂來生別離。躕躇顧群侶，淚下不自知。"
（四解）

　　"念與君離別，氣結不能言。各各重自愛，遠道歸還難。
妾當守空房，閉門下重關。若生當相見，亡者會黃泉。"今日樂
相樂，延年萬歲期。（趨）

全詩分正曲與趨兩部分，正曲寫雙白鵠在飛翔之中，雌鵠暴病，不
能隨雄鵠飛行，雄鵠口銜、背負都不可能，則返顧、徘徊不忍離去。
新相知，指群侶。謂雖遇新相知，也無補於生別離之悲傷。"念與
君"以下是趨，乃妻子自叙其生離死別之情，謂生當相見，死則只有
相會黃泉了。"今日"二句是套語，為樂工所補，與全篇文意不相
關連。此詩用比興手法抒情，以白鵠之分離，喻夫妻之永別。漢時
行役之人，多役死邊塞。臨別時夫妻兩情依依，分別後如何，不可
逆料，故生離亦猶死別。詩中寫離情別恨之深切、沉痛，令人不忍
卒讀。也是一篇血淚文字。

　　《艷歌行》（瑟調曲）始載於《玉臺新詠》卷一，郭茂倩《樂府詩
集》卷三十九收入《相和歌辭》中。是一個流浪異鄉之游子所作。
其詞云：

　　翩翩堂前燕，冬藏夏來見。兄弟兩三人，流宕在他縣。故
衣誰當補？新衣誰當綻？賴得賢主人，覽取為吾組。夫壻從
門來，斜柯西北眄。"語卿且勿眄，水清石自見。""石見何累
累！遠行不如歸。"

對此詩題目之解釋，歷來有分歧。按《文選》卷五左思《吳都賦》

云：“荊艷楚舞，吳愉越吟。”則“艷”與“愉”“吟”當同爲楚地歌曲名。劉淵林注：“艷，楚歌也。”《吳都賦》作於晉代，但其用辭並不限於晉代，而是也沿襲其前代的語言，故當以其所記爲據。詩之前半部分是游子的獨白，後半部分四句是主客對話。流宕，即流蕩。誰，何，猶言哪件。組，補縫。眣，斜視。詩歌以比興領起，謂燕子來去有定時，而游子卻流蕩在外不歸。繼而轉入正文，寫女主人爲游子補綻衣服，引發她丈夫對她的猜疑。然後再用比興，女子以水清石見表明自己之心跡，男主人則以石見不如歸去而嫌疑自釋加以嘲諷。章法緊湊而清新，言簡而意括，反映了游子流落他鄉之痛苦。

　　《白頭吟》（楚調曲）始載於《玉臺新詠》卷一，題作《皚如山上雪》。郭茂倩《樂府詩集》卷四十一收入《相和歌辭》中，標爲“本辭”，是寫一個女子向用情不專的男子表示決絶之辭。其詞云：

> 　　皚如山上雪，皎若雲間月。聞君有兩意，故來相決絶。今日斗酒會，明旦溝水頭，躞蹀御溝上，溝水東西流。悽悽復悽悽，嫁娶不須啼，願得一心人，白頭不相離。竹竿何嫋嫋，魚尾何簁簁。男兒重意氣，何用錢刀爲！

首二句以雪、月起興，説明其情感如雪、月之潔白。今日、明旦對舉，言離別在須臾，今天斗酒相聚，明朝即在溝邊送別。躞蹀，往來小步行走貌。御溝，環繞宮牆之水。寫分別之後，徘徊在御溝傍，見溝水有去無回，以興男子一去不返。嫁娶，複辭偏義，此處偏用嫁。古代禮俗，女子出嫁必須啼哭，然此女子認爲只要嫁得“一心人”，白頭到老，又何必啼哭！竹竿、魚尾，象徵男女求偶。《詩·衛風·竹竿》：“籊籊竹竿，以釣其淇，豈不爾思？遠莫致之。”《毛傳》：“釣以得魚，如婦人待禮以成爲室家。”此二句乃對過去甜蜜生活之回憶。末二句埋怨男子應當重感情，何必把金錢看得那樣重呢！語氣既堅決果斷，又留戀不舍，既幽怨嫉恨，又懷有幻想期望。這種矛盾的心情使這個女子之形象更逼真、活現。

　　以上"相和歌辭"，初步可以認定爲東漢之作。這些歌辭多出於民間，内容主要寫社會故事、風俗民情，其次寫男女愛戀、離別相思，兼及訪道游仙、人生感慨等。語言古樸、質實，叙事委婉、曲折，是漢樂府中之菁華。

## 二、雜曲歌辭

　　郭茂倩《樂府詩集》卷六十一《雜曲歌辭》云："雜曲者歷代有之。或心志之所存，或情思之所感，或宴游懽樂之所發，或憂愁憤怨之所興，或叙離別悲傷之懷，或言征戰行役之苦，或緣於佛老，或出自夷虜：兼收備載，故總謂之雜曲。自秦漢已來，數千百歲，文人才士，作者非一。干戈之後，喪亂之餘，亡失既多，聲辭不具，故有名存義亡，不見所起，而有古辭可考者……復有不見古辭，而後人繼有擬述，可以概見其義者……或因意命題，或學古叙事。"即其中樂調多"不見所起"，而"古辭可考"，或"不見古辭"，而後人擬作，能"概見其義"，皆稱雜曲。如：

　　《悲歌》是一首流浪遠方之游子懷念故鄉之作。其詞云：

　　　　悲歌可以當泣，遠望可以當歸。思念故鄉，鬱鬱累累。欲歸家無人，欲渡河無船。心思不能言，腸中車輪轉。

郭茂倩《樂府詩集》卷六十二收録，題爲"古辭"。首二句極言思鄉心情之悲切，次二句抒發思鄉心緒之繁亂，又次二句説明回鄉願望之不能實現。末二句是全詩之結穴，謂一片鄉情不能用言語表達，所以悲痛縈繞於心，而不能自釋。言詞悽楚，情意曲盡，包含無限之怨恨。

《羽林郎》是辛延年所作。這是我們今天所知道的東漢樂府中少數有作者姓名的作品之一。然辛延年之具體事蹟不可考，這也説明他是一個庶民，而非是顯要人物。此詩所詠與《陌上桑》相同，是寫一個婦女反對官吏調嬉、誘騙之作。其詞云：

> 昔有霍家奴，姓馮名子都。依倚將軍勢，調笑酒家胡。胡姬年十五，春日獨當壚。長裾連理帶，廣袖合歡襦。頭上藍田玉，耳後大秦珠。兩鬟何窈窕！一世良所無。一鬟五百萬，兩鬟千萬餘。"不意金吾子，娉婷過我廬。銀鞍何煜爚，翠蓋空踟躕。就我求清酒，絲繩提玉壺；就我求珍肴，金盤膾鯉魚；貽我青銅鏡，結我紅羅裾。不惜紅羅裂，何論輕賤軀！男兒愛後婦，女子重前夫。人生有新故，貴賤不相踰。多謝金吾子，私愛徒區區。"

據《漢書》卷十九上《百官公卿表》記載："武帝太初元年初置，名曰建章營騎，後更名羽林騎。又取從軍死事之子孫養羽林官，教以五兵，號羽林孤兒。"顏師古注："羽林，亦宿衛之官，言其如羽之疾，如林之多也。一説，羽所以爲王者羽翼也。"霍家，謂霍光家。《漢書》卷六十八《霍光傳》云："後元二年春……上（昭帝）以光爲大司馬大將軍。"又云："光愛幸監奴馮子都。"然此詩所寫並非西漢霍家之事，而是借霍家寫東漢竇憲家之事。朱秬堂《樂府正義》即云："後漢和帝永元元年，以竇憲爲大將軍。竇氏兄弟驕縱，而執金吾景尤甚；奴客緹騎，强奪財貨，篡取罪人妻，略婦女，商賈閉塞，如避寇仇。此詩疑爲竇景而作，蓋託往事以諷今也。"所論切合詩意。酒家胡，並非泛指中原之外的民族，而是具體指西域之民族。西域之民族雜居内地，多以商販爲業，號稱"西域賈胡"。《後漢書》卷一百十八《西域傳》:"商胡販客,日欸於塞下。"因此詩中之胡女,應即西域人。而且從其粧飾看,有所謂"大秦珠"者,《後漢書·西域傳》關於大秦國之記載云:"其人民皆長大平正,有類中國,故謂之大秦。土多金銀奇寶,有夜光璧、明月珠、駭雞犀、珊瑚、琥珀、琉璃、琅玕,朱丹青碧,刺金縷繡,織成金縷罽、雜色綾……"這段文獻記載,可以和詩中胡女之粧飾相印證,説明此胡女確屬西域人。她對待狎侮者之態度,與《陌上桑》中羅敷之靈巧、機智不同,而是嚴肅、果敢,面對馮子都之戲弄,她"不惜紅羅裂,何論輕賤軀",拚着一死,也不受辱。尤當注意者她"貴賤不相踰"的觀點,表現了被壓迫者之階級意識,在"高貴者"面前毫無奴顏媚骨,揭露了他們的卑鄙、醜惡,維護了貧賤者的道德、尊嚴。此詩之重要價值在此。

《枯魚過河泣》是一篇警世之寓言詩。其詞云:

　　枯魚過河泣,何時悔復及! 作書與魴鱮,相教慎出入。

張玉穀《古詩賞析》云:"此罹禍者規友之詩。出入不謹,後悔何及? 卻現枯魚身而爲説法。""何時悔復及"者,謂追悔不及。魴鱮,皆魚類。此詩確爲遭禍患者藉枯魚警告其朋友之作。《後漢書》卷一百十三《陳留老父傳》云:"桓帝世黨錮事起,守外黃令陳留張升,去官歸鄉里,道逢友人,共班草而言。升曰:'吾聞趙殺鳴犢,仲尼臨河而反,覆巢竭淵,龍鳳逝而不至。今宦豎日亂,陷害忠良,賢人君子,其去朝乎? 夫德之不建,人之無援,將性命之不免。奈何?'因相抱而泣。老父趨而過之,植其杖,太息言曰:'吁! 二大夫何泣之悲也。夫龍不隱鱗,鳳不藏羽,網羅高懸,去將安所? 雖泣,何及乎?'"其所記黨錮之禍,應即此詩之寫作背景。"相教慎出入"是詩之主旨,謂生當黨錮之世,進退可不慎歟? 借枯魚寓言,立意新穎。

　　《上山采蘼蕪》不見於《樂府詩集》，始載於《玉臺新詠》卷一，題爲"古辭"。《藝文類聚》卷三十二《人部·閨情》入"詩"類。《太平御覽》卷九百八十三《香部三·蘼蕪》亦題爲"古詩"。同書卷五百二十一《宗親部十一·出婦》則稱"古樂府詩"。可見《太平御覽》之不同編者，對此詩之看法也不同。然從此詩之內容、敘事之方式看，應是古樂府。其詞云：

　　　　　　上山采蘼蕪，下山逢故夫。長跪問故夫："新人復何如？"
　　"新人雖言好，未若故人姝。顏色類相似，手爪不相如。""新
　　人從門入，故人從閣去。""新人工織縑，故人工織素。織縑日
　　一匹，織素五丈餘，將縑來比素，新人不如故。"

　　此詩之內容是譴責男子喜新厭舊之不道德行爲，抒發了被遺棄婦女之怨恨情緒。這種"貴易交，富易妻"之現象，是有其社會基礎的。如《後漢書》卷二十六《宋弘傳》云："時帝（光武）姊湖陽公主新寡，帝與論朝臣，微觀其意。主曰：'宋公威容德器，群臣莫及。'帝曰：'方且圖之。'後弘被引見，帝令主坐屏風後，因謂弘曰：'諺言：貴易交，富易妻。人情乎？'弘曰：'臣聞：貧賤之知不可忘，糟糠之妻不下堂。'帝顧主曰：'事不諧矣。'"封建統治者這種"貴易交，富易妻"之惡劣風習，必然影響整個社會，所謂上之所好，下必效之。此詩所寫正是這種惡劣社會風氣之反映。通篇除首三句外，都采用對話方式。第四句棄婦問，下四句男子回答。手爪，指紡織剪裁技巧。從男子回答中可以了解其擇妻之標準，一爲容貌，一爲勞動技能。第九、十兩句是棄婦申訴當初被逐之情況。最後六句是男子對新人與故人之比較。縑，較粗之帛。素，比縑細密之絹。《漢書》卷二十四《食貨志下》："布帛廣二尺二寸爲幅，長四丈爲匹。"新人日織縑一匹，故人日織素五丈餘，新人遠不如故人。棄

婦是詩中之主人公，言語不多，而謙遜有禮，問答對應，令對方愧悔
交集。

《十五從軍征》在《樂府詩集》卷二十五題爲《紫騮馬歌辭》，並
在題解下引《古今樂録》云：“十五從軍征以下是古詩。”又同書卷
二十四梁簡文帝《紫騮馬》題解下，引《古今樂録》云：“《紫騮馬》
古辭云：‘十五從軍征……’蓋從軍久戍，懷歸而作也。”所謂“古
辭”，即指樂府古辭，乃樂府原辭之意，與後代改編入樂者不同。可
見《古今樂録》之作者對此詩的看法也不一致。按陳祚明《采菽堂
古詩選》云“此樂府體”，是完全正確的。《樂府詩集》將其收録於
《梁鼓角横吹曲》，朱秬堂《樂府正義》視之爲《相和曲》，一時難於
歸類，故附於雜曲歌辭之末。其詞云：

> 十五從軍征，八十始得歸。道逢鄉里人：“家中有阿誰？”
> “遥看是君家，松柏冢累累。”兔從狗竇入，雉從梁上飛。中庭
> 生旅穀，井上生旅葵。舂穀持作飯，采葵持作羹。羹飯一時
> 熟，不知貽阿誰。出門東向看，淚落沾我衣。

此詩是揭露漢代兵役制度給人民造成之苦難。按《漢書》卷一《高
帝紀上》云：“蕭何發關中老弱未傅者，悉詣軍。”顏師古注引如淳
曰：“《律》：年二十三傅之疇官。”意謂民男年二十三爲正丁，應服
役，須到掌田賦的官員處登記，以備徵用。又《漢官儀》卷上云：
“民年二十三爲正（正丁），一歲爲衛士，一歲爲材官、騎士，習射
御……年五十六年老衰，得免爲民，就田。”此種制度，到孝景時有
所改變，即民男二十歲即服徭役（見《漢書》卷五《景帝紀》），以後成爲
定制，沿襲不變。此詩首云：“十五從軍征，八十始得歸。”則遠遠
超過服役期限，亦見漢代兵役制度之濫。“松柏冢累累”，《白虎通
德論》卷下《崩薨》引《春秋含文嘉》曰：“天子墳高三仞，樹以松；諸

侯半之，樹以柏；大夫八尺，樹以欒；士四尺，樹以槐；庶人無墳，樹
以楊柳。"此詩所詠並非天子、諸侯，謂之松柏，乃借用之辭。意者
家人已經死絕了。旅穀、旅葵，皆不種而自生之植物。羹飯熟不知
貽誰者，是回憶十五歲之前未離家時，炊黍貽親之往事，如今無親
可貽，沉痛之極。出門東看淚落沾衣者，謂八十老翁面對一片荒
蕪，而進退兩難了。烹穀二句不入韻，若作采葵持作羹，烹穀持作
糜，始叶韻，然下句"羹飯"字確是緊承上句而來，不當作"糜"，足
見民歌韻限不嚴，比較自由之特色。此詩通過作者身之所經、目之
所見，來反映封建統治者之窮兵黷武造成社會之凋蔽和人民之苦
難。其描寫方法直接給杜甫以啓迪，杜甫之《垂老別》、《無家別》
即繼承了其創作精神而寫成的。

　　總之，雜曲歌辭亦如相和歌辭，收錄了較多的民間詩歌，反映
了下層人民的生活、思想、要求和願望，是漢樂府中之珍品。

## 三、雜歌謠辭

　　郭茂倩《樂府詩集》卷八十三《雜歌謠辭》云："《爾雅》曰：'徒
歌謂之謠。'《廣雅》曰：'聲比於琴瑟曰歌。'《韓詩章句》曰：'有章
曲曰歌，無章曲曰謠。'……凡歌有因地而作者……有因人而作
者……有傷時而作者……有寓意而作者……甯戚以困而歌，項籍
以窮而歌，屈原以愁而歌，卞和以怨而歌，雖所遇不同，至於發乎其
情，則一也。歷世以來，歌謳雜出，今並采錄。"這類雜歌謠辭，西漢
亦有，這裏主要論述東漢之作，兼及西漢。

　　《鄭白渠歌》便是一篇西漢之作，歌頌鄭國、白公在關中地區
興修水利、發展生產，以利民生之業蹟。其詞云：

　　　　田於何所？池陽谷口。鄭國在前，白渠起後。舉臿入雲，
　　決渠爲雨。水流竈下，魚躍入釜。涇水一石，其泥數斗，且溉

且糞，長我禾黍。衣食京師，憶萬之口。

關於鄭國渠、白公渠之修築，《漢書》卷二十九《溝洫志》記載："其後，韓聞秦之好興事，欲罷（疲）之，無令東伐，乃使水工鄭國間説秦，令鑿涇水，自中山西邸瓠口爲渠，並北山東注洛三百餘里，欲以溉田，中作而覺。秦欲殺鄭國，鄭國曰：'始臣爲間，然渠成亦秦之利也。臣爲韓延數歲之命，而爲秦建萬世之功。'秦以爲然，卒使就渠。渠成而用溉，注填閼之水，溉舄鹵之地四萬餘頃，收皆畝一鍾，於是關中爲沃野，無凶年，秦以富强，卒并諸侯，因名曰鄭國渠。……自鄭國渠起，至元鼎六年，百三十六歲，而兒寬爲左内史，奏請穿鑿六輔渠，以益溉鄭國傍高卬之田。……後十六歲，太始二年，趙中大夫白公復奏穿渠，引涇水，首起谷口，尾入櫟陽，注渭中，袤二百里，溉田四千五百餘頃，因名曰白渠。民得其饒，歌之曰：'田於何所？……'"此詩所詠即此史實。池陽，在今陝西省涇陽縣西北。谷口，當涇水出山之處。臿，同鍤，即鍬。"水流"二句，《漢書·溝洫志》、《樂府詩集》卷八十三皆缺，據《漢紀》補。此詩形象地描繪了人民修水渠之熱情："舉臿入雲，決渠爲雨。"描繪了人民受惠後之喜悦："水流竈下，魚躍入釜。"促進了生産的發展，成爲京城人民衣食之源，造福萬代。通篇用嚴整的四言句，在四言詩趨向典雅化之漢代，它卻用樸素的口語，生動活潑地表述了人民對這項水利工程贊美之情，在當時四言詩中風標獨樹。

《城中謠》是一篇揭露社會上侈靡之風源於封建統治者之所好的作品，所謂"上之所好，下必甚焉"。其詞云：

城中好高髻，四方高一尺；城中好廣眉，四方且半額；城中好大袖，四方全匹帛。

城中，指長安城内。高髻、廣眉、大袖，皆漢時流行之女妝。據《後

漢書》卷五十四《馬廖傳》云："時皇太后躬履節儉，事從簡約。廖
慮美業難終，上疏長樂宫，以勸成德政曰：'臣案前世詔令，以百姓
不足，起於世尚奢靡，故元帝罷服官，成帝御浣衣，哀帝去樂府，然
而侈費不息，至於衰亂者，百姓從行不從言也。夫改政移風，必有
其本。《傳》曰：吳王好劍客，百姓多創瘢；楚王好細腰，宫中多餓
死。長安語曰：城中好高髻……斯言如戲，有切事實。前下制度未
幾，後稍不行。雖或吏不奉法，良由慢起京師。'"馬廖指出社會之
弊端起於封建統治階級之恣意妄爲，所謂上行下效，"吏不奉法，良
由慢起京師"。他用民謠來説明他的政治觀點，同時也揭示出這首
民謠之思想意義。

　　《桓靈時童謠》是諷刺桓帝、靈帝時選舉制度之腐敗，其所選
人員皆名實不符。其詞云：

　　　　舉秀才，不知書。察孝廉，父别居。寒素清白濁如泥，高
　　第良將怯如鷄。

郭茂倩《樂府詩集》卷八十七關於此歌謠之題解云："《後漢書》曰：
'桓靈之世，更相濫舉，人爲之謡：舉秀才，不知書。……'"按今傳
之《後漢書》不見此謡，《樂府詩集》所録缺最後兩句，惟葛洪《抱朴
子》載其全文。《抱朴子》外篇卷十五《審舉》云："靈、獻之世，閹官
用事，群姦秉權，危害忠良，臺閣失選用於上，州郡輕貢舉於下。夫
選用失於上，則牧守非其人矣；貢舉輕於下，則秀、孝不得賢矣。故
時人語曰：'舉秀才，不知書。……'"書，是字之意思，許慎《説文
解字序》云："保氏教國子，先以六書。"六書即漢字之六種寫法。
漢代以識字爲學童入門課，不知書，即不識字。察孝廉，西漢時孝、
廉異科，習稱"舉孝察廉"，東漢時孝廉合爲一科，此"察"字，乃沿
襲西漢用法。高第，亦科名，非高等之意，《漢書》卷七《昭帝紀》：

"始元五年……詔舉郡國文學、高第各一人。"以"高第"與"文學"對舉,文學是文官,高第必爲武官。意謂秀才不識字,孝廉不盡孝,號稱寒素清白之人卻污濁如泥,高第出身之良將卻怯懦如鷄。這就揭露出封建統治者所設立之各種選舉科目不過是虛有其表,所選用之人,不僅名實不符,而且是相悖謬的。所謂"茂才異等"、"孝廉方正"等,完全是騙人的把戲。

《京都童謠》是一首抨擊漢末政治腐朽、黑暗之作。其詞云:

> 直如弦,死道邊;曲如鈎,反封侯。

此謠諺之寫作背景,據《後漢書》卷二十三《五行志》記載:"順帝之末京都童謠曰……按順帝即位,孝質短祚,大將軍梁冀貪樹疏幼以爲己功,專國號令,以贍其私。太尉李固以爲清河王雅性聰明,敦詩悦禮,加又屬親,立長則順,置善則固。而冀建白太后,策免固。徵蠡吾侯遂即至尊。固是日幽斃于獄,暴屍道路。而太尉胡廣封安樂鄉侯,司徒趙戒廚亭侯,司空袁湯安國亭侯云。"謂漢冲帝劉炳死,爲立嗣問題,太尉李固因違迕權臣梁冀之意見,被梁冀"幽斃于獄,暴屍道路",而胡廣、趙戒、袁湯因附和梁冀之意見,皆得封侯。此諺爲李固而作。直如弦,謂李固;曲如鈎,謂胡廣、趙戒、袁湯。揭露了漢代梁冀專權,曲直顛倒之史實。

《桓帝初小麥童謠》是描寫東漢末年戰爭頻仍給人民造成沉重之負擔,人民敢怒而不敢言之作。其詞云:

> 小麥青青大麥枯,誰當穫者婦與姑。丈人何在西擊胡。
> 吏買馬,君具車,請爲諸君鼓嚨胡。

郭茂倩《樂府詩集》卷八十八關於此童謠題解云:"《後漢書·五行志》曰:'桓帝之初,天下童謠。按元嘉中,凉州諸羌,一時俱反;南入蜀、漢,東鈔三輔,延及并、冀,大爲民害。命將出衆,每戰常負。

中國益發甲卒,麥多委棄,但有婦女穫刈之也。吏買馬,君具車者,言調發重及有秩者也。請爲諸君鼓嚨胡者,不敢公言,私咽語也。'"按元嘉爲桓帝年號,今檢《後漢書・桓帝紀》元嘉一二年並無關於"涼州諸羌,一時俱反"之記載。而其前之建和二年三月則有"白馬羌寇廣漢屬國"之事。其後之延嘉三年十一月,有"勒姐羌圍允街"之事,四年六月有"零吾羌寇并、涼二州"之事,五年春三月有"沈氏羌寇張掖、酒泉",秋七月有"鳥吾羌寇漢陽、隴西、金城",十一月有"滇那羌寇武威、張掖、酒泉"之事,七年冬十月有"護羌校尉段熲擊當煎羌"之事,九年秋七月有"沈氏羌寇武威、張掖"之事。永康元年春正月有"先零羌寇三輔……當煎羌寇武威"之事。獨不見載於元嘉年間,或史有厥文。羌族寇邊是當時重要之史事,朝廷徵發男丁很多,以至於農田全由婦女耕作,人民負擔過重,敢怒而不敢言。嚨胡,喉之俗稱,《日知錄》卷三十二:"古人讀侯爲胡。"即喉嚨。鼓動喉嚨,把話咽下不說出來。這首童謠直接影響着杜甫的詩歌創作,如其《大麥行》"大麥乾枯小麥黃,婦女行泣夫走藏;東至集壁西梁洋,問誰腰鐮胡與羌",又《兵車行》"縱有健婦把鋤犁,禾生壟畝無東西"等,從內容到形式都有這首童謠之影跡。

《城上烏童謠》是一篇譏刺貪政之歌謠。其詞云:

> 城上烏,尾畢逋。公爲吏,子爲徒。一徒死,百乘車。車班班,入河間。河間姹女工數錢,以錢爲室金作堂。石上慊慊舂黃粱。梁下有懸鼓,我欲擊之丞卿怒。

郭茂倩《樂府詩集》卷八十八關於這首童謠之題解引《後漢書・五行志》曰:"此皆謂爲政貪也。"即確切地揭示出此歌之主題。歌謠以比興領起全篇。"城上烏"以比居高位者,"尾畢逋"之尾,應作

《尚書·堯典》"鳥獸孳尾"解，指鳥獸交尾。意謂烏鴉交尾産卵孵雛之後，即逃走。逋，逃亡也。以比人君不愛其民，令人民嗷嗷待哺。"公爲吏，子爲徒"，公即翁，亦即父。謂居高位者多父子相襲，猶如吏徒相繼，貪暴不改。"一徒死"以下四句，言桓帝死後，群臣驅車至河間迎立劉宏，是爲靈帝。靈帝劉宏母董太后是河間人，據《後漢書·靈帝紀》劉宏十二歲即位，其母年齡不會很大，故稱"姹女"，暗寓貶意。董氏貪財，多方聚斂，所謂"工數錢"。她參預朝政，令靈帝賣官鬻爵。《後漢書》卷八《靈帝紀》云："光和元年……初開西邸賣官。自關內侯、虎賁、羽林入錢各有差，私令左右賣公卿：公千萬，卿五百萬。""中平二年，造萬金堂於西園。……四年賣關內侯，假金印紫綬傳世，入錢五百萬。"説明劉宏賣官，其初僅賣一輩，後來又賣傳宗接代。如此則堆積金錢盈堂滿室，即"以錢爲室金爲堂"。"石上"句，石，指搗米之臼。慊慊，心懷不滿之意。此寫被榨取之百姓窮年力作之心態。"梁下有懸鼓"二句，懸鼓，即朝堂上懸挂之"諫鼓"，以供百姓擊鼓申冤。丞卿，指一般官吏。官吏們怒擊鼓者，即不許申冤。要之，即詠嘆封建統治者聚斂不已，而被剥削人民連申冤的權利都没有，成爲永遠被榨取的對象，表露了廣大人民之滿腔憤怒。

　　綜觀東漢樂府詩之内容是多方面的，它幾乎涉及漢代社會之各個生活側面，從政治制度到兵役制度，從社會人情到男女戀情，從地主階級之豪奢到下層人民之窮困，都在其中得到真實的反映。可以説，它是一部形象的漢代社會生活史。在描寫手法上，采取樸素自然的語言，運用鋪陳叙事的體裁，提煉新穎曲折的情節，塑造鮮明生動的人物，構成一種新的文學樣式，爲漢代及其以後的文學注入了新的血液、新的生命。

## 第七節　古　詩

　　所謂"古詩",一般指漢代樂府中未曾入樂,或原曾入樂而失去標題,并脫離了音樂的歌辭,在社會上流傳已久,無專門名詞,因此泛稱之爲"古詩"。"古詩"與"樂府"之區別,主要在於是否入樂。但是,有的詩歌既稱之爲"樂府",又稱之爲"古詩",這説明它既曾入樂,又失去了合樂之標題,以致難以嚴格區分。

　　我們這裏論述的古詩主要是五言古詩,與樂府之雜言者絕然不同;而且這些五言古詩主要是抒情的,與樂府之主要爲敘事者又不同。五、七言古詩孕育於西漢武帝之後,形成於東漢時期,特別是五言詩成爲東漢時期主要的詩歌形式,並得到比較充分的發展。

### 一、古詩十九首

　　古詩十九首的出現標誌着五言詩發展到成熟階段,開啓了以歌詠人生、反映現實爲主要内容的個人抒情之作的先河。

　　古詩十九首最早著録於蕭統之《文選》。但"古詩"究竟有多少篇? 年代久遠,大都散佚,不可詳考,然可以斷言絕非止十九首之數。鍾嶸《詩品》卷上云:

　　　　古詩,其體原出於《國風》。陸機所擬十四首,文温以麗,
　　意悲而遠,驚心動魄,可謂幾乎一字千金。其外《去者日以
　　疏》四十五首,雖多哀怨,頗爲總雜。

鍾嶸所見並非全部,已有五十九首之多,其未見者亦必甚夥,但是,因爲《文選》只著録了十九首,後人便以十九首稱之。

　　《古詩十九首》之作者爲誰? 衆説紛紜,莫衷一是。鍾嶸《詩

品》説"人代冥滅"，也弄不清楚。《文選》卷二十九李善注云：

> 古詩，蓋不知作者，或云枚乘，疑不能明也。詩云"驅車上
> 東門"，又云"游戲宛與洛"，此則辭兼東都，非盡是乘明矣。

枚乘是西漢人，豈能寫東漢事？故云枚乘所作，是不可信的。又
《文心雕龍》卷二《明詩》篇云：

> 又古詩佳麗，或稱枚叔，其《孤竹》一篇，則傅毅之詞，比
> 采而推，兩漢之作乎？

劉勰也不能明言作者是誰，只是由於枚乘是西漢人，傅毅是東漢
人，而籠統地説是兩漢人所作。《玉臺新詠》則徑直以其中之八首
如《青青河畔草》、《西北有高樓》、《涉江采芙蓉》、《庭中有奇樹》、
《迢迢牽牛星》、《東城高且長》、《明月何皎皎》、《行行重行行》爲
枚乘所作，未免武斷，不足取。我們認爲沈德潛的意見最爲妥貼，
其《説詩晬語》卷上云：

> 《古詩十九首》，不必一人之辭，一時之作。大率逐臣棄
> 妻、朋友闊別、游子他鄉、死生新故之感；或寓言、或顯言、或反
> 覆言，初無奇闢之思、驚險之句，而西京古詩，皆在其下。是爲
> 《國風》之遺。

他既指出《古詩十九首》非一人之辭，一時之作，又概括出其主要
内容和藝術手法。態度比較謹慎，見解也切合實際，可從。

　《古詩十九首》作於何時？蕭統《文選》卷二十九將其次於蘇、
李詩之前，屬意爲漢代之作，而不敢明言西漢或東漢。李善注謂
"辭兼東都"，言語之間謂主要是西漢之作，同時也雜有東漢的作
品。關鍵問題在對《明月皎夜光》詩中之"玉衡指孟冬"一句如何
理解。李善據此以爲此是太初改曆以前的作品，因爲其時以十月

爲歲首,孟冬是今之七月。但是,詩中所詠之"促織"、"秋蟬"、"白露"、"玄鳥(燕)"皆秋天景色,與冬日之景象不符。我們認爲"孟冬"之"冬"應爲"秋"字之訛。元劉履《選詩補注》即將"冬"字改爲"秋"字。尋古詩"秋"字訛爲"冬"字者,不乏其例。如《文選》卷二十三劉楨《贈五官中郎將》云:

> 自夏涉玄冬,彌曠十餘旬。

孫志祖《文選考異》辨之云:

> "自夏涉玄冬,彌曠十餘旬",《説文繫傳》厂部疧字,引作"自夏及徂秋,曠爾十餘旬"。按若自夏涉冬,則不止十餘旬矣。且詩三章明云秋日多悲懷,是秋而非冬也。

孫志祖徵引《説文繫傳》以證劉楨詩中"冬"字爲"秋"。又《陶淵明集》卷二《於王撫軍座送客》詩云:

> 秋日悽且厲,百卉具已腓。

而宋曾本《陶淵明集》即將"秋"字訛爲"冬"。按此二句襲用《詩·小雅·四月》"秋日悽悽,百卉俱腓"之意,以"秋"字爲是。以上兩例可以作爲《古詩十九首》中"孟秋"訛爲"孟冬"之佐證。如此,則可以確定《明月皎夜光》爲東漢之作,其時之曆法與今天之夏曆完全一致。再聯繫到其他各首"辭兼東都",則《古詩十九首》俱應是東漢作品,而且應是東漢末年之作,因爲從漢詩發展之情況看,若非東漢末年,不可能出現如此成熟之五言詩。

　　《古詩十九首》是各自獨立之篇章,但卻有共同的思想傾向,即表現失意士子羈旅之悲愁和空閨思婦寂寞之哀思。游子之慨、思婦之情構成其基本內容。但是,其中有些思婦之辭並非思婦本人所作,而是出於游子之虛擬,游子在潦倒客愁中,設想妻子之離別相思，發爲文辭，乃成篇什。所以，此十九首之詩，主要是失意文人所作，抒發了他們的人生感慨和不平。以下我們依據《文選》的編次，選擇其中一部分爲例。

《行行重行行》：

> 行行重行行，與君生別離。相去萬餘里，各在天一涯；道路阻且長，會面安可知！胡馬依北風，越鳥巢南枝。相去日已遠，衣帶日已緩；浮雲蔽白日，游子不顧反。思君令人老，歲月忽已晚。棄捐勿復道，努力加餐飯！

此詩舊解爲逐臣之辭，未免牽強。應是思婦與其夫生離死別之辭。如生別離，乃用《楚辭·九歌·少司命》"悲莫悲兮生別離，樂莫樂兮新相知"之意，即詠男女生離猶死別。"胡馬"二句，據僞蘇武詩云："黃鵠一遠別，千里顧徘徊；胡馬失其羣，思心常依依。……願爲雙黃鵠，送子俱遠飛。"其前四句，所用比興與此二句略同，表現懷戀鄉土之情。惟其末二句，不獨懷戀鄉土而已，亦抒男女離別之情。"相去日已遠"二句用《古樂府歌》"離家日趨遠，衣帶日趨緩"之意，明言離家，則此詩本意爲男女離別之辭無疑。"加餐飯"，古樂府《飲馬長城窟行》："上言加餐飯，下言長相憶。"是當時安慰他人之習慣用語。全詩可分前後兩部分，前部分六句寫離別時之情景，後部分十句寫相思之悲切。思婦盡情地申訴相思之苦，但其丈夫終竟不能回來，相思又有甚麼必要？只好勸告丈夫保重身體吧！可謂言有盡而情無窮！

《青青河畔草》：

> 青青河畔草，鬱鬱園中柳。盈盈樓上女，皎皎當牕牖；娥娥紅粉粧，纖纖出素手。昔爲倡家女，今爲蕩子婦；蕩子行不歸，空牀難獨守。

此詩爲倡家女嫁人之後，其夫遠游，自己不甘寂寞之辭。首二句以
"河畔草"、"園中柳"起興，草色青青比喻蕩子天涯漂泊遠游未歸，
如《飲馬長城窟行》："青青河畔草，綿綿思遠道。"柳枝鬱鬱比喻離
別之苦，漢人有"折柳送別"之風習。中四句寫蕩子婦形貌之美，
連用四個疊字將其嬌艷儀態形容盡了。末四句寫蕩子婦之心態，
所謂倡家女，《漢書》卷二十八下《地理志》云："趙中山地薄人
衆……丈夫相聚游戲，悲歌忼慨，起則椎剽掘冢，作姦巧，多弄物，
爲倡優。女子彈弦跕躡，游媚富貴，徧諸侯之後宮。"倡家，即後代
所謂"樂籍"。倡家女，即歌妓。漢代職業藝人之思想比較開放，
無從一而終之禮法觀念，此詩所寫之倡家女即不甘心獨守空房，與
上一首《行行重行行》所寫之思婦是兩個絕然不同的形象，表現了
兩種不同的精神生活和心理狀態，反映了不同的生活側面。在語
言上善於運用疊字，顧炎武《日知錄》卷二十一《詩用疊字》條云：
"古詩'青青河畔草……'，連用六疊字，亦極自然，下此即無人
可繼。"

　　《西北有高樓》：

　　　　西北有高樓，上與浮雲齊；交疏結綺牕，阿閣三重階。上
　　有絃歌聲，音響一何悲！誰能爲此曲？無乃杞梁妻。清商隨
　　風發，中曲正徘徊；一彈再三歎，慷慨有餘哀。不惜歌者苦，但
　　傷知音稀！願爲雙鴻鵠，奮翅起高飛。

此詩應爲怨女之辭。論據有四：其一，此詩之命意與曹植《美女
篇》相似，當爲《美女篇》之藍本。曹植《美女篇》屬雜曲齊瑟行，則
此詩亦當爲齊風。其二，詩云"無乃杞梁妻"，杞梁妻哭夫之事，産
於齊國，此正用當地故實。其三，齊風體格舒緩，此詩云"一彈再三
歎"，與舒緩同科。其四，《漢書》卷二十八《地理志》云："齊地，始

桓公兄襄公淫亂,姑姊妹不嫁,於是令國中民家長女不得嫁,名曰巫兒,爲家主祠,嫁者不利其家,民至今以爲俗。痛乎!道民之道,可不慎哉!"其俗如史書所述,則齊地怨女之多可以想見。以上論證皆足以説明此詩爲怨女之所作。

詩之首四句寫歌者所在。意謂樓之窗櫺刻木爲透花,如綺紋相連結,座落在三重臺階之上。阿閣,本義爲四面有曲簷之樓。這裏用法當有所不同,意猶秦之阿房,阿是發語詞。此極寫樓閣之高峻與精致。中八句寫歌聲。據劉向《列女傳》,齊人杞梁殖之妻,以善哭其夫,著稱於當時。古樂府《琴曲》有《杞梁妻歎》。《琴操》云:"《杞梁妻歎》者,齊邑杞梁殖之妻所作也。殖死……妻援琴而鼓之,曲終,遂自投淄水而死。"意謂其曲之悲可比《杞梁妻歎》,莫非杞梁妻一類寡婦所作?末四句寫歌者之感慨。不惜、但傷,相對成文,謂堪痛惜者並非歌者曲調所傳達之心中痛苦,而是歌者心中之痛苦無人理解。"願爲"二句,乃詩之主旨,以雙鵠共飛,向其所思念者表心意,是歌者之深情所在。然正如陸時雍所説:"空中送情,知向誰是?言之令人悱惻。"(《古詩鏡》)情無所寄,豈不更加悲哀。

《涉江采芙蓉》:

　　涉江采芙蓉,蘭澤多芳草。采之欲遺誰?所思在遠道。
還顧望舊鄉,長路漫浩浩。同心而離居,憂傷以終老。

此詩爲游子懷念遠在家鄉的妻子之辭。芙蓉,有水陸兩種,水芙蓉即蓮花,陸芙蓉即木蓮。古時男女往往投贈之以表衷情,如《楚辭·九歌·湘君》:"采薜荔兮水中,搴芙蓉兮木末。"蘭澤,生長蘭草之湖沼。芳草,指蘭,如《楚辭·離騷》:"蘭芷變而不芳兮,荃蕙化而爲茅。何昔日之芳草兮,今直爲此蕭艾也。"即以芳草稱蘭。

同心，《易·繫辭》：“二人同心，其利斷金。同心之言，其臭如蘭。”
這裏指男女愛情關係。離居，與同心對稱，《楚辭·九歌·大司
命》：“折疏麻兮瑶華，將以遺兮離居。”詩歌先詠由相思而采芳草
欲有所贈，次詠道路悠遠，欲贈不能，最後詠同心人分隔兩地，憂傷
無可排遣。末兩句點題，謂其所終老憂傷者乃在“同心”之人而
“離居”。此詩在遣詞造句方面皆襲用《楚辭》，其精神境界也是自
《楚辭》化出。

　　《明月皎夜光》：

> 明月皎夜光，促織鳴東壁；玉衡指孟冬，衆星何歷歷！白
> 露霑野草，時節忽復易；秋蟬鳴樹間，玄鳥逝安適？昔我同門
> 友，高舉振六翮；不念携手好，棄我如遺跡。南箕北有斗，牽牛
> 不負軛；良無盤石固，虚名復何益！

此詩爲同門師兄弟中之失意者怨恨顯貴者不相援引之辭。“明
月”句，用《詩·陳風·月出》“月出皎兮”之意。“促織”句，《詩·
豳風·七月》：“七月在野，八月在宇，九月在户，十月蟋蟀入我牀
下。”天氣漸凉，草蟲就暖，鳴在東壁，即“在宇”、“在户”之意。玉
衡，北斗七星自第一星至第四星成勺形，爲斗魁；自第五星至第七
星成一直綫，爲斗柄，斗柄三星爲玉衡。古人以斗星所指之方位辨
識節令之推移。孟冬，疑當作孟秋，下文之白露、秋蟬、玄鳥皆秋景
可證，《禮記》卷五《月令》：“孟秋之月……白露降，寒蟬鳴。”又：
“仲秋之月……玄鳥（燕）歸。”携手好，《詩·邶風·北風》：“惠而
好我，携手同行。”古人用携手表示親愛。遺跡，《國語·楚語下》：
“（楚）靈王不顧於民，一國棄之，如遺跡焉。”意謂同門友飛黄騰
達，青雲得路，對舊好毫無顧念之意。南箕、北斗、牽牛，《詩·小雅
·大東》：“維南有箕，不可以簸揚，維北有斗，不可以挹酒漿。”

"睆彼牽牛,不以服箱。"此三星皆有其名,而無其實,借以諷刺同
門友徒具同門之名,而無真實交誼。全詩可分三段,首段八句描寫
景物,引起時節變易之感;次段四句敘述新貴棄舊交之事,引起自
己之怨恨;三段四句抒發所謂同門友不過是虛有其名之感慨! 結
構完整,無斧鑿痕跡,天然渾成。

《冉冉孤生竹》:

> 冉冉孤生竹,結根泰山阿。與君爲新婚,兔絲附女蘿。兔
> 絲生有時,夫婦會有宜;千里遠結婚,悠悠隔山陂。思君令人
> 老,軒車來何遲! 傷彼蕙蘭花,含英揚光輝。過時而不采,將
> 隨秋草萎。君亮執高節,賤妾亦何爲!

此詩爲女子新婚後與丈夫久別之怨辭。格調與《行行重行行》相
似,可稱姊妹篇。首四句皆用比興,孤竹,喻己婚前之孤苦;結根泰
山,喻寄望於嫁一個可以依靠的丈夫。兔絲、女蘿,同爲蔓生植物,
皆須依附它物生長,兔絲所以自比,以女蘿比丈夫。意謂婚後好像
柔弱之兔絲附着柔弱之女蘿,仍得不到依靠。次六句叙述久別之
苦,生有時、會有宜,以兔絲之繁盛有時,比夫妻當及時相聚,然現
實是重山遠隔,不得相見,奈何? 又次四句以蕙蘭自喻,謂賞花當
及時,時過即衰,有美人遲暮之感。末二句是自慰之辭。亮,信也;
高節,指愛情堅貞。意謂相信其丈夫會守節不移,又何必自傷呢?
此詩采用比喻手法表現思婦性格之溫柔、形貌之美麗以及相會難
期、顧影自憐、珍惜青春之心境。在題材上給杜甫《新婚別》的創
作以直接影響。

《庭中有奇樹》:

> 庭中有奇樹,綠葉發華滋;攀條折其榮,將以遺所思。馨
> 香盈懷袖,路遠莫致之。此物何足貴,但感別經時。

此詩爲思婦懷念遠在異鄉的丈夫之辭，與《涉江采芙蓉》之寫游子懷念妻子有異曲同工之妙。奇樹，猶嘉樹，蔡質《漢官典職儀式選用》：“宮中苑……種奇樹。”華滋，猶言光澤。榮，《爾雅》卷下《釋草》：“木謂之華，草謂之榮。”這裏用作木華。“路遠”句，用《詩·衛風·竹竿》“豈不爾思，遠莫致之”之意。別經時，是全詩意旨所歸。朱筠《古詩十九首説》：“因人而感到物，由物而説到人。……因意中有人，然後感到樹。蓋人之相別，卻在樹木發華之前，睹此華滋，豈能漠然？‘攀條折其榮，將以遺所思’，因物而思緒百端矣。”此詩在手法上與《冉冉孤生竹》之用“比”不同，而是通篇用“興”，借采木華表現經時遠別的相思之感。意象千回百轉，蘊藉深厚，韻味無窮。

《迢迢牽牛星》：

> 迢迢牽牛星，皎皎河漢女。纖纖擢素手，札札弄機杼；終日不成章，泣涕零如雨。河漢清且淺，相去復幾許？盈盈一水間，脈脈不得語。

此詩借牛女不能相會之事寫思婦哀怨之辭。牽牛星、河漢女，《焦林大斗記》云：“天河之西，有星煜煜，與參俱出，謂之牽牛；天河之東，有星微微，在氐之下，謂之織女。”牽牛、織女爲夫妻之故事，大約始於西漢。《詩·小雅·大東》：“跂彼織女，終日七襄，雖則七襄，不成報章。”又《詩·邶風·燕燕》：“瞻望弗及，泣涕如雨。”由於哀愁之極，泣涕悲傷，心不在焉，以致紡織不成經緯文理。相去幾許，謂距離很近，周密《癸辛雜識》前集云：“以星曆考之，牽牛去織女，隔銀河七十二度。”織女與牽牛僅一水之隔，只是脈脈相視，卻不能講話，互訴衷情。這是爲甚麼？詩人對他們的悲劇只作事實叙述，未加任何評論，但她自己的離別之恨即滲透其中。在描寫手法上與《青青河畔草》相似,也善用疊字,張庚《古詩十九首解》云:"'青青'章雙疊字六句,連用在前;此章雙疊字亦六句,卻截二句在結處,遂彼此各成一奇局。"

《去者日以疎》:

> 去者日以疎,來者日以親;出郭門直視,但見丘與墳。古墓犁爲田,松柏摧爲薪。白楊多悲風,蕭蕭愁殺人。思還故里閭,欲歸道無因。

此詩爲游子身經離亂而思鄉之辭。去者、來者,可以解作日月,也可以解作人。解作人,指死者和生者。《論語·子罕》"後生可畏,焉知來者之不如今也"是也。意謂去者自去,來者自來,眼前之墳墓便是人生之歸宿,然滄海桑田,就連墳墓也不能長久保存,回家吧,道路阻塞,又回不去,奈何! 抒發了人生無限的悲痛和感慨!

《孟冬寒氣至》:

> 孟冬寒氣至,北風何慘栗! 愁多知夜長,仰觀衆星列。三五明月滿,四五蟾兔缺。客從遠方來,遺我一書札。上言長相思,下言久離別。置書懷袖中,三歲字不滅。一心抱區區,懼君不識察。

此詩爲思婦懷念丈夫之辭。三五,十五日,即望。四五,二十日,下弦。蟾兔,《後漢書》卷二十《天文志上》"言其時星辰之變"梁劉昭注:"羿請無死之藥於西王母,姮娥竊之以奔月。……姮娥遂身託於月,是爲蟾蜍。"又《楚辭·天問》:"夜光何德,死則又育? 厥利維何,而顧菟在腹?"蓋月中陰影,古代傳說爲蟾蜍和白兔。詩中之前六句寫思婦之愁恨,在漫長之冬夜,愁極無聊,只有空對星月之變化而已。下八句追述接到丈夫之書札已經三年,仍保存完好,字跡不滅,這種拳拳忠愛之心,丈夫可曾知道? 朱筠《古詩十九首説》云："至'客從遠方來'，別開境界，別訴懷抱，所謂無聊中無端懷舊，亦欲借以排遣也。"對詩人之真實情感，體味可謂深矣！

　　從以上列舉若干首詩，可以見出《古詩十九首》在思想、藝術方面的成就。陳祚明《采菽堂古詩選》卷三對此作了綜合評述：

　　　《十九首》所以爲千古至文者，以能言人同有之情也。人情莫不思得志，而得志者有幾？雖處富貴，慊慊猶有不足，況貧賤乎？志不可得，而年命如流，誰不感慨？人情於所愛莫不欲終身相守，然誰不有別離？以我之懷思，猜彼之見棄，亦其常也。夫終身相守者不知有愁，亦復不知有樂；乍一別離，則此愁難已。逐臣、棄妻與朋友闊絶皆同此旨。故《十九首》惟此二意，而低徊反復，人人讀之皆若傷我心者，此詩所以爲性情之物，而同有之情人人各具，則人人本自有詩也；但人有情而不能言，即能言而言不能盡，故特推《十九首》以爲至極。

他既説明《古詩十九首》皆沈淪失意之文人所作，又説明其内容爲抒發"逐臣、棄妻與朋友闊絶"之哀愁、相思、離別之情。這種情是人類所共有，因此能引起人們强烈的共鳴。其論述，頗得要領。

　　《古詩十九首》除了内容爲寫失意文士羈旅之愁和空閨思婦寂寞之思外，在藝術手法上主要是抒情。其抒情體格，或委宛含蓄、餘意無窮，或激昂慷慨、曲折盡致，或變化多端、淋灕酣暢。陸時雍《古詩鏡》云：

　　　《十九首》深衷淺貌，短語長情。

即説明其以淺語、短語，表現深情、長情。又胡應麟《詩藪内編》卷二云：

　　　《古詩十九首》及諸雜詩，隨語成韻，隨韻成趣；詞藻氣骨,略無可尋,而興象瓏瓏,意致深婉,真可以泣鬼神,動天地。

所謂"興象"、"意致"即詩歌抒情之形象用語,正是這種"隨語成韻,隨韻成趣"所傳達之情,才能"泣鬼神,動天地"。抒情是《古詩十九首》之主要特點,也是其最感人之所在。

《古詩十九首》以格古調高、詞婉意微歌詠人生,反映現實生活,對五言詩之發展,有劃時代的意義。

## 二、《悲憤詩》與《焦仲卿妻》

五言詩發展到東漢末年,產生了兩篇巨製,其一是《悲憤詩》,其二是《焦仲卿妻》。

《悲憤詩》是一首自叙生平之長詩。據《後漢書》卷一百十四《列女傳·董祀妻》記載爲蔡琰所作。蔡琰字文姬,陳留圉(今河南省杞縣南)人,是蔡邕之女,博學有才辯,又妙於音律。初嫁河東衛仲道,夫亡無子,回家居住。興平中,天下喪亂,文姬爲胡騎所獲,没於南匈奴左賢王。在匈奴十二年,生二子。曹操素與邕善,痛其無嗣,乃遣使者以金璧贖之,重嫁同郡董祀。祀爲屯田都尉,犯法當死,琰親見曹操,哀求赦免,辭音悲切,曹操感其言,免祀死罪。蔡琰"後感傷亂離,追懷悲憤,作詩二章",一爲五言,一爲騷體。這裏所論述者爲五言。詩之開篇寫董卓之亂,直稱"漢季失權柄,董卓亂天常"。按蔡琰歸漢,離董卓之亂年代很近,而且漢尚未亡,她未必敢如此大膽地貶斥,因此,此詩可能不是出於蔡琰之手筆。雖然非蔡琰所作,但其以激昂酸楚之辭、懇切悽惋之情叙述蔡琰一生種種不幸遭遇,取得很高的文學成就,在五言詩的發展史上具有重要地位,也應當特別加以論述。

此詩凡一百零八句,依內容可以分爲三個段落,從董卓作亂、自己被擄入胡叙述起一直到辭別幼子回國、還鄉再嫁爲止,可以説是蔡琰一生之血淚史。其第一段叙述遭亂被擄之悲苦景況：

　　　　漢季失權柄，董卓亂天常。志欲圖篡弑，先害諸賢良。逼
　　迫遷舊邦，擁主以自强。海內興義師，欲共討不祥。卓衆來東
　　下，金甲耀日光。平土人脆弱，來兵皆胡羌。獵野圍城邑，所
　　向悉破亡。斬截無孑遺，尸骸相撑拒。馬邊懸男頭，馬後載婦
　　女。長驅西入關，迴路險且阻。還顧邈冥冥，肝脾爲爛腐。所
　　略有萬計，不得令屯聚。或有骨肉俱，欲言不敢語。失意機微
　　間，輒言“弊降虜。要當以亭刃，我曹不活汝”。豈復惜性命，
　　不堪其詈駡。或便加棰杖，毒痛參并下。旦則號泣行，夜則悲
　　吟坐，欲死不能得，欲生無一可。彼蒼者何辜？乃遭此戹禍。

這是對東漢末年戰亂社會歷史之真實表述。東漢皇帝，多半短命，
皇后抱幼子臨朝，號稱太后，其實則是年輕的寡婦。她們怕見朝
臣，因此任用娘家兄弟（外戚）和左右閽豎（宦官）處理國政。外戚
自恃親貴，往往驕橫擅權，無視幼主。及幼主長大，則又結納宦官，
奪回政權。外戚、宦官既不相能，便互相傾軋。因而漢末政權並不
集中在皇帝手中，而旁落於外戚、宦官，即所謂“漢季失權柄”。
“董卓亂天常”以下七句，據《後漢書》卷一百零二《董卓傳》云：
“董卓字仲穎，隴西臨洮人也。性粗猛有謀，少嘗游羌中，盡與豪帥
相結……桓帝末，以六郡良家子爲羽林郎，從中郎將張奐爲軍司
馬，共擊漢陽叛羌，破之，拜郎中……稍遷西域戊己校尉，坐事免，
後爲并州刺史，河東太守。中平元年，拜東中郎將……拜卓破虜將
軍……（以禦邊章、韓遂功）封斄鄉侯，邑千户。……及靈帝寢疾，
璽書拜卓爲并州牧……於是駐兵河東，以觀時變。及帝崩，大將軍
何進、司隸校尉袁紹謀誅閹宦，而太后不許，乃私呼卓將兵入朝，以
脅太后。卓得召，即時就道。……復集群僚於崇德前殿，遂脅太

后,策廢少帝(劉辯)……爲弘農王,乃立陳留王(劉協),是爲獻
帝;又議太后(靈帝何皇后)蹙迫永樂太后(靈帝母董皇后)……遷
於永安宮,遂以弒崩。卓遷太尉領前將軍事加節傳斧鉞虎賁,更封
郿侯……尋進卓爲相國,入朝不趨,劍履上殿。……是時洛中貴戚,
室第相望,金帛財産,家家殷積。卓縱放兵士,突其廬舍,淫略婦
女,剽虜資物,謂之搜牢,人情崩恐,不保朝夕。及何后葬,開文陵
(靈帝陵),卓悉取藏中珍物。又姦亂公主,妻略宮人,虐刑濫罰,
睚眦必死。群僚内外,莫能自固。……而猶忍性矯情,擢用群
士……以尚書韓馥爲冀州刺史,侍中劉岱爲兗州刺史。陳留孔
伷爲豫州刺史,潁川張咨爲南陽太守。……初平元年,馥等到
官,與袁紹之徒十餘人各興義兵,同盟討卓,而伍瓊、周珌陰爲
内主。初靈帝末,黄巾餘黨郭太等復起西河白波谷,轉寇太原,
遂破河東,百姓流轉三輔,號爲白波賊,衆十餘萬。卓遣中郎將
牛輔擊之,不能卻。及聞東方兵起,懼,乃鴆殺弘農王,欲徙都長
安。會公卿議,太尉黄琬、司徒楊彪廷爭不能得。而伍瓊、周珌又
固諫之。……遂斬瓊、珌。……於是遷天子西都。……盡徙洛陽
人數百萬口於長安,步騎驅蹙,更相蹈藉,飢餓寇掠,積尸盈路。卓
自屯留畢圭苑中,悉燒宮廟官府居家,二百里内,無復孑遺。又使
呂布發諸帝陵及公卿已下冢墓,收其珍寶。時長沙太守孫堅,亦率
豫州諸郡兵討卓。卓先遣將徐榮、李蒙四出虜掠,遇堅於梁,與戰,
破堅,生擒潁川太守李旻烹之。卓所得義兵士卒,皆以布纏裹,倒
立於地,熱膏灌殺之。時河内太守王匡,屯兵河陽津,將以圖
卓……卓破之,死者略盡。……卓諷朝廷,使光禄勲宣璠持節拜卓
爲太師,位在諸侯王上。乃引還長安,百官迎路拜揖,卓遂僭擬車
服,乘金華青蓋爪畫兩轓,時人號竿摩車,言其服飾近天子也。以
弟旻爲左將軍,封鄠侯;兄子璜爲侍中中軍校尉,皆典兵事。於是

宗族內外並居列位，其子孫雖在髫齔，男皆封侯，女爲邑君。數與百官置酒宴會，淫樂縱恣。乃結壘於長安城東以自居，又築塢於郿，高厚七丈，號曰萬歲塢。積穀爲三十年儲，自云：‘事成，雄據天下；不成，守此足以畢老。’”即此七句所隱括之歷史事實。

　　“卓衆來東下”，指初平三年，董卓部下李傕、郭汜等率兵去關東，大掠陳留、潁川諸縣。《後漢紀》卷二十七《獻帝紀》云：“（初平）三年春正月，丁丑，大赦天下。牛輔遣李傕、郭汜、張俛、賈詡出兵擊關東，先向孫堅。堅移屯梁東，大爲傕等所破，堅率千騎潰圍而去。復相合，戰於陽人，大破傕軍，傕遂掠至陳留、潁川。”又《後漢書·董卓傳》云：“初卓以牛輔子壻，素所親信，使以兵屯陝。輔分遣其校尉李傕、郭汜、張濟將步騎數萬，擊破河南尹朱儁於中牟，因掠陳留、潁川諸縣，殺略男女，所過無復遺類。”蔡琰被擄，當在此時。“來兵皆胡羌”，指卓及李傕部下多羌胡人，《董卓傳》云：“六年，徵卓爲少府，不肯就，上書言：‘所將湟中義從及秦胡兵皆詣臣曰：“牢直不畢，廩賜斷絕，妻子飢凍。”牽挽臣車，使不得行，羌胡敝腸狗態，臣不能禁止。’”又《後漢紀》卷二十八《獻帝紀》云：“于是李傕召羌胡數千人，先以御物繒綵與之，許以宮人婦女，欲令攻郭汜。”皆其證。“馬邊懸男頭，馬後載婦女。”《董卓傳》云：“卓嘗遣軍至陽城，時人會於社下，悉令就斬之，駕其車重，載其婦女，以頭繫車轅，歌呼而還。”這些詩句都可以與史書之記載相參證。

　　“長驅西入關”，指卓兵從函谷關東下，大肆擄掠之後，又回歸關內。不得令屯聚，謂不令得屯聚。機微間，微末之事中間。“弊降虜”以下三句，乃卓衆胡兵所言。弊，即斃。亭刃，沈欽韓《後漢書疏證》曰：“亭蓋事之誤，《前書·蒯通傳》：‘事刃於公之腹。’作亭止解，不可通。”意謂殺了爾等俘虜，不再養活你們了。“彼蒼者何辜”，痛楚之極，乃呼蒼天自訴其無罪也。

　　此叙述自己蒙難之歷史背景，董卓部衆掠奪、殺戮之殘酷，以及被俘入關途中活不成也死不了的苦楚，因此，號泣、悲吟，無可奈何而呼蒼天，對自己之不幸遭遇作血淚的控訴。

　　其第二段叙述轉入南匈奴後，懷鄉念親和與子訣別之慘痛場面：

　　　　邊荒與華異，人俗少義理。處所多霜雪，胡風春夏起，翩翩吹我衣，肅肅入我耳。感時念父母，哀嘆無窮已。有客從外來，聞之常歡喜。迎問其消息，輒復非鄉里。邂逅徼時願，骨肉來迎己。己得自解免，當復棄兒子。天屬綴人心，念別無會期。存亡永乖隔，不忍與之辭。兒前抱我頸，問“母欲何之？人言母當去，豈復有還時？阿母常仁惻，今何更不慈？我尚未成人，奈何不顧思”！見此崩五内，恍惚生狂癡。號泣手撫摩，當發復回疑。兼有同時輩，相送告離別。慕我獨得歸，哀叫聲摧裂。馬爲立踟躕，車爲不轉轍。觀者皆歔欷，行路亦嗚咽。

“邊荒與華異”之“邊荒”，指南匈奴，即今内蒙古自治區伊克昭盟一帶（從譚其驤《蔡文姬的生平及其作品》説）。蔡琰何時入南匈奴之手，史無明文，本詩亦未曾叙及。據推斷應在李傕、郭汜等軍爲南匈奴左賢王所破時。按關鍵在李傕、郭汜等和南匈奴的一次戰爭。《後漢書》卷九《獻帝紀》：“壬申，幸曹陽，露次田中，楊奉、董承引白波帥胡才、李樂、韓暹及匈奴左賢王去卑率師奉迎，與李傕等戰，破之。”《董卓傳》與《南匈奴傳》有同樣之記載，不過稱去卑爲右賢王。又《後漢紀》卷二十八《獻帝紀》：“董承、楊奉間使至河東，招故白波帥李樂、韓暹、胡才及匈奴右賢王去卑帥其衆來，與傕等戰，大破之，斬首數千級。”也稱右賢王去卑。且不管去卑之稱號是右賢王或左賢王，重要者爲南匈奴軍與李傕、郭汜軍交戰，取得很大勝利。這件事范曄與袁宏都記叙在興平二年十一月,和《董祀妻傳》所記蔡琰入南匈奴之年代正相符合。由於南匈奴軍之勝利,李、郭軍中之子女玉帛轉移到他們手中,是自然之事。蔡琰同時被轉入南匈奴軍,最爲可能。如此,則可以明確:蔡琰於初平三年在陳留被李傕等軍中之胡羌擄掠入關,至興平二年冬又流入南匈奴,十二年後被贖。

　　"人俗少義理",指入胡被蹂躪、侮辱,不便明言,故以"少義理"隱括之。"邂逅徼時願",用《詩·鄭風·野有蔓草》"邂逅相遇,適我願兮"之意。不期而會爲邂逅,徼幸相會也。天屬,天然之血屬關係。"見此崩五内,恍惚生狂癡。"五内即五臟。惠棟《后漢書補注》:"出《韋賢傳》。《論衡》云:‘五臟有病,則人荒忽。’荒忽則愚癡矣。"謂精神迷糊至於發狂。

　　此叙述邊地荒寒,自己苦念故鄉,使者來迎,如見親人,與子訣别,五内俱焚,如痴似狂,臨行時同輩"哀叫",觀者"歔欷",行人"嗚咽",馬爲之"立踟躕",車爲之"不轉轍",極盡生離死别之情!

　　其第三段叙述歸途所見和重嫁之憂:

> 　　去去割情戀,遄征日遐邁。悠悠三千里,何時復交會?念我出腹子,胸臆爲摧敗。既至家人盡,又復無中外。城郭爲山林,庭宇生荆艾。白骨不知誰,從横莫覆蓋。出門無人聲,豺狼號且吠。煢煢對孤景,怛咤糜肝肺。登高遠眺望,魂神忽飛逝。奄若壽命盡,旁人相寬大。爲復强視息,雖生何聊賴?託命於新人,竭心自勗厲。流離成鄙賤,常恐復捐廢。人生幾何時,懷憂終年歲。

"遄征日遐邁",猶言每日遄征而遐邁。遄征遐邁,義同語異。中外,猶中表,惠棟《後漢書補注》:"中外即中表也。《費鳳别碑》云:

'中表之恩情,兄弟與甥舅。'《十七帖》云:'與足下中表。'王宏撰注云:'舅姑之子。'""中"指舅父之子女,"外"指姑母之子女。怛咤,怛,傷痛;咤,嘆聲。糜,爛。奄若,急遽。寬大,寬解。強視息,勉强活下去。勖厲,勉勵,即竭盡全力敬待新人董祀。

　　此叙述歸途之中想起被捐棄之子,胸臆爲之摧敗,回家後親人死絶,惟見白骨縱横,尸骸相撑,滿目瘡痍,顧念自己之生命也將結束,即使勉强活着,又有何意趣? 雖託身新人,然自知卑賤,深恐再被抛棄。"人生幾何時,懷憂終年歲",自己之悲劇生涯無法擺脱,何時是盡頭? 怨艾之極!

　　詩人之目的在申訴自己一生之不幸遭際,但在叙述中卻充滿了感情,因此便把叙事與抒情緊密結合起來。叙事則使人如身臨其境,抒情則感人肺腑、摧人心肝。家國之念,親子之情交織在一起,作者以一支勾魂攝魄之筆,把那種"天屬綴人心"之情景寫盡了。陳祚明《采菽堂古詩選》卷四云:

　　　　文姬能寫真情,無微不盡,俚語出之則雅,實事狀之則活,此史遷手筆也。

即就叙事與抒情兩方面給予很高的評價。

　　《悲憤詩》是一篇自叙生平之作,由於作者之生平遭際與當時動亂之社會密切聯繫着,因此其所記述者不僅是個人之悲劇,而且是那個時代之悲劇,其所概括者不僅是個人之悲慘命運,而且是那個時代廣大被掠奪、被蹂躏之婦女之命運。通過對自己一生痛苦、悲慘遭遇之叙述,對那個動亂、黑暗、殘酷之時代提出血淚的控訴。此即本篇詩歌之價值和意義。

　　這是一篇成就卓越之五言長詩,在創作上它雖然吸收了漢樂府的一些優良傳統,但在成就上卻遠遠超過其以前之作品,並且在內容與寫作方法上對後代詩歌創作也産生了有益的影響。後代詩人自叙生平之作，乃多受其啓發而完成的，如杜甫的《自京赴奉先縣詠懷》、《北征》，即是從《悲憤詩》擴而大之者也。

《焦仲卿妻》不見於《文選》，劉勰《文心雕龍》、鍾嶸《詩品》也未曾評論過。最早見於徐陵《玉臺新詠》，題爲《古詩爲焦仲卿妻作》，郭茂倩《樂府詩集》收入《雜曲歌辭》中，題爲《焦仲卿妻》，今人習慣於取其首句，名之爲《孔雀東南飛》。

《焦仲卿妻》之題材，是歷代傳說、故事豐富、發展的結果。古代同類性質之故事，有韓憑、陳東美、華山畿等。韓憑故事見《搜神記》卷十一，他是戰國宋康王舍人，妻何氏，貌美，康王奪之，並罰韓憑築長城。不久，韓憑夫婦相繼自殺。鄉人埋之，兩塚相望。有梓木生於兩塚之端，根交於下，枝錯於上。又有鴛鴦雌雄各一，棲於樹上，交頸悲鳴，聲音感人。陳東美故事見《太平廣記》卷三百八十九引《述異記》，他是三國吳海鹽人，妻朱氏，有姿容，夫妻相重，寸步不離，時人號爲“比肩人”。後妻死，東美不食求死，家人哀之，乃合葬，未一歲，冢上生梓樹，同根二身，相抱合成一樹，每有雙鴻，常宿於上。華山畿故事見《樂府詩集》卷四十六《清商曲辭》引《古今樂錄》云，南朝宋少帝時，有南徐士子從華山畿往雲陽，見客舍一十八九歲女子，愛悅之而無因，遂感心疾而死。及葬日，車度華山，比至女門，車不前，牛不動。女妝點沐浴而出，歌曰：“華山畿，君既爲儂死，獨活爲誰施？歡若見憐時，棺木爲儂開。”棺應聲開，女遂入，乃合葬。這些故事都爲《焦仲卿妻》詩提供了梗概和素材，《焦仲卿妻》即在這些故事、傳說基礎上豐富、發展起來的。《玉臺新詠》於此詩前有序云：

　　　　漢末建安中，廬江府小吏焦仲卿妻劉氏爲仲卿母所遣，自
　　誓不嫁，其家逼之，乃没水而死。仲卿聞之，亦縊於庭樹。時

人傷之，爲詩云爾。

既説明此故事發生在廬江（漢廬江郡即今安徽省壽縣），又説明此詩在東漢末年已經完成，但最後寫定當在徐陵編《玉臺新詠》之時。

此詩凡三百五十三句，一千七百六十五字，是我國古代最長之叙事兼抒情詩。它描寫了劉蘭芝與焦仲卿合理之婚姻爲封建禮教迫害而演成的一場大悲劇。全詩可分爲三部分：第一部分寫劉蘭芝被婆母遣歸，其中包括請遣、求情、話別、辭歸、密誓五個情節；第二部分寫劉蘭芝被逼改嫁，其中包括還家、謝媒、逼婚、催妝、誓死、別母六個情節；第三部分寫共同殉情，其中包括雙殉、合葬兩個情節。全詩通過波瀾起伏之情節，揭示了劉蘭芝、焦仲卿婚姻悲劇之根源在焦母的驅遣和太守的逼嫁。

第一部分之中心內容是表現《禮記·內則》所謂"子甚宜其妻，父母不悦，出"這種封建禮教對青年婚姻之迫害。劉蘭芝工於女紅，知書識禮，並以封建之婦道律己，卻仍然遭到婆母之嫌棄，儘管焦仲卿請求不要驅遣，並立誓"終老不復取"，也得不到母親之同情與許諾。詩之首二句"孔雀東南飛，五里一徘徊"采用古《艷歌何嘗行》"飛來雙白鵠，乃從西北來……五里一反顧，六里一徘徊"句意，此爲漢代民歌之習慣用語，可以説明此詩之民歌特點，也可以爲此詩乃漢代之作增加一條佐證。其中對焦仲卿與劉蘭芝爲焦母所迫而分離的一段描寫，最爲悲切動人：

> 府吏默無聲，再拜還入户。舉言謂新婦，哽咽不能語："我自不驅卿，逼迫有阿母。卿但暫歸家，吾今且報府。不久當歸還，還必相迎取。以此下心意，慎勿違吾語！"新婦謂府吏："勿復重紛紜！往昔初陽歲，謝家來貴門。奉事循公姥，進止

敢自專？晝夜勤作息，伶俜縈苦辛。謂言無罪過，供養卒大恩。仍更被驅遣，何言復來還？妾有繡腰襦，葳蕤自生光。紅羅複斗帳，四角垂香囊。箱簾六七十，綠碧青絲繩，物物各自異，種種在其中。人賤物亦鄙，不足迎後人。留待作遣施，於今無會因。時時爲安慰，久久莫相忘。”

　　鷄鳴外欲曙，新婦起嚴妝。著我繡袷裙，事事四五通。足下躡絲履，頭上玳瑁光，腰若流紈素，耳著明月璫。指如削葱根，口如含朱丹。纖纖作細步，精妙世無雙。上堂謝阿母，母聽去不止。“昔作女兒時，生小出野里，本自無教訓，兼愧貴家子。受母錢帛多，不堪母驅使。今日還家去，念母勞家裏。”卻與小姑别，淚落連珠子，“新婦初來時，小姑始扶牀，今日被驅遣，小姑如我長。勤心養公姥，好自相扶將。初七及下九，嬉戲莫相忘。”出門登車去，涕落百餘行。

　　府吏馬在前，新婦車在後，隱隱何甸甸，俱會大道口。下馬入車中，低頭共耳語：“誓不相隔卿。且暫還家去，吾今且赴府。不久當還歸，誓天不相負。”新婦謂府吏：“感君區區懷。君既若見録，不久望君來！君當作盤石，妾當作蒲葦。蒲葦紉如絲，盤石無轉移。我有親父兄，性行暴如雷，恐不任我意，逆以煎我懷。”舉手長勞勞，二情同依依。

文中“我今且報府”之“報”乃“赴”之假借字，《禮記・少儀》篇鄭玄注：“報讀爲赴疾之赴。”下文“吾今且赴府”，正作赴。指去廬江府辦公。“以此下心意”之“下”，安也，是仲卿以再來迎娶安定蘭芝之心。初陽歲，即歲初陽，《詩・豳風・七月》“春日載陽”，謂一年方始，陽氣初生之時。“晝夜勤作息”之“作息”，乃偏義複詞，這裏取“作”意，指勤於操作。“箱簾”之“簾”，當爲“奩”之同音假借字。遣施，即賑濟窮人。蘭芝自述出嫁後，奉事公姥，勤於操作，反被驅遣，實難再回。人賤物賤，自己嫁妝、衣物不配爲新娘所用，只好隨意贈送他人而已。

"鷄鳴外欲曙"至"精妙世無雙"，人們對這段描寫有不同解釋，或謂"極寫此女華艷"，令焦母"何忍出之"（陳祚明《采菽堂古詩選》卷二），或謂"作此嚴妝"，"特借是再爲臨行固結府吏之地"（張玉穀《古詩賞析》），皆不確切，竊謂此當從漢代禮俗方面求解。按漢代禮俗，棄婦歸寧時，須穿戴全副出嫁時之服飾，然後坐車回家。如曹丕、曹植爲平虜將軍劉勛遣原配妻子王宋所作之《出婦賦》，丕作云："被入門之初服，出登車而就路。"植作云："衣入門之初服，背牀室而出征；攀僕御而登車，左右悲而失聲。"（皆見《藝文類聚》卷三十）可見蘭芝之嚴妝，正是當時禮俗之體現。爲了妝飾得如出嫁時之華艷，她穿而復脱，脱而復穿，故云"事事四五通"。"初七及下九"，指夏曆七月七日和每月之十九日。《荆楚歲時記》云："七月七日，爲牽牛織女聚會之夜，是夕，人家婦女……陳瓜果於庭中以乞巧，有喜子網於瓜上，則以爲符應。"又《瑯嬛記》卷中云："九爲陽數，古人以二十九日爲上九，初九日爲中九，十九日爲下九。每月下九，置酒爲婦女之歡，名曰陽會。"此爲蘭芝要求小姑於初七、下九不要忘了當年曾與之共同嬉戲的嫂子。

"君當作盤石"以下四句爲誓辭，用《詩·邶風·柏舟》"我心匪石，不可轉也；我心匪席，不可卷也"之意。足證前文"十六誦詩書"并非虛言。後會無期無望，故"勞勞"、"依依"，惆悵憂傷，留戀難舍。

此段集中描寫仲卿與蘭芝分離之場面，描寫他們生死不渝之愛情。特別突出了蘭芝之無辜、善良和識禮，即使如此，也不被封建倫理道德所容，這就更增加了她命運之悲劇性。

第二部分寫劉蘭芝之被逼改嫁，先縣令，後太守，而且主要是太守對她的迫害。蘭芝不得已，含悲備妝，仲卿聞變來會，怨艾難忍，二人以死相誓。其中生離死別一段描寫，極其悽惋、悲愴：

　　　　阿母謂阿女："適得府君書，明日來迎汝。何不作衣裳？莫令事不舉！"阿女默無聲，手巾掩口啼，淚落便如瀉。移我琉璃榻，出置前窗下。左手持刀尺，右手執綾羅。朝成繡裌裙，晚成單羅衫。晻晻日欲暝，愁思出門啼。府吏聞此變，因求假暫歸。未至二三里，摧藏馬悲哀。新婦識馬聲，躡履相逢迎，悵然遙相望，知是故人來。舉手拍馬鞍，嗟歎使心傷。"自君別我後，人事不可量，果不如先願，又非君所詳。我有親父母，逼迫兼弟兄，以我應他人，君還何所望！"府吏謂新婦："賀卿得高遷！磐石方且厚，可以卒千年，蒲葦一時紉，便作旦夕間。卿當日勝貴，吾獨向黃泉。"新婦謂府吏："何意出此言！同是被逼迫，君爾妾亦然。黃泉下相見，勿違今日言！"執手分道去，各各還家門。生人作死別，恨恨那可論！念與世間辭，千萬不復全。

　　　　府吏還家去，上堂拜阿母："今日大風寒，寒風摧樹木，嚴霜結庭蘭。兒今日冥冥，令母在後單。故作不良計，勿復怨鬼神！命如南山石，四體康且直。"……府吏再拜還，長歎空房中，作計乃爾立，轉頭向戶裏，漸見愁煎迫。

文中之"晻晻日欲暝"之"晻晻"，謂光綫暗淡。暝，日暮。古時嫁女於黃昏時成婚禮，所以蘭芝當日將暮時"愁思出門啼"。摧藏，即悽愴。日勝貴，即日貴勝，一天比一天富貴。"千萬不復全"之"復全"，指保全，是仲卿立誓寧爲玉碎不作瓦全。"嚴霜結庭蘭"之"蘭"，語意雙關，明指蘭草，暗喻蘭芝。"命如南山石，四體康且直"，是仲卿祝願阿母之言，意猶壽命身體如南山石那樣強壯健康。

直,人老傴僂,故願其直。“作計乃爾立”之“乃爾立”,即如此辦,指決定殉情之方法。“轉頭”二句,是仲卿死前顧念阿母,内心如焚。

此段集中寫仲卿與蘭芝在緊急關頭,以死表示對太守權勢之不屈服。一者云“吾獨向黄泉”,一者云“黄泉下相見,勿違今日言”。他們對自己的遭遇有清醒的認識:“同是被逼迫,君爾妾亦然。”一語破的,道出了他們悲劇的根源。

第三部分具體寫他們殉情之方式,蘭芝投身清池,仲卿自縊庭樹,合葬後墳塚上出現之特異景象:

> 其日牛馬嘶,新婦入青廬。菴菴黄昏後,寂寂人定初。“我命絶今日,魂去尸長留。”攬裙脱絲履,舉身赴清池。府吏聞此事,心知長别離。徘徊庭樹下,自掛東南枝。

> 兩家求合葬,合葬華山傍。東西植松柏,左右種梧桐。枝枝相覆蓋,葉葉相交通。中有雙飛鳥,自名爲鴛鴦。仰頭相向鳴,夜夜達五更。行人駐足聽,寡婦起彷徨。多謝後世人,戒之慎勿忘!

“新婦入青廬”之“青廬”,乃北朝婚俗,即以青布搭帳篷,於其中交拜迎新婦。《世説新語》下卷下《假譎》:“魏武少時,嘗與袁紹好爲游俠,觀人新婚,因潛入主人園中,夜叫呼云:‘有偷兒賊!’青廬中人皆出觀,魏武乃入,抽刀劫新婦。”劉義慶是南朝宋人,其所記皆東漢迄東晉之軼事,“青廬”之俗當本自東漢傳説。菴菴,即晻晻。人定,夜深安息之時,即午夜十二點。《後漢書》卷十五《來歙傳》:“臣夜人定後,爲何人所賊傷,中臣要害。”清池,或謂即今安徽合肥小吏港,《太平寰宇記》卷一百二十六:“淮南道·廬州·合肥縣·小吏港:即漢建安中廬江府小吏焦仲卿妻劉氏,爲姑所出,自

誓不嫁,其家逼之,乃投水死。仲卿聞之,亦自縊。時人憐之,後以
爲名。"又《嘉慶一統志》:"安徽·廬州府·山川·小吏港,在合肥
縣東門內。《寰宇記》:'合肥縣小吏港,即後漢建安中廬江府小吏
焦仲卿妻劉氏投水處。'今訛爲小吏港。"這些都是古代重要地理
典籍之記載,當有所據,可作重要參考。華山,應爲廬江郡小山名,
今不可考。末段描寫完全出於人們的想象,寄託着人民的願望。
封建階級可以脅迫人們的形體,卻不能制約人們的精神。柏桐之
枝枝相覆蓋,鴛鴦之仰頭相向鳴,正是人們不屈服精神的表現。結
尾二句是歌者之辭,告誡後人從蘭芝、仲卿之愛情悲劇中吸取教
訓。語意悲憤、沉痛!

　　和《悲憤詩》相同,此詩也叙事兼抒情。其叙事則迤邐委婉,
曲盡人意;抒情則淋灕酣暢,如泣如訴。王世貞《藝苑卮言》卷
二云:

　　　　《孔雀東南飛》質而不俚,亂而能整,叙事如畫,叙情若
　　訴,長篇之聖也。

它通過叙事來抒情,把叙事與抒情緊密結合起來,達到藝術描寫的
極高境界。

　　作爲一首叙事兼抒情之長詩,在人物描寫方面能繪聲繪色,形
象鮮明,口吻畢肖。沈德潛《説詩晬語》卷上評云:

　　　　《廬江小吏妻》詩共一千七百四十五言,雜述十數人口中
　　語,而各肖其聲口性情,真化工筆也。中別小姑一段,悲愴之
　　中,自足溫厚。

確如所論,其告別小姑一節,溫文爾雅,情與禮俱到,而阿姥卻聲色
嚴厲,毫無憐惜之意。通過兩個人的口語,把這兩個對立人物之聲
口性情逼真地表現出來。

《焦仲卿妻》是東漢末年集中了人民的智慧,凝聚了人民的血淚而形成的創作,它以許多栩栩如生的形象和簡潔明快的叙事、抒情方式,反映了在封建禮教(焦母)與封建勢力(太守)壓迫下人民的苦難遭遇,以及被壓迫者對壓迫者之不屈和反抗精神。從内容之豐富、藝術之卓越看,其詩情畫意,都堪稱之爲"長篇之聖"了。

要之,《焦仲卿妻》與《悲憤詩》都是東漢末年兩首五言長詩,都是描寫那一時期之婦女在兩種不同社會環境中的悲劇,都是叙事兼抒情之作,都達到了很高的藝術成就,因此説它們是那個時代詩歌創作之雙璧。

## 三、其他文人古詩

出於下層知識界之五言詩和出於工匠、勞動群衆之七言詩在東漢之盛行與傳播,引起上層文人士子的重視,他們學習、玩味並準其體而創作。班固之《詠史》是上層文人創作五言詩之始,給當時上層文壇以很大影響,著名文人學子相繼創作,如張衡之《同聲歌》、秦嘉之《贈婦詩》、趙壹之《疾邪詩》和孔融之《雜詩》等。七言詩之作者則有東平王蒼、杜篤、崔瑗、崔琦等,但他們的作品俱已亡佚,今天所見有代表性的作品是張衡之《四愁詩》。

### (一)張衡之古詩

張衡的詩歌計有四言《怨篇》、五言《同聲歌》、七言《四愁詩》各一首。

《四愁詩》不見於《後漢書》本傳,而始載於《文選》"雜詩"類,又載於《玉臺新詠》卷九。《文選》詩前有序,意謂張衡做河間王相,"時天下漸弊,鬱鬱不得志,爲《四愁詩》。效屈原以美人爲君子,以珍寶爲仁義,以水深雪雾爲小人,思以道術相報,貽於時君,而懼讒邪,不得以通"。此序據王觀國《學林》考證,乃後人僞託。

雖爲僞託，然其所言事實，與本傳所記基本一致，故孫文青《張衡年譜》仍係此詩於永和二年。全詩四章云：

> 我所思兮在太山，欲往從之梁父艱，側身東望涕霑翰。美人贈我金錯刀，何以報之英瓊瑤。路遠莫致倚逍遙，何爲懷憂心煩勞！

> 我所思兮在桂林，欲往從之湘水深，側身南望涕霑襟。美人贈我金琅玕，何以報之雙玉盤。路遠莫致倚惆悵，何爲懷憂心煩傷！

> 我所思兮在漢陽，欲往從之隴阪長，側身西望涕霑裳。美人贈我貂襜褕，何以報之明月珠。路遠莫致倚踟躕，何爲懷憂心煩紆！

> 我所思兮在雁門，欲往從之雪紛紛，側身北望涕霑巾。美人贈我錦繡段，何以報之青玉案。路遠莫致倚增歎，何爲懷憂心煩惋！

《四愁詩》所愁思是甚麽？一者在泰山。古時天子有天下，則封泰山禪梁父，泰山以喻時君，意謂思念國君。二者在桂林。桂林，郡名，在今廣西。據《後漢書》卷一百十六《南蠻西南夷列傳》記載，安帝、順帝時，該地民族矛盾激化，永和二年，蠻夷攻象林郡，漢朝士卒憚遠戍而反，爲其所深慮。三者在漢陽。漢陽，郡名，漢稱天水郡，明帝改爲漢陽郡，在今甘肅伏羌縣南，安帝、順帝時，該地羌人經常入侵，大將不能守，爲其所愁思。四者在雁門。雁門，郡名，在今山西西北部，乃漢之北疆，安帝時往往被鮮卑人所攻略，擄掠人馬，亦爲其所懷憂。要之，其愁思者在國家、天下。他感念君王對自己之恩惠，常思有以報之，《詩·衛風·木瓜》所謂"投我以木桃，報之以瓊瑤"之意也。但是小人卻從中作梗，"梁父艱"、"湘水深”、“隴阪長”、“雪紛紛”即喻此。因而煩憂、悲傷而歎恨不止！可見此詩並非懷人之作，而是蘊寓着憂國之思。此詩重章疊句，反復詠歎，以傾瀉自己鬱鬱不得伸展之志。用七言帶騷體詩格，創爲新制，在古詩發展史上有重要地位。

《同聲歌》見録於《玉臺新詠》卷一，又見録於《樂府詩集》卷七十六《雜曲歌辭》，引《樂府解題》曰：“《同聲歌》，漢張衡所作也。言婦人自謂幸得充閨房，願勉供婦職，不離君子。思爲莞簟在下以蔽匡牀，衾裯在上以護霜露，繾綣枕席，没齒不忘焉。以喻臣子之事君也。”即以婦女對丈夫之奉禮循職，喻臣子對國君之竭盡忠誠，詩云：

> 邂逅承際會，得充君後房。情好新交接，恐慄若探湯。不才勉自竭，賤妾職所當。綢繆主中饋，奉禮助蒸嘗。思爲莞蒻席，在下蔽匡牀。願爲羅衾幬，在上衛風霜。灑掃清枕席，鞮芬以狄香。重户結金扃，高下華燈光。衣解巾粉卸，列圖陳枕張。素女爲我師，儀態盈萬方。衆夫所希見，天老教軒皇。樂莫斯夜樂，没齒焉可忘。

按《易·乾·文言》：“同聲相應，同氣相求。”詩題蓋出於此，意謂志趣相同互相呼應。邂逅，不期而會；際會，婚禮交接之會。此用《詩·鄭風·野有蔓草》“邂逅相遇，適我願兮”之意。探湯，指探沸水將手燙傷，《論語·季氏》：“見善如不及，見不善如探湯。”借喻戒懼。綢繆，指婦女之帶結，《漢書》卷七十六《張敞傳》：“禮……内飾則結綢繆。”顔注：“組紐之屬，所以自結固也。”古時婦女在家主持飲食之事，謂之“中饋”，供奉秋、冬二祭，謂之“蒸嘗”。莞蒻，蒲草之兩種品類，皆宜制蓆。《詩·小雅·斯干》：“下莞上簟，乃安斯寢。”又《淮南子》卷九《主術訓》：“匡牀蒻席,非不寧。"匡牀,方正安適之牀。蔽,意謂願薦枕席,使得安寢。鞮,薄革小履。狄香,夷狄之香。"鞮芬以狄香"者,以狄香薰履也。"衣解"以下寫房中之事:列圖,指春圖;素女,神女名,古代傳説能房中術;天老,傳説是黄帝之輔佐;軒皇,即黄帝軒轅氏。言天老教黄帝以男女之事。通篇以婦女與丈夫之親昵關係表現君臣之際會。全用比興手法,如《四愁詩》序所謂"效屈原以美人爲君子"也。《文心雕龍》卷二《明詩》評云:

> 張衡怨篇,清典可味;仙詩緩歌,雅有新聲。

所謂仙詩,前人多認爲不可考,實際上即指此曲,詩中之天老、素女是其證。所謂"新聲",指五言新制。又張溥《漢魏六朝百三家集題辭》云:

> 《同聲》麗而不淫,《四愁》遠摹正則。

既指出其詩風之特點,又説明其淵源關係。我認爲其更以措辭奇妙,寄興高遠見長。後世詩賦之作,多效之者。如《西溪叢語》卷上云:

> 陶淵明《閒情賦》,必有所自,乃出張衡《同聲歌》。

或謂《閒情賦》之"願在衣而爲領,承華首之餘芳。願在絲而爲履,附素足以周旋"皆源於《同聲歌》。這只是從辭語方面着眼,是形似,實際上《閒情賦》之整篇精神莫不脱胎於《同聲歌》。

### (二)秦嘉之古詩

秦嘉,生卒年不可考,字士會,隴西(今甘肅省東南部)人。桓帝時仕郡上計,入洛,除黄門郎。病卒於津鄉亭。其《留郡贈婦詩》三首,最早見録於《玉臺新詠》,詩前有序云:

> 秦嘉……爲郡上計,其妻徐淑寢疾,還家(歸母家),不獲

　　面別,贈詩云爾。

此序乃後人追記口吻,非秦嘉自記。是否確乎作於桓帝時,則不可得知。郡上計,漢時制度,郡國每年歲終各遣吏到京師致事,謂之上計,其所遣之吏,亦謂之上計。依詩序則此三首詩即秦嘉奉使到京師致事,不得與妻子面別,而寫成留贈者。其一云:

　　　　人生譬朝露,居世多屯蹇。憂艱常早至,歡會常苦晚。念當奉時役,去爾日遥遠。遣車迎子還,空往復空返。省書情悽愴,臨食不能飯。獨坐空房中,誰與相勸勉?長夜不能眠,伏枕獨輾轉。憂來如尋環,匪席不可卷。

屯蹇,《易》二卦名,皆艱難困苦之意,後世演繹爲挫折、不順利。奉時役,指歲終上計之事。“遣車”二句,意謂派車到岳家接妻子,妻子卧病,因此車子空着回來。省書,看信。尋環猶“循環”,《史記》卷八《高祖本紀贊》:“三王之道若循環,終而復始。”這裏比喻愁思無窮無盡。匪席不可卷,用《詩·邶風·柏舟》“我心匪席,不可卷也”之意。謂席可卷,自己之愁思卻不可收拾。抒寫自己奉役離別故鄉,未能與妻子話別,獨自傷悲,無人勸慰,以至於夜不成眠,愁思繚繞,無法擺脱之苦。情感真摯纏綣,最足動人。其二云:

　　　　皇靈無私親,爲善荷天禄。傷我與爾身,少小罹煢獨。既得結大義,歡樂苦不足。念當遠離别,思念叙款曲。河廣無舟梁,道近隔丘陸。臨路懷惆悵,中駕正躑躅。浮雲起高山,悲風激深谷。良馬不回鞍,輕車不轉轂。鍼藥可屢進,愁思難爲數。貞士篤終始,恩義不可屬。

皇靈,指皇天上帝。天禄,天賜之福。《詩·大雅·既醉》:“天被爾禄。”此用《史記·伯夷列傳》“天道無親,常與善人”之意。煢獨,孤獨,《詩·小雅·正月》:"哿矣富人,哀此煢獨。"大義,指結爲夫妻,《易·歸妹》:"天地之大義也。"欵曲,衷情,叙欵曲,指訴說衷情委曲。"河廣"二句,意謂自己與妻子相距很近,但有河渠、丘陸之阻,不得面别。"臨路"二句,謂臨行時悲傷懊惱,車也爲之躑躅不前。中駕,車在中途。馬"不回鞍",車"不轉轂",正寫徘徊躑躅、依戀不舍之意。"鍼藥"二句,謂鍼藥有益於病,可以經常使用,愁思之頻繁連續,卻難忍受。"貞士",守志不移之人。《韓非子》卷八《守道》:"託天下於堯之法,則貞士不失分,姦人不徼幸。"屬,丁福保曰:"此句未詳。"《詩紀》作"促",可通,謂夫妻之恩義不可斷絶。叙述自己與妻子皆少時孤苦,所幸結爲夫妻,但好景不常,又要遠别,臨行時連傾訴衷腸都不可能,"皇天無私親,爲善荷天禄",爲甚麽讓我們遭遇如此之不幸呢?雖然身歷屯蹇,夫妻之恩情是信守不變的。表示了對妻子感情之堅貞專一。其三云:

> 蕭蕭僕夫征,鏘鏘揚和鈴。清晨當引邁,束帶待鷄鳴。顧看空室中,髣髴想姿形。一别懷萬恨,起坐爲不寧。何用叙我心?遺思致欵誠。寶釵好耀首,明鏡可鑒形,芳香去垢穢,素琴有清聲。詩人感木瓜,乃欲答瑶瓊。愧彼贈我厚,慙此往物輕。雖知未足報,貴用叙我情。

蕭蕭,疾速意。《詩·召南·小星》:"肅肅宵征,夙夜在公。"鏘鏘,鈴聲。和鈴,鈴名,也稱和鸞,和在軾,鸞在衡。引邁,遠行。欵誠,懇摯。《漢書》卷九十九上《王莽傳》:"非有欵誠,豈可虚致?""寶釵"以下四句,據徐淑《又報秦嘉書》説:"鏡有文彩之麗,釵有殊異之觀。芳香既珍,素琴益好。……救以芳香馥身,喻以明鏡鑒形,此言過矣,未獲我心也。昔詩人有飛蓬之感,班婕妤有誰榮之歎。素琴之作,當須君歸;明鏡之鑒,當待君還。未奉光儀,則寶釵不設也。未侍帷帳,則芳香不發也。"(見《藝文類聚》卷三十二)從徐淑之再答書中,進而申明秦嘉所贈釵、鏡、香、琴四種表情之物及其用意所在,更顯現其情深和意摯。"詩人感木瓜"以下,本之《詩·衛風·木瓜》:"投我以木瓜,報之以瓊琚。匪報也,永以爲好也。投我以木桃,報之以瓊瑤。匪報也,永以爲好也。"意謂自己所贈之禮物,與妻子對自己之深情厚義不相稱,有愧於古詩人之用美玉報答木瓜之精神。語意繾綣,言辭委婉,曲盡思念之情!

秦嘉這三首《贈婦詩》,是古代以五言句表現夫妻真摯情感之優秀篇章,對後世愛情詩之寫作有重要影響。

### (三)趙壹之古詩

趙壹字元叔,漢陽西縣(今甘肅天水縣西南)人,恃才傲物,不受召徵。其所作五言詩,有《疾邪》二首,附於《刺世疾邪賦》之末,託爲秦客、魯生作歌。見《後漢書》卷一百一十下《趙壹傳》。這兩首詩主要指斥奸佞當權,豪強得勢,剛正者不見容於世,貧賤而有才能者多遭困辱之社會現實。其一云:

> 河清不可俟,人命不可延。順風激靡草,富貴者稱賢。文籍雖滿腹,不如一囊錢。伊優北堂上,抗髒倚門邊。

"河清"二句,《左傳》襄公八年:"俟河之清,人壽幾何?"是其所本。古代傳說,黃河千年一清,河清象徵太平盛世。此言人壽有限,難待社會清明。伊優,逢迎諂媚之貌。抗髒,高亢正直之態。意謂富貴者被譽爲賢人,滿腹經藝者被視爲糞土,諂媚者升堂入室,剛直者被擯斥於門外,如此溷濁之社會何時才能澄清呢?表示對這一溷濁社會之怨恨和憤慨。其二云:

> 勢家多所宜,欬唾自成珠。被褐懷金玉,蘭蕙化爲芻。賢者雖獨悟,所困在群愚。且各守爾分,勿復空馳驅。哀哉復哀

　　哉,此是命矣夫!

勢家,指權勢之家。被褐,指貧賤者輩。金玉,比才德,《老子》“聖
人被褐懷玉”,爲此句所本。意謂有權勢者説甚麽都被奉爲珠寶,
貧賤者有才能也不被重視,賢者雖有獨到之見,卻被愚蠢者所困
厄,那麽賢者貧賤者只好各安其分,不必有任何追求了。天命如
此,豈不令人悲痛!

　　這兩首詩皆憤世疾俗之作,抒發了作者對當時社會是非混淆、
賢愚倒置現象之不滿和憤激,同時也包含着作者自己爲鄉黨所排
斥,屢次獲罪的身世之慨。

　　**(四)孔融之古詩**

　　孔融(公元一五三——二〇八)字文舉,魯國(今山東省曲阜
市)人,東漢末之名士,性剛直,放言無忌憚。時曹操專權,有篡奪
之志,孔融以中興漢室爲念,常以書與曹操爭論,違忤曹操,被殺。
事見《後漢書》卷一百《孔融傳》。他長於散文,詩歌僅存七首,其
《雜詩》二首、《臨終詩》一首皆五言新制,以《雜詩》最有代表性,其
一云:

　　　　巖巖鍾山首,赫赫炎天路。高明曜雲門,遠景灼寒素。昂
　　昂累世士,結根在所固。吕望老匹夫,苟爲因世故。管仲小囚
　　臣,獨能建功祚。人生有何常?但患年歲暮。幸託不肖軀,且
　　當猛虎步。安能苦一身,與世同舉厝?由不慎小節,庸夫笑我
　　度。吕望尚不希,夷齊何足慕?

這是一篇述志之作。孔融傲視現實,以志節高尚自負。鍾山,傳
説極北海中之山,無日而嚴寒。炎天,指南方極熱之地。此二句
是以寒、熱地理之兩極,喻勢位之懸殊。高明,指勢位高貴者。
雲門,猶天路,張衡《西京賦》:“美往者之松喬,要羨門乎天路。”

遠景,猶餘光。寒素,指清寒微賤者。此二句謂顯貴者氣焰熏天,其餘威猶能逼灼卑賤者。昂昂,志行高超貌。累代,歷代。結根,喻操守。意謂歷代賢士皆守節不移。呂望、管仲當其未遇之時,不過是一個匹夫和囚犯,一旦得遇便能建立功業。所以祇要生命不息,軀體還在,即應昂首闊步,不能與世俗人看齊,自己之抱負要在呂望、管仲之上。夷齊,或疑爲"夷吾",管仲字,可從。意者人有窮達貴賤之區別,而賢士重在不改其節。人生無常,窮困者未必終生窮困,有志者事竟成,庸夫豈能了解自己之抱負?慷慨言志,大有"燕雀安知鴻鵠之志哉"之意。其二云:

> 遠送新行客,歲暮乃來歸。入門望愛子,妻妾向人悲。聞子不可見,日已潛光輝。"孤墳在西北,常念君來遲。"寒裳上墟丘,但見蒿與薇。白骨歸黃泉,肌體乘塵飛。生時不識父,死後知我誰?孤魂游窮暮,飄飄安所依?人生圖嗣息,爾死我念追。俛仰內傷心,不覺淚沾衣。人生自有命,但恨生日希。

這是一篇悼子之作。孔融離家遠游,歲暮歸來,見愛子已卒,悲痛之極寫了這首詩。日潛光輝,謂日没,喻子死。"孤墳"二句,乃妻妾之言。嗣息,傳宗接代。詩脈曲折而清晰,始述回家聞子卒之噩耗,中述死者尸骨已寒,孤魂游蕩無所憑依之苦,最後嘆惜子命之短並抒發自己喪子之痛。情致哀婉,筆力雄健,堪稱佳作。

文人五言詩之特點是用典使事多了,講求華詞麗藻,詩意委婉纏綣,與民間樂府之古樸質實大不相同,這種詩體逐漸成爲詩壇之主要形式。

綜觀漢詩之發展,主要是五言詩之發展,是由比較接近民間的作品發展爲文人士大夫的作品,其發展之過程,亦即五言詩之成長過程。西漢之詩,作者多爲農民或市民,其内容也多反映他們的思想和生活,《樂府詩集》中之一部分詩歌,便屬於這一類。到了東漢,五言詩的地位逐漸提高了,引起一般下層文人之注意,開始制作起來,因係下層文人,故多不書名,古詩十九首屬於這一類。與此同時,五言詩之創作聲勢益高,上層文人學士也嘗試着創作起來,如班固之《詠史》。由於班固創作的影響,著名文人學士如張衡、秦嘉、趙壹等相繼着手創作,把五言新體詩之發展推上一個新階段。


　　兩漢之文學,在春秋戰國文學繁榮之基礎上,得到進一步發展,取得更高的成就。秦因受社會條件之限制,文學雖不發達,但僅此部分篇章,卻構成了自戰國至漢文學發展之橋梁。戰國之辭賦是通過秦之雜賦,才形成文學史上著稱之漢賦;戰國之諸子散文是通過秦縱橫家之散文,才形成爲後代所推崇的漢之傳記文、政論文;在這兩種文體相互影響下產生了駢文,與駢文相對立,則是語體散文之興起。樂府詩是一種比較接近民間的新興文學,由於受當時在文壇上占統治地位的辭賦之影響和華贍文風之熏染,在形式上多講究鋪陳,辭藻上多注重靡麗,這種對形式美之追求,並重視内容對現實之反映,造成有漢一代詩歌之盛況,給魏晉到唐以來詩歌創作以極大影響。